황국사관과
고려 말 왜구

일본 근대 정치의 학문 개입과 역사 인식

이 영 지음

에피스테메
EPISTEME

황국사관과 고려 말 왜구

초판 1쇄 펴낸날 | 2015년 9월 23일

지은이 | 이 영
펴낸이 | 이동국
펴낸곳 | 한국방송통신대학교출판문화원
　　　　주소 서울특별시 종로구 이화장길 54 (03088)
　　　　대표전화 1644-1232
　　　　팩스 (02)741-4570
　　　　홈페이지 http://press.knou.ac.kr
　　　　출판등록 1982. 6. 7. 제1-491호

출판문화원장 | 권수열
편집 | 이명은 · 김현숙
마케팅 | 전호선 · 이상혁
편집 디자인 | 토틀컴
표지 디자인 | 이상선

서 문

　본서의 구성과 내용에 대하여 서술하기 전에 이 책의 발간 경위를 간단히 언급하고자 한다. 원래 2004년부터 2013년까지 약 10년 동안 연구·발표한 논문들을 모아 2권의 책으로 발간할 예정이었다. 그러던 중 본서 제1부 '황국사관과 왜구 왜곡'에 게재한 논문들을 2012년 말부터 착안해 2014~2015년에 걸쳐 발표하게 되었다. 그래서 우선 『팍스 몽골리카의 동요와 고려 말 왜구』(혜안, 2013)라는 제목으로 책을 펴낸 뒤 이번에 『황국사관과 고려 말 왜구』라는 타이틀로 논문을 모아 출간하게 되었다.

　'황국사관'과 '고려 말 왜구'라는, 언뜻 보기에 특별한 공통점이나 관련성이 느껴지지 않는 두 가지 주제를 묶게 되기에는 다음과 같은 경위가 있다. 필자는 2002년부터 일본 대외관계사학회에서 여러 차례 일본의 왜구 연구가 지닌 여러 가지 오류와 문제점들에 관하여 비판적인 발표를 해왔다. 그런데 그때마다 일본인 연구자들의 한국사 및 한일관계사 인식에 근본적인 문제가 있다는 사실을 어렴풋이 감지하게 되었다.

　그러던 중 2012년 겨울, 우연히 그것이 나카무라 히데다카의 전근대 한일관계사 연구에서 비롯되고 있음을, 그리고 그의 연구에 단순한 '오류'가 아닌 '비(非) 학문적·정치적인 목적을 달성하기 위한 저의(底意)'가 깔려 있었음을 깨닫게 되었다.

　따라서 본서의 제1부에서는 일본의 왜구 연구 및 인식이 '황국사관'이라는 일본 근대의 지배 이데올로기에 의해 어떻게 왜곡되었는지를 나카무라 히데다카라는 조선사편수관의 사관과 활동, 그의 사관 형성에 영향을 미친 시대적 상황과 주변 인물, 그의 한국사 및 한일관계사 서술의 문제 등을 통해 논한다. 이어서 제2부에서는 나카무라 히데다카에 의한 한국사 및 한일관계사 왜곡에서 비롯된 굴절된 왜구 이해를 시정하고, 올바른 왜구 인식에 토대를 두었을 때 비로소 드러나게 되는, 지금까지 조망할 수 없었던 14세기 후반의 동아시아 국제질서 및 관계에 관한 새로운 역사상(像)을 논술하였다.

이하, 제1부 각 장의 내용을 간단히 정리하면 다음과 같다.

제1장 「조선사편수관 나카무라 히데다카의 왜구 패러다임과 일본의 왜구 연구」는 동국대학교 일본학연구소의 기관지 『일본학』 38집(2014)의 내용을 수정·보완한 것으로 다음과 같은 내용으로 이루어져 있다.

첫째, 나카무라가 설정한 왜구 패러다임이 현재 일본 학계의 왜구 인식과 어떠한 상관관계에 있는지 논하였다.

둘째, 조선총독부 산하 조선사편수회 편수관으로서 나카무라의 조선활동과 그의 역사관에 대하여 고찰하였다.

셋째, 나카무라의 왜구 왜곡의 방법과 그 구조에 관해 논하였다.

제2장 「왜구 왜곡의 정치적 배경과 14~15세기 동아시아 국제관계 인식」은 『동양사학연구』 127집(2014)의 내용을 수정·보완한 것으로 다음과 같이 구성되어 있다.

첫째, 일본의 왜구 연구가 어떠한 문제점을 지니고 있는지 논하였다.

둘째, 일본의 근대 정치 문제가 왜구 왜곡과 어떤 관련이 있는지 규명하였다.

셋째, 왜구 왜곡과 일본 학계의 14~15세기 동아시아 국제관계 인식은 어떤 관련이 있는지 논하였다.

제3장 「황국사관과 왜구 왜곡—조선사편수관 나카무라 히데타카의 왜구 왜곡의 배경에 관한 한 고찰—」은 『한국중세사연구』 40호(2014년 12월)에 게재된 내용을 수정·보완한 것으로 그 내용은 다음과 같다.

첫째, 황국사관의 정의와 황국사관론자 나카무라의 면모를 서술하였다.

둘째, 메이지유신 이후 역사학 분야에 대한 일본 정계의 개입과 이에 대한 나카무라의 태도에 관하여 살펴보았다.

셋째, 태평양전쟁 패전 이후 일본 학계의 황국사관에 대한 평가 및 처리, 그리고 나카무라의 한국사 및 한일관계사 연구에 관한 학계의 평가를 논하였다.

넷째, 나카무라의 학문적 계보, 특히 그의 스승인 구로이타 가쓰미 도쿄제국대학 국사학과 교수 및 학과 선배이자 스승인 히라이즈미 기요시의 황국사관론자로서의 면모를 살펴보았다.

다섯째, 황국사관론자의 지론이라 할 수 있는 '남조정통론'이 왜구 왜곡과 어떠한 상관관계가 있는지 고찰하였다.

제4장 「나카무라 히데다카의 왜구 서술의 논리적 전개와 문제점—『일본과 조선』을 중심으로—」는 『역사교육논집』 56집(역사교육학회, 2015년 6월)에 게재된 내용을 수정·보완한 것으로 내용은 다음과 같다.

첫째, 나카무라의 한국사 서술의 특징과 문제점에 관하여 논하였다.

둘째, 나카무라의 왜구 왜곡의 논리적 전개에 관하여 논하였다.

이상 제1부에서는 현재 일본 학계의 왜구 왜곡이 나카무라라는 역사가의 이웃나라 역사에 대한 무지와 편견에서 비롯된 것이 아니라, 황국사관이라는 일본의 근대 지배 이데올로기에 입각한 의도적이고 지능적인 왜곡이었음을 입증하고자 하였다. 아울러 나카무라의 왜구 패러다임에 입각한 왜구 인식 및 이를 토대로 성립되었다고 할 수 있는 전근대 한일관계사 전반에 대하여 전면적으로 재검토할 필요성을 제기하였다는 것에 그 의의가 있다고 생각한다.

제2부에서는 제1부에서 규명한 일본 학계의 왜곡된 왜구상의 시정을 토대로, 고려 말 왜구가 당시 동아시아 국제정세와 어떠한 상관관계를 지녔는가에 대한 문제를 논한다. 특히 왜구 연구사상 처음으로 『고려사』와 일본의 문헌사료를 조합해 고려 말 왜구의 실체가 남북조 동란기 당시 남조의 군사력이었다

는 점을 규명하였다. 그리고 왜구금압을 위한 고려의 외교적 노력이 일본 무로마치 막부의 규슈 남조에 대한 군사 공세 강화를 이끌어 내어 결과적으로 남북조 합일을 이루게 한 대외적 요인이 되었음을 밝힌다. 또한 원·명 교체라는 대륙정세의 대변동이 왜구의 침구 양상과 어떤 상관관계를 지니고 있는지 논하였으며, 이러한 연구들을 토대로 대륙정세의 변동 그리고 이에 대한 고려 왕조·무로마치 막부 및 왜구 세력의 대응을 상호 유기적인 관련 위에 고찰하였다.

제5장 「'경인년 이후의 왜구'와 마쓰라토─우왕 2~3년(1376~1377)의 왜구를 중심으로」는 『일본역사연구』 24집(2006)에 실린 내용을 수정·보완한 것으로 왜구 구성원 중 하나인 마쓰라토의 해적으로서의 특징을 왜구 활동과 연관지어 고찰했다. 그리고 우왕 3년(1377)의 왜구 실체가 남조의 군사력으로서의 마쓰라토였음을 『고려사』와 『남북조유문(南北朝遺文)』등 한일 양국의 문헌사료를 대조·고찰하여 논증하였다.

제6장 「고려 말 왜구의 단계별 침구 양상과 고려의 대응」은 『동북아문화연구』 제31집(2012)에 실린 내용을 수정·보완한 것으로, 고려 말 왜구 창궐의 주요 원인으로 일본의 대표적 왜구 연구자들이 제시한 여러 주장에 대하여 규슈 정세와 왜구의 침구 양상이 상호불가분한 인과관계를 지니고 있음을 논증함으로써 그 허구성을 지적하였다. 그리고 왜구의 단계별 침구 양상의 변화에 따라 고려의 대응도 다양해져 대응 강도가 비례하고 있음을 입증하였으며, 1383년 경이 되면 이마가와 료슌의 규슈 남조 세력에 대한 진압이 가능해지면서 왜구가 진정되어 갔음을 논증하고자 하였다.

제7장 「14세기의 동아시아 국제정세와 왜구─공민왕 15년(1366)의 금왜사절의 파견을 중심으로─」는 『한일관계사연구』 26집(2007)에 실린 내용을 수정·보완한 것으로 경인년(1350) 이후 무려 17년이 지난 공민왕 15년(1366)이 되어서야 비로소 고려 조정이 일본에 왜구금압 요구 사절을 파견했던 이유를 당시

고려의 국내정세 및 국제정세 속에서 고찰하였다. 아울러 이 사절 파견이 남북조 내란 당시의 일본의 국내정세 및 대외관계에 큰 변동의 계기가 되었음을 규명하였다.

제8장 「원·명(元明)의 교체와 왜구—공민왕 15년(1366) 금왜사절에 대한 일본의 대응을 중심으로—」는 『일본사연구』 제33집(2011)에 실린 것으로, 기존 논문의 내용 중 미진한 부분을 보완하였다. 또 당시 금왜사절 파견에 대한 쓰시마의 왜구 배후 쇼니씨와 소씨의 대응과 원나라 붕괴 이후 이들의 대응이 왜구의 재침 양상과 어떠한 상관관계가 있는지 규명하였다.

제9장 「동아시아 국제질서의 변동과 왜구—14세기 후반에서 15세기 초를 중심으로—」는 『한일관계사연구』 36집(2010)에 게재된 내용을 수정·보완한 것으로, 그동안 일본의 왜구 연구가 간과해 왔던 '여몽 연합군의 일본 침공과 고려 말 왜구의 상관관계'와 같은 문제점들을 거시적인 틀에서 고찰하고자 하였다. 13~16세기의 동아시아 국제관계를 규정한 양대 사건, 즉 여몽 연합군의 일본 침공과 왜구를 '팍스 몽골리카'의 성립·동요·붕괴라고 하는 관점에서 재조명하고 아울러 명의 중원 제패에 따른 동아시아 국제질서의 재편과정을 고찰한 것이다. 즉, 고려-조선 왕조의 교체(1392)와 남북조 합일(1392)이 같은 해에 이루어진 것은 결코 우연의 일치가 아니라 원·명 교체와 왜구라는, 팍스 몽골리카의 동요와 붕괴에 따른 작용과 반작용의 산물이었음을 규명하고자 하였다.

대외관계사 연구의 근본적이며 가장 중요한 목적은 자국의 역사를 인근 국가의 역사와 유기적인 관련 속에서 고찰함으로써 그 상호작용 및 이후 각국의 역사 전개에 미친 영향 등을 구조적·종합적으로 이해하는 데 있다고 생각한다. 예를 들어 6~7세기 동아시아 국제관계에 관해서는, 수당(隋唐) 제국의 성립과 대외팽창, 그에 따른 한반도 정세의 변화(삼국 통일 등)와 일본의 다이카 개신(大化改新) 및 율령국가의 성립이라는, 각국의 정치사회적 대변혁을 상호 유기적인 관련 속에서 설명하고 있다.

이에 비하면 14세기 후반의 몽골 제국의 동요 및 붕괴, 그리고 명나라의 중원 통일에 따른 동아시아 사회의 변혁(일본까지 포함한)에 관해서는 종합적인 조망이 시도된 적이 없었다. 특히 이 시기 일본사의 경우, 남북조 시대에 관한 구체적이고 세밀한 연구가 오랫동안 이루어져 왔지만 가마쿠라 막부의 멸망과 겐무 신정, 그리고 남북조 내란 초기의 국내 정세에만 집중되었을 뿐, 원명 교체라는 중국 대륙의 거대한 변혁과 관련해서 논의된 적은 거의 없었다.

또 고려와 중국과의 관계에 관해서도 구체적인 연구 성과가 축적되어 왔음에도, 고려-일본 관계 또는 중국-일본 관계에 대한 올바른 이해에 바탕을 둔 동아시아 국제질서 및 관계에 관한 종합적인 역사 서술은 찾아보기 어렵다. 필자는 그 근본적인 원인이 나카무라 히데다카를 위시한 일본인 연구자들의 왜구 왜곡에 기인하다고 생각한다.

물론 본서가 위에서 제시한 여러 가지 문제들을 단번에 해결했다고 자신 있게 단언하는 것은 결코 아니다. 구체적인 부분에 들어가면 작지 않은, 또 적지 않은 오류가 발견될 수 있을지도 모른다. 그렇지만 큰 틀에서 본다면 14세기 후반의 동아시아 국제관계 연구가 앞으로 어떤 방향성을 가지고 나아가야 하는지 제시한 점에 본 연구의 가치가 있다고 생각한다. 현명한 독자 여러분들의 아낌없는 질정(叱正)을 기대한다.

제1부 황국사관과 왜구 왜곡

제1부

황국사관과 왜구 왜곡

제 1 장

조선사편수관
나카무라 히데다카의
왜구 패러다임과 일본의 왜구 연구

제 1 장

조선사편수관
나카무라 히데다카의
왜구 패러다임과 일본의 왜구 연구

서 론

현재 한·중·일 세 나라 역사학계의 왜구 인식은 일본의 대외관계사 학계의 연구성과에 크게 의존하고 있다고 할 수 있다. 그런데 이러한 일본의 왜구 연구에 지대한 영향을 끼친 사람이 바로 본 장에서 살펴보고자 하는 나카무라 히데다카(中村榮孝, 1902~1984)이다. 그는 조선총독부 산하 조선사편수회(朝鮮史編修会) 편수관(編修官)이었는데, 제2차 세계대전 이후 '일본 최고의 조선사 연구자'로 일본 학계에서 평가받고 있다.

본 장에서는 나카무라가 1935년에 제시한 왜구 패러다임이 제2차 세계대전 이후(이하 '전후'라 칭함) 일본의 왜구 연구에 어떤 영향을 미쳤는지, 또 조선에서 나카무라의 활동과 그의 역사관은 어떠한 것이었는지 살펴본다. 그리고 그의 왜구 왜곡이 구체적으로 어떤 방식으로 이루어졌는지에 관해서도 검토한다.

이러한 시도는 일본의 왜구 연구의 오류와 왜곡이 어디에서 비롯되고 있으며 어떠한 문제점을 지니고 있는지를 규명해 줄 것이다. 아울러 올바른 한국사 인식과 교육에 큰 장애요인이 되어 왔던 식민사관의 또 다른 존재 형태와 실례를 명확하게 제시해 줄 것이다.

일본의 왜구 인식과
나카무라의 왜구 패러다임

　나카무라의 왜구 패러다임이 언제 어떠한 의도로 만들어졌으며 일본 대외관계사 학계 왜구 연구의 경향 및 인식과 어떤 관련이 있는지에 관하여 구체적으로 고찰하기에 앞서, 현재 일본 대외관계사 학계의 왜구에 관한 학설을 정리해 보면 〈표 1-1〉과 같다.

〈표 1-1〉 일본 대외관계사 학계의 왜구 주체 및 발생 배경에 관한 제(諸) 학설

	연도(년)	학설	연구자
①	1948	〈왜구＝무장 상인단〉	모리 가쓰미(森克己)1)
②	1955	〈왜구＝몽골의 일본 침공에 대한 복수〉	아오야마 고료(青山公亮)2)
③	1955	〈왜구＝쓰시마(対馬)・이키(壱岐) 지역의 경제적 빈곤〉	아오야마 고료3)
④	1959	〈왜구＝삼도 지역 해민〉	다나카 다케오(田中健夫)4)
⑤	1967	〈왜구 발생원인＝고려 토지제도의 문란〉	다무라 히로유키(田村洋幸)5)
⑥	1967	〈왜구 발생원인＝고려 측의 무역제한〉	다무라 히로유키6)
⑦	1987	〈왜구＝고려・조선인 주체〉	다나카 다케오7)
⑧	1987	〈왜구＝고려・일본인 연합〉	다카하시 기미아키(高橋公明)8)
⑨	1988	〈왜구＝악당인(悪党人)〉	무라이 쇼스케(村井章介)9)
⑩	1998	〈왜구＝다민족・복합적 해적〉	후지타 아키요시(藤田明良)10)
⑪	2013	〈왜구＝경계인(境界人)〉	무라이 쇼스케11)

---

1) 森克己, 『日宋貿易の研究』, 国立書院, 1948.
2) 青山公亮, 『日麗交渉史の研究』, 明治大学出版部, 1955.

〈표 1-1〉에 있는 여러 학설들과 나카무라의 왜구 패러다임은 어떠한 관련이 있을까? 이 문제를 고찰하기 위해 나카무라가 1935년에 발표한 「무로마치 시대의 일선관계(室町時代の日鮮関係)」를 살펴보자.

———

　　ⓐ 재인(才人)・화척(禾尺) 등과 같은 특수부락민과 신분 해방을 원하는 천민이 왜구라고 속이고 폭동을 일으킨 예가 많으며 또 이들의 길 안내를 받아서 해구(海寇)들이 육지 깊숙이 침입하는 일도 있었던 것 같다. (중략) ⓑ 그런 가운데 고려는 많은 내정과 외정에서 어려운 문제를 안고 있었다. 안으로는 왕위가 이미 권신이 좌우하는 바가 되었으며 더욱이 왕은 유렵(遊獵)을 일삼으며 음란한 행동을 즐겨 하며 정사를 돌보지 않았고, 권문세가들의 권력 다툼은 아주 극심해 관제(官制)는 문란해져 매관매직이 성행하였으며 ⓒ 토지제도는 문란해져 귀족과 사원이 사유하는 전장(田莊)이 증가하였고 군사제도는 붕괴되어 군사에 통제가 없었으며 세도가들이 보유하고 있던 사병이 증가하여 국가의 재용(財用)도 병력도 완전히 쇠퇴하고 말았다. ⓓ 밖으로는 원나라가 쇠퇴해 명이 일어나자, 그에 수반한 쟁란의 영향을 입었을 뿐 아니라, 조선국가의 전통적인 외정(外政)의 기조인 사대정책상에 변화가 일어나 어디를 좇아야 할지 몰라 권신들 사이에 사원(事元), 사명(事明)의 두 파벌이 생겨난 것은 이미 공민왕 시대 때부터이지만, (후략)[12]

여기에서 ⓐ의 내용은 〈표 1-1〉의 ⑦ 다나카 다케오의 〈왜구＝고려・조선인

———

3) 앞의 주(2) 아오야마 고료(青山公亮) 연구서.
4) 田中健夫, 『中世海外交渉史の研究』, 東京大学出版会, 1959.
5) 田村洋幸, 『中世日朝貿易の研究』, 三和書房, 1967.
6) 앞의 주(5) 다무라 히로유키(田村洋幸) 연구서.
7) 田中健夫, 「倭寇と東アジア通交圏」, 『日本の社会史』 第1券, 列島内外の交通と国家, 岩波書店, 1987.
8) 高橋公明, 「中世東アジア海域における海民と交流」, 『名古屋大学文学部研究論集』 史学 33, 1987.
9) 村井章介, 『アジアのなかの中世日本』, 校倉書房, 1988.
10) 藤田明良, 「東アジアにおける海域と国家, 一四~一五世紀の朝鮮半島を中心に」, 『歴史評論』 575, 1998.
11) 村井章介, 『日本中世境界史論』, 岩波書店, 2013.
12) 中村栄孝, 『日鮮関係史の研究』(上), 吉川弘文館, 1966, 143쪽.

주체)설과 ⑧의 다카하시 기미아키의 〈왜구=고려·일본인 연합〉설에,[13] ⓒ의 내용은 ⑤의 다무라 히로유키의 〈왜구 발생원인=고려 토지제도의 문란〉설에 각각 대응하고 있다. 한편 나카무라의 「13, 14세기 동아시아와 일본(十三·四世紀の東アジアと日本)」에는 다음과 같이 서술되어 있다.[14]

———

ⓔ 13세기의 경우, 가마쿠라 정권이 외적 방어와 동시에 대처해야만 했던 '아쿠토(悪党)'와 불가분한 관련이 있는 것은 말할 필요도 없을 것이다.

ⓕ 고려의 수난기록에 의하자면 14세기 후반의 왜구는, 적을 때는 수척에서부터 많을 때는 2백 척 내지 5백 척이라고 하는 선단을 구성하고 상당한 장비를 지니며 행동도 조직적, 계획적이었음을 알 수 있다. ⑧ 또한 그 단서는 거슬러 올라가 바로 '왜구'라는 성어(成語)가 최초로 나타나는 시기를 전후해서 볼 수 있다. 그렇다면 몽골과의 접촉도 관련이 없다고 할 수 없을 것이다.

다음으로 ⓗ 왜구의 행동을 볼 때 같은 해상의 정세로서 원 제국의 붕괴기에 발생한, 중국 연해 지방의 해적과의 관련을 잊어서는 안 될 것이다. 그들의 수령 중 한 사람인 방국진은 독립하자, 곧바로 해상을 통해 고려와 통교하였고 같은 시기 장사성도 왕래해 모두 다 해상으로서의 활동으로 이행했던 것이다. (중략)

ⓘ 이윽고 조선 시대가 되자 조선의 변경 지역에 사는 백성이 요동과 절강의 연안을 약탈함으로써 조선 국왕의 책봉이 지체된 일이 있는데 이 해적은 승무원 모두가 왜구 복장을 하고 선박은 검은색을 칠한 것이었다. 그들은 상선이라고 속이고 사실은 정보탐색을 위한 스파이 활동이 목적이었다고 자술하고 있다. 소위 왜구의 성격에서 볼 때 아주 복잡한 고려(考慮)가 필요하므로 정말로 어려운 문제라고 말하지 않을 수 없다. (중략)

관념적으로는 만족할 수 없지만 (조선이) 조공국에서 통상국으로 전환한 것은 현실의 역사적 전개였던 것이다. 이러한 지향에 대응하는 대외정책이 이어지는

———

13) 다나카 다케오의 〈왜구=고려·조선인 주체〉설과 다카하시 기미아키의 〈왜구=고려·일본인 연합〉설에 관해서는 이영, 「고려 말기 왜구 구성원에 관한 고찰―'고려·일본인 연합론' 또는 '고려·조선인 주체론'의 비판적 검토―」(『倭寇と日麗関係史』, 東京大学出版会, 1999. 『왜구와 고려―일본 관계사』로 도서출판 혜안에서 2011년 번역 출간) 참조.
14) 앞의 주(12) 책, 52쪽.

한, 왜구라는 이상한 활동은 해소되었을 것이다. ⓙ 조선의 경우, 이 통신사 일행에 의해 계해약조가 성립되었고 이 때문에 평화로운 교린통상 관계가 이어졌던 것을 생각하면, 이 사실(통상국으로 전환한 것이 왜구를 방지했다는 것 : 역자 주)을 증명하고 있다. 그런데 ⓚ 중국 연해에서는 일·중(日中) 사이의 국제적 질서가 조선의 경우와 달리, 일본이 조공국의 입장이라는 규제를 받고 있으며 통상을 위한 기구도 이에 따른 것이었다. 특히 명이 해금(海禁)정책을 견지하고 있었기 때문에 이윽고 해적이 횡행(橫行)하는 시대가 열리게 된 것이다.

위의 ⓔ에서는 〈표 1-1〉의 ⑨ 무라이 쇼스케의 〈왜구=악당인(惡党人)〉설의 원점을 발견할 수 있으며, ⑧와 ⓗ 그리고 ⓘ는 ⑩ 후지타 아키요시의 〈왜구=다민족·복합적 해적〉설,[15] ⓙ는 ⑪ 모리 가쓰미의 〈왜구=무장 상인단〉설,[16] ⓚ는 ⑥ 다무라 히로유키의 〈왜구 발생원인=고려 측의 무역제한〉설의 원류임을 각각 발견할 수 있다.

즉, 이상에서 언급한 일본의 왜구 관련 학설 거의 대부분이 나카무라의 연구인 「무로마치 시대의 일선관계」와 「13, 14세기 동아시아와 일본」에서 이미 지적된 바 있는 내용이다. 바꿔 말하자면 나카무라의 연구가 대외관계사 연구자들의 모든 학설의 원점, 원류였던 것이다. 이처럼 나카무라의 연구를 읽다 보면, 그는 후학(後学) 연구자들이 생각할 수 있는 모든 가능성에 대하여 이미 다 상정(想定)하고 언급하고 있을 뿐 아니라 자신의 견해에 관해서는 치밀하게 사료적 근거를 제시하고 있어서 정치(精緻)한 실증주의 연구의 전형(典型)과 같은 연구자로 느껴지지 않을 수 없다. 실제로 나카무라의 도쿄대학 국사학과 후배이면서 나카무라와 더불어 전후 일본의 대외관계사 학계를 이끌어 온 다나카

---

15) 이에 관해서는 이영, 「공민왕 원년(1352)의 동아시아 삼국의 국내정세와 왜구—고려 해도민(海島民)=왜구 일원(一員)설에 관한 한 고찰—」; 동, 「고려 말 왜구의 '다민족·복합적 해적'설에 대한 재검토—후지타 아키요시(藤田明良)의 '난수산(蘭秀山)의 난과 동아시아 해역세계'를 중심으로—」(『팍스 몽골리카의 동요와 고려 말 왜구』, 혜안, 2013) 참조.
16) 〈무장 상인단〉설에 대해서는 이영, 「庚寅年以降の倭寇と内乱期の日本社会」, 앞의 주(13) 책 참조.

다케오는 나카무라의 『일선관계사의 연구(日鮮関係史の研究)』에 대하여 다음과 같이 평가했다.

> 중량감이 넘치는(단순히 책의 물리적인 무게만을 말하는 것이 아닌) 본서를 손에 넣고 나는 기쁨을 금할 수 없다. 이 책이 나 자신에게 귀중한 지표가 되는 것은 물론 아마 이 책을 나침반으로 삼아 이를 목표로 하여 같은 연구를 지향하는 사람들이 배출될 것이 기대되기 때문이다.[17]

그리고 이 책에서 왜구론을 서술한 「무로마치 시대의 일선관계」에 대하여 다음과 같이 극찬하고 있다.

> 전전(戰前)의 『이와나미 강좌 일본역사(岩波講座 日本歷史)』에 수록되어 있었던 다섯 번째 논문(五, 室町時代の日鮮関係)은 가장 신뢰할 수 있는 일조관계사(日朝関係史)의 개설(概說)로서 연구자들로부터 30년 동안이나 의거(依據)되어 오늘날에는 고전적인 가치를 지니고 있다.[18]

실제로 왜구에 관한 나카무라의 학설은 전후(戰後) 일본의 대외관계사 학계에 계승되어 갔다. 예를 들면, 나카무라의 도쿄대학 국사학과 후배인 다나카는 소위 〈왜구＝고려·조선인 주체〉설을 주장하였는데, 이는 다시 다나카의 도쿄대학 후배 교수였던 무라이 쇼스케의 〈경계인(境界人)〉설로 이어진다.[19]

나카무라는 1945년 일본이 패전하자 고국으로 돌아가 나고야(名古屋)대학에서 11년, 나라(奈良)의 덴리(天理)대학에서 10년 동안 각각 교수로 재직한다. 흥미롭게도 이후 그의 학설은 그가 재직했던 나고야대학의 교수인 다카하시 기미

---

17) 『日本歷史』 212号, 1966年 1月. 『対外関係史研究のあゆみ』, 吉川弘文館, 2003, 136~137쪽.
18) 앞의 주(17) 책, 135쪽.
19) 이에 관해 무라이는 "왜구라는 이름의 집단을 보다 실체에 입각해 탐구해 보면 '경계인'의 풍모가 보이게 된다. 그런 의미에서는 전기 왜구와 후기 왜구에 본질적인 차이는 없다"고 했다. 「倭寇とはだれか」(『日本中世境界史論』, 岩波書店, 2013年 3月, 143쪽) 참조.

아키의 〈왜구＝고려·일본인 연합〉설과 덴리대학의 교수 후지타 아키요시의 〈왜구＝다민족·복합적 해적〉설로 계승되고 있다. 즉, 조선사편수관 나카무라의 주장이 1945년 이후에도 계속 이어지고 있는 것이다. 그 계보를 표시하면 다음과 같다.

中村栄孝—田中健夫(〈고려·조선인 주체〉설)—村井章介(〈경계인〉설)(도쿄대학)
　　　　—高橋公明(〈고려·일본인 연합〉설)(나고야대학)
　　　　—藤田明良(〈다국적·복합적 해적〉설)(덴리대학)

이상과 같이, 전후 일본 대외관계사 학회의 왜구 관련 제(諸) 학설은 전전(戰前)에 나카무라가 제시한 왜구 패러다임 속에 포함되어 있음을 확인할 수 있다. 그의 연구는 전후 일본의 왜구 연구에 지속적으로 지대한 영향을 미쳐 왔으며 또 현재에도 그 영향력은 거의 절대적이라 할 수 있다.[20]

---

20) 예를 들어 아라키 가즈노리(荒木和憲)의 『中世対馬宗氏領国と朝鮮』(山川出版社, 2007)과 에노모토 와타루(榎本渉)의 『東アジア海域と日中交流九ー十四世紀』(吉川弘文館, 2007), 스다 마키코(須田牧子)의 『中世日朝関係と大内氏』(東京大学出版会, 2011) 등 현재 일본의 젊은 대외관계사 연구자들의 연구서에서도 나카무라 히데다카의 왜곡된 한국사 인식이 영향을 미치고 있는 것을 확인할 수 있다.

조선에서 나카무라의 활동과 역사관

　조선사편수관 나카무라는 조선에서 어떤 활동을 하였으며 또 그는 어떤 역사관을 지니고 있었을까? 일본판 위키피디아는 나카무라에 관하여 다음과 같이 서술하고 있다.

　나카무라 히데다카(中村栄孝, 1902년 5월 1일~1984년 1월 4일)는 일본 최고의 명문 도쿄부립제일중학교(東京府立第一中学校)·제일고등학교(第一高等学校)를 거쳐 1923년에 도쿄제국대학(東京帝国大学)에 입학해 구로이타 가쓰미(黑板勝美)의 지도를 받았다. 1926년 도쿄제국대학 문학부 국사학과(＝일본사학과 : 역자 주)를 졸업하고 조선총독부 조선사편수회의 촉탁(嘱託)이 되었다. 1927년에 수사관(修史官), 1937년에 편수관(編修官), 1945년에 교학관(教学官)·간사겸임(幹事兼任)이 되지만, 같은 해에 종전(終戦)이 되어 귀국한다. 일본으로 돌아온 뒤인 1948년부터는 나고야대학, 1966년부터 덴리대학의 교수를 역임한다. 1977년 덴리대학에서 정년퇴임한 뒤에는 고향인 오아미시라사토(大網白里)로 돌아와 여생을 보내다 83세의 나이로 사망한다.

　조선사편수회에 근무할 때에는 『조선사(朝鮮史)』, 『조선사료총간(朝鮮史料叢刊)』의 편찬에 관여하였으며 다보하시 기요시(田保橋潔)·스에마쓰 야스가즈(末松保和)와 함께 청구학회(青丘学会)를 결성해 활동하였다. 패전 이후 일본으로 돌아온 뒤에는 1966년부터 간행된 『일선관계사 연구(日鮮関係史の研究)』(전3권)로 일본 학사원상(日本学士院賞) 및 은사상(恩賜賞)을 수상하는 등, 전후(戦後) 일본의 조선반도사(朝鮮半島史) 연구의 제1인자였다.

그런데 나카무라에 관해서 가장 주목해야 할 것은 바로 그가 조선사편수관으로 20년이라는 장기간에 걸쳐 조선에서 활동했다는 사실이다. 조선사편수회는 1925년에 조선총독부 직할의 독립기관으로 발족해 1938년에 전 37권의 『조선사』를 편찬하는데, 이는 한국 역사학계에서는 '역사 왜곡'과 '일선(日鮮)동조론(同祖論)', '타율성론(他律性論)', '정체성론(停滯性論)' 등으로 점철된 식민사학의 대표적 산물로 평가받고 있다. 이 『조선사』 편찬 작업에 관하여 나카무라는 「조선사의 편수와 조선사료의 수집(朝鮮史の編修と朝鮮史料の蒐集)」에서 다음과 같이 언급하고 있다.[21]

조선총독부가 행한 문화사업 중에서 고적(古蹟)의 조사 보존과 『조선사』의 편수 이 두 가지는 그 취지에서도 영원히 기억될 것임에 틀림없다.(중략)

학술적 견지에 입각해 사업을 진행한다고 하는 것이 이 새로운 계획(『조선사(朝鮮史)』를 편찬하는 일 : 역자 주)의 근본적인 특색이며 이 사업에서 시종일관 변함없는 일이었다.(중략)

정사(正史) 및 실록을 기본으로 하고 또 기록과 고문서를 더해 널리 안팎의 전적(典籍)을 참조하여 자료를 망라하고 무엇보다 공정한 입장에서 정리하고 기술한 통사(通史)인 점에서는 이 『조선사』에 견줄 만한 것이 없다.

위와 같은 서술을 통해 나카무라가 자신이 관여했던 조선사편수회의 사료수집 활동에 대하여 강한 자부심을 지니고 있음을 엿볼 수 있다. 아울러 『조선사』의 편찬에 대해서도 그것이 '공정한 입장'에서 이루어졌다고 주장하고 있다. 그러나 그가 조선사편수관이었다는 점을 고려하면, 그의 역사 연구 및 서술을 그야말로 '순수한 학술활동의 산물'로 생각하기는 어렵다.

가쓰라지마 노부히로(桂島宣弘)는 조선총독부의 『조선사』 편찬 작업에 대해

----

21) 中村栄孝, 『日鮮関係史の研究』(下), 吉川弘文館, 1969, 653쪽과 677쪽 참조. 참고로 나카무라는 1927~1935년에 걸쳐 『조선사』의 편수관을 역임했고 이 책 제4편의 주임이었다. 이에 관해서는 가쓰라지마 노부히로(桂島宣弘), 「植民地朝鮮における歴史書編纂と近代歴史学」(『季刊日本思想史』 76号, 2010年 6月)에 의거함.

이렇게 평가했다.

　　3·1 운동이라는 식민지 지배의 근저를 뒤흔드는 사태에 직면한 총독부 및 역사
편찬자들이 근대 역사학이 가지고 있는 실증주의=근본사료주의를 전면에 내세
워 설명적인 언사(言辞)를 삭제하고 '학술성', '전문성'으로 무장한 권위적인 '정사
(正史)'로서의 역사서로 변신한 것이다.[22]

따라서 나카무라가 자부한 것처럼 그를 포함한 조선사편수관의 활동이 공정
하고 전문적인 학술활동의 일환으로 이루어진 것인지에 관하여 구체적인 검토
가 필요할 것이다. 여기서는 그의 조선에서의 활동과 역사관에 대하여 살펴보
기로 하자.

나카무라는 일본 역사학계에서 '전후 일본의 조선사 연구의 제1인자'라고 알
려져 있지만, 조선에서의 구체적인 활동이나 그의 사관(史観)에 관해서는 특별
히 연구되거나 알려지지 않았다. 그러므로 나카무라의 조선 활동 상황을 그가
당시 조선에서 발표했던 글을 통해서 살펴보자.

그런데 「조선사편수회의 조직과 운용」[23] 등과 같은 선행연구에서는 오다 쇼
고(小田省五), 후지타 료사쿠(藤田亮策), 이마니시 류(今西竜), 구로이타 가쓰미(黒
板勝美), 이나바 이와키치(稲葉岩吉) 등에 대해서는 소개되어 있지만 나카무라에
관한 구체적인 연구나 소개는 찾아보기 어렵다. 조선에서의 그의 활동과 사상
에 대해서는 『문교의 조선(文教の朝鮮)』, 『조선(朝鮮)』 등 일제 강점기 조선에서
발행된 일본어 잡지에서 엿볼 수 있다. 다음의 인용문은 그가 일제 강점기에 조
선에서 '내선일체론(内鮮一体論)'이라는 제목으로 강연한 것을 잡지 『조선의 교
육연구(朝鮮の教育研究)』에 게재한 것이다.[24]

---

22) 앞의 주(21) 가쓰라지마 노부히로 논문 참조.
23) 김성민, 『한국민족운동사연구』 3호, 1989.
24) 中村栄孝, 「内鮮一体論」, 『朝鮮の教育研究』 123号, 1938年 12月.

(박수) 방금 소개받은 나카무라입니다. 여러분도 잘 알고 계시겠습니다만, 저는 총독부에서 역사교과서를 편찬하고 있는 사람입니다. (중략) 평생 교과서 편찬에 관계하는 한편 이 문제에 대하여 생각해 왔던 것을 이러한 대회 석상에서 말할 수 있게 되어, (후략)

나카무라는 1938년 조선에서 행한 강연에서 스스로를 가리켜 평생 (식민지 조선에서) '역사·국사' 교과서 편찬에 관계해 왔음을 강조하고 있다. 여기에서 나카무라가 말하는 '국사'란 당연히 한국사가 아닌 일본사를 의미한다. 그러면 그는 어떤 역사관을 지닌 인물이었을까? 1939년 12월에 발간된 『조선의 교육 연구』 136호에서 그는 다음과 같이 언급하고 있다.

진정한 우리 국사(国史)는 황실(皇室)을 중심으로 하는 국사 그것이다. 그러므로 그것은 국체(国体)를 기조(基調)로 삼은 사관(史観)을 철저히 한 것이어야만 한다. 따라서 국체의 본의를 시종일관 국사상(国史上)의 사실 속에서 발견하는 것이어야 한다.

위의 인용에서처럼 그는 철저한 황국사관(皇国史観)의 전도사였다. 그러한 그가 조선인들을 천황에 충성을 다하는 일본인으로 만들기 위해 식민지 조선에서 어떤 자세로 국사(일본사)교과서 편찬에 임했을까에 대해서는 다음 문장에 일목요연하게 드러나 있다.

조선 교육이 지향하는 것은 황국신민(皇国臣民)의 육성에 있다. 이를 위해 '국체 명징(国体明澄)', '내선일체(内鮮一体)', '인고단련(忍苦鍛錬)'이라는 3대 강령을 내세우고 있다.25)

---

25) 『朝鮮の教育研究』 136号, 1939年 12月.

여기서 그가 말하는 '내선일체'가 어떠한 내용이었는지, 그리고 그가 내선일체의 실현을 위해 조선총독부의 역사교과서 편수 작업에 어떤 생각으로 임했는지 나카무라의 다른 문장을 통해 살펴보자.

———

내선일체라는 말은 언제 어디서부터 생겨난 것일까, 그것은 말할 나위도 없이 한국 병합 당시부터 이 표어가 생겨났습니다. 즉, 그 의미를 생각하기 위해서는 반드시 한국 병합 당시에 발표하신 조서(詔書)의 정신에서부터 출발해야 합니다.[26]

미야타 세쓰코(宮田節子)는 "1910년의 한국 병합 때 메이지(明治) 천황은 「한국 병합에 관한 조서(詔書)」에서 '조선의 민중은 직접 짐이 어루만져 준다'라고 함으로써 조선인은 천황의 '적자(赤子)'로 위치지어졌다"고 했다.[27] 내선일체, 즉 일제의 동화정책은 1910년의 강제 합병 때부터 사용된 것이었다. 나카무라의 또 다른 문장을 보자.

———

오늘날 이것(한국 병합)을 설명하자면, 결국 일본이 나아가야 할 팔굉일우(八紘一宇)를 이상으로 하여 황도(皇道)를 선포한다고 하는 정신이 발전한 결과로서 나타난 하나의 중대한 사실인 것입니다. (중략) 점차로 황위(皇威)가 발휘되어 황실의 은혜가 보급됨에 따라 이 '국내(くにのうち: 国の内)'의 범위가 확대되어 왔고 따라서 또 그 큰 이상이 뻗어나가 '천하(あめのした: 天の下)'는 무한정 넓게 미쳐서, 이것을 한 집안처럼 묶는다고 하는 이상입니다. 이것이 팔굉일우의 올바른 해석입니다. 이 이상을 향하여 발전해 온 것이 우리 일본 역사의 발전입니다. 그리고 이 '天の下(あめのした)'라고 표현된 범위는 점차 확대되어 메이지 시대 이후가 되면

---

26) 앞의 주(25) 자료 참조.

27) 미야타 세쓰코(宮田節子)는 다음과 같이 언급했다. "1910년대에 가혹한 무단통치가 시행되고 1919년에는 전 민족이 참가한 3·1운동이 일어났다. 그 결과 총독부는 지배정책을 약간 수정했지만 그 기본 방침인 동화정책은 한층 강화되었다. 1919년 8월 19일, 다이쇼 천황의 이름으로 나온 「조선총독부 관제개혁의 소서」에서 '짐은 항상 조선의 민중을 애무하는 마음이 일시동인(一視同仁)이며 짐의 신민(臣民)으로서 추호의 차이를 두지 않는다'고 서술하여 동화정책은 부동의 근본방침으로서 재확인되었다." 이형랑 역, 『조선 민중과 황민화정책』, 일조각, 1997.

더 해외로까지 미쳐서 조선, 만주, 지나(支那)로 점차 이 이상이 확산되어 왔던 것이 현재인 것입니다. 따라서 팔굉일우의 이상이라는 것은 생각하기에 따라서는 아주 과격한 사상입니다. 세계 어디까지라도 우리 황위(皇威)에 복종시킨다는 생각이 되기 때문입니다. 그렇지만 그 말의 의미는 아무리 생각하더라도 이렇게 해석해야 합니다. 또 사실 그러한 이상을 가지고 우리들의 선조들은 앞으로 나아갔고 또 우리들도 나아가야만 한다는 것이 저의 신념입니다.[28]

여기서 나카무라는 한국 병합이 '팔굉일우', 즉 천황주의를 중심으로 한 일본 제국주의 팽창의 결과임을 숨김없이 드러내고 있다. 그리고 그러한 팔굉일우는 군사력을 사용하여 전 세계를 일본 천황의 지배하에 두는 데 있으며 나카무라 자신을 포함해 모든 일본인들은 그 이상을 실현하기 위해 매진해야 한다는 것이다. 그러면 나카무라는 팔굉일우의 실현을 위해 무엇을 해야 한다고 생각했을까? 다음 문장을 보자.

─────

교육은 결코 고립적이지 않다. 국가와 더불어 존재하며 문화와 상호 표리관계를 가지고 있으며 정치와 경제를 수반하고 있다. 정치에, 경제에, 흥아(興亞)를 위한 목소리는 높고 또 조선이 병참기지가 되어야 한다는 주장은 확고하다. 교육도 역시 이것과 분리할 수 없는 연계성을 지닌다. 황국신민교육의 중대한 의의도 또한 이를 기조로 하여 충분히 발휘되어야 한다. 그리고 정신적으로도 문화적으로도 대륙 전진의 병참기지가 되는 사명을 다해야 하는 것이다.[29]

교육, 즉 황국신민교육을 통해 조선을 대륙 침략의 전진기지로 삼겠다는 것이다. 구체적으로 어떤 교육일까? 그가 1940년도에 발표한 「조선에서의 국사교육(朝鮮に於ける国史教育)」[30]을 보자.

───────────

28) 앞의 주(25) 자료 참조.
29) 「皇国臣民教育と国史」, 『緑旗』 4, 1939年 11月.
30) 『朝鮮』 304号, 1940年 9月.

참으로 조선이 대륙으로 전진하기 위한 병참기지라고 하는 지위는 경제와 국방에서만 아니라 문화 전선(戰線)에서도 그 의의를 발견할 수 있는 때에 즈음하여 그 전진기지로서의 사명을 달성하고자 하는 큰 정신은 그러한 국사교육에 의해 배양되어야만 하고 그것은 이윽고 전 일본의 내일의 교육에 대한 시사(示唆)하는 바가 되어야만 한다.

위의 글에는 일본이 조선을 대륙 침략의 병참기지(兵站基地)·전진기지(前進基地)로 만들어야 하고 이를 위해 국사 교육을 통해 조선인들을 '황민화(皇民化)'해야 한다는 나카무라의 강한 목적 지향성이 드러나고 있다. 대륙 침략을 위한 병참기지·전진기지로 만든다는 것은 구체적으로 무엇을 의미하는 것일까? 다음 문장을 보자.

　　여기에 고대의 에조(蝦夷)의 순무동화(順撫同化)와 에조지(蝦夷地)의 개척이라는 중대한 사상(事象)에 직면하여 활동한 우리 조상들이 그 위업을 성취한 뒤, 간토(関東) 무사의 홍륭(興隆)이 우리 국운(国運)의 진전(進展)과 국민정신의 발양(発揚)에 획기적인 기여를 한 것이다. 이와 같이 의기와 신념과 각오를 가지고 반도내선(半島內鮮) 이천수백만의 백성은 분기(奮起)해야 하는 것이다. 그야말로 '쇼와(昭和)의 무사도(武土道)는 조선에서'라는 의기와 신념을 가지고 황국신민교육은 전개되어야만 하고 내선일체도 이런 각오로 구현되어야만 한다. 그래야만 비로소 조선은 모든 의미에서 병참기지로서의 실질을 갖추고 국가의 융창(隆昌)에, 홍아(興亜)의 큰 목적에 그리고 세계 인류문화를 위해 공헌할 수 있는 것이다.[31]

나카무라는 고대 일본의 중앙 권력이 에조, 즉 일본의 동북 지방을 개척해 그 원주민들을 일본인으로 만들었고 그들이 간토의 무사들이 되어서 일본의 국가 발전에 크게 기여한 것처럼[32] 조선인들도 더욱 철저한 일본인, '쇼와의 무사'가

---

31) 앞의 주(30) 자료 참조.
32) 참고로, 에조(蝦夷, 동북 지방의 원주민)와 간토 지방의 무사는 별개의 존재이다. 간토의 무사

되어서 일본의 발전, 즉 대륙 침략의 첨병(尖兵)이 되어 주기를 기원하고 있다. 그러기 위한 과정이 바로 '내선일체'를 강조한 국사 교육인 것이다. 이제까지 살펴본 나카무라의 역사관과 그의 조선 활동을 통해서 알 수 있듯이, 그는 '정치한 실증주의적 연구에 입각한 한국사 연구의 대가'라기보다는 그러한 가면을 쓴 '역사 왜곡의 대가'라는 평가가 더 어울리는 것 같다.

나카무라의 왜구 왜곡의 방법과 구조

제국주의 국가들의 식민지 통치 및 지배술을 분석한 명저(名著)『오리엔탈리즘(Orientalism)』의 저자 에드워드 사이드(Edward W. Said)는 프랑스의 아시아협회 초대 회장이었던 문헌학자 실베스트르 드 사시(Silvestre de Sacy, 1758~1838)에 관해 다음과 같이 언급하고 있다.

> 사시는 학문적 연구를, 모든 학자가 함께 구축하는 하나의 건조물에 어떤 적극적인 것을 부가하는 것이라고 생각했기 때문이다. <u>지식이란 본질적으로 어떤 소재를 가시적(可視的)으로 만드는 것으로, (중략) 그는 어떠한 텍스트이든 간에 그것을 선택해서 자신의 것으로 만들었다.</u> 그리고 그것을 상세하게 관찰해 주석을 달고 기호화하고 배열하고 해석했다. 당시 동양 그 자체는 오리엔탈리스트가 동양으로부터 만들어 낸 것만큼 중요하지 않았다.[33]

들이 무력으로 에조를 복종시켜 나갔다고 하는 것이 오늘날 학계의 정설이다.
33) 사이드의 지적대로 제국주의 일본은 스스로를 서양 세계로, 조선을 동양으로 간주하였다. 예를 들어 『오리엔탈리즘』의 일본어 판에 다음과 같은 서술이 있다.

사이드는 사시가 텍스트를 상세하게 관찰해 주석을 달고 기호화하고 배열하고 해석해 실체와 다른 가공의 '동양'을 만들어 냈다고 적고 있다.[34] 가쓰라지마 노부히로는 조선사편수회에 의한 『조선사』 편찬 작업에 대해 "식민지 조선에서 역사서 편찬 작업이란 여기에서 지적하고 있는 것처럼 '사료 수집－선택－관찰－주석·기호화·배열·해설'의 작업으로 그야말로 역사서 위에서 '학술화'된 조선이 세워지는 작업이었다고 말할 수 있다"라고 하고 있다.[35] 따라서 조선사편수관 나카무라의 왜구 패러다임 역시 이러한 의도를 가지고 이루어졌을 개연성이 높다. 이제부터 이러한 문제점에 입각해 나카무라의 왜구 왜곡에

이상 구미(歐美)에서 『오리엔탈리즘』을 어떻게 수용하고 있는지에 관해 살펴보았다. 지금부터는 일본으로 눈을 돌려 보자.

주체＝보는 입장으로서의 서양과 객체＝보여지는 입장으로서의 비(非) 서양 세계가 대립하는 오리엔탈리즘의 구도에 대하여, 근대 일본은 아주 특이하게 관여하고 있다. 서양에서 볼 때는 지리적·문화적으로 비서양 세계라고 하는 점에서 새삼 언급할 필요도 없이 일본은 '객체＝보여지는 입장'이다. 그러나 근대 일본은 제국주의 열강의 일원이 되는 길을 선택해 식민지 경영을 위하여 서양의 사상을 적극적으로 수용해왔다. 예를 들면 『오리엔탈리즘』에서도 다루고 있는 크로머의 『현대 이집트』는, 1911(메이지 44년)에 『최근 애급(最近埃及)』이라는 제목으로 최신의 구미 사상의 소개를 목적으로 하여 창립된 대일본 문명협회가 번역해 출판하였다. 그 서문에 협회 회원인 오쿠마 시게노부(大隈重信: 메이지 시대 정치가로 와세다 대학 창립자, 역자 주)는 "(크로머) 경의 이집트 경영은 우리의 한국에 대한 보호정치를 추진함에 있어서 참고해야할 것이 많다고 생각해" 이 책을 한국 통감 이토 히로부미에게 보냈다고 하는 취지의 글을 서술하였다.

여기에서 보이는 것과 같은 노력의 결과, 일본은 서양의 동양관도 섭취하여 오리엔탈리즘의 주체＝보는 입장에 섰던 것이다. 따라서 서양 오리엔탈리즘으로 향하여진 비판은 사실은 일본의 오리엔탈리즘에 대한 비판이라고 말해야 한다. 사이드는 오리엔탈리즘에 대하여 비판하는 가운데 서양인이 동시대의 동양에 관심이 없었던 것, 또 그것과 표리일체의 관계를 이루고 있는 것으로 동양의 인간에 대해서 관심이 없었던 사실을 지적하면서 (이 점을) 무엇보다도 강하게 지탄하고 있다. 일본에서도 전전(戰前)·전중(戰中), 나아가서는 전후(戰後)의 동양사학(東洋史學)을 비판하는 시도 속에서 인간의 존재를 망각하고 고증에 몰두해 동시대의 동양 여러 민족의 진상을 파악할 수 없었던 점이 비판의 대상이 된 적이 있어서 사이드에 의한 서양 오리엔탈리즘 비판과 일치하고 있다. 현재, 일본의 동양학에 있어서 이러한 특질이 벌써 다 극복되었다고 장담할 수 없다면 이 점에 대해서도 본서에서의 문제제기는 절실한 의의를 지니고 있다고 할 수 있다. 에드워드 사이드, 『오리엔탈리즘』, 이타가키 유조(板垣雄三) 스기타 히데아키(杉田英明) 감수, 이마자와 노리코(今沢紀子) 번역. 헤이본샤(平凡社) 1993년. 393~394쪽.

34) 에드워드 W. 사이드 저, 박홍규 역, 『오리엔탈리즘』, 교보문고, 1991, 230쪽.
35) 앞의 주(21) 가쓰라지마 노부히로 논문 참조.

관하여 살펴보자.

조선사편수회 간행의 『조선사』에 대하여 가쓰라지마는 "사료의 취사선택 및 사료 비판에 관해서는 유감스럽지만 필자의 전공이 아닌 부분이 많아서 그것들이 어떻게 이루어졌는가에 관해서는 판단하기 어렵다"[36]라고 했다. 따라서 나카무라의 왜구 패러다임 역시 '사료의 취사선택과 사료 비판'에 관해 구체적인 분석과 검토가 요구된다고 할 수 있다.

우선 그의 텍스트(논문) 구성이 어떠한 논리적 구조를 지니고 있는지 살펴보고, 그 의도와 효과에 대하여 생각해 보고자 한다. 그가 왜구를 어떻게 왜곡하고 곡해(曲解)해 왔으며 또 무엇을 숨기려고 하였는지를, 그가 의도적으로 배제시킨 왜구의 실체에 관한 핵심 사료를 제시해 고찰하고자 한다. 특히 나카무라가 왜구의 실체 및 발생 배경을 구조적으로 왜곡하고 있는 점에 대하여 중점적으로 검토한다.

우선 나카무라 이론의 도입부에 해당하는 부분을 3개의 문단별로 나누어 각각의 문단이 어떠한 내용의 문장으로 구성되어 있는지 살펴보자.

〈표 1-2〉의 1문단 ②와 ③에 관해 나카무라가 구체적으로 어떻게 서술하고 있는지 그 원문(原文)을 보자.

―――

ⓐ 원구(元寇)＝몽골의 습래(襲来)로 인해 방인(邦人)의 해상활동은 이상한 자극을 받았다. ⓑ 이윽고 남북조의 혼란한 시대가 되자 재화(財貨)를 구하기 위하여 해외로 도항하는 자는 매년 격증(激增)했다. ⓒ 그러나 원·명의 폐흥(廃興)에 수반하는 대륙정세의 분규로 인해 교섭은 원활하지 않았다. ⓓ 왜인의 해구(海寇)가 대륙 연안에 공포를 초래하였으며 소위 '왜구'라는 통칭(通稱)을 낳았다.

위 문장의 논리 전개는 다음과 같다.

ⓐ 몽골의 일본 침공이 왜구 침구(侵寇)의 한 계기를 제공함.(일본인의 해상활

―――――――

36) 앞의 주(21) 가쓰라지마 노부히로 논문 참조.

<표 1-2> 「무로마치 시대의 일선관계(室町時代の日鮮関係)」 서론의 내용 구성

문단	주요 서술 내용
1	① 무로마치 시대의 시기(始期)에 대한 나카무라의 독자적인 규정과 해명[36] ② 헤이안 시대 말기·가마쿠라 시대의 일본인의 해상활동에 관한 서술 ③ 남북조 내란기의 일본인의 해상활동에 관한 서술 ④ 무로마치 시대에 들어와 왜구금압을 둘러싼 외교 교섭이 시작되었다고 서술 ⑤ 아시카가 정권과 명나라 사이에 국교가 성립되었다고 서술 ⑥ 일본인이 해상(海商) 또는 해구(海寇)가 되어 제해권을 장악했다고 서술 ⑦ 모모야마 시대에서 에도 시대 초기에 걸쳐 유럽인들과 서로 경쟁하면서 활동의 전성기를 맞이했다고 서술
2	① 무로마치 시대가 고려 공민왕부터 조선 선조(宣祖) 초년에 해당된다고 서술 ② 이 기간 동안에 왜구의 침구가 시작되고 그 금압을 위해 전개된 외교 교섭을 계기로 국교가 맺어졌다고 서술 ③ 왜구의 종식이 무역의 발전으로 이어지고 이어서 조선의 대일무역 통제가 주요 문제가 되었다고 서술
3	① 연구 문헌과 근거 사료에 관한 구체적인 기술은 생략하였음을 서술 ② 『고려사』, 『고려사절요』, 『조선왕조실록』 등 주요 근거 사료에 관한 언급 ③ 특히 『해동제국기』의 사료적 가치에 관해 특기(特記)

동이 '이상한 자극'을 받았다고 표현)

ⓑ 남북조 내란의 혼란을 틈타 재화를 구하기 위해 해외로 도항하는 왜인들이 격증함.

ⓒ 대륙정세의 혼란으로 인해 교섭이 원활하게 이루어지지 않음.

ⓓ 왜인의 해적활동이 왜구로 불리게 되었다고 함.

나카무라는 '일본인들은 어디까지나 무역을 위해 고려나 중국에 갔는데 몽골의 일본 침공으로 자극을 받은 데다가, 중국 대륙정세가 혼란해서 무역이 방해받게 되자 어쩔 수 없이 해적 행위를 하게 된 것'처럼 서술하고 있다. 이에 관해 구체적으로 살펴보면 ⓐ의 경우, 왜구의 침공이 마치 몽골의 두 차례에 걸친 일본 침공과 직접적인 인과관계가 있는 것처럼 서술하고 있다. 그러나 몽골의 일본 침공 이전인 고려 고종 10년(1223)에 이미 왜구가 최초로 발생해 10여 차례나 침구한 바 있다. 고려 말 왜구의 침구가 100여 년 전에 있었던 몽골의 일본 침공과 전혀 무관하다고는 할 수 없지만 그것이 침구의 직접적인 원인이라

고 하기는 어렵다.[37]

그리고 ⓑ에서는 '재화를 구하기 위해 해외로 도항하는 왜인'이라고 표현할 뿐, 해적 즉 왜구로서 침구해 갔다고 분명하게 언급하지 않고 있다. 또 ⓒ에서는 왜인들이 무역을 위해 갔는데 대륙정세 때문에 교섭(=무역)이 방해받았다고 하는 뉘앙스를 풍기고 있다. ⓓ에 와서 비로소 '왜인의 해적활동'이라고 언급하고 있어서 앞의 문장 ⓐ·ⓑ·ⓒ와 ⓓ의 관계가 애매모호하게 느껴진다. 즉, ⓐ의 해상활동, ⓑ의 해외도항, ⓒ의 교섭이 의미하는 것이 '왜구'인지 아니면 '해상(海商)'인지 불분명하다는 것이다. 나카무라는 왜구를 '해적'과 '해상'이라는 양면성을 지닌 존재로 제시하고자 한 것으로 보인다. 그는 또 왜인들에 의한 왜구 활동의 원인이 어디까지나 중국 측에 있었다는 뉘앙스(ⓐ와 ⓒ)를 풍기는 듯 교묘하게 서술하고 있다.

1문단의 ⑦에서는 이 논문이 작성된 1935년 당시 정세를 반영해, 왜인들이 유럽인들과 동아시아의 제해권을 놓고 경합했다고 서술하고 있다. 그러나 당시의 왜인들이 20세기 중엽의 소위 '국가주의적'인 의식을 지니고 있었을 리 만무하다. 왜인들이 16~17세기부터 이미 아시아 지역에서 백인들과 주도권을 두고 다투었다고 했는데, 이는 서양 제국주의 열강들과 아시아 식민지 쟁탈을 위해 경합하고 있던 1935년 당시의 제국 일본의 침략 행위를 자기 합리화하기 위한 '흥아(興亞)' 운운, 즉 훗날의 소위 '대동아공영권(大東亞共榮圈)'과 같은 식의 주장이 투영되고 있는 것이다.

또 〈표 1-2〉에서 알 수 있듯이, 나카무라는 왜구의 침구 원인에 관해 언급하면서 한반도보다도 중국과의 관계를 먼저 서술하고 있다. 그렇지만 왜구가 한반도에 최초로 침구한 것은 고려 고종 10년(1223)으로 중국에 침구한 1358년보다 130여 년이나 앞선다.[38] 그리고 본 논문의 제목이 「무로마치 시대의 일선관계」, 즉 일본과 조선의 관계에 관해 서술한 것임을 생각한다면 당연히 왜구의

---

37) 이에 관해서는 이영, 앞의 주(16) 책 참조.
38) 왜구가 중국에 최초로 침구한 사료로 『원사(元史)』 권제 46, 지정(至正) 23년 8월 1일 조가 있다.

한반도 침구에 관해 먼저 언급하는 것이 자연스럽다.

또 왜구의 침구를 대(対) 중국 관계 인식, 즉 '원(몽골)의 일본 침공'과 '원·명(元明)의 교체'라는 중국 측의 상황 속에서 구하는 것과 달리, 한반도에 대한 왜구의 침구는 단순히 고려(조선) 측의 왜인들에 대한 무역통제가 그 주된 원인이었고 따라서 통제가 완화되자 해결되었다고 서술하고 있을 뿐이다.

즉, 1문단 ②의 ⓐ문장에서는 왜구의 중국 대륙 침공의 이유가 '몽골의 일본 침공'에 있는 것처럼 서술한 것에 반해, 2문단의 ③에서는 왜구의 고려 침공은 '몽골의 일본 침공'과는 무관하고 오로지 무역이나 경제적인 문제하고만 관련이 있는 것처럼 서술하고 있다. 주지하듯이 몽골의 일본 침공에는 고려군도 선박과 병사 그리고 선원을 제공하는 등 핵심적인 역할을 하였다.

그렇지만 논문이 발표될 당시 조선은 이미 일본의 식민지였으며, '내선일체'라는 당면 목표를 시급히 달성해야 하는 대상이었다. 나카무라는 내선일체 사업의 핵심적인 역할을 했던 인물이다. 그런 그의 입장을 고려할 때 고려에 침구한 왜구는 중국에 대한 침구와는 달리, '복수'와는 무관하고 단순히 무역 또는 경제적인 이익을 얻기 위한 것이라고 함으로써 중국과 달리 '적대적인' 측면을 드러내지 않는 것이 바람직하다고 여겼을 것이다.

나카무라는 중국과 한반도를 막론하고 왜구의 실체 및 발생 배경을 오로지 무역 및 경제적인 이유에서만 찾고자 했음을 알 수 있다. 이러한 의도는 다른 곳에서도 찾아볼 수 있다.

〈표 1-2〉의 1문단의 ②·③·⑥과 2문단의 ③과 마찬가지로 「무로마치 시대의 일선관계」의 제1장 「왜구에서 일본과 조선의 수교로(倭寇から日鮮の修交へ)」의 도입 부분에서도 이러한 특징이 발견된다. 예를 들면, 그는 공민왕 15년(1366)에 파견한 최초의 금왜(禁倭)요구사절이 선물을 가지고 온 것에 대하여 언급하면서, 일본사 사료를 인용해 "고려 사절이 가지고 온 신물(信物)을 무가(武家) 및 다이묘(大名)들이 받고 이를 귀중하게 여겼다"[39]고 서술했다. 그리고 또

---

39) 「高麗は、これを報聘使として迎え、答礼の信物を托した。かれらが帰ると、その信物は、武家から諸

우왕 3년(1377)에 정몽주가 내일(来日)했을 때에도 역시 일본사 사료를 인용해 다음과 같이 언급하고 있다.

우리는(われは) 이에 수반하는 신물(信物)에 대한 이윤을 목적으로 하여 일단 (왜구) 금제(禁制)를 명령하고 휘하 및 하카타(博多)의 무역시장으로 모여드는 왜구들에게 잡혀 온 사람들을 송환하자 마침내 수호(修好)를 목적으로 하는 사절이 왕래하고 이윽고 서쪽 지방 각지에서 이를 모방한 사람들이 속출하여 일본과 조선 사이에 새로운 관계가 진전되었다.[40]

당시 일본의 지배층이 고려의 사절들이 가지고 오는 물자의 획득, 즉 경제적 대가(代価)를 노리고 왜구금압을 명령하고 또 왜구들이 납치해 온 고려(조선)인들을 송환시켰는데 이것이 주요한 계기가 되어 왜구가 무역 상인으로 변질되어 갔다고 주장한 것이다. 그럼으로써 일본 중앙 정계의 군사 및 정치 정세의 변동과 연계된 규슈 지방의 내전을 왜구 발생의 주요 원인으로 보는 인식으로 이어지는 길을 원천적으로 차단했다.[41] 그 결과, 이후 왜구 문제는 오로지 무역과 경제의 문제로만 다루어져 왔다. 그러나 왜구의 침구는 규슈 지역의 군사 및 정치 정세와 상호 밀접하게 대응하고 있다.[42] 다시 말해 나카무라의 왜구 패러다임은 왜구를 일본 국내의 군사 및 정치 정세와는 전혀 관계없는, 오로지 무역이나 경제의 문제로만 귀결시켰다는 데 그 특징이 있다. 그렇다면 이러한 나카무라의 의도는 어디에 있었을까?

이와 관련해 흥미로운 것은 후지타 아키라(藤田明), 사토 신이치(佐藤進一), 가와이 마사하루(河合正治)와 같은 남북조 시대사 전공자와 일본 민속학계의 거두

大名に頒かたれ、珍重されている。」앞의 주(12) 나카무라 연구서, 144쪽.

40) 앞의 주(12) 책, 147쪽.

41) 그 이유로는 소위 '남북조 정윤론' 문제와 '황민화정책'이 밀접한 관련이 있는데, 이에 관해서는 본서의 제2장 내용을 참조할 것.

42) 이영, 「고려 말의 왜구와 마산」(『잊혀진 전쟁, 왜구』, 에피스테메, 2007)과 본서 제5장과 제6장 참조.

인 미야모토 쓰네이치(宮本常一) 등43) 순수한 일본사 및 일본 민속학 연구자들은 나카무라를 비롯한 일본의 대외관계사 연구자들과 달리, 왜구의 발생을 남조의 수군과 관련해서 언급했다는 사실이다.

반면 나카무라는 〈고려 말 왜구=남조(南朝) 수군〉설(이하, 수군설)은 물론 왜구의 침구를 남북조 내란과 연관지어 적극적으로 고찰한 적이 단 한 차례도 없다. 한국 역사에 대하여 잘 알지 못하고 한국사의 문헌사료를 연구에 활용한 적이 전혀 없었던 순수한 일본사 연구자들조차 상정할 수 있었던 〈고려 말 왜구=남조 수군〉설이 전후 일본에서 한국사의 제1인자로 손꼽혔던 나카무라의 '왜구 패러다임'에는 포함되지 않았으며 단 한 번도 고찰의 대상이 되지도 않았던 것이다. 그리고 이러한 나카무라의 견해가 마치 학계의 불문율(不文律)이라도 된 것처럼 전후 일본의 대외관계사 연구자들 역시 누구 하나 〈남조 수군〉설을 제기하지 않았다. 왜일까? 이에 관련해 나카무라의 다음 문장을 보자.

국체명징(国体明澄)을 위한 노력(企図)은 옛날부터 여러 차례 단행되어 왔는데 마침내 오늘에 이르러 일군만민(一君万民), 일억일심(一億一心), 국민정신을 발양하고 황운(皇運)을 떠받들어 황도(皇道)를 선포하는 성업(聖業)에 매진한다고 하는 자각과 신념이 완성되었다.

더욱이 앞으로는 팔굉일우(八紘一宇), 세계일가(世界一宇)라는 큰 이상에 입각해 이것이 선양(宣揚)되고 보급되기를 지향하고 있다. 따라서 오늘날 국체명징을 위한 과정 중에 일어난 사실(史実)을 가지고 현재 및 앞으로의 지침으로 삼을 경우에는 충분한 준비를 한 뒤에 선택해야 한다. 그렇지 않으면 오히려 폐해(弊害)가 수반될 것임을 잊어서 안 된다. (중략)

또한 황공하게도 천황을 위시해 황족 관계를 교재로 취급할 때에는 가장 용의주도하고 신중한 태도를 가지고 취급해야만 한다. 예를 들면 입에 올리고 글로 쓰는 것조차 아주 황송하며 신하된 자의 눈을 덮고 귀를 막아야 할 사실(史実)을 일

---

43) 이들 네 사람 역시 모두 확실한 사료적 근거를 제시한 것이 아니라 추정에 의해 〈남조 수군〉설을 제기한 것이다. 자세한 내용은 이영, 「고려 말 왜구의 허상과 실상」(『대구사학』 제91집, 2008년 5월) 참조.

일이 다 언급해서 충의(忠義)를 강조하고 국체(国体)를 논하는 일은 국민 일반의 상식 내지 국민을 교육시키는 과정에서는 피해야 한다. 식자(識者)의 주의를 촉구할 생각에서 구태여 이를 예로 들면, 고토바(後鳥羽) 상황(上皇)이 '새로 온 섬지기(新島守)'라는 한탄을 와카(和歌)로 표현한 것 같은 예[44]와 같이, 고다이고(後醍醐) 천황이 일천만승(一天万乗)의 천자(天子)의 존엄한 신분으로 "하늘 아래 숨을 곳이 없구나"라고 시를 읊으신 것을 언급함으로써 신하의 지성(至誠)을 자극하시려고 한 사례 등은 정말로 황공하기 이를 데 없는 것이라고 말하지 않을 수 없다.

예전부터 왕왕 이러한 반면교재(半面教材)를 들어서 국체관(国体観)을 육성하고자 한 것은 전 세계에 보급해야 할 국사(国史), 흥아(興亜) 교육의, 그리고 그 일부가 되는 황국신민교육을 위한 국사의 내용으로는 도저히 담을 수 없는 것이다. 이러한 사실(史実)이 교육상, 또 사회지도에 필요했던 미개하고 철저하지 못한 시대도 과거에는 존재했음을, 더욱이 우리들의 조상 중 일부가 이러한 역사를 남긴 것을 깊이 부끄럽게 여겨야 한다. 그렇지만 흥아 신교육, 황국신민교육을 위한 국사는 국민의 참회록이 되어서는 안 된다. 세계에 자랑해야 할 국체에 입각하는 국민정신의 발양을 통해 천황의 찬란하게 빛나는 국운진전(国運進展)의 역사가 되어야만 한다.[45]

조선인들을 황국신민으로 육성하기 위해 일제가 내세운 3대 강령이 '국체명징', '내선일체', '인고단련'이라고 했다. 국체명징이란 황국사관에 입각한 일본사 교육을 통해 조선인을 완전한 일본인으로 만드는 것이었다. 그리고 이를 위한 구체적인 실천 방안이 '황국사관에 입각한 국사, 즉 일본사 교육'이며 실제로 교육에 임할 때에는 "천황을 위시한 황족 관계의 교재에 대해서는 가장 용의주도하고 신중한 태도로 다루어야 한다"는 것이다. 특히 고다이고 천황이 가사기(笠置) 산에서 농성하다가 로쿠하라탄다이(六波羅探題)가 파견한 토벌대에 의해 성을 함락당하고 도주하면서 지었다고 하는 "하늘 아래 숨을 곳이 없구

---

44) 조큐(承久)의 난에서 패한 고토바 상황이 가마쿠라 막부에 의해 오키 섬으로 유배 와서 읊은 시로, 「われこそは新島守よ隠岐の海の荒き波風心して吹け」("나야말로 새로 온 섬지기이다. 오키 바다의 거친 파도와 바람이여, 조심해서 불어라"라는 의미).

45) 「皇国臣民教育と国史」, 『緑旗』 4, 1939年 11月.

나"라는 와카(和歌)를 언급해서는 안 된다고 한 것은, 나카무라가 〈남조의 수군〉설의 가능성에 대해 일절 언급하지 않았던 사실과도 일치한다.

나카무라가 철두철미한 황국사관론자(＝남조정통론자)였음을 고려할 때, 그가 〈왜구＝남조 수군〉설은 물론, 고려 말 왜구를 남북조 내란과의 관련 속에서 서술하지 않았던 것은 논리적인 일관성을 보이고 있다고 할 수 있다. 즉, 남북조 시대란 대각사통(大覚寺統, 남조)과 지명원통(持明院統, 북조)을 꼭두각시로 내세운 무가(武家)의 정권쟁탈전이었지만 두 천황 가문이 왕위를 놓고 다투던 시대였기에 황국신민교육을 한다면서 이러한 내용을 가르칠 수는 없었던 것이다. 고려 말 왜구의 실체가 남조의 수군이었다고는 더더욱 발설하기 어려웠을 것이다.

결 론

나카무라의 논문은 외국인 연구자가 작성했다고는 믿기 어려울 정도로 방대한 한국사 관련 사료와 자료를 분석하고 활용하며 또 논리정연하게 배치하고 있다. 현재 다수의 연구자들이 손쉽게 이용하는 『조선왕조실록』의 전산화된 자료는 물론 컴퓨터도 존재하지 않았던 당시에, 그는 그 방대한 사료를 꼼꼼히 조사하고 분석하였을 뿐 아니라, 같은 시기 일본의 문헌사료와 교묘하게 결합시켜 자신의 왜구 패러다임, 그리고 거기에 입각한 한일관계사상(韓日関係史像)을 구축해 갔다.

그는 한국에 체재하는 20년 동안 사료수집 등의 활동을 목적으로 여러 차례

전국을 여행해 한국 지리에도 밝았던 것으로 보인다. 그 결과, 그의 왜구 패러다임은 전후 일본의 대외관계사 연구자들은 물론 한국의 연구자들에게도 정치(精緻)한 실증주의적 연구의 결과물로 여겨져 왔다. 그러나 그의 연구는 황국사관에 입각해 내선일체라는 제국주의 일본의 정책을 입안하고 수행하는 그의 입장을 반영한 목적 지향성에 근거한 것으로, 치밀하고 교묘한 역사 왜곡으로 점철된 것이었음을 확인하였다.

　나카무라의 왜구 패러다임을 비판하기 위해서는, 한국인 연구자에게는 일본의 지리와 무로마치 시대의 역사에 관한 지식 그리고 일본사의 문헌사료에 대한 이해 등이 요구된다. 반대로 일본인 연구자에게는 한국의 지리와 고려·조선 시대의 역사 지식과 문헌사료에 대한 독해능력이 필요하다. 그뿐 아니라 그가 조선사편수관으로 활동하던 1930~1940년대의 만주사변과 중일전쟁의 전개와 같은 동아시아 국제정세 및 이와 관련된 일본 국내정세에 대한 이해가 요구된다. 그리고 무엇보다도 위의 세 가지 요건을 상호 관련지어 고찰할 수 있는 사이드의 『오리엔탈리즘』과 같은 문제의식과 시각(視覺)이 요구되었다. 나카무라의 왜구 패러다임이 「무로마치 시대의 일선관계(室町時代の日鮮関係)」(1935) 이후 무려 80년 동안이나 왜구를 왜곡해 올 수 있었던 것은 바로 이상과 같은 이유 때문이었다고 생각한다.

왜구 왜곡의 정치적 배경과
14~15세기 동아시아 국제관계 인식

제 2 장

왜구 왜곡의 정치적 배경과
14~15세기 동아시아 국제관계 인식

서 론

　현재 한국 역사학계의 14~15세기 동아시아 국제관계 및 질서에 관한 패러다임은 일본의 대외관계사 학계가 구축해 온 왜구 인식을 중심으로 성립되어 있다고 해도 과언이 아니다.[1] 그리고 이러한 왜구 인식을 구축하는 데 핵심적인 역할을 한 것이 조선총독부 산하 조선사편수회 편수관 나카무라 히데다카였다.

　역사학자의 사관(史観)은 그 사람이 활동했던 시대의 정치·사회적 상황과 밀접한 관련을 지니고 있다. 나카무라의 왜곡된 왜구 패러다임은 한 사람의 역사학자 개인의 사관 문제가 아니라 그가 살았던 시대의 문제이기도 하다. 따라서 이 장에서는 보다 시야를 넓혀서 일본 근대 정치가 일본의 학문 분야, 특히 역사학에 미친 영향에 대하여 살펴보고 그 연장선상에서 왜구 왜곡의 문제를 생각해 본다.

　그리고 나카무라의 왜구 패러다임이 1930년대 일제의 대륙침략정책 추진에 따른 조선인에 대한 황국신민교육과 어떠한 관련성이 있는지를 살펴보고, 마지막으로 일본 근대의 정치적 문제와 밀접한 관련을 지니고 있는 일본의 왜구 연구가 현재 일본 학계의 14~15세기 동아시아 국제관계 인식에 어떠한 영향을 미

---

1) 국사편찬위원회 1995년 간행 『한국사 22. 조선 왕조의 성립과 대외관계』 중 「일본과의 관계」에는 다음과 같은 일본 연구자들의 논문이나 연구서가 인용되고 있다. 나카무라 히데다카(中村栄孝), 「室町時代の日鮮関係」; 동, 「朝鮮世宗己亥の対馬征伐」; 동, 「歲遣船定約の成立」(『日鮮関係史の研究』(上), 吉川弘文館, 1965); 이시하라 미치히로(石原道博), 『倭寇』(吉川弘文館, 1964); 다나카 다케오(田中健夫), 『中世海外交渉史の研究』(東京大学出版会, 1965); 동, 『倭寇─海の歴史』(教育社, 1982); 다무라 히로유키(田村洋幸), 『中世日朝貿易の研究』(三和書房, 1967). 이 외에도 다수의 일본인 연구자들의 연구가 인용되고 있다.

치고 있는가라는 문제에 관하여 고찰해 본다. 이상과 같은 고찰은 왜구 왜곡이 단순히 역사학 연구방법이나 역사연구자 개인 사관의 문제만이 아니라, 근대 이후 일본의 국내정치 및 대외정책과도 복잡하게 얽혀 있다는 사실을 보여 주게 될 것이다. 아울러 왜구의 발생 배경 및 그 실체에 관한 새로운 인식은 해당 시기 동아시아 삼국의 국내정세 및 그 이후의 역사전개, 그리고 국제관계 등에 대한 새로운 조망을 가능하게 해 줄 것이다.

일본의 왜구 연구와 문제점

일본의 대표적인 역사 관련 출판사 중 하나인 가도가와(角川) 출판사가 간행한 『일본사 사전』에는 '왜구'에 대하여 다음과 같이 기술하고 있다.

14~16세기에 한반도와 중국대륙 연안을 침구한 해적에 대한 조선과 중국 측의 호칭. 14~15세기에 활동한 전기(前期) 왜구와 16세기에 활동한 후기(後期) 왜구로 나뉘는데, 둘 다 민족과 국경을 초월하여 연합한 집단이었다. 전기 왜구는 1350년 간노(観応) 원년 이후 활동이 본격화되고 쓰시마・이키(壱岐)・마쓰우라(松浦) 지방의 해민(海民＝三島 왜구), 화척(禾尺)・재인(才人) 등으로 불리는 고려의 천민집단, 제주도의 해민 등이 한반도와 중국 북부의 연안을 습격하여 쌀과 사람을 약탈했다. 명과 조선의 요청에 응하여 일본 측이 왜구금압을 추진하고 또 조선 측의 왜구 회유책에 의해 왜구의 대부분은 투화왜인(投化倭人), 사송왜인(使送倭人), 홍리왜인(興利倭人) 등으로 변질되고 진정되어 갔다.

16세기 동아시아 무역이 활발해짐에 따라 명의 해금(解禁)정책과의 모순이 심화되고 밀무역자들이 횡행하게 된다. 이 밀무역자가 흉포해진 것이 후기 왜구로, 중국 중부 연안을 중심으로 활동했다. 그 대부분은 중국인으로 일본인은 1~2할 정도였다. 명이 1567년 해금을 해제하고 도요토미 히데요시(豊臣秀吉)가 1588년에 해적정지령(海賊停止令)을 발포하자 소멸되었다.

위에서 보듯이 일본 역사학계에서는 왜구를 '전기 왜구'와 '후기 왜구'로 나눈다. 전자는 쓰시마·이키(壱岐)·마쓰우라(松浦) 등 일본의 변경 도서(島嶼) 지방의 해민(海民), 화척(禾尺)·재인(才人) 등으로 불리는 고려의 천민집단, 제주도 해민 등이었으며, 그들이 한반도와 중국 북부의 연안을 습격하여 쌀과 사람을 약탈했다고 설명하고 있다.[2] 그리고 후기 왜구의 실체는 중국인이 대부분이라고 한다. 이러한 일본의 왜구 연구에 따르면 왜구는 일본인보다 오히려 고려(조선)인과 중국인이 주체였던 것처럼 생각된다. 그렇다면 왜 고려(조선)와 중국의 문헌사료에서는 그들을 '왜구'라고 불렀는지 수긍하기 어렵다. 이러한 왜구 인식은 일본의 역사교육 현장에서 여과 없이 재생산되고 있다. 예를 들어 우익 편향적인 교과서로 유명한 후소샤(扶桑社)의 『새로운 역사교과서(新しい歴史教科書)』에는 왜구에 관해 다음과 같이 기술되어 있다.

───

14세기 후반, 중국에서는 한민족의 반란에 의해 원나라가 북쪽으로 쫓겨 가고 명나라가 세워졌다. 명은 일본에 왜구 단속을 요구해 왔다. 왜구란 이 무렵 조선 반도와 중국 연안에 출몰해 있던 해적집단을 가리킨다. 그들 중에는 일본인 이외에도 조선인도 많이 포함되어 있었다.

───────

2) 〈삼도 해민〉설의 허구성에 관해서는 이영, 「〈고려 말·조선 초 왜구=삼도(쓰시마·이키·마쓰우라) 지역 해민〉설의 비판적 검토」(『팍스 몽골리카의 동요와 고려 말 왜구』, 혜안, 2013)를, 그리고 〈왜구=고려, 조선인 주체〉설 내지는 〈왜구=고려, 일본인 연합〉설에 관해서는 동, 「고려 말기 왜구 구성원에 관한 고찰-'고려, 일본인 연합론' 또는 '고려, 조선인 주체론'의 비판적 검토-」(『왜구와 고려-일본 관계사』, 혜안, 2011)를 참조.

14세기 후반 왜구의 주된 침구 대상은 고려였다. 일본은 왜구의 피해자인 고려를 가해자인 자신들과 동격(同格)화시켜 왜구의 실체로 변모시키고 있다. 한일 양국 간에 왜구에 관한 인식의 불일치는 일본 학계의 연구방법상의 문제나 고려사(高麗史) 등 한국사에 관한 '무지' 내지는 '몰이해'에서 기인하고 있는 것처럼 보인다.[3] 실제로 고려(조선)와 일본의 관계사를 연구해 온 일본인 연구자 대부분은 일본사 전공자들로, 그들 대부분은 한국에서의 유학 경험이 없으며 한글로 된 한국사 논문을 읽을 수 있는 능력을 지니고 있지 못하다.[4] 그들의 연구 방법은 『고려사』나 『조선왕조실록』 중에서 '일본' 또는 '왜'·'왜구'가 나오는 사료에만 주목하여 자신들의 단편적인 한국 관련 지식을 가지고 자의적으로 해석하는 경우가 대부분이다.

그런데 그러한 오류와 왜곡은 단순히 한국사에 관한 '무지' 내지는 '몰이해'가 원천적인 이유가 아니다. 오히려 일제 강점기의 식민사관에 입각해 의도적이며 계획적으로 왜곡해 왔던 것이 그 실상이다. 이하, 일본에서 말하는 소위 전기 왜구의 주체 및 발생 배경에 관해 일본의 대외관계사 학계만 아니라 역사 학계를 포함한 민속학계의 기존 학설을 정리하면 〈표 2-1〉과 같다.

이를 다시 정리해 우선 왜구의 발생 및 발호(跋扈)의 원인 및 그 실체를 기준

---

3) 이영, 「일본 대외관계사 연구의 문제점」(『동아시아 속의 한일관계사』(下), 제이엔씨, 2010) 참조.

4) 일본인 연구자들 중에는 이러한 문제점을 자각해 최근에는 한국에서의 어학연수를 통해 한글 독해 능력을 쌓은 젊은 일본 중세사 연구자도 나타나고 있다. 예를 들면 곤도 쓰요시(近藤剛)는 「高麗前期の官僚李文鐸の墓誌を通じてみた高麗・金関係について」(『教育·研究』第24号. 2011), 「『朝野群載』所収高麗国礼賓省牒状について―その署名を中心に―」(『中央史学』第34号. 平成 23年) 등의 논문을 발표했는데, 그는 한글 독해 능력과 한국사 이해를 바탕으로 하여 일본 중세 대외관계사를 연구하며, 고려와 금나라의 관계까지도 시야에 넣은 연구를 발표하고 있다.

5) 藤田明, 『征西将軍宮』, 東京宝文館, 1915.

6) 森克己, 『日宋貿易の研究』, 国立書院, 1948.

7) 青山公亮, 『日麗交渉史の研究』, 明治大学文学部文学研究所, 1955.

8) 앞의 주(7) 아오야마 고료(青山公亮) 연구서.

9) 田中健夫, 『中世対外関係史』, 東京大学出版会, 1959.

10) 佐藤進一, 『南北朝の動乱』, 中央公論社, 1965.

	연도(년)	학설	연구자
①	1915	〈왜구=남조(南朝)의 수군〉	후지타 아키라(藤田明)[5]
②	1948	〈왜구=무장 상인단〉	모리 가쓰미(森克己)[6]
③	1955	〈왜구=몽골의 일본 침공에 대한 복수〉	아오야마 고료(青山公亮)[7]
④	1955	〈왜구=쓰시마(対馬)·이키(壱岐) 지역의 경제적 빈곤〉	아오야마 고료[8]
⑤	1959	〈왜구=삼도 지역 해민〉	다나카 다케오(田中健夫)[9]
⑥	1967	〈왜구=남조의 전력 보급 및 증강〉	사토 신이치(佐藤進一)[10]
⑦	1967	〈왜구=남조 해적의 병량미 획득〉	가와이 마사하루(河合正治)[11]
⑧	1967	〈왜구 발생원인=고려 토지제도의 문란〉	다무라 히로유키(田村洋幸)[12]
⑨	1967	〈왜구 발생원인=고려 측의 무역 제한〉	다무라 히로유키[13]
⑩	1987	〈왜구=남조의, 세토나이카이(瀬戸内海)-규슈(九州) 지역의 해적〉	미야모토 쓰네이치(宮本常一)[14]
⑪	1987	〈왜구=고려·조선인 주체〉	다나카 다케오[15]
⑫	1987	〈왜구=고려·일본인 연합〉	다카하시 기미아키(高橋公明)[16]
⑬	1988	〈왜구=악당인(悪党人)〉	무라이 쇼스케(村井章介)[17]
⑭	1998	〈왜구=다민족·복합적 해적〉	후지타 아키요시(藤田明良)[18]
⑮	2013	〈왜구=경계인(境界人)〉	무라이 쇼스케[19]

으로 삼아 분류하면 고려(조선) 책임론, 일본 책임론, 공동 책임론의 셋으로 나
눌 수 있다.

---

11) 河合正治, 『瀬戸内海の歴史』, 至文堂, 1967.
12) 田村洋幸, 『中世日朝貿易の研究』, 三和書房, 1967.
13) 앞의 주(12) 다무라 히로유키(田村洋幸) 연구서.
14) 宮本常一編著, 『旅の民俗と歴史7. 海と日本人』, 八坂書房, 1987.
15) 田中健夫, 「倭寇と東アジア通交圏」, 『日本の社会史〈第1巻〉-列島内外の交通と国家』, 岩波書店, 1987.
16) 高橋公明, 「中世東アジア海域における海民と交流」, 『名古屋大学文学部研究論集』 史学 33, 1987.
17) 村井章介, 『アジアのなかの中世日本』, 校倉書房, 1988.
18) 藤田明良, 「東アジアにおける海域と国家, 一四~一五世紀の朝鮮半島を中心に」, 『歴史評論』 575, 1998.
19) 村井章介, 『日本中世境界史論』, 岩波書店, 2013.

일본 책임론은 남북조 내란기라는 정치·군사적 상황과 관련짓는 견해(후지타 아키라, 사토 신이치, 가와이 마사하루, 미야모토 쓰네이치)와 단순히 지역적 특성(한반도와 인접하면서 식량이 만성적으로 부족한 지역)과 관련짓는 견해(아오야마 고료, 다나카 다케오, 가와이 마사하루), 그리고 사회적 특성(해민·해적·악당인)에서 그 원인과 실체를 구하고자 하는 것(무라이 쇼스케)으로 분류할 수 있다.[20]

〈표 2-2〉 왜구의 실체 및 발생원인에 관한 일본 측 학설의 분류

분류 기준	학설	연구자
지역	〈삼도 해민〉	다나카 다케오
	〈왜구=경계인(境界人)〉	무라이 쇼스케
민족	〈고려·조선인 주체〉	다나카 다케오
	〈고려·일본인 연합〉	다카하시 기미아키
	〈다민족·복합적 해적〉	후지타 아키요시
	〈왜구=경계인(境界人)〉[21]	무라이 쇼스케
경제(무역)	〈무장 상인단〉	모리 가쓰미
정치·군사	〈남조 수군〉	후지타 아키라, 가와이 마사하루
	〈남조의 전력 보급 및 증강〉	사토 신이치
	〈악당인〉	무라이 쇼스케
	〈몽골의 일본 침공에 대한 복수〉	아오야마 고료
지역+경제(무역)	〈쓰시마·이키 지역의 경제적 빈곤〉	아오야마 고료
	〈발생원인=고려 토지제도의 문란〉	다무라 히로유키
	〈발생원인=고려 측의 무역 제한〉	다무라 히로유키
지역+정치·군사	〈남조의 세토나이카이-규슈 지역의 해적〉	미야모토 쓰네이치
	〈남조 해적의 병량미 획득〉	가와이 마사하루

---

20) 이상의 학설은 왜구 발호의 원인을 고려 내부에서 구하는 것(⑧·⑨), 그리고 왜구의 실체가 고려(조선)인 또는 고려(조선)인과 일본인 연합이었다는 것(⑪·⑫)을 제외하면 나머지는 일본 내부에서 찾고 있다(⑭의 견해는 일본인과 고려(조선)인 이외에도 중국인도 포함시키고 있다). 이를 좀 더 자세히 분류하면, 소위 '남북조 내란'이라고 하는 일본 국내정세와 결부시킨 견해(①·⑥·⑩)가 있고, 또 단순히 '규슈' 또는 '삼도'라는 식으로 지역만 제시한 견해(④·⑤)가 있다. 또 사회적 계층을 제시한 것(②·⑤·⑬)이 있다.
21) 이 학설은 '지역'과 '민족'의 두 가지 기준에 모두 해당한다고 볼 수 있다.

그런데 〈표 2-1〉에서 제시한 연구자들은 대개의 경우 한 가지 학설만 제시한 것이 아니었다. 다나카·아오야마·다무라·무라이는 각각 2개의 학설을 주장하고 있다. 이상의 여러 학설을 지역, 민족, 경제(무역), 정치 및 군사 등을 분류 기준으로 삼아 살펴보면 〈표 2-2〉와 같다.

그리고 〈표 2-1〉의 여러 학설은 〈표 2-3〉과 같이 A(일본 책임론)·B(고려·조선 책임론)·C(공동 책임론)로 나눌 수 있으며, 또 〈표 2-4〉와 같이 분류할 수 있다.

그런데 여기서 주목할 것은, A만 주장한 연구자들이 공통적으로 일본 중세사, 그중에서도 남북조 내란 전공자(후지타·사토·가와이)와 일본의 저명한 민속학자(미야모토) 등 일본의 역사 및 민속만을 연구 테마로 하는 연구자라는 점이다. 특히 후지타 아키라는 남북조 내란기 규슈의 남조 세력인 정서부(征西府)를 전공했으며, 사토 신이치는 일본의 대표적인 남북조 동란 연구자이다. 특히 사토의 『남북조 동란(南北朝の動乱)』은 수년 전 한·중·일 삼국이 각각 자국의

〈표 2-3〉 왜구의 실체 및 발생원인 등 왜구 책임의 국가별 분류

분류	연도(년)	연구자	왜구의 실체 및 발생원인에 관한 학설
A. 일본 책임론	1915	후지타 아키라	〈남조(南朝)의 수군〉
	1955	아오야마 고료	〈쓰시마·이키 지역의 경제적 빈곤〉
	1959	다나카 다케오	〈삼도 지역 해민〉
	1967	사토 신이치	〈침구 목적＝남조의 전력 보급 및 증강〉
	1967	가와이 마사하루	〈발생원인＝남조 해적의 병량미 획득〉
	1987	미야모토 쓰네이치	〈남조의 세토나이카이-규슈 지역의 해적〉
	1988	무라이 쇼스케	〈악당인(悪党人)〉
B. 고려 (조선) 책임론	1948	모리 가쓰미	〈무장 상인단〉
	1955	아오야마 고료	〈침구 목적＝몽골의 일본 침공에 대한 복수〉
	1967	다무라 히로유키	〈발생원인＝고려 토지제도의 문란〉
	1967	다무라 히로유키	〈발생원인＝고려 측의 무역 제한〉
	1987	다나카 다케오	〈고려·조선인 주체〉
C. 공동 책임론	1987	다카하시 기미아키	〈고려·일본인 연합〉
	1998	후지타 아키요시	〈다민족·복합적 해적〉
	2013	무라이 쇼스케	〈경계인(境界人)〉

<표 2-4> 왜구의 실체 및 발생원인에 관한 일본 연구자들의 그룹별 분류 및 특징과 공통점

분류	연구자	특징 및 공통점
A만 주장	후지타 아키라, 사토 신이치, 가와이 마사하루, 미야모토 쓰네이치	왜구의 실체를 남조의 수군(해적)으로 이해하거나 규슈 지역의 경제성장을 왜구 발생의 원인으로 인식함.
B만 주장	모리 가쓰미, 다무라 히로유키	두 사람 모두 왜구 발생의 원인을 고려의 경제적인 문제로 이해함.
A와 B 둘 다 또는 C를 주장	아오야마 고료, 다나카 다케오, 무라이 쇼스케, 다카하시 기미아키, 후지타 아키요시	아오야마와 다나카 두 사람은 〈삼도 해민〉설을, 아오야마를 제외한 나머지 연구자들은 한일(韓日) 두 민족의 연합 해적설이라는 공통점을 지님.

명저(名著) 각 100권을 선정했을 때 일본의 명저에 포함된 책이기도 하다.

가와이 마사하루 역시 일본 중세의 무가사회에 관한 전공자로 남북조 시대사에 관한 저서 『국민의 역사 남조와 북조(国民の歴史 南朝と北朝)』(文英堂, 1972)는 물론 『세토나이카이의 역사(瀬戸内海の歴史)』와 같은 해적 관련 연구서를 발간하기도 했다. 특히 그는 "남조의 해적들이 대륙으로 왜구가 되어 병량미를 획득하러 간 것으로 추찰된다"[22]고 하여 필자의 견해와 일부 공통점을 보이고 있다.[23] 미야모토 쓰네이치(1907~1981)는 일본 민속학의 대가 야나기타 구니오(柳田国男)와 쌍벽을 이루는 연구자로 평가받고 있다.[24]

한편 B만 주장한 연구자들의 공통점은, 그들이 일본과 한반도 및 중국과의 대외관계 및 교류의 역사를 주로 연구했다는 것이며 그들의 주요 연구 테마가

---

22) 앞의 주(11) 133쪽 참조.

23) 그러나 가와이 마사하루는 "쇼헤이(正平) 2년에 남조 측의 나이카이(内海) 해적들이 규슈의 남북에 대거 출동하고 있었던 사실을 생각하면, 그 3년 뒤인 쇼헤이 5년(간노 원년)에 아시카가 다카우지와 그 동생 다다요시가 다투는 소위 간노노조란이 일어나서 무가 측이 내분으로 지쳐 있는 틈을 타서 남조 측의 해적들이 대륙으로 왜구가 되어 병량미를 획득한 것으로 추찰된다"고 하여 경인년(1350) 왜구의 실체가 쇼니씨 휘하의 쓰시마 세력이었다고 하는 필자의 견해와는 차이가 있다.

24) 미야모토는 1930년대부터 1981년에 사망할 때까지 일본 각지를 돌아다니며 답사해 방대한 기록을 남겼다. 그의 민속학은 아주 방대하였으며 그중에서도 생활용구와 기술에 관심을 보여 '民具学'이라고 하는 새로운 영역을 구축했다. 이상의 내용은 '위키피디아' 일본 편에 의함.

〈표 2-5〉 왜구 연구자들의 그룹

순수 일본학 연구	후지타 아키라, 사토 신이치, 가와이 마사하루, 미야모토 쓰네이치
대외관계사 연구	위의 4명을 제외한 왜구 관련 연구자 전원

'무역'에 집중 내지는 한정되어 있다는 점이다.[25]

그리고 A와 B 그룹에 둘 다 속하거나 또는 C 그룹에 속하는 연구자들은 일본사로 시작해 한일관계사 또는 일중관계사로 그 연구 범위를 확대해 간 대외관계사 연구자들이다. 물론 이들 역시 고려(조선) 및 중국 측 사료를 연구에 활용해 왔다. 이처럼 왜구에 관한 학설을 제기한 일본 연구자들은 크게 순수 일본학(역사 또는 민속) 연구자 그룹과 대외관계사 연구자 그룹으로 나눌 수 있다(〈표 2-5〉).

그런데 여기서 매우 흥미로운 사실은 고려(조선)의 문헌사료를 연구에 전혀 활용하지 않았던 순수 일본학 연구자들은 왜구의 실체 및 발생원인을 공통적으로 '남북조 내란기 당시의 남조 수군이 병량미를 획득하기 위해 침구해 간 것'에서 구하고 있는 것에 반해, 대외관계사 연구자들은 마치 약속이라도 한 것처럼 단 한 명도 '남조 수군의 병량미 획득'에 관해서는 그 최소한의 가능성도 일절 언급하지 않았다는 점이다.

〈삼도 해민〉설은 물론 〈고려·일본인 연합〉설까지 상정(想定)하고 거론하였던 대외관계사 연구자들이 왜 〈남조 수군〉설에 관해서는 전혀 생각이 미치지 못하였을까? 한국사에 관한 특별한 지식이 없는 일본 중세 사학자들도 생각할 수 있는 〈남조 수군〉설을 왜 대외관계사 연구자들은 생각하지 못했을까?

이러한 의문에 대한 해답과 관련이 있을 것으로 생각되는 것이 전후 일본 대외관계사 연구의 태두(泰斗) 격이라 할 수 있는 다나카 다케오의 연구 경향이

---

25) 예를 들어 모리 가쓰미(森克己)의 『日宋貿易の研究』(国立書院, 1948)를 위시한 일련의 연구는 한·중·일 삼국의 해당 시기의 문헌사료를 총망라한 것으로 이 분야 연구의 기본 골격을 제시한 고전적인 연구라고 평가할 수 있다. 또한 다무라 히로유키(田村洋幸)의 『中世日朝貿易の研究』(三和書房, 1967) 역시 책 제목에서 보듯이 조선시대의 한일관계를 무역이라고 하는 관점에서 고찰하였다.

다. 그는 왜구가 가장 극성을 부렸던 '고려 말 왜구'를 본격적으로 검토하지 않았던 이유, 즉 『고려사』에 보이는 왜구 관련 사료를 적극적으로 활용하지 않았던 이유에 관하여 다음과 같이 언급했다.

　　왜구라는 단어는 원래 조선인과 중국인이 만든 것으로, 사료는 당연히 조선과 중국 등의 외국 사료이다. 여기에서 일본의 사료는 부차적인 의의밖에 없다. (중략) 이들 사료에 보이는 왜구상(倭寇像)에는 외국 사료라고 하는 베일과 조선 왕조 시대의 사료라고 하는 베일이 이중으로 씌워져 있다.26)

　　다나카는 『고려사』의 왜구 관련 사료의 신빙성에 의문을 품고 이를 도외시했음을 알 수 있다.27) 그러면 그들이 고려 말 왜구에 대한 본격적인 연구를 기피한 것은 무엇 때문일까? 이 문제와 관련이 있는 것이 〈남조 수군〉설로 생각된다. 즉, 〈표 2-1〉의 후지타 아키라와 사토 신이치 같은 남북조 동란기의 전문적 연구자들의 견해인 〈남조 수군〉설은 별로 주목받지 못했고 따라서 이후의 왜구 연구자들에 의해 계승되지 못했다. 한편, 일본 학계에서 정설의 위치를 점해 왔던 〈삼도 해민〉설을 비롯해 〈쓰시마와 이키 지역의 경제적 빈곤〉설, 〈고려·조선인 주체〉설, 〈고려·일본인 연합〉설, 〈경계인〉설, 〈다민족·복합적 해적〉설 등은 유력한 학설로서의 위치를 점해 왔다. 이러한 학설들은 물론 모두 대외관계사 연구자들의 학설이다.

　　그런데 〈남조 수군〉설을 제외한 이상의 주장은 모두 나카무라 히데다카의 『일선관계사의 연구(日鮮関係史の研究)』(上)에 수록된 논문 「무로마치 시대의 일선관계(室町時代の日鮮関係)」에서 1935년에 이미 제기된 바 있었다.28) 즉, 이 논문이 전후 일본의 대외관계사 연구자들의 왜구의 실체 및 발생배경에 관한 모

---

26) 앞의 주(15) 참조.
27) 이러한 다나카의 신뢰성 의문 제기에 대하여 필자는 이미 반론을 제기한 바 있다. 이영, 「고려 말기 왜구의 실상과 전개－『고려사』의 재검토를 통한 기존 학설의 비판－」 앞의 주(3) 2010년도 책 참조.
28) 이에 관해서는 본서 제1장 Ⅱ절 참조.

든 학설의 원점이며 원류였던 것이다.[29]

　나카무라는 1926년 도쿄제국대학 문학부 국사학과(일본사학과)를 졸업하고 조선총독부 조선사편수관으로 20년 동안 활동하다가 패전 이후 일본으로 귀국했다. 그리고 1966년부터 간행하기 시작한 그의 『일선관계사의 연구』(전 3권)는 일본학사원상(日本学士院賞) 및 은사상(恩賜賞)을 수상하기도 했다. 그는 <u>전후(戰後) 일본의 조선반도사(朝鮮半島史) 연구의 제1인자</u>로 평가되는 인물이다.[30]

　그런데 그는 철저한 황국사관론자였다.[31] 그러한 그가 어떤 의도로 왜구를 왜곡했는지에 관해서는 다음 장에서 구체적으로 살펴보기로 하자.

일본의 근대 정치문제와 왜구 왜곡

　나카무라는 고려 말 왜구의 실체가 남조의 수군이었을 가능성에 대해서는 일절 언급한 적이 없다. 그 이유 중 하나로 당시 일본의 근대 정치문제를 상정할 수 있다. 황국사관(皇国史観)과 거기에서 파생된 남북조(南北朝) 정윤문제(正閏問題)이다. 이하 이 문제에 관해서 간단히 서술할 것이다.[32]

　메이지 44년(1911)에 역사교육을 왜곡시키게 되는 남북조 정윤문제가 일어

---

29) 자세한 내용은 본서 제1장 II절 참조.

30) 자세한 내용은 본서 제1장 II절 참조.

31) 자세한 내용은 본서 제1장 II절 참조.

32) 이하 "메이지 44년(1911)에 ~향응과 뇌물을 제공하기도 했다"까지 남북조 정윤문제에 관한 모든 내용은 사토 신이치의 『남북조의 동란(南北朝の動乱)』(中央公論社, 1965)과 다치바나 류(立花流)의 『천황과 도쿄대학(天皇と東大)』(文芸春秋, 2005)에 전적으로 의거함.

났다. 교토(京都)에 막부를 세운 아시카가 다카우지(足利尊氏)가 옹립한 북조의 천황이 정통인가, 아니면 요시노(吉野)로 도주한 고다이고(後醍醐) 천황의 계통(남조)이 정통인가라는 권력의 정통성 문제가 그 핵심이다. 약 50년간이나 두 계통의 천황이 양립했던 이 시기를 남북조 시대라고 하는데, 1392년에 남조의 고가메야마(後亀山) 천황이 북조의 고코마쓰(後小松) 천황에게 천황 자리를 물려줌으로써 양자가 합체하지만, 둘로 나뉘어 있었던 기간 동안 어느 쪽이 정통인가 하는 것이 정윤문제이다. 혈통으로 따진다면, 왕위는 북조의 자손에게 계승되어 지금의 천황 가문도 북조의 후예이다. 따라서 남조가 옳다고 하면 현재의 천황은 가짜가 되고 만다. 실제로 자기야말로 남조의 후예인 진짜 천황이며 지금 천황은 가짜라고 주장하는 사람이 이따금씩 나타나기도 했다.

또 하나 이 문제를 복잡하게 만들고 있는 것은, 일반적으로는 남조정통론자 쪽이 훨씬 더 많다는 점이다. 구스노키 마사시게(楠木正成)·닛타 요시사다(新田義貞) 등 『태평기(太平記)』에 등장하는 대중적인 영웅들은 모두 남조의 충신이다. 남조정통론에 입각한 미토가쿠(水戸学)[33]의 영향 등으로 인해, 막부의 근왕파의 지사(志士)들은 거의 대부분 남조파(南朝派)였다. 따라서 메이지 신정부의 요인들 중에는 남조파가 많았으며 무엇보다도 북조의 후손인 메이지 천황 자신도 남조파였다. 따라서 당시 각 학교의 커리큘럼이라고 할 수 있는 「교칙강령(教則綱領)」에서도 남조 무사들의 행동을 충성심의 모델로 삼도록 지시하고 있다.[34]

남북조 정윤문제는 쇼와(昭和) 시대(1926~1989)에 들어와서도 일어났다. 당시 상공부 장관이었던 나카지마(中島)가 고다이고 천황을 교토에서 몰아낸 무로마

---

33) 에도 시대의 미토 번(水戸藩, 현재의 이바라키현 북부)에서 형성된 학문. 전국의 여러 번에 설치된 번교(藩校)에서 가르쳤다. 애민(愛民), 경천애인(敬天愛人) 등과 같은 사상은 요시다 쇼인(吉田松陰)과 사이고 다카모리(西郷隆盛) 등을 위시한 막부 말기의 많은 지사(志士)들에게 큰 감화를 주어 메이지유신의 원동력이 되었다. 제2차 세계대전에서 패한 뒤 일본은 미토가쿠(水戸学)에 입각한 존왕양이사상(尊皇攘夷思想)이 비판을 받기도 했다. 미토가쿠는 아주 폭넓은 학문 체계를 지니고 있다고 평가되고 있다.
34) 앞의 주(32) 다치바나 류 책 참조.

치 막부의 쇼군(將軍) 아시카가 다카우지를 긍정적으로 평가했다고 해서 그를 사직(辭職)으로 몰아갔다.[35] 그가 운이 나빴던 것은, 1934년은 고다이고 천황의 겐무신정, 즉 겐무(建武)중흥(1334)이 있은 지 600주년이 되는 해로, 일부 군인·신사(神社) 관련자·역사가들은 고다이고 천황과 남조 및 그 '충신'의 사적을 '현창(顯彰)'하고 천황제 옹호 사상을 선전하기 위해 대대적으로 겐무중흥 600년 기념사업을 시작한 지 얼마 되지 않은 시기였던 것이다. "이렇게 되자 역사가들은 남북조 역사의 연구 발표에 신중을 기하지 않을 수 없게 되었다. 자연히 남북조 시대사의 학문적인 매력은 상실되어 버리고 역사가들은 이 시대의 연구를 경원(敬遠)하게끔 되었다."[36]

이처럼 남북조 시대의 역사인식에 관한 문제는 순수한 학문연구의 차원을 벗어나 언제든지 민감한 정치문제로 대두될 수 있는 위험을 내포하고 있었다. 자칫 잘못하면 대학 강단에서 추방당할 수도 있었고[37] 나카지마 상공장관처럼 공직에서 물러날 수도 있었다. 또 한 국회의원이 이와 관련된 발언을 하려고 하자, 이를 제지하기 위해 내각 수상이 직접 나서서 향응과 뇌물을 제공하기도 했다.[38]

그런데 앞서 제시한 〈표 2-1〉에서 보듯이, 고려 말의 왜구를 남조의 군사력으로 추정하는 것은 대외관계사가 전공이 아닌 일본사 연구자(후지타와 사토, 가와이)는 물론 역사학자가 아닌 민속학자인 미야모토라도 생각해 낼 수 있는 것이었다.[39]

---

35) 佐藤進一, 『南北朝の動乱』, 中央公論社, 1965.
36) 앞의 주(35) 사토 신이치 책 참조.
37) 도쿄대학 국사학과 교수 시게노 야스쓰구(重野安繹)와 구메 구니다케(久米邦武) 교수는 남조과의 관점에서 서술되었다고 평가되고 있는 『태평기(太平記)』의 사료적 신빙성에 의문을 제기함으로써 남조정통론자들로부터 공격을 받고 대학에서 추방당한다. 이에 관해서는 앞의 주(32) 다치바나 류 책 참조.
38) 이에 관해서는 앞의 주(32) 다치바나 류 책 참조.
39) 이들 세 사람 모두 확실한 사료적 근거를 제시한 것이 아니라 추정에 의해 〈남조 수군〉설을 제기한 것이다. 자세한 내용은 이영, 「고려 말 왜구의 허상과 실상」(『대구사학』 제91집, 2008년 5월)을 참조.

『고려사』를 조금만 주의 깊게 읽어 보면 왜구가 남조의 무사였음을 의미하는 사료를 손쉽게 발견할 수 있다.[40] 고려 말 왜구의 실체는 공권력(무로마치 막부)에 대하여 반란을 일으킨 사람들(난신)이 쓰시마와 이키 등의 섬을 근거지로 삼고 고려에 침구한 것이었다. 〈남조 수군〉설을 입증할 수 있는 하나의 구체적인 사례로 덴쥬(天授) 3년(1377) 1월 13일의 사가현(佐賀県) 사가시(佐賀市) 근방에 위치한 지후(千布)·니나우치(蜷打)에서 벌어진 전투를 전후로 한, 1376년 말 무렵부터 1377년 5월 사이에 고려에 침구한 왜구를 들 수 있다.[41] 그럼에도 불구하고 조선사편수관으로 『조선사』 사료 편찬[42]에 직접 관여하고 고려 말에서 조선 시대의 한일관계사를 전문적으로 연구한 나카무라는 왜구의 실체에 관하여 언급할 때에 〈남조 수군〉설의 근거가 될 수 있는 사료[43]는 단 한 차례도 활용하지 않았다.

이 같은 문헌사료에 대한 고의적인 은폐와 배제는 나카무라의 연구를 계승한 다나카 다케오에게서도 확인할 수 있다. 그는 『고려사』의 사료적 신빙성에 대하여 앞에서 이미 지적한 것처럼 "이중의 베일에 싸여 있어 신뢰할 수 없다"라고 운운하였다. 또 자신이 편찬한 『선린국보기(善隣国宝記)』[44]에 무로마치 막부가 고려(조선)와 명나라에 대하여 보낸 외교 문서에 '왜구의 실체'에 대하여

---

40) 구체적인 내용에 관해서는 이영, 「여말선초 왜구의 배후 세력으로서의 쇼니씨」(『팍스 몽골리카의 동요와 고려 말 왜구』, 혜안, 2013)을 참조.

41) 이하의 1376~1777년의 왜구 침구와 정서부의 관련 내용은 본서의 제6장 참조.

42) 이에 관해서는 김성민의 「조선사편수회의 조직과 운용」(『한국민족운동사연구』 3호, 1989)을 참조.

43) 예를 들면 「去後拠羅興儒齋来貴国回文言稱, 此寇因我西海一路九州乱臣, 割拠西島, 頑然作寇, 実非我所為, 未敢即許禁約」(『고려사』 권제133, 열전 제46, 우왕 3년 6월 을묘 조)과 『고려사』 권제113, 열전 제26, 정지 전; 『고려사절요』 권제32, 우왕 13년 가을 8월 조의 "대마, 일기 두 섬이 합포와 인접해 수시로 침구해 온다(倭非挙国為盗, 其国叛民, 分拠対馬一岐両島, 隣於合浦, 入寇無時)"를 들 수 있다.

44) 교토(京都) 쇼코쿠지(相国寺)의 승려 즈이케이 슈호(瑞渓周鳳)가 저술한 한문(漢文)으로 쓴 3권의 외교자료집. 일본 최초의 외교사 관련 책으로 알려져 있다. 다나카 다케오가 주석과 해설을 달아 슈에이샤(集英社)에서 1995년에 간행하였음.

'포도(逋逃)'라는 용어를 공식적으로 활용하였음[45]에도 불구하고 단 한 차례도 이 사료를 인용해 왜구를 논한 적이 없다.

그렇다면 나카무라가 〈남조 수군〉설에 관해 일절 언급하지 않았던 이유는 무엇일까? 그 이유로 다음과 같은 것을 생각할 수 있다. 즉, '남조 무사=천황에 충성을 다한 군대'라는 사회적 통념(通念)이 확고한 상황에서 왜구가 남조의 무사였다고 하면, 천황의 군대가 바다 건너 고려와 중국에서 살인·약탈·강간·방화·납치 등을 저지른 패륜(悖倫) 집단이 되고 말기 때문이다. 그리고 이 사실은 왜구가 제2차 세계대전 당시 아시아 각지에서 온갖 만행(蠻行)을 자행한 소위 '황군(皇軍)의 원조'임을 보여 주는 것이기도 하다. 따라서 '왜구=남조 무사'라는 등식이 성립되는 것은 철저한 황국사관론자 나카무라가 어떻게 해서라도 막고 싶었을 것이다.

더욱이 남조 무사(=왜구)가 고려군과 싸워 패했다고 하는 기록이 『고려사』에 적지 않게 등장하기[46] 때문에 더욱 그러했을 것이다. 군국주의 시대 일본은 과거 이민족 군대와 싸워 단 한 번도 패한 적이 없었다고 자부해 왔다. 게다가 자신들이 식민지로 지배하고 있는, 자기들보다 열등한 존재로 여기는 조선인들과 싸워 왜구(남조의 군세)가 패했다는 건 생각할 수도 없는 이야기였을 것이다. 그러므로 왜구는 절대로 '일본의 무사'여서는 안 되며 그것도 남조의 무사여서는 더더욱 안 되었다.

그런데 공교롭게도 남북조 내란과 고려 시대는 같은 해인 1392년에 끝난다. 왜구는 조선 시대에 들어와서도 계속 침구했지만, 남북조 내란이 종식되었기 때문에 더 이상 '왜구=남조 무사'라는 등식이 성립될 위험은 사라졌다. 그래

---

45) '포도'는 『고려사』, 『고려사절요』, 『조선왕조실록』은 물론 『선린국보기』 등 동아시아 삼국의 문헌사료에서 공통적으로 확인된다. 즉, 포도는 왜구를 일본의 공권력인 무로마치 막부가 공식적으로 표현한 외교 용어였다. 이에 관해서는 이영, 「동아시아의 파이렛츠와 코르세어」 앞의 주(40) 책 참조.

46) 대표적인 예로 이성계가 경신년(1380)에 전라북도 남원시 운봉읍 인월면에서 아지발도가 이끄는 왜구의 부대를 섬멸한 것과, 정지 장군이 경상남도 남해섬의 관음포에서 왜구의 선단을 격파한 것 등을 들 수 있다.

서 나카무라는 고려 말 왜구에 대한 구체적인 언급은 회피한 채 주로 조선 초의 왜구상(倭寇像)을 고려 시대까지 소급시켜 적용한 것으로 생각된다. 그리고 이를 전후에 계승한 후계자 다나카도 나카무라의 이러한 연구 자세를 그대로 유지하였다.

더욱 흥미로운 점이 있다. 나카무라의 「무로마치 시대의 일선관계」가 최초로 탈고된 1935년은 구스노키 마사시게 등 충성스러운 무사들이 고다이고 천황을 받들어 가마쿠라 막부를 타도하는 데 성공하고 천황이 친히 정치를 행하는 소위 겐무신정(建武新政)이 성립된 1335년으로부터 600년에 즈음하는 해였다는 사실이다. 앞에서 언급한 것처럼, 이 해를 전후해 남조의 무사들에 대하여 조금이라도 부정적인 견해를 밝히거나 또는 남조의 고다이고 천황과 적대관계에 있었던 무로마치 막부의 쇼군 아시카가 다카우지에 대하여 긍정적인 평가를 내린 정치가, 고위관료, 대학교수들이 현직에서 추방되거나 배제당하는 사건이 일어났다. 이러한 사회적 분위기 속에서 조선사편수관 나카무라가 고려 말 왜구의 실체가 남조의 무사들이었다고 언급할 리 만무하다.

나카무라가 〈남조 수군〉설에 관해 일말의 가능성조차 제기하지 않았던 또 하나의 요인으로, 조선사편수관으로서 조선인 황민화정책 추진의 핵심적 역할을 수행하고 있었던 그의 입장을 생각할 수 있다. 조선인 황민화정책에 관하여 미야타 세쓰코(宮田節子)는 다음과 같이 언급했다.

———

일본의 조선 지배정책의 기본은 동화(同化)정책이며 그것은 시간의 흐름에 따라 한층 강화되었다. 결국 중일전쟁 이후에 그것이 극단화된 '내선일체'가 제창되었고 그 실현을 위해 여러 가지 황민화정책이 전개되기에 이르렀는데, 황민화정책은 중일전쟁(1937년 6월 발발)에 일제가 조선 민중을 전쟁에 동원하기 위해 취한 것으로 '1938년 2월의 지원병 제도, 같은 해 3월의 제3차 조선교육령 개정, 1940년의 창씨개명' 등 세 가지 정책이 중점적으로 시행되었다.[47]

———

47) 미야타 세쓰코(宮田節子) 저, 이형랑 역, 『조선 민중과 황민화정책』, 일조각, 1997.

1937년 6월에 발발한 중일전쟁 이후, 극단적인 내선일체가 추진되었다. 내선일체는 이미 1910년의 일제에 의한 강제합병과 동시에 시작되었으며 특히 1931년 발생한 만주사변 이후부터 점점 강화되기 시작했다. 여기서 우리는 나카무라의 「무로마치 시대의 일선관계」의 발표시기가 1935년이라는 사실에 다시 한 번 주목할 필요가 있는데, 이는 바로 만주사변에서 중일전쟁으로 넘어가는 시기에 해당한다.

일제는 조선인들을 장차 '지원병'으로서, 그리고 마침내는 징병제를 시행해 전쟁터로 내몰아 총을 들게 해야 했고 이를 위해 모든 수단을 총동원해 황민화 정책을 추진해야만 했다.[48] 그런데 조선인들은 일제의 이러한 의도에 반해 중일전쟁에 방관자적인 자세를 취하고 있어 결국 일제는 극단적인 내선일체를 추진하게 되었다.[49]

나카무라는 한국 병합이 '팔굉일우(八紘一宇)', 즉 천황주의를 중심으로 한 일본 제국주의 팽창의 결과임을 숨김없이 드러내고 있다.[50] 또한 이러한 팔굉일우의 이상은 군사력을 사용하여 전 세계를 일본 천황의 지배하에 두는 데 있으며 나카무라 자신을 포함해 모든 일본인들은 그 이상을 실현하기 위해 매진해야 한다는 것이다.[51] 그리고 이제 일본인으로 다시 태어난 조선인들은 '쇼와(昭

---

48) 앞의 주(47) 미야타 세쓰코 책.
49) 미야타 세쓰코는 다음과 같이 언급했다.
　　일제가 조선 민중에 대하여 극단화된 '내선일체'를 추진했던 이유는 첫째, 조선 지배가 이민족 지배이자 조선 사람이 강인한 민족의식을 지니고 있다는 것, 둘째, 조선이 '중국 및 소련에 가깝다는 지리적' 조건으로 인해 "적은 조선을 사상공격의 목표로 두기 쉽다"고 판단되었기 때문이었다. 중일전쟁에 대하여 당시 조선 민중은 "어느 쪽이 이겨도 우리에게는 관계가 없다"(경남, 고물상, 1938년 3월 20일)라든지, "일본이 자민족을 위해서 타민족과 싸우는데 우리 식민지 민족에게 무슨 관계가 있는가"(무직, 1937년 9월), "전쟁에 나간 일본 놈들은 전부 전사해 버려라"(충북 충주 변호사, 열차 안에서, 1939년 4월 24일, 사건 심리 중) 등 방관자적인 자세를 지니고 있었다. 앞의 주(47) 미야타 세쓰코 책 참조.
50) 조선총독부 편수관 나카무라 히데다카(中村栄孝) 「내선일체론(内鮮一体論)」(『朝鮮の教育研究』 123号. 1938年 12月). 이에 관한 자세한 내용은 본서 제1장 참조.
51) 본서 제1장 참조.

和)의 무사도(武士道)'[52]를 발휘해 일제의 끝없는 침략전쟁에 동원되어야 한다는 주장을 펼치고 있다. 나카무라의 다음 문장을 보자.

———

그러면 이 내선일체라는 말은 어떤 의미일까요? 내선일체란 말하자면 새로이 황국신민(皇国臣民)이 된, 바꿔 말하자면 새로이 대일본제국의 신민(臣民)이 된 사람들이 지금 언급한 것 같은 조국(肇国)[53]의 정신을 이해하고 또 일체불리(一体不離), 무차별의 신념을 체득하여 이 조서(詔書)에 나타난 바 일시동인(一視同仁)의 성화(聖化)를 받드는 것이 간단히 말하자면 내선일체입니다. (중략) 이미 병합과 동시에 황국신민이라는 이름을 획득한 사람들이 점차 조국(肇国)의 정신, 신도(神道)를 체득하고 무차별의 신념을 지녀 왔던 것이 이번 사변(만주사변과 지나사변＝중일전쟁)에 임하여 발로된 것이라고 생각해야 합니다. 동시에 또한 이 정신의 발로를 기회로 삼아 더더욱 마음의 일체를 강화하고 그리고 하루라도 빨리 황국신민으로서의 결실을 거두고자 하는 것이 이 교육의 강령으로서 내선일체가 지향해 온 것이라는 것이라고 저는 믿고 있습니다.[54]

나카무라는 내선일체의 정의를, '일본이 중국에 대하여 벌인 제국주의 침략전쟁에서 일본인들과 똑같은 마음가짐과 신념으로 싸우기 위해 완벽한 일본인이 되는 것'이라고 주장한다. 조선의 교육이 지향해야 할 최고의 가치는 바로 이 점에 있다는 것이다. 그는 또 내선일체란 '조선의 색채가 완전히 지워지고 소멸되고 일본으로 대체되는 것'이라고 규정지었다. 그리고 이를 위해서 "이(＝조선의 색채를 지우고 일본으로 대체시키는 것 : 역자 주)에 수반되는 여러 가지 형태의 구현 및 강화 내지는 이것을 철저하게 하는 점에 있습니다"[55]라고 했다. 이러한 나카무라의 주장은 현실에서 철저하게 실행에 옮겨졌다. 이에 관해 미야타 세쓰코는 다음과 같이 언급하고 있다.

———

52) 中村栄孝, 「皇国臣民教育と国史」, 『緑旗』 4, 1939年 11月.
53) '나라를 세우다'의 뜻임.
54) 본서 제1장 참조.
55) 본서 제1장 참조.

지금까지 황민화정책을 추진해 온 지배자가 부딪친 '적'은 단지 공산주의 운동이나 민족주의 운동만이 아니다. 조선의 역사, 문화, 언어, 풍속, 습관, 사고방식에서는 음식에 대한 기호의 차이까지 외형 없는 거대한 '적'이 되어 황민화정책의 앞길을 가로막고 서 있었던 것이다.[56]

　　그래서 조선의 젊은이들을 일본군으로 만들기 위한 "훈련소에서는 훈련생을 완전한 '백지상태'로서 '일본 가정생활의 교양과 미'를 체험하게 하여 생활양식의 모든 것을 일본화하고자 했다. 그것은 세부적인 일상생활에까지 영향을 미쳤다. '목욕을 함께 하여 그들에게 목욕하는 방법을 가르치고, 식사는 하나하나 감독해서 좋은 습관과 감사하는 관념을 기르는 데 힘을 기울이고 나아가 변소 사용법, 복도에서 걷는 법, 방 안에 출입하는 법까지 가르치기에 이르렀다"고 한다.[57]

　　나카무라가 1938년 12월의 강연에서 밝힌 내선일체의 방침이 다음 해 1월의 총독부 훈령 제30호 「생도훈련강령」이라는 형식으로 곧바로 발표되고 있다.[58] 이 사실로 보아 그는 결코 단순히 황국사관을 신봉하는 일개 역사 연구자나 왜곡된 조선의 역사교과서 편찬에 관계한 인물이 아니라 내선일체를 어떻게 실천해 갈 것인지 구체적인 방법을 고안하는 데 깊숙이 관여하였던, 그야말로 조선인 황민화정책의 핵심적인 존재였다고 할 수 있다.

　　그러면 조선총독부 관료로서가 아닌, 역사교육자로서 그리고 학자로서의 나카무라는 역사 서술에 대하여 어떤 자세를 견지하고 있었을까? 제1장에서 이미 살펴본 것처럼, 그는 가마쿠라 막부의 토벌대에 쫓기고 있던 고다이고 천황이 읊었다고 전해지는 시에 대하여 언급하면서 천황과 관련된 바람직하지 못한 것

---

56) 앞의 주(47) 미야타 세쓰코 연구서 참조.
57) 앞의 주(47) 미야타 세쓰코 연구서 참조.
58) 총독부 훈령 제30호 「생도훈련강령」의 전문은 『朝鮮』(1939年 1月号) 91쪽에 게재되어 있다. 앞의 주(47) 미야타 세쓰코 연구서 참조.

은 그것이 역사적 사실이라 할지라도 역사교육의 교재로 채택해서는 안 된다고 했다. 그리고 더욱이 전 세계에 알려야 할 국사교육, 즉 아시아 여러 민족들에 대한 황민화교육이 절실하게 요구되는 이 시점에, 일본사의 내용 중에서 천황에 관해 불경(不敬)한 것은 일절 알려져서는 안 된다는 것이 나카무라의 지론(持論)이었다.

이처럼 철두철미한 황국사관론자였던 그가 〈고려 말 왜구의 실체＝남조 수군〉설은커녕, 고려 말 왜구를 남북조 내란과 직접 관련지어 서술하였을 리 없다.

따라서 나카무라가 〈남조 수군〉설로 이어질 수 있는 사료를 활용해 역사교과서에 서술할 리는 더더욱 없을 것이다. 하물며 중국과 전면 전쟁을 시작하면서, 더욱이 멀지 않은 장래에 강렬한 민족의식을 지니고 있는 조선 젊은이들을 '천황의 군대(皇軍)'로 동원하려 들면서, 고려 말 왜구가 사실은 천황에 무조건적인 충성을 다한 남조의 무사, 즉 황군(皇軍)의 선구(先驅)였다고는 나카무라가 스스로 밝힐 리 없는 것이다.

왜구 왜곡과 14~15세기 동아시아 국제관계 인식

일본의 왜구 연구가 지금까지 고찰한 것처럼 정치적인 의도에 의해 왜곡된 것이라면, 이러한 왜구의 이해 위에 입각하고 있는 일본 학계의 14~15세기 동아시아 국제관계 인식에도 많은 문제점이 존재할 것임이 예상된다. 이 문제에 관해 구체적으로 살펴보도록 하자.

1. 고려와 명(明)의 왜구 대책과 남북조 합일

지금까지 일본의 남북조 동란기 연구는 내란의 종식에 관하여 대부분 대내적 요인에서만 다루어 왔을 뿐, 대외적 요인은 거의 고찰된 바 없다. 즉, 왜구 문제를 매개로 하여 전개된 고려 및 명과의 외교 및 군사관계가 남북조 내란의 종식에 어떠한 영향을 미쳤는가에 관해서는 연구된 적이 거의 없다.[59] 그러나 고려 말 왜구의 발호(跋扈)가 원·명(元明)의 교체라는 동아시아 국제정세의 변동과 상호 밀접한 인과관계가 있었던 것처럼[60] 남북조 내란의 종식 역시 이와 무관하지 않다. 예를 들면, 고려가 왜구 문제에 본격적으로 대응하기 시작하는 것은 원나라의 쇠퇴가 거의 확실시된 뒤부터였다.

즉, 고려가 경인년(1350) 이후 17년 동안이나 왜구의 침구에 시달리면서도 비로소 최초로 금왜요구(禁倭要求) 사절을 일본에 파견한 것이 원의 쇠퇴가 거의 확실시된 공민왕 15년(1366)이었다.[61] 왜구의 침구가 적지 않은 부담이었지만 그것보다도 북방의 원(元)의 남침(南侵)이 더 큰 위협이었던 고려로서는, 자칫 잘못하면 남북 양쪽에서 이민족의 군사적 협공을 당할 수 있다고 하는 위기의식 때문에 왜구에 대한 본격적인 대응을 미뤄 왔다. 즉, 공민왕 5년(1356)부터 시작된 반원자주(反元自主) 개혁정책을 추진함으로써 원나라와의 군사적 긴장이 고조되자, 고려는 군사력과 행정력을 북방 국경지대에 집중시켜야 했던 것이다.

공민왕 즉위년(1351) 당시 교서(教書)를 발표해 왜구 대책을 적극적으로 모색하기 시작했던 공민왕 조정이었지만, 이색이 제기한 적극적인 왜구 대응책이라 할 수 있는 수군(水軍) 재건안(再建案)[62]은 채택되지 않았다. 고려가 수군을 재

---

59) 남북조 동란의 종식과 왜구의 관련에 관한 연구로 본서 제9장 참조.
60) 이에 관해서는 본서 제7장과 제8장, 제9장 및 이영, 「공민왕 원년(1352)의 동아시아 삼국의 국내 정세와 왜구—고려 해도민(海島民)＝왜구 일원(一員)설에 관한 한 고찰」 앞의 주(40) 책 참조.
61) 이에 관해서는 본서 제7장 참조.
62) 『고려사』 권제115, 열전 제28, 이색 전.

〈표 2-6〉 왜구 침구표(1371~1391)

	연도(년)	지역	횟수	집단		연도(년)	지역	횟수	집단
1	1371	4	4	3	12	1382	25	8	5
2	1372	18	11	5	13	1383	55	13	6
3	1373	10	6	4	14	1384	19	12	8
4	1374	15	13	7	15	1385	17	11	5
5	1375	13	5	3	16	1386	0	0	0
6	1376	50	15	6	17	1387	7	4	3
7	1377	58	32	7	18	1388	23	9	4
8	1378	51	23	7	19	1389	9	5	3
9	1379	31	22	5	20	1390	7	3	3
10	1380	40	14	5	21	1391	1	1	1
11	1381	33	14	6					

＊〈표 2-6〉은 『고려사』와 『고려사절요』의 왜구 침구 기사를 토대로 하여 작성한 것임.

건해 왜구 대응에 적극성을 띠기 시작한 것은 공민왕 22년(1373)부터였다.[63] 이는 전년도(1372)부터 규슈탄다이(九州探題) 이마가와 료슌(今川了俊)과 정서부(征西府) 간의 다자이후(大宰府) 탈환전이 시작됨에 따라 병량 조달의 필요성이 급증했고 이에 비례해 왜구의 침구가 격증한 때문이기도 하지만[64] 무엇보다도 명의 홍무제가 고려에 대하여 적극적인 왜구금압을 요구해 왔기 때문이었다.[65] 고려는 이러한 명나라의 왜구금압 요구를 역이용해 명나라로부터 화약과 화포를 받게 되는 군사적 지원을 이끌어 내는 데 성공한다.[66]

고려가 왜구에 대하여 적극적으로 군사적 공세(攻勢)에 나서기 시작하는 것은 1377년에 화통도감(火㷁都監)을 설치한 이후부터이다.[67] 화통도감을 통해 화약과 화포를 지속적으로 그리고 대량으로 생산하며 그 사용법을 보급함으로써

---

63) 박한남, 「공민왕 대 왜구 침입과 우현보의 '상 공민왕 소'」(『軍史』 34, 1997) 참조.
64) 〈표 2-6〉 왜구 침구표의 1372년도 왜구 침구 상황을 참조.
65) 이에 관해서는 본서 제9장 참조.
66) 이에 관해서는 본서 제9장 참조.
67) 『고려사』 권제133, 열전 제46, 우왕 3년 10월 조.

고려는 화포를 배에 실어 왜구 토벌에 나서게 되고, 특히 진포구(鎭浦口) 전투
(1380)[68]와 남해 관음포(観音浦) 전투(1383) 등에서의 해전(海戰)을 통해 왜구 선
단을 격파하고 한반도 도서연해에서의 제해권(制海權)을 회복하는 데 성공한
다.[69]

한편 남북조 내란이 한창 진행되던 고려 말 당시 한반도는 남조 군세의 일시적
도피처와 병량을 위시한 전쟁 수행 물자를 조달하던 공간이었다. 그런데 고려가
연해의 제해권을 장악했다는 것은 남조 세력이 예전처럼 손쉽게 고려로 도피해
전쟁 수행에 필요한 물자를 조달할 수 없게 되었음을 의미한다.[70] 그리고 그것
은 당연히 정서부의 쇠퇴에 적지 않은 영향을 미치게 되었다고 생각된다.[71]

이에 관한 상세한 고찰은 별도의 기회를 빌리기로 하지만, 1381년 6월 23일
에 정서부의 오랜 거점이었으며 기쿠치씨의 본성인 구마베(隈部) 본성의 함락
을 계기로 하여 규슈 지역에서의 남조 세력의 군사활동도 활기를 잃게 되자[72]

---

68) 이에 관해서는 이영, 「진포구 전투의 역사지리학적 고찰」(『잊혀진 전쟁 왜구』 에피스테메,
2007)을 참조.
69) 경인년(1350) 2월 이래로 우왕 3년(1377) 11월까지 약 28년 동안의 고려와 왜구 사이에 벌어진
해전(海戰)의 결과를 비교하면, 선박의 손실(왜구 : 고려＝17 : 650＋α), 인명의 손실(왜구 : 고려
＝115 : 5000＋α)이라는 통계를 얻을 수 있다. 고려군은 왜구와의 해상 충돌에서 일방적인 패배
를 당하고 있었는데, 화포를 사용하면서부터 해전에서 왜구를 압도하게 되었음을 알 수 있다.
70) 예를 들어 경신년(1380) 금강 하구에 500척의 대선단으로 침구한 왜구 집단은 전년도(1379) 가
을부터 이마가와 료슌에 의해 정서부의 본거지 기쿠치를 포위당한 상태에서 정서부의 수군들
이 자신들의 선박을 지키고 아울러 병량을 확보하기 위해 침구한 것이었다. 이에 관해서는 이
영, 「고려 말의 왜구와 남조―경신년(1380) 왜구를 중심으로―」(『한일관계사연구』 30집, 2008
년 12월) 참조. 경신년 이후 한동안 왜구들은 전국의 조운선이 집결해 약탈의 효율을 극대화할
수 있는 한반도의 중부 서해안 지역에 침구하지 않고 경작지가 적고 인구가 많지 않은 동해안
지역을 침구하는 경향을 보이고 있다.
71) 일본 전근대 시대의 전쟁과 해상(海上)을 통한 물자의 유통에 관한 연구로는 와타누키 도모코
(綿貫友子)의 「戰爭と海の流通」(小林一岳・則竹雄一編, 『戰爭Ⅰ. 中世戰爭論の現在―ものから見る
日本史』, 青木書店, 2004) 참조.
72) 스기모토 히사오(杉本尚雄)에 의하면 "기쿠치의 본거지가 함락당한 뒤, 가네요시 왕자는 「다케
노고쇼(구마모토시의 서쪽, 긴푸산 산속)로 옮겨갔다가 다시 가와지리(川尻)와 우토(宇土) 양씨
(両氏)에게 연락을 취해 우토로 도주했다. 한편 기쿠치 다케토모도 우토로 옮겨 왔는데 겐추(元
中) 3년(1386)부터 다음 해에 걸쳐 가와지리와 우토에서도 이마가와 료슌의 공격을 받아 야쓰
시로(八代)에 있는 나와 아키오키(名和顯興)가 있는 곳으로 옮겨 갔다. 그러나 마침내 이마가와

왜구의 침구도 그 빈도가 감소하기 시작한다. 즉, 〈표 2-6〉의 왜구 침구표[73]를 보면, 왜구의 침구가 1383년 이후 격감한 것을 확인할 수 있다. 그리고 이 사실은 "규슈만 평정된다면 해적은 금지시킬 수 있을 것임을 하늘과 태양에 두고 맹세한다"[74]고 덴류지(天竜寺)의 주지 도쿠소 슈사가 서신에서 쇼군의 뜻을 전해 온 내용과도 완전히 부합된다.

왜구금압을 위한 고려의 외교적 노력은 명나라에 대해서만이 아니라 일본에 대해서도 이루어져 큰 성과를 거두었다. 즉, 우왕 3년(1377) 9월에 정몽주가 사절로 일본으로 건너가 이마가와 료슌과 회담하고 귀국[75]한 뒤부터 왜구 토벌을 위한 고려와 일본의 외교적·군사적 협력관계가 강화된다.[76] 이 무렵, 고려와 일본의 무로마치 막부는 명나라로부터 왜구금압을 빌미로 한 외교적·군사적 압력을 강하게 받고 있었다.[77] 따라서 고려는 북방(명나라)의 압력 속에서 남쪽 국경의 안정이 필요했고 그러기 위해서는 무로마치 막부의 협조를 얻어 왜구를 금압해야 했다.[78] 또 막부는 명나라가 규슈 남조의 가네요시(懷良) 왕자를 일본 국왕으로 책봉한 사실을 알게 된 뒤, 이러한 사태를 개선하기 위해 여러 차례 사절을 파견하지만 명나라의 결정은 변하지 않았다.[79] 막부로서는, 사태의 추

측의 맹공과 추격에 더 이상 견디지 못하고 겐추 8년(1391) 8월에 요시나리(良成) 왕자와 아키 오키가 항복하고 다케토모는 행방을 감추었다."고 서술하고 있다. 『菊池氏三代』(人物叢書, 吉川 弘文館, 1966) 281쪽 참조.

73) 〈표 2-6〉은 이마가와 료슌이 이끄는 북조군과 남조군의 싸움이 격렬해지기 시작하는 1372년부터 1391년의 고려 말까지의 왜구 침구를 대상으로 그 변화하는 양상을 살펴보기 위해 작성한 것임.

74) 「其国僧周佐寄書曰, 惟我西海道一路九州乱臣割拠, 不納貢賦, 且二十余年矣, 西辺海道頑民観釁出寇, 非我所為, 是故朝廷遣将征討, 架入其地, 両陣交鋒, 日以相戦, <u>庶幾克復九州, 則誓天指日, 禁約海寇</u>」 『고려사』 권제133, 열전 제46, 우왕 2년 10월 조.

75) 『고려사』 권제133, 열전 제46, 우왕 3년 9월 조.

76) 료슌은 외교사절의 파견 이외에도 비록 소수이긴 하지만 병력을 파견해 고려군과 함께 왜구 토벌 작전에 임하게 하고 있다. 『고려사』 권제133, 열전 제46, 우왕 4년 6월 조.

77) 이에 관해서는 본서 제9장 참조.

78) 이에 관해서는 본서 제9장 참조.

79) 이에 관해서는 무라이 쇼스케(村井章介), 「日明交渉史の序幕—幕府最初の遣使にいたるまで—」 (『アジアのなかの中世日本』, 校倉書房, 1988)를 참조.

이(推移) 여하에 따라 규슈 남조가 외세(명나라)를 끌어들여 내전을 국제적인 전쟁으로 악화시킬 수도 있다고 생각할 수 있었다. 그렇기에 적어도 이웃하는 또 다른 외국 고려와는 우호적인 관계를 유지할 필요가 있었다.[80] 정몽주의 귀국 이후 이마가와 료슌에 의한, 왜구에 의해 잡혀 온 고려의 피로인(被擄人)들의 송환이 여러 차례 이루어진 것도 이러한 정세를 배경으로 한 것이었다.[81]

남북조 내란의 대세는 이미 1330년대 말 무렵에 북조(막부)의 우세로 기울어져 있었다. 그런 가운데 유독 규슈 지역에서만 1361년에 정서부가 다자이후(大宰府)를 점령한 뒤, 1372년에 료슌이 새로운 규슈탄다이에 임명되어 내려올 때까지의 약 11년 동안 남조의 우세가 유지되고 있었다. 그런데 1381년 이후로 이제는 규슈마저 북조의 우세가 확실해졌다. 이 사실은 1385년부터 1389년까지 실시된 무로마치 막부의 3대 쇼군 요시미쓰의 전국 유람(遊覽)이 잘 보여 주고 있다. 특히 1389년 3월에 세토나이카이(瀨戶內海)와 규슈 지방의 여러 세력들에 대한 시위로 아키(安芸, 현재의 히로시마현 일대) 이쓰쿠시마(嚴島) 신사를 참배하기도 했다.[82]

요시노(吉野) 조정도 더 이상 싸움을 지속해야 할 의미와 희망을 상실하고 말았다. 이런 상황 속에 메이토쿠(明德)의 난(1391)에 활약해 이즈미(和泉)와 기이(紀伊) 지방의 슈고(守護)로 임명된 오우치 요시히로(大内義弘)가 양조(兩朝) 합일을 위한 중재역할을 담당하게 되었다.[83] 1392년 10월 28일, 남조의 고카메야마(後龜山) 천황은 요시노를 출발해 윤 10월 2일에 교토의 사가(嵯峨)에 있는 다이가쿠지(大覚寺)에 들어가 삼종의 신기(神器)를 넘겨주었다. 이렇게 성립한 남북조 합일은 형식적으로는 남북 양조가 강화(講和)한 것이지만, 실질적으로는 막

---

80) 이에 관해서는 본서 제9장 참조.

81) 이마가와 료슌의 피로인 송환에 관한 최근 연구로 한윤희, 「여말선초 피로인 송환에 관한 한 고찰」(『일본연구』 36집, 중앙대학교 일본연구소, 2014년 2월)이 있다.

82) 이에 관해서는 가와조에 쇼지(川添昭二), 『이마가와 료슌(今川了俊)』(吉川弘文館, 1964)을 참조.

83) 기이(紀伊) 지방은 남조의 조정이 위치한 요시노를 동·서·남의 세 방향에서 에워싸고 있으며 이즈미 지방과 더불어 남조의 세력이 강한 곳이었다. 따라서 이 두 지방(기이와 이즈미)의 슈고에 임명된 오우치 요시히로가 남조와의 교섭을 담당한 것은 자연스러운 것이었다.

부의 압도적인 세력 앞에 남조 정권이 굴복한 것이었다. 그야말로 "남군이 쇠퇴하여 의지할 곳이 없었기에 요시히로가 주장하는 대로 화목(和睦)을 위한 논의가 이루어졌다."[84]고 하는 상황이었다.

이처럼 고려는 외교적 노력을 통해 명나라로부터 화약과 화포의 지원을 위시한 군사적 원조를, 그리고 일본의 무로마치 막부로부터는 피로인의 송환은 물론 왜구에 대항해 고려군과 막부의 군대가 합동군사작전을 수행하고[85] 또 군사정보를 교환한다[86]는 성과도 이끌어 냈다. 이렇게 보면 14세기 말 원·명의 교체로 인한 동아시아 국제정세의 격변기에 전개된 왜구의 발호를 진정시키고 그 결과 남북조 내란을 종식시키는 데 고려의 외교적 노력이 적지 않게 기여했음을 알 수 있다.

메이지유신(明治維新) 이래로 일본의 국가권력은 남조정통론에 입각해 왔다. 그런데 고려 말 왜구의 실체가 '남조의 군세'였다고 하면 고려가 중국(명)과 협력해 왜구(＝남조, 즉 메이지유신 이래의 일본 공권력의 정통성의 근거)와 싸워 이를 물리친 결과가 된다. 조선의 청년들을 중일전쟁의 전선에 동원하기 위해 일제가 '내선일체'라는 목표를 내걸고 조선인의 황민화(皇民化) 작업에 골몰하고 있던 때에, 과거 고려가 중국의 지원을 받아 일본 무사(왜구)들과 싸워 격퇴했다고, 그리고 그 결과 남북조 내란이 종식되는 결과를 초래하게 하는 한 원인이 되었다고 조선사편수관 나카무라가 밝힐 리 만무하다.

---

84) 「南軍おとろへたよりなきままに、義弘申すにまかせ御和睦の儀をととのへ賜ふ」『南方紀伝』, 사토 가즈히코(佐藤和彦)의 「日本国王源道義」(『海外視点 日本の歴史7. 大明国と倭寇』ぎょうせい. 昭和 61年)에 의함.

85) 예를 들어, 『고려사』권제133, 열전 제46, 우왕 4년 6월 조와 우왕 5년 5월 조에는 각각 "료슌의 부하 신홍이 군사 69명을 인솔해 와 왜적을 체포하게 했다"고 하는 것과 "오우치 요시히로(大内義弘)가 자기 군사 186명을 부하 박거사에게 딸려서 고려에 보냈다"고 하는 기사를 들 수 있다. 이처럼 오우치 요시히로는 왜구금압을 매개로 한 고려와의 교류를 통해 원·명 교체의 혼란에서 비롯된 당시 동아시아 국제정세에 밝았던 것으로 생각되며 이러한 그의 인식이 남조와의 교섭과정에 긍정적인 역할을 했을 것으로 추정된다. 이 점에 관해서는 추후 별도의 기회를 빌리고자 한다.

86) 이에 관해서는 본서 제9장 참조.

2. 왜구의 금압과 아시카가 요시미쓰의 일본국왕 책봉

지금까지 일본의 왜구 왜곡의 배경에 근대 이후의 일본의 국내정치 문제가 내재되어 있었음을 확인했다. 그런데 이와 같은 왜곡된 왜구 인식은 해당 시기의 동아시아 국제관계를 바라보는 관점에도 적지 않은 영향을 끼쳐 왔다. 이하, 이러한 문제에 관하여 생각해 보자.

고려 말 왜구의 실체 및 발생 배경에 관한 일본의 대외관계사 연구자들의 주장과 달리, 가와조에 쇼지(川添昭二)[87]는 15세기 초에 쇼군 아시카가 요시미쓰(足利義満)가 명나라로부터 일본국왕에 책봉된 배경으로 "일본국왕이 되기 위해서는 쇼군이 그때까지 명나라가 '일본 정군(日本正君)'이라고 인정하고 있던 <u>가네요시를 굴복시키고 왜구금압의 실력을 축적해</u> '일본국왕'임을 명나라에 인식시켜야만 했다"[88]고 주장했다. 그의 지적은 앞에서 언급한 "규슈만 평정된다면 해적은 금지시킬 수 있을 것임을 하늘과 태양에 두고 맹세한다"고 하는 『고려사』의 기사 내용과도 일치한다. 즉, 규슈는 가네요시(남조)를 의미하며, 해적은 왜구를 지칭한다. 따라서 가와조에의 언급은 남조와 왜구의 관련에 관한 적절한 것이라고 할 수 있다. 또한 이는 필자의 주장인, 고려 말―조선 초 왜구의 발생 배경은 규슈를 중심으로 한 일본 국내의 내전 상황이며 그 왜구의 실체는 내전 주체로서 각각 '규슈 난신(九州乱臣)', '반민(叛民)', '포도(逋逃)', '삼도(三島)' 등 다양한 측면에서 왜구의 실체를 보여 주는 사료용어들의 의미와도 일치한다.[89]

여기서 일본의 왜구 연구자들의 견해에 대하여 다음과 같은 반론을 제기해볼 수가 있다. 우선 왜구의 발생 배경으로 〈고려 토지제도의 문란〉설 내지 〈고

---

87) 대표적인 중세 규슈 지역 역사연구자, 규슈대학 명예교수. 『이마가와 료슌(今川了俊)』(吉川弘文館, 1964)과 『기쿠치 다케미쓰(菊池武光)』(人物往来社, 1966) 등 다수의 연구 성과를 남겼다.

88) 川添昭二, 「今川了俊の対外交渉」, 『九州史学』 75号, 1982. 뒤에 『対外関係の史的展開』, 文献出版, 1996.

89) 이에 관해서는 앞의 주(43) 자료 및 「여말―선초 왜구 발생의 메커니즘 ―왜구의 실체에 관한 용어 분석을 중심으로」(『한국중세사연구』 34호, 2012년 12월), 앞의 주(40) 책 소수를 참조.

려 측의 무역 제한〉설이 타당하다면, 왜구는 근본적으로 일본이 아니라 고려의 문제이며 왜구금압은 요시미쓰의 능력과 권한 밖의 문제였다고 할 수 있다. 〈고려·조선인 주체〉설, 〈고려·일본인 연합〉설과 〈다민족·복합적 해적〉설, 〈경계인〉설 등이 타당하다면 왜구금압은 요시미쓰의 능력 밖의 문제이며 고려 또는 중국의 협력 없이는 해결이 불가능한 문제라 해야 한다.

또한 왜구의 실체가 남조의 군세가 아니라 단순히 쓰시마·이키·마쓰우라 지역의 소수의 해민이었다면, 쇼군 요시미쓰(실제로는 규슈탄다이 이마가와 료슌)가 이를 제압하는 것도 그리 어렵지 않았을 것이다. 마찬가지로 왜구 발생의 근본 이유가 〈쓰시마와 이키 지역의 경제적 빈곤〉 때문이었다면 그 해결 역시 고려(조선)의 식량원조로 간단히 해결될 수 있는 문제였을 것이다.

고려 말에서 조선 초에 걸쳐 왜구의 금압이 결코 쉽지 않았던 것은, 왜구의 실체가 단순한 지역이나 경제적 빈곤의 문제가 아니라 〈남조 수군〉설에 대표되듯이 당시 일본 국내, 즉 중앙 정계와 연계된 규슈 지역의 군사·정치적 문제와 깊은 관련을 지닌 문제였기 때문이었다. 이런 의미에서 가와조에가 "가네요시를 굴복시키고 왜구금압의 실력을 축적해"라고 한 것은 고려 말 왜구가 가네요시 왕자, 즉 정서부와 불가분의 관계에 있음을 인지하고 이를 우회적으로 표현한 것으로 생각된다.

다시 말해 요시미쓰가 '일본국왕'으로 책봉되기 위해서는 왜구를 금압해야 하고, 그러기 위해서는 규슈 남조를 제압해야 하는 것이 대전제(大前提)였다. 즉, 왜구(해적)와 정서부(정치 세력)는 동전의 앞면과 뒷면 같은 존재였던 것이다.[90]

이처럼 〈남조 수군〉설에 입각해서 왜구 문제를 다시 고찰하면, 요시미쓰가 명나라로부터 일본국왕에 책봉되게 된 배경도 일본의 연구자들이 지금까지 제시해 왔던 견해와는 완전히 달라진다. 1403년 일본은 명나라의 책봉체제에 편

---

90) 물론 고려 말 왜구의 실체 전부가 반드시 '남조의 군세'였다고는 할 수 없고 고려 말 왜구의 실체(『고려사』에는 '난신(亂臣)'과 '완민(頑民)'으로 표기) 중 하나였다고 해야 한다.

<표 2-7> 아시카가 요시미쓰의 일본국왕 책봉 과정[91]

	시기	내용
1	1401년 5월	3대 쇼군 아시카가 요시미쓰는 규슈의 상인 고이즈미(肥富)와 승려 소아(祖阿)에게 '日本准三后道義, 上書大明皇帝陛下'(『康富記』)라고 기록되어 있는 국서를 지참시키고 명나라에 파견했다.
2	1402년 8월	답례로 명나라에서 사신을 파견했다. 명의 국서에는 '日本国王源道義'라는 문구가 포함되어 있었다.
3	1403년 2월	명나라 사신을 환송하면서 또다시 명나라에 사신을 보내는데 그때 국서에는 '日本国王臣源表, 臣聞'이라고 기록되어 있었다.
4	1403년 11월	성조 영락제는 국서와 함께 관복(冠服)과 금인(金印) 그리고 감합(勘合) 백도(百道)를 하사했다.

입되는데, 그 경과를 간단히 정리하면 〈표 2-7〉과 같다.

이로써 양국 사이에 정식 외교관계가 체결되었고 일본은 중국의 책봉체제에 편입되었다. 그런데 일본 학계에서는 요시미쓰가 명나라에 의해 일본국왕에 책봉된 것을 주로 대명(対明) 무역의 관점에서만 이해하고 있다. 즉, 명나라로부터 받는 막대한 양의 하사품에만 주목해 대명 무역을 통해 획득하는 막대한 경제적 이익을 노리고 중국의 책봉을 받았다고 하는 것이다. 이 문제에 관한 선행연구를 정리하면 다음과 같다.

막부의 최종 과제로 남겨진 규슈 통일이 대외문제와 불가분한 관계를 지니고 있음은 누가 보더라도 확실했을 것이다. 일본의 명나라에 대한 정식 복속이라고 하는 명나라 측의 조건을 받아들이지 않는 한, 요시미쓰도 시마즈(島津)도 료슌(了俊)도 오우치(大内)도 똑같이 열망하는 대명(対明) 무역을 실현할 수 없다고 하는 것은 이 조건을 수용할 수 있는 자격은 북조(北朝) 왕권을 접수한 요시미쓰만 가지고 있었음을 의미한다. 요시미쓰는 이것을 받아들임으로써 무역과 규슈 통일을 동시에 가능케 했다고 하는 것이기도 하다.[92]

— 사토 신이치

---

91) 〈표 2-7〉은 앞의 주(78) 무라이 쇼스케 논문의 내용을 참조하여 작성한 것임.

92) 佐藤進一, 『南北朝の動乱』, 中央公論社, 1965.

국제적 환경과 관습 등을 넓게 생각한다면, 명나라 황제의 책봉을 받는다고 하는 것은, 요시미쓰에게는 경제적인 이익과도 관련해서 가장 손쉽게 자기의 권위를 높일 수 있었던 것은 틀림없었다. 그 때문에 조공을 바치는 길을 선택했을 것이다.[93]

— 다나카 다케오

서국(西国) 유력 슈고(守護)의 무역을 제한하고 왜구를 금압한 요시미쓰는 무역의 이익을 독점해 명나라에서 가지고 오는 막대한 동전을 획득했다.[94]

— 사토 가즈히코

위의 세 사람의 주장(1965, 1975, 1986)은 각각 약 10년의 간격을 두고 있는데, 쇼군 요시미쓰의 대명(対明) 교섭의 목적을 한결같이 '중국 무역을 통해서 얻을 수 있는 이익 획득'에 두고 있다. 그런데 이러한 인식은 나카무라에게서 일찍이 확인된다. 즉, 그는 「무로마치 시대의 일선관계」의 제1장 「왜구에서 일본과 조선의 수교로(倭寇から日鮮の修交へ)」 도입 부분에서 고려 공민왕 15년(1366)에 파견한 최초의 금왜요구 사절이 내일(来日)하면서 가지고 온 고려의 신물(信物)을 무가(武家) 및 다이묘(大名)들이 받고 이를 귀중하게 여겼다고 강조한다. 그리고 이어서 이후 전개된 고려와 일본 양국 사이의 사절교환에 대하여 상세히 언급하고, 이러한 이마가와 료슌과 고려(조선)의 사절교환에 대하여 다음과 같이 서술하고 있다.

우리는(われは) 이에 수반하는 신물(信物)에 대한 이윤을 목적으로 하여 일단 (왜구) 금제(禁制)를 명령하고 휘하 및 하카타(博多)의 무역시장으로 모여드는 왜구들에게 잡혀 온 사람들을 송환하자 마침내 수호(修好)를 목적으로 하는 사절이 왕래하고 이윽고 서쪽 지방 각지에서 이를 모방한 사람들이 속출하여 일본과 조선 사

---

93) 田中健夫, 「冊封関係の成立」, 『中世対外関係史』, 東京大学出版会, 1975.

94) 佐藤和彦, 「日本国王源道義」, 『海外視点 日本の歴史 7. 大明国と倭寇』, ぎょうせい, 昭和 61年 (1986).

이에 새로운 관계가 진전되었다.[95]

　나카무라는 이마가와 료슌이 왜구 금압을 명령하고 또 왜구들에게 잡혀 왔던 고려인들(피로인)을 송환한 것은 고려 측이 지불하는 경제적인 대가를 노리고 행한 것이라고 평가하고 있다.[96] 이마가와 료슌의 대고려(조선) 외교 역시 3대 쇼군 아시카가 요시미쓰의 대명 외교와 같은 '경제적 이익을 얻기 위한 것'이라고 하는 맥락에서 이해되고 있음을 알 수 있다.

　이처럼 현재 일본 학계에서 정설로서 통용되고 있는 소위 〈요시미쓰의 일본 국왕 책봉＝대명 무역의 이익 추구 목적〉설은 왜구의 실체나 발생 배경을, 일본 국내의 군사·정치적인 요소와 무관하며 오로지 경제적 이익 내지 무역이라는 관점에서만 한정 지으려고 한 나카무라의 의도에서 비롯된 것이었다고 할 수 있다.[97]

　나카무라가 당시 무로마치 막부의 대고려(조선) 및 대중국 외교를 이렇게 부정적인 시각에서 서술한 이유 중 하나로 다음과 같은 것을 생각할 수 있다. 즉, 곧 전면적인 중일전쟁으로 발전하려고 하는 1935년의 시점에서 식민지 한반도와 멸시와 침략의 대상이었던 중국에 대해 규슈탄다이(이마가와 료슌)와 쇼군(아시카가 요시미쓰)이 각각 외교적인 저자세로 임했다고 하는 사실(史實)은 황국신민교육의 내용으로 부적절하기 때문이었다. 그러나 이러한 사실은 부정하거나

---

95) 이마가와 료슌이 규슈탄다이에 임명된 계기는 공민왕 15년(1366)의 금왜사절의 내일(來日)이었다. 즉, 그의 임무는 규슈 지역의 남조를 소탕해 왜구가 발생하지 못하게 하는 데 있었다. 이에 관해서는 본서 제7장 참조.

96) 이에 관해서는 『今川了俊』의 저자 가와조에 쇼지도 "료슌의 대(対) 고려(조선) 외교는 안으로는 왜구를 진압하거나 회유하여 통제하에 두고 밖으로 고려·조선에 대해서는 평화적인 태도를 보여 충분한 대가를 확보한다고 하는 노련하고 교묘한 방책을 취하고 있다"고 언급해 나카무라와 유사한 견해를 피력하였다. 164~165쪽 참조. 또 사토 신이치도 "료슌은 자기 세력하에 있는 해적 무리가 고려에서 납치해 온 남녀를 고려로 송환시켜 고려로부터 사례를 취하고 있었다고 하는 의혹도 있다"고 했다. 『日本の歷史 9. 南北朝の動乱』(中公文庫) 440쪽 참조. 이에 관한 비판적인 견해로 앞의 주(80) 한윤희 논문 참조.

97) 이에 관한 구체적인 내용은 본서 제4장 참조.

삭제하기 어려운 엄연한 역사적 사실이었기에 경제적인 실리를 노리고 행한 것이었다는 식으로 해석한 것으로 보인다.

그런데 위의 사토 신이치의 지적을 보면, 그는 요시미쓰가 명나라로부터 일본국왕에 책봉됨으로써 대명 무역과 규슈 통일이 비로소 가능해졌다고 이해하고 있는 것 같다. 그러나 앞에서 이미 본 것처럼 규슈의 남조 세력은 1380년대 중반에 이미 그 기세가 꺾였고 1392년에는 막부에 항복하고 말았다.

반면 일본국왕 책봉은 1402년(건문제) 내지 1403년(영락제)에 이루어졌다. 즉, 남북조의 합일로부터 10년 뒤에 이루어진 것이다. 요시미쓰의 책봉(冊封) 외교는 이미 홍무 7년(1374)과 13년(1380) 두 차례나 이루어졌는데, 그 내용은 〈표 2-8〉과 같다.

두 차례나 요시미쓰의 조공을 물리쳤던 명나라가 30여 년이 지난 1402년과 1403년에 갑자기 그의 조공을 허락한 것은 '정난(靖難)의 변'이라는 중국의 국내정세 변동이라는 특수 상황을 고려해야 한다. 즉, 조카와 숙부 사이에 왕위를 둘러싼 내분이 전개되고 있던 가운데에 건문제(建文帝)는 요시미쓰를 일본의 국왕에 책봉함으로써 각각 위기에 처한 자신의 정통성을 강화하고, 영락제(永樂帝)는 반란으로 차지한 황제 자리의 정통성 확보에 일조(一助)하려 했다고 생각되는 것이다. 다시 말해 요시미쓰의 일본국왕 책봉은 그가 원하기만 하면 언제든지 가능했던 것이 아니었고 책봉의 주도권은 어디까지나 명나라가 장악하고 있었다. 그런데 〈요시미쓰의 일본국왕 책봉=대명 무역의 이익 추구 목적〉설을

〈표 2-8〉 아시카가 요시미쓰의 견명사절 파견[98]

연대(洪武)	견사자(遣使者)	사자(使者)	비고(備考)
홍무 7년(1374) 6월 을미	일본국 (足利義滿)	승 선문계(僧宣聞溪)· 정업(淨業)· 희춘(喜春)	표문(表文)이 없어 조공을 물리침.
홍무 13년(1380) 9월 갑오	요시미쓰 (征夷將軍源義滿)	승 명오(僧明悟)· 법조(法助)	요시미쓰가 승상에게 서신을 보냈으나 표문이 없어 물리침.

98) 〈표 2-8〉은 앞의 주(79) 무라이 쇼스케 논문을 참고로 작성한 것임.

주장하면서 일본의 대외관계사 연구자들이 이러한 사실에 관해서 언급한 적은 단 한 차례도 없다.

그리고 요시미쓰가 일본국왕에 책봉되기를 원했던 주된 원인도 명나라와의 무역에서 얻을 수 있는 막대한 이익이라기보다는 일본 국내의 정치·군사적인 동기에서 근본적인 원인을 찾아야 한다. 가와조에 쇼지는 요시미쓰 자신이 아니라 가네요시 왕자가 명나라 황제로부터 일본국왕으로 인정받고 있다는 사실에 대하여, 명나라의 책봉이 '쇼군의 권력 확립에 불가결한 조건이었다'고 했지만 그보다 더 긴급한 문제는 따로 있었다. 그것은 가네요시가 주군으로 모신 명나라 황제로부터 원군을 끌어들여 무로마치 막부와의 대결을 이어갈 수도 있다는 위험성이다.[99]

실제로 당시 홍무제는 왜구 토벌을 명분으로 일본으로 침공해 가겠노라고 여러 차례 걸쳐 고려와 일본에 공언해 왔다. 약 100년 전 여몽 연합군의 일본 침공이라는 선례도 있어서 당시 막부가 명나라의 위협을 단순한 협박으로만 여길 수 없었다. 그러므로 요시미쓰가 이런 위기에서 벗어나기 위해서는 가네요시 왕자와 정서부를 제거하고 앞으로 또 다시 가네요시와 같은 존재가 생겨나지 않도록 해야 했는데, 그러기 위해서라도 자신이 명나라 황제로부터 일본국왕에 책봉되어야 했다.

즉, 쇼군은 천황에 의해 임명되는 것인데 남북조 내란기 동안 천황이 대각사통(大覚寺統)과 지명원통(持明院統)의 두 가문으로 나뉘어 다투었으며 막부 또한 지명원통의 천황을 자의적(恣意的)으로 교체하는 등 천황의 권위가 크게 실추되었다. 따라서 천황에 의해 임명되는 쇼군의 권위 역시 예전에 비해 상당히 저하되었다.

그리고 앞으로도 야심을 품은 무사가 황족(皇族) 중 한 사람을 천황으로 내세우고 요시미쓰에 도전할 가능성도 충분히 있었다. 따라서 이러한 위험을 미연에 방지하기 위해서는 지금까지의 쇼군의 권위만으로는 부족했다. 국내의 다

---

99) 이에 관해서는 본서 제9장 참조.

른 어느 누구도 얻을 수 없는 지위, 즉 명나라 황제로부터 일본국왕에 임명될 필요가 여기에 있었던 것이다. 가와조에가 '쇼군의 권력 확립에 불가결한 조건 이었다'고 한 발언은 이 사실을 의미하는 것이었다고 생각된다.

결 론

일본의 역사학은 근대 이후 정치의 영향을 강하게 받아 왔다. 그 대표적인 사례가 '남북조 정윤론' 논쟁이다. 그런데 '고려 말 왜구'의 발생 배경 및 실체 에 관한 문제는 이 남북조 정윤론 논쟁의 연장선상에 있다고 할 수 있다. 그리 고 이는 일제의 한반도에 대한 지배 강화와 본격적인 중국대륙 침략이라는 시 대적 조건과도 맞물려 있는 문제이기도 했다.

이러한 일본 국내외의 정치적 사안과 밀접한 관련을 지니고 있었기에 일본 의 왜구 연구는 정치적 목적성과 방향성을 강하게 띠고 있었다. 이러한 상황에 더하여 특히 일본사의 영역에 속하는, 왜구의 발생 배경 및 그 실체에 관한 연 구가 가해자의 입장에 있었던 일본인들에 의해 주도되어 왔기 때문에 왜곡은 필연적이었다고 할 수 있다.

나카무라의 왜곡된 왜구 패러다임은 단순히 왜구상(倭寇像)의 왜곡에 한정된 문제가 아니다. 그의 왜구 패러다임은 14~15세기 원과 명의 교체라는 동아 시아 국제사회의 일대 전환기의 역사를 한·중·일 삼국의 유기적인 관계 속에 서 이해하는 길을 차단해 왔다.

또한 왜구의 실체 및 발생 배경에 관한 현재의 역사학계의 인식에 대한 문제

제기는 비단 14~15세기의 왜구에 대해서만이 아니라 소위 '후기 왜구'라고 일본 학계에서 정의하고 있는 16세기의 왜구에 대해서도 유효하다. 앞으로 나카무라에게서 발원(発源)하고 제2차 세계대전 이후 일본인 연구자들에 의해 계승되어 구축된 이 시기의 동아시아 국제관계 및 교류사에 관한 인식 전반에 걸쳐서 전면적인 재검토 및 수정작업이 수반되어야 할 것이다.

제 3 장

황국사관과 왜구 왜곡

-조선사편수관 나카무라 히데다카의

왜구 왜곡의 배경에 관한 한 고찰-

제 3 장

황국사관과 왜구 왜곡
－조선사편수관 나카무라 히데다카의
왜구 왜곡의 배경에 관한 한 고찰－

서 론

왜구는 14~16세기의 동아시아 국제관계 및 교류의 역사를 규정해 온 주요한 역사 현상이었다. 그런데 이러한 왜구 및 전근대 한일관계사 연구의 선구자라 할 수 있는 나카무라 히데다카(中村栄孝)의 연구가 최근에 비(非)학문적인 동기에서 의도적으로 왜곡되어 왔음이 드러나고 있다.[1]

그러나 이상의 연구에서도 해명되지 않은 문제가 남아 있다. 예를 들어, 나카무라가 필자의 주장대로 황국사관론에 입각한 조선사편수관이었기에 의도적으로 〈고려 말 왜구=남조 수군〉설을 은폐했는지, 아니면 황국사관과 관계없이 단순히 고려 말 왜구와 남조의 관련성을 깨닫지 못했던 것인지 하는 문제이다. 이는 황국사관의 정의 및 성립 배경과도 관련이 있다. 따라서 태평양전쟁 패전 이후 일본 역사학계의 황국사관에 대한 정의 및 평가를 통하여 황국사관에 대하여 구체적으로 알아볼 필요가 있다.

이러한 검토는 황국사관에 입각한 나카무라의 연구가 어떻게 오늘날까지 한국사 및 전근대 한일관계사 인식의 패러다임으로서 일본 역사학계에 지속적으로 지대한 영향을 미쳐 왔는가라는 문제를 이해하는 데 일조(一助)하게 될 것이다.

---

1) 본서 제1장에서 일본 학계의 편향적인 왜구 인식이 나카무라의 '왜구 패러다임'에서 기인하고 있음을 밝혔다. 그 근거로 조선사편수관으로서 나카무라가 조선에서 행한 다양한 활동과 그의 역사관을 그가 남긴 글을 통해 분석하였으며 또한 그가 왜구를 왜곡한 방법과 구조 등에 대하여 구체적으로 고찰했다. 그리고 제2장에서는 일본의 왜구 왜곡이 자국의 근대 정치문제의 연장선상에서 이루어지고 있었음을 밝혔으며 또 그로 인해 '14~15세기 동아시아 국제관계'에 관한 올바른 인식을 저해하고 있음을 지적했다.

이어서 나카무라의 역사관 형성과 관련이 깊었을 것으로 생각되는 주변 인물들, 즉 그의 학문적 계보에 대해서도 살펴본다. 이러한 검토는 일본 관학(官学)의 중심인 도쿄제국대학 국사학과(国史学科)의 일본사 연구와 나카무라의 왜구 왜곡, 더 나아가 그의 연구를 계승하고 있는 도쿄대학 국사학과를 중심으로 하는 일본 대외관계사 연구회의 왜구 왜곡과의 상관관계를 밝혀 줄 것이다.

이러한 검토는 최종적으로 나카무라가 어떤 의도에서 고려 말 왜구의 발생 배경과 그 실체에 관해 왜곡하려고 했는지, 그리고 그의 학설을 계승한 패전 이후 일본의 왜구 왜곡이 어떠한 논리적 구조를 가지고 전개되어 왔는지를 규명해 줄 것이다.

나카무라가 황국사관에 입각해 설정한 왜구 패러다임의 극복은 비단 전근대 한일관계사만이 아니라, 14~16세기의 동아시아 국제관계 및 국제질서에 대한 인식의 지평을 확장시켜 줄 것이다.[2]

---

2) 본서의 제2장, 제8장, 제9장 참조.

태평양전쟁 패전 전후(前後)의
황국사관과 나카무라

1. 황국사관의 정의와 나카무라의 국사교육에 관한 언급

일본에서도 황국사관이라는 말이 사전 등에 실리게 된 것은 비교적 최근으로, 대략 1980년대 이후부터라고 한다.[3] 대표적인 일본 중세사학자 중 한 명인 나가하라 게이지(永原慶二)는 황국사관을 다음 네 가지 특징으로 정의하고 있다.[4]

1. 국체(国体)라고 하는 특수한 가치를 체현하고 있는, 국가에 대한 절대적 우월관이라고도 해야 할 사고이다.[5]

2. 민중은 충효일체(忠孝一体)의 논리로 家→国=천황에 귀속하는 것만을 가치가 있는 것으로 여기며 또 거기에 일치하는 사실 이외는 전혀 재고(再考)의 가치가 없었다.

3. 자국중심주의와 표리일체적인 관계로 제국주의적 침략과 타민족지배, 전쟁 등에 대해서는 일관되게 이를 긍정하고 찬미하고 있다.

4. 근대과학으로서의 역사학적 인식과는 이질적인 것으로 분명히 말하자면 천황제 국가와 일본 제국주의를 정당화하기 위한 이데올로기 그 자체이다.

---

3) 長谷川亮一, 『「皇国史観」という問題』(十五年戦争期における文部省の修史事業と思想統制政策), 白沢社, 2008. 이하 본 연구는 '황국사관의 정의'에 관한 부분을 포함해 전 편에 걸쳐 하세가와 료이치의 연구에 의거하고 시사(示唆)받은 부분이 적지 않았음을 밝혀 둔다.
4) 永原慶二, 『皇国史観』(岩波ブックレット), 岩波書店, 1983.
5) 여기서 '국체'란 "한 나라의 기초적인 정치원칙을 지칭하는 것으로 일본어의 문맥으로 사용될 경우, 통상적으로 '천황을 중심으로 하는 질서(政体)'를 의미"한다.

이를 정리하면 황국사관이란 '천황을 전면에 내세운 일본의 국가주의적인 역사관으로서 역사적 진실과는 거리가 멀고 <u>타민족에 대한 침략과 지배를 정당시하는 역사관</u>'으로 정리할 수 있다. 나가하라는 황국사관의 하부 개념으로 '식민사관' 또는 '침략사관'을 포함시키고 있음을 알 수 있다. 그러므로 나카무라가 황국사관론자였다는 사실만 가지고도 역사 서술 전반에 걸친 그의 학문적 순수성에 대해서, 특히 그의 왜구 연구가 정치적인 의도를 지닌 허구였을 가능성에 대하여 한번쯤 의심해 볼 필요가 있었다. 그러나 지금까지 이러한 문제의식에서 나카무라의 연구를 구체적으로 검토한 적은 없었던 것 같다. 그러면 여기서 나카무라의 역사관을 나가하라가 제시한 황국사관의 네 가지 특징과 대조해 보자.

나카무라는 국사(＝일본역사) 교육의 교재로 황족 관계를 채택할 때에 유의할 점에 대하여 다음과 같이 언급했다.

황공하게도 천황을 위시해 황족 관계를 교재로 취급할 때에는 가장 용의주도하고 신중한 태도를 가지고 취급해야만 한다. 예를 들면 입에 올리고 글로 쓰는 것조차 아주 황송하며 신하된 자의 눈을 덮고 귀를 막아야 할 사실(史実)을 일일이 다 언급해 충의(忠義)를 강조하고 국체(国体)를 논하는 일은 국민 일반의 상식 내지 국민을 교육시키는 과정에서는 피해야 한다.[6]

국사교육에서 교재를 선택할 때 역사적 사실이라 할지라도 천황의 존엄성에 부정적인 영향을 미칠 수 있는 내용은 언급을 피해야 한다는 것이다. 이러한 그의 언급은 나가하라가 제시한 황국사관의 특징 1·2·4에 해당한다고 볼 수 있다. 나카무라의 다음 언급을 보자.

조선이 병참기지가 되어야 한다는 주장은 확고하다. 교육 역시 이것과 분리할 수 없는 연계성을 지닌다. 황국신민교육의 중대한 의의도 또한 이를 기조로 하여

------

6) 「皇国臣民教育と国史」, 『緑旗』 4, 1939年 11月.

충분히 발휘되어야 한다. 그리고 정신적으로도 문화적으로도 대륙 전진의 병참기지가 되는 사명을 다해야 하는 것이다.[7]

조선과 조선인이 일본 제국주의의 대륙 침략의 전진기지가 되어야 한다는 그의 주장은 위의 나가하라가 제시한 요건 3에 해당한다. 나카무라의 국사교육에 관한 언급들은 나가하라가 규정한 황국사관의 모든 특징들과 그대로 일치함을 확인할 수 있다.

2. 순정사학 · 응용사학과 나카무라

나가하라는 황국사관의 또 다른 측면으로 '교육과 학문은 별개의 것이다'라는 논리를 제시했는데[8] 이것이 구체적으로 무엇을 의미하는지에 관해 생각해 보자.

일본은 근대 이래로 소위 역사연구를 '순정(純正)사학', 국사교육을 '응용(応用)사학'이라 하여 양자를 구분해 왔다. 그 최초의 계기가 된 것이 소위 '구메(久米) 필화(筆禍) 사건'이다. 도쿄제국대학 교수였던 구메 구니다케(久米邦武)는 1891년 『사학잡지(史学雑誌)』에 「신도는 제천의 오래된 습속(神道ハ祭天ノ古俗)」이라는 논문을 게재하는데, 이 논문이 이듬해 다구치 우키치(田口卯吉)가 주재하는 『사해(史海)』에 다시 실리게 된다. 이 논문이 발표되자 국체론(国体論)의 존립기반을 뒤흔든다는 이유로 신도 관계자 및 국학자 등의 공격을 받고 구메는 도쿄대학 교수직에서 쫓겨난다. 이 사건 이후 역사연구에서 천황과 국체의 기원에 대하여 논하는 것은 공공연한 금기가 되었다. 이 사건은 정치가 학문의 독립성과 중립성을 침해한 중요한 사례이다.

또 1911년 국정교과서에서 남조와 북조를 대등하게 기록하고 있는 것이 대

---

7) 앞의 주(6) 논문 참조.
8) 이는 앞에서 나가하라 게이지가 제시한 황국사관의 네 번째 특징인 '근대과학으로서의 역사학적 인식과는 이질적인 것'이라는 항목과 부합되는 것이기도 하다.

역사건(大逆事件, 1910~1911)과 얽혀서 정치문제로 발전하자,[9] 제2차 가쓰라(桂) 내각(1908~1911)[10]은 국민교육에서는 남조가 정통 왕조라고 하는 남조정통론(南朝正統論)을 세워서 정치적인 결착을 꾀했다.[11] 이후 국민교육과 고등교육 및 학문 연구는 완전히 구별되게끔 된다. 그리고 '역사연구=순정사학'과 '국사교육=응용사학'이라는 구별이 확연해지고 역사연구자라 할지라도 천황과 국체의 기원은 물론 남조정통론에 대해서 이의를 제기하는 것도 금기시되었다.[12]

그러면 이러한 순정사학과 응용사학의 구분이 당시 일본의 식민지 지배를 받고 있던 조선에서는 어떻게 적용되고 있었을까? 또 나카무라는 이에 대하여 어떤 자세를 취하고 있었을까?

조선에서 실제로 국사교육에 종사하던 일본인들의 사례를 살펴보자. 경성사범학교장인 와타나베 노부하루(渡辺信治)는 "역사에는 순정 역사도 중요하지만 교육적으로 유효하게 하는 것이 더 중요하다"[13]고 했다. 그리고 히타카 히데요시(日高秀吉)는 "교육의 입장에서 학술적인 보편타당성은 별 문제가 되지 않으며 학술보다 국민적 도야(陶冶)가 우선시된다. 교육자 개인이 특정 사관을 가질

---

9) 대역사건이란 일반적으로는 1910년과 1911년(메이지 43, 44)에 사회주의자 고토쿠 슈스이(幸德秋水) 등이 메이지 천황 암살 계획을 꾸몄다고 하여 검거된 사건을 가리킨다. 슈스이가 법정에서 "지금 천자는 남조의 천자를 암살하고 (천황의 지위를 상징하는 : 역자 주) 삼종의 신기를 빼앗은 북조의 천자가 아닌가"라고 발언한 사실이 외부에 알려져 남북조 정윤 논쟁이 일어났다.

10) 제2차 가쓰라 내각은 육군대신이면서 군사참의관이었던 가쓰라 다로(桂太郎)가 제13대 수상에 임명되어 성립한 내각이다. 가쓰라 내각은 사회주의 운동을 단속하고, 대역사건을 적발하며, 남북조 정윤문제에 개입해 출판물 단속을 강화했다.

11) 즉, 제국의회(帝国議会) 중의원(衆議院)에서 국정교과서의 남북조 병립설(南北朝併立説)을 비난하는 질문서가 제출되자 의회는 남조를 정통이라고 하는 결의안을 제출한다. 이후 국정교과서에서는 「대일본사(大日本史)」를 근거로 삼종의 신기를 소유하고 있던 남조를 정통이라고 하는 기술로 대체된다.

12) 앞의 주(3) 하세가와 료이치 연구서, 61~62쪽.

13) 渡辺信治, 「国史教育に生命あらしめよ」, 『朝鮮の教育研究』, 1931年, 12, 19, 22~23쪽. 이하 당시 조선의 국사교육에 관한 논의에 관해서는 김종준, 「일제 시기 '(일본) 국사'의 '조선사' 포섭논리」(『한국학연구』 29집, 2013) 게시에 의함.

수 있지만 그 사관은 결코 국민적 신념과 모순되어서는 안 된다"고 했다.[14] 또 요시오 이사오(吉尾勲)는 국사란 국가의 의지에 의해 편집된 교화사(敎化史)이고 '자신들은 교육자이지 학자가 아니다'라고 선언하기도 했다.[15] 식민지 조선의 교육현장에서도 일본 국내와 다르지 않게 순정사학과 응용사학의 구분에 입각해 국사교육이 이루어지고 있었음을 알 수 있다.

한편 이처럼 조선에서 국사교육을 행하고 있던 일본인들의 주장은 당대 아카데미즘 사학을 주도하던 히라이즈미 기요시(平泉澄)와 니시다 나오지로(西田直次郞)에서 그 근거를 구하고 있었다.[16] 히라이즈미는 당시 도쿄제국대학 국사학과의 교수이고 니시다는 교토제국대학 교수로 두 사람은 대표적인 황국사관론자로서 패전 후, 공직 및 교직에서 추방당한 인물이다.[17]

그런데 이러한 본국의 관학 아카데미즘의 주장을 식민지 조선에서의 국사교육을 담당한 일본인 교육자들에게 전달하는 연결고리 역할을 한 인물 중 한 사람이 나카무라였다. 그는 1927년부터 1937년까지 조선총독부의 주요 사업이었던 『조선사』 편찬 작업에서 조선 전기(前期)를 담당하고 있었으며 1937년에는 총독부 학무국 수사관(修史官)으로 전임되어 총독부의 교육정책에 깊숙이 관여하고 있었다.[18] 그는 조선사편수회에서의 활동을 기반으로 임시 역사교과서용 도서조사위원회에서 주도적인 역할을 하였다.[19] 실제로 나카무라는 1938년에

---

14) 日高秀吉, 「歷史敎育における歷史觀の意義」, 『朝鮮の敎育硏究』, 1934, 94~95쪽.

15) 吉尾勲, 「国史敎育に於ける敎材上の諸問題」, 『朝鮮の敎育硏究』, 1931, 33~34쪽.

16) 蝦道隆, 「国史敎育の眞意義を把握せよ」, 『朝鮮の敎育硏究』, 1933, 8, 56~57쪽. ; 앞의 주(13) 김종준 논문 참조.

17) 니시다 나오지로가 1946년 7월 31일에 교직 추방을 당한 것을 필두로 도쿄교육대학 문리과 교수 히고 가즈오(肥後和男), 도쿄대학 문학부 교수 이타자와 다케오(板沢武雄), 전 교수 나카무라 고야(中村孝也), 히라이즈미 기요시, 교토대학 문학부 조교수 나카무라 나오가쓰(中村直勝), 전 국학원(国学院) 대학 교수 아키야마 겐조(秋山謙三) 등이 차례로 추방당했다. 앞의 주(3) 하세가와 료이치 연구서, 23쪽.

18) 학무국 조직 중 하나로 교학연수소(敎学硏修所) 등의 조직이 있었는데, 나카무라는 이러한 조직을 통해 일본 본국의 관학 아카데미즘의 주장을 조선 내의 교육자들에게 전수한 것으로 생각된다.

19) 앞의 주(13) 김종준 논문 참조.

조선에서 국사교육을 담당하고 있는 교사들을 대상으로 '내선일체'에 관해 강연했음이 확인된다.[20]

3. 패전 이후 황국사관론자에 대한 처리와 나카무라

패전 이후, 일본 사회가 황국사관에 대하여 어떤 평가를 내렸으며 또 나카무라는 이 문제와 관련해 어떤 입장에 처하게 되었는지 살펴보기로 하자.

태평양전쟁에 패하면서 일본 사회의 황국사관에 대한 평가는 180도 뒤바뀌게 된다. 즉, '국가적 규모로 이루어진, 국가가 주도면밀하게 만들어 낸 허위관념의 체계'[21]라는 비판을 받고 사라지게 된다. 그리고 1946년부터 황국사관을 매개로 침략전쟁에 적극적으로 가담한 역사학자들이 공직과 교직에서 추방되기 시작했다. 그러나 1950년에 한국전쟁이 일어나자, 일본 사회가 급격히 보수화하면서 히라이즈미 기요시와 같은 극히 일부 인사들만 제외하고 대부분이 대학으로 복귀하게 된다. 그리고 더 이상 일본 역사학계에서 문제시되는 일이 없었다.[22]

그러면 나카무라는 패전 이후의 황국사관론자에 대한 처리 문제와 관련해서 어떠한 입장에 처하게 되었을까? 1902년 5월 1일생인 그는 1945년 패전 당시 44세였다.[23] 그는 1926년에 도쿄제국대학 국사학과를 졸업하고 조선으로 건너와 패전으로 일본에 돌아갈 때까지 20년 동안이나 조선에서 활동했다. 경성제국대학 교수가 되지 못한 그였지만 일본으로 돌아온 뒤인 1948년부터는 나고

---

20) 中村栄孝, 「内鮮一体論」, 『朝鮮の教育研究』 123号, 1938年 12月.

21) 앞의 주(4) 나가하라 게이지(永原慶二) 책, 63쪽.

22) 아라이 신이치(荒井信一, 1926~)는 "전쟁 책임의 추구−전범 교수 추방 움직임은 각각의 대학의 학생운동으로서는 있었지만 아카데미즘 자체 스스로 내부 고발해 이를 자정(自淨)하는 다이나미즘은 전혀 없었다. 역사학에서 전쟁 책임을 추구하는 것이 전체적·주체적으로 확산되지 않았으며, 전쟁 책임 문제가 일본의 근대사학의 근본으로까지 돌아가서 점검되는 일은 없었다"고 지적하고 있다. 앞의 주(3) 하세가와 료이치 연구서, 25쪽.

23) 이하 나카무라 히데다카의 경력에 관해서는 '일본판 위키피디아'에 의함.

야대학에서 9년간, 그리고 1966년부터 덴리대학의 교수를 역임해 1977년에 정년퇴직한다. 만약 그가 전쟁 중에 일본 국내 대학의 교수였다면 자신의 스승인 구로이타 가쓰미(黑板勝美)나 선배 히라이즈미 기요시처럼 당시 역사학계의 주목을 받았을지도 모른다. 그런데 15년 전쟁기[24]에 그는 내내 조선에서만 활동했다. 또한 『조선사』 편수작업의 사료 수집 및 정리 그리고 조선사와 한일관계사 연구 및 (일본)국사교과서 편찬에 주력했던 그였기에 침략전쟁에 대한 협력이라고 하는 점에서 일본 국내의 역사학계에 그만큼 덜 노출되었던 것으로 생각된다.

그렇지만 전후에 공직 추방 혹은 교직 추방을 당한 다른 역사학자들도 대부분 사회로 복귀한 사실을 보면, 설사 그의 전쟁 협력 사실이 알려졌다고 하더라도 특별히 크게, 그리고 오랫동안 문제시되지는 않았을 것이다. 왜냐하면 그의 활동은 어디까지나 식민지 조선에 파견된 관리의 입장에서, 더욱이 패전 이후에는 타국이 되어 버린 조선에 대해 행해진 것이었기 때문이다. 또한 전후 오랫동안 한일 양국 간에 외교관계가 수립되지 않았으며, 또 학문적인 교류도 제대로 이루어지지 않았다. 따라서 한국 역사학계에서도 그의 한국사 및 한일관계사 서술에 관해 별다른 의구심을 품지 않았던 것 같다. 그래서인지 나카무라의 왜구 및 한일관계사 연구와 황국사관 관련해서는 단 한 차례도 검증을 거친 적이 없다.

이러한 이유들에 더하여 그의 연구가 80년 가깝게 학계의 정설로서의 위치를 지켜 올 수 있었던 더 중요한 이유는 그의 역사 서술이 엄밀한 실증주의를 가장하고 있었다는 점이다. 예컨대 그의 『일선관계사의 연구(日鮮関係史の研究)』 3권은 20년 동안의 조선 체재와 『조선사』 편찬 작업을 통해 축적한 경험과 지식을 바탕으로 『조선왕조실록』 등과 같은 방대한 사료를 꼼꼼하게 자기 학설의 근거로 제시하고 있다. 그뿐 아니라 관련 있는 일본 측 문헌사료도 나란히

---

24) 만주사변이 일어난 1931년부터 1945년 태평양전쟁에서 패할 때까지의 15년 동안의 전쟁을 일본에서 일컫는 용어.

제시함으로써 그의 연구가 한일 양국의 문헌사료에 근거를 둔 아주 치밀한 실증주의적인 연구성과인 것처럼 꾸미고 있다. 한국과 일본의 역사와 문헌사료에 모두 정통하지 않으면 나카무라 학설의 허구성은 간파하기 어려운 수준이라고 할 수 있다.

『일선관계사의 연구』 3권이 일본학사원상(日本学士院賞) 및 천황이 특별히 하사하는 은사상(恩賜賞)을 수상하고 그를 '전후(戰後) 일본의 조선반도사(朝鮮半島史) 연구의 제1인자'로 추앙받게 만든 것,[25] 그리고 나카무라의 도쿄대학 국사학과 후배이면서 그와 더불어 패전 이후 일본의 대외관계사 학계를 이끌어 온 다나카 다케오(田中健夫)가 "이 책이 자신은 물론 후학들에게 나침반과 같은 역할을 할 것"이라고 높이 평가했고,[26] 특히 이 책에서 왜구론을 서술한 「무로마치 시대의 일선관계」라는 논문을 다나카가 "연구자들에게 고전적인 가치를 지니고 있다"고 평가한 것,[27] 또 실제로 왜구에 관한 그의 학설이 패전 이후 일본의 대외관계사 학계에 계승되어 갔던 것[28]은 그의 '실증주의'라는 가면에 힘입은 바 컸다고 할 수 있다.

---

25) 그의 학술상 수상에 관하여 「中村栄孝君の『日鮮関係史の研究』上, 中, 下 三巻に対する授賞審査要旨」라는 글이 '야후 제팬'에 실려 있음.
26) 『日本歴史』 212号, 1966年 1月. 『対外関係史研究の あゆみ』(吉川弘文館, 2003) 136~137쪽.
27) 『日鮮関係史の研究』(上), 吉川弘文館, 1966, 135쪽.
28) 이에 관해서는 본서 제1장 II절 내용 참조.

나카무라의 학문적 계보와 황국사관

1. 구로이타 가쓰미

여기에서는 나카무라의 황국사관 형성에 적지 않은 영향을 끼친 주변 인물에 대하여 생각해 보기로 하자. 역사연구자의 역사관과 그의 역사 서술을 이해하기 위해서는 그가 살았던 시대와 함께 그의 역사관 형성에 영향을 미쳤던 인물에 대하여 알아보는 것도 하나의 방법이 될 수 있기 때문이다.

우선 그의 지도교수 구로이타 가쓰미(黒板勝美, 1874~1946)가 있다.[29] 구로이타는 일본 고문서학(古文書学)의 체계를 수립하고 『대일본고문서(大日本古文書)』의 편찬과 『신정증보국사대계(新訂增補国史大系)』의 교정 출판에 힘써 고문서와 전적(典籍)의 출판과 보급에 커다란 발자취를 남긴 인물로 평가받는다.[30] 그렇지만 그를 엄밀한 실증주의에 입각한 순수한 학자로만 생각해서는 안 된다. 그는 정치적 성향이 강한 인물이라는 또 다른 측면을 지녔다. 구로이타의 제자로역시 도쿄대학 국사학과의 교수를 역임한 사카모토 다로(坂本太郎, 1901~1987)는 구로이타의 사후(死後)에, 자기 스승에 대한 회고에서 다음과 같이 서술한 바있다.

---

29) 구로이타는 메이지 7년(1874)에 나가사키현(長崎県) 히가시소노키군(東彼杵郡)에서 태어나 1897년에 도쿄제국대학 국사학과를 졸업하고 1903년에 동(同)대학 문과대학 강사에 임명된다. 이후 쇼와 21년(1946)에 72세의 나이로 사망했다. 그가 도쿄대학 교수로 재직했던 기간은 1919년부터 1935년까지이다. 그의 경력에 관해서는 黒板博士記念会, 「大学に於ける黒板博士」 (『古文書の保存と研究－黒板博士の業績を中心として』, 1953)의 '연보(年譜)'를 참조.
30) 앞의 주(29) 자료 참조.

(구로이타) 박사가 이사나 평의원에 취임한 민간단체의 대부분은 박사 스스로 입안하고 모금하여 창립한 단체이며 그 운영도 주요한 책임을 떠맡고 행하였으며 때로는 상세한 사무까지도 관여했다. (중략)

그것은 완전히 정치가의 생활양식이었다. 그래서 박사와 접촉하는 사람들 중에서 여러 차례 다음과 같은 탄성을 듣는 일이 있었다. 박사는 오히려 정치가가 되시는 것이 더 좋았지 않았을까, 하는 … 학문은 오히려 방해가 되고 있는 것이 아닌가 하고. 박사 자신 역시 그와 비슷한 술회(述懷)를 하신 적이 있었다.[31]

사카모토의 회고를 보면 구로이타가 왜 다이쇼(大正)에서 쇼와(昭和)에 걸쳐서 관학 아카데미즘[32]을 이끌었던 인물, 즉 황국사관의 이론적 근거를 제시한 인물로 평가되고 있는지 수긍이 간다.

구로이타의 활동은 일본사 분야에만 머무르지 않았다. 그는 한국사와 관련해서도 중요한 활동을 하였으니, 『조선사』 편수와 조선 고적의 조사 및 보존에도 관여했다.[33] 이 두 작업은 총독부 최대 규모의 작업이었으며 구로이타도 많은 정열을 쏟은 일이었다.[34] 제자인 나카무라는 자신도 관여한 구로이타의 이 두 가지 작업에 관하여 "그 취지를 보더라도 그 성과를 보더라도 영원히 기억되는 조선총독부의 문화사업이었다고 일컬어질 만큼 전후(戰後)에도 일본인의 대단한 자부의 대상이었다"[35]고 자화자찬하고 있다.

그러나 조선총독부가 스스로 밝힌 것처럼 『조선사』 편수는 일선동조론(日鮮

---

31) 黑板博士記念会, 「大学に於ける黒板博士」 앞의 주(29) 책, 462~464쪽.
32) 구로이타뿐만 아니라 도쿄제국대학 사료편찬소 초대소장으로 『皇室と日本精神』(1936) 등의 저작을 남긴 쓰지 젠노스케(辻善之助, 1877~1959, 1926~1938 교수) 등, 도쿄제국대학 국사학과의 역대 교수들은 대부분 국체론자 혹은 천황주의자로서의 경향을 강하게 지니고 있었다. 앞의 주(3) 하세가와 료이치 연구서, 65쪽 참조.
33) 그 구체적인 내용과 의미에 관해서는 앞의 주(29)의 책을 위시해 이성시(李成市), 「구로이타 가쓰미(黑板勝美)를 통해 본 식민지와 역사학」(『한국문화』 23, 규장각한국학연구소, 2001) 등이 있다.
34) 위의 주(33) 이성시 논문.
35) 中村栄孝, 「朝鮮史の編纂と朝鮮史料の蒐集」, 앞의 주(29) 책 참조.

同祖論)과 정체성론(停滯性論)을 주입시키기 위한 것이었으며,[36] 조선 고적의 조사 및 보존 사업도 식민지 지배에 이용하기 위한 것이었다. 즉, 그는 발굴 조사한 유물을 각지의 박물관에 진열하고 방대한 도감과 보고서를 제작하는 데 힘썼는데 그러한 제작은 곧 그것을 지배하는 힘과 그것에 대해 권위를 갖게 하는 일에 목적이 있었다.[37] 『조선사』 편수와 더불어 이 사업은 에드워드 사이드(Edward W. Said)의 지적대로 '과거에 있었던 것을 분해하고 배치하며 또 도식화하고 색인화하여 기록해서 그 대상을 알게 한다는 것은 마치 그것을 알고 있는 것처럼 존재시킨다는 것'[38]이라 할 수 있다.

구로이타는 자신이 추진하고 관여했던 조선총독부의 이 두 가지 큰 사업에 각각 제자인 후지타 료사쿠(藤田亮策, 1892~1960)와 나카무라 히데다카를 발탁해 조선으로 보냈다. 후지타는 고고학자로 경성제국대학 교수가 되어 구로이타가 기획하고 추진한 조선 고적의 조사 및 보존 사업을 담당했다.[39] 〈표 3-1〉의 '구로이타·히라이즈미·나카무라의 경력 연표'에서 보듯이, 1925년에 조선사편수회의 관제가 공포되자 구로이타는 바로 다음 해인 1926년에 학부를 졸업한 나카무라를 조선사편수회의 촉탁으로 발탁해 조선으로 보내어 『조선사』 편수업무를 담당하게 한다.[40] 말하자면 이들은 스승 구로이타의 두 팔이 되어 조선총독부의 두 가지 큰 사업을 대행한 것이다.

---

36) 다이쇼(大正) 5년(1916) 7월에 발표된 「조선반도사 편찬요지(朝鮮半島史編纂要旨)」 및 앞의 주 (29) 책, 364~365쪽 참조.

37) 앞의 주(33) 이성시 논문.

38) Edward W. Said, 박홍규 역, 『오리엔탈리즘(Orientalism)』, 교보문고, 2007.

39) 구로이타의 지도하에 국사학을 전공한 그는 1923년에 조선총독부 박물관 협의위원, 학무국의 박물관 주임, 1926년에는 경성제국대학 조교수, 1932년에 교수가 되어 조선사학(朝鮮史学)의 제일강좌(第一講座)를 담당하고 1933년에 조선사편수위원, 조선보물고적명승천연기념물보존위원회위원, 1941년에 경성제국대학 법문학부장을 역임했다. 일본판 위키피디아에 의함.

40) 구로이타가 이사나 평의원에 취임한 민간단체의 대부분은 자신이 입안하고 모금하여 창립한 단체이며 그 세세한 운영에까지 관여했다고 하는 기술로 볼 때, 그리고 1923년에 후지타 료사쿠가 조선총독부 산하 박물관 협의위원에 임용된 사례 등을 볼 때, 나카무라의 편수회 취직 역시 구로이타가 주선한 것으로 생각된다.

2. 히라이즈미 기요시

나카무라의 주변 인물로 같은 구로이타의 제자이면서 그의 선배에 해당하는 히라이즈미 기요시(平泉澄, 1895~1984)를 들 수 있다. 그는 태평양전쟁이 발발하기 전부터 전쟁 기간 동안에 걸쳐 국수주의, 침략주의를 선동하고 군부(軍部)에 봉사해 왔다. 그 결과, 그는 패전 이후 일본 역사학계에서 이른바 '황국사관의 교조(教祖)'로 일컬어지게 된다. "황국사관의 중심은 '히라이즈미와 그 학통' 그 자체이며 히라이즈미의 학통을 중심으로 하는 우익적인 역사가가 교육행정의 중추부와 문부성의 외곽단체적인 존재의 중심 멤버로서 황국사관을 퍼트리고 있다"[41]고 언급될 정도이다. 그는 구로이타를 능가할 정도로 현실 정치에 밀착되어 있었다.[42] 그렇지만 구로이타와는 달리 히라이즈미는 한국 학계에는 거의 알려지지 않았다.

히라이즈미와 나카무라 두 사람의 관계가 실제로 어느 정도 밀접했는지를 알 수 있는 구체적인 자료를 현재 확보하고 있는 것은 아니다. 그러나 설사 두 사람의 친분관계가 크게 두텁지 않았다 하더라도 나카무라와 밀접한 학연(學緣)을 지닌 히라이즈미라는 인물을 통해 황국사관론자로서의 나카무라의 내면을 엿볼 수 있을 것이다.

나카무라는 1902년 5월 1일생으로 히라이즈미보다 8살 연하이다. 그는 일본의 최고 명문 도쿄부립제일중학교(東京府立第一中學校)·제일고등학교(第一高等學校)를 거쳐 1923년에 도쿄제국대학에 입학했는데 바로 그해에 히라이즈미가

---

41) 佐藤伸雄, 『歷史学研究』 第309号, 1966年 2月. 앞의 주(3) 하세가와 료이치의 게시에 의함.

42) 스승인 구로이타가 그러했듯이 히라이즈미도 해군을 대상으로 강연을 했는데 이를 계기로 쇼와 7년(1932) 연말에 천황 앞에서 「구스노키 마사시게의 공적(功績)」이라는 제목의 강연을 하게 된다. 그 후 그는 전쟁 중에 3번이나 내각 수상을 역임한 고노에 후미마로(近衛文麿, 1891~1945)의 다양한 정치활동과 밀착된 관계를 갖는다. 또 육군대신과 친한 사이가 되어 1945년 1월에 일본이 패색이 짙어지자 도쿄대학 교수였던 그는 육군을 설득해 장거리 폭격기를 사용해 미국 본토에 공습을 가할 것을 조언하기도 했다고 한다. 그러다가 패전 직후에 대학에 사표를 제출하고 낙향했다가 1984년에 사망한다. 히라이즈미의 경력에 관해서는 今谷明, 「超国家主義者·平泉澄と皇国史観」(『天皇と戦争と歴史家』, 洋泉社, 2012)에 의함.

〈표 3-1〉 구로이타·히라이즈미·나카무라의 경력 연표

연도(년)	구로이타 가쓰미 (黒板勝美, 1874~1946)	히라이즈미 기요시 (平泉澄, 1895~1984)	나카무라 히데다카 (中村栄孝, 1902~1984)
1896	학부 졸업, 대학원 입학		
1901	제국대학 사료편찬원		
1902	도쿄제국대학 강사 임용		
1905	도쿄제국대학 조교수 임용		
1916	한국에서 고적 조사 착수		
1918		학부 졸업, 대학원 진학	
1922	조선사편수위원회 성립		
1923		대학원 졸업, 강사 임용	학부 입학
1925	조선사편수회 관제 공포		
1926		조교수 임용	학부 졸업, 편수회 촉탁
1927			수사관 임용
1932		천황 앞에서 강연	
1935	정년퇴임		
1936	뇌출혈로 활동 중단		
1937			편수관 임용
1945			교학관 임용, 귀국
1946	사망(73세)		
1983			
1984		사망(89세)	사망(81세)

대학원을 마치고 도쿄제국대학 국사과 강사에 임명되었다. 따라서 그는 4년 동안의 학부생 기간 동안에 당연히 히라이즈미의 강의를 들었을 것으로 생각된다. 즉, 두 사람은 같은 구로이타의 제자이면서 동시에 사제지간이라고도 할 수 있다. 이 세 사람의 경력을 정리하면 〈표 3-1〉과 같다.

　도쿄제국대학 국사학과를 수석으로 졸업하고[43] 구로이타의 수제자로서 그 뒤를 이어 도쿄제국대학 국사학과의 전임이 된 히라이즈미를, 이제 갓 학부에

---

43) 일본어판 위키피디아에 의함.

입학한 신입생 나카무라가 동경 어린 시선으로 바라보고 있었음은 어렵지 않게 상상이 된다.

구로이타는 히라이즈미보다 21세 연상, 나카무라보다는 29세 연상, 히라이즈미는 나카무라보다 8세 연상이었다. 학부를 졸업하고 대학원에 진학한 히라이즈미와 달리 학부 졸업과 동시에 조선으로 건너온 나카무라는 향후의 출세가도에서 큰 차이를 보인다. 히라이즈미가 37세 때에 도쿄제국대학 조교수로 쇼와 천황 앞에서 강연을 하며 군 장성들과 정계 유력자들과 친분을 쌓는 동안, 나카무라는 같은 나이에 식민지 조선의 조선사편수관에 불과했다. 그렇지만 히라이즈미가 1930년을 전후해 연구자에서 본격적인 정치적 활동가로 변모해 가는 동안에[44] 나카무라는 식민지 조선에서 『조선사』 편찬에 종사하면서 연구와 국사교육에 집중했고 그것이 패전 이후 일본의 한국사 및 한일관계사 제1인자로서의 입지를 굳히는 계기가 되었다. 한편 뇌출혈(1936)로 활동을 중단한 스승 구로이타를 대신해서 히라이즈미가 황국사관의 확립과 그 전파에 중추적인 역할을 하게 되면서 구로이타와 나카무라의 관계는 일정 부분 히라이즈미와 나카무라의 관계로 대체되어 간 것으로 생각된다.

3. 남조정통론과 왜구 왜곡

황국사관론자는 국체론자(国体論者)라고 표현되기도 하며 또 대부분 남조정통론자(南朝正統論者)였는데 구로이타와 히라이즈미 역시 마찬가지였다. 열렬한 남조정통론자였던 구로이타는 고다이고(後醍醐) 천황이 가마쿠라 막부를 타도하고 새로운 정치를 시작한 겐무신정(1334)이 600주년이 되는 쇼와 9년(1934)에 같은 국사학과 교수이며 제자인 히라이즈미 기요시와 더불어 건무중흥육백년기념회(建武中興六百年記念会)의 이름으로 『겐무중흥(建武中興)』이라는 책자를 발간한다.[45]

---

44) 앞의 주(42) 이마타니 아키라(今谷明) 논문, 89쪽.
45) 「後醍醐天皇御中興の聖業を偲び奉る」.

다이쇼-쇼와 시대의 관학 아카데미즘을 이끌었던 구로이타와 히라이즈미는 왜 열렬한 남조정통론자였을까? 이 점은 이 책 안의 「일본중흥」을 보면 잘 알 수 있다. 그 내용의 일부를 살펴보자.

———

왕정복고를 지향하는 막부 말기의 지사, (중략) 또 다시 긴몬(禁門)에서 좌절해 대사(大事)도 이제는 끝났구나 하고 생각했을 때, 26살의 청년으로 단신 몸을 내던져 회천(回天)의 위업에 불을 붙인 다카스기 도고(高杉東行=高杉晉作 : 역자 주)는 자신이 직면한 시기(時機)를 통찰해 '지금이야말로 일본이 일본다워질 수 있는 때이다'라고 갈파했다.

진정으로 <u>메이지유신의 대업(大業)은 이 일본이 일본다워지려고 하는 큰 이상의 실현에 있었던 것이다. 그런데 일본이 일본다워지려고 하는 큰 이상은 이보다 앞서 수백 년 전에 있었다.</u> 고다이고 천황에 의해 시작되어 구스노키 마사시게를 위시해 수많은 충렬지사들이 생명을 버리고 집안을 잃어버리고 모든 것을 희생함으로써 이것을 지켰던 것이다.

(중략) 메이지유신의 지사는 이 한 번 넘어진 깃발, 일본이 일본다워지려고 하는 큰 깃발을 또 다시 하늘 높이 치켜세우려고 하는 것, 즉 구체적으로 말하자면 마사시게의 유지를 계승하려고 한 것이었다.

위에서 히라이즈미는 메이지 유신과 과거 고다이고 천황이 추진했던 겐무중흥을, 그리고 다카스기 신사쿠(高杉晉作)와 구스노키 마사시게를 동일시하고 있음을 볼 수 있다. 즉, 260여 년 동안 지속된 에도 막부를 타도하고 메이지유신을 추진한 근대 일본의 집권세력들의 머릿속에는 〈표 3-2〉와 같은 등식이 강하게 자리 잡고 있었다.

〈표 3-2〉 겐무신정과 메이지유신의 비교

가마쿠라 막부 (鎌倉 幕府)	호조씨 (北条氏)	고다이고 천황 (後醍醐天皇)	겐무신정 (建武新政)	남조 충신·무사	무로마치 막부 (室町幕府) 세력
에도 막부 (江戸 幕府)	도쿠가와씨 (德川氏)	메이지 천황 (明治天皇)	메이지유신 (明治維新)	유신 추진세력	?

가마쿠라 막부를 타도하고 겐무신정을 가능하게 하는 데 결정적인 역할을 한 사람으로 구스노키 마사시게(楠木正成)와 아시카가 다카우지(足利尊氏)를 들 수 있다. 마사시게가 가와치(河內, 현재의 오사카부 남부)의 산속에서 거병해 막부의 대규모 토벌대와 맞서 분투하자 여기저기서 무사들이 궐기한다. 이를 호기(好機)로 여긴 가마쿠라 막부의 토벌대 대장이었던 다카우지가 고다이고 천황 측에 가세함으로써 막부의 붕괴에 결정적으로 기여한다.

　　한편 260여 년 동안 이어져 온 에도 막부를 타도한 것은 불과 20~30대의 젊은 하급무사들이었다. 그들은 자신의 젊음과 목숨을 바쳐서 막강한 권력에 도전했고 결국에는 메이지유신을 이루어 냈다. 그들에게 마사시게는 롤 모델과 같은 존재였다.

　　그렇지만 다카우지가 자신의 야심을 위해 고다이고 천황을 배신함으로써 겐무신정은 3년도 못 되어서 좌절한다. 이후 60년 동안 남북조 내란이 전개되었고, 그 결과 남조는 몰락하고 만다. 그런데 유신 추진세력도 급격한 개혁정책으로 인해 처음부터 권력의 안팎에서 많은 반대와 저항에 직면했다. 유신 이후의 집권세력은 정권 내부 또는 외부에서 자신들의 권력에 도전하는 반혁명적인 존재의 출현에 대한 강한 위구심을 지니고 있었다. 실제로 그러한 위구의 대상은 시기에 따라서 자유민권운동·무정부주의자·공산(사회)주의자 등으로 변화해 왔다.

　　그래서 유신 이래 집권세력은 천황을 전면에 내세워 반대세력을 공격해 왔으며 또 국체론과 남조정통론에 입각한 국사교육을 통해 천황에 대한 맹목적인 복종을 강조함으로써 자신들의 권력을 공고히 구축하고자 했다. 앞에서 언급한 나가하라가 황국사관을 '메이지 이래의 교육(국민교화)정책, 국정교과서를 통해 기반이 형성되어 천황제 국가의례=학교행사 등에 의해 보완되고 침투되어 온 존재'[46]라고 정의했듯이, 황국사관은 메이지유신 이래의 집권세력이 자신들의 권력을 공고히 하기 위한 지배 이데올로기로서의 역할을 수행해 왔던

---

46) 앞의 주(4) 나가하라 게이지 책 참조.

것이다.

그렇기 때문에 유신 이후의 집권세력들은 아시카가 다카우지를 역적이라고 규탄해 온 반면, 구스노키 마사시게 등 남조계의 무사들을 충신으로 규정하고 국가적인 영웅으로 추앙하고 숭배해 왔다. 이 때문에 '황국사관론자=남조정통론자'라는 등식이 성립한다. 관학 아카데미즘의 대표격인 도쿄제국대학 국사학과 교수 구로이타와 히라이즈미가 열렬한 국체론자이면서 남조정통론자인 것은 당연한 귀결이었다.

더욱이 히라이즈미는 1941년에 기쿠치씨긴노켄쇼카이(菊池氏勤王顕彰会)의 후원으로 『기쿠치 근왕사(菊池勤王史)』라는 책을 출판한다.[47] 그는 이 책의 서문에서 다음과 같이 언급하고 있다.[48]

겐무(建武)의 역사를 되돌아보면, 중흥의 공신을 논할 때에는 반드시 남공(楠公=楠木正成 : 역자 주)을 제일 큰 공신으로 치며 널리 그 무훈을 칭송함에 있어서 그 어떤 말로도 그의 업적을 다 표현할 수 없음은 당연하다. 그러나 구스노키 마사시게 본인은 자기 공을 내세우지 않고 겸허하게 처신하였으며 조금도 명성과 영예나 고위고관(高位高官)을 추구하지 않고 초연한 자세를 지켰다. 즉 (고다이고 천황이 탄) 수레가 교토로 돌아온 뒤, 여러 신하들이 모여서 논공행상을 할 때, 마사시게가 (천황 앞으로) 나아가 "겐코(元弘) 당시의 충렬을 주장하는 사람들이 많지만 (그들은) 모두 다 생존해 있습니다. 홀로 폐하의 명령을 따라 목숨을 잃은 사람은 다케도키(菊池武時 : 필자 주) 한 사람입니다. 제일가는 충신이라고 생각합니다"고 말했다.

기쿠치 다케도키는 겐코(元弘) 3년(1333) 당시 일족들을 거느리고 하카타(博多)에 있었던 규슈탄다이(九州探題)를 공격하다가 전사한 무장이다. 그리고 이

---

47) 책의 서문에서 그는 "이 책의 저자로 은사 구로이타 선생을 추천하려고 했었는데 유감스럽게도 선생의 병환이 지속되어 도저히 쾌유하실 날을 기다릴 수만 없어서 어쩔 수 없이 부족하지만 이 일에 임하기로 했다"고 밝히고 있다. 『菊池勤王史』, 菊池氏勤王顕彰会, 1941.
48) 앞의 주(47) 책, 2쪽 참조.

후 규슈의 기쿠치씨 일족들은 남북조 내란 기간 내내 일치단결해 남조에 대한 충절을 지킨 것이 『태평기(太平記)』 등을 통해 알려져 왔다. 히라이즈미는 겐무 중흥의 일등 공신으로 구스노키 마사시게를 들었는데 그러한 마사시게가 기쿠치 다케도키를 제일의 공신이라 평하였으므로 다케도키는 마사시게 못지않은 충신이 되는 셈이다.

그런데 『고려사』와 『고려사절요』에는 각각 다음과 같이 〈고려 말 왜구의 실체＝남조 수군〉설을 입증하는 사료가 있다.

─────

1. 나흥유가 가지고 온 귀국(일본)의 서신에 의하면, (고려를) 침구하고 있는 해적들은 우리 서해 일로 규슈의 난신(亂臣)들이 서쪽 섬에 할거하여 행하고 있는 것이지, 우리의 소행이 아니다.[49] (중략)

2. 왜적으로 말하면 온 나라가 모두 도적인 것이 아니고 그 반란을 일으킨 사람들이 대마(対馬)와 일기(壱岐) 등 두 섬에 나누어 근거지를 두고 있는데 대마·일기의 두 섬이 합포(合浦)와 인접해 수시로 침구해 온다.[50]

위의 두 사료는 고려 말 왜구의 실체가 무엇이었는가를 잘 보여 주고 있다. 이 사료에서 왜구는 무로마치 막부(북조)의 입장에서 '반란을 일으킨 사람들'이므로 그들은 남조의 군세(軍勢)였다. 더욱이 〈사료 1〉에서 왜구의 실체로 지목한 '규슈의 난신'에 규슈 남조의 핵심 무장세력이었던 기쿠치씨가 포함되었다고 주장하는 연구도 있다.[51] 그런데 나카무라는 〈남조 수군〉설로 발전할 위험성이 있는 사료는 일절 거론조차 하지 않고 오히려 왜구 발생 및 발호(跋扈)의 근본적인 원인이 고려 측에 있는 것처럼 서술했다. 즉, 고려 국왕 및 지배층의

─────

49) 『고려사』 권제133, 우왕 3년(1377) 6월 을묘일 조.

50) 『고려사절요』 권제32, 우왕 13년(1386) 가을 8월 조 ; 『고려사』 열전, 정지(鄭地) 조에도 이와 동일한 기사가 있다.

51) 사료로는 『고려사』 권제133, 우왕 3년(1377) 6월 을묘일 조에 "(고려를 침구하고 있는 해적들은) 우리 서해 일로 규슈의 난신이 서쪽 섬에 할거하여 행하는 것이다"라는 구절이 있다. 이에 관해서는 본서 제5장 참조.

무능함에서 기인하는 사회 내부의 피폐함에 있었다고 하거나,[52] "재인(才人)과 화척(禾尺) 등 특수부락민과 해방되기를 원하는 노예·천민의 길안내를 받아 내륙 깊숙이 침입하는 일도 점점 더 심해졌다"[53]고 한 것이다.

이러한 나카무라의 왜구 실체에 관한 주장의 저의(底意)가 어디에 있었는가 하는 것은, 패전 이후에 도쿄대학 국사학과의 재건을 담당했던 고대사 연구자 사카모토 다로가 1958년에 쓴 사학사(史学史)의 개설 중의 다음 언급을 보면 자명하다.

> 원래 메이지(明治) 정부는 일본사 교육을 국민교육의 중요한 요소로 삼고 여기에 국체관념의 확립, 국민사상 함양이라는 임무를 맡겼다. 따라서 그 큰 목적에 어울리는 사실(史実)을 강조하고 거기에 반하는 사실을 숨기는 경향이 있었다. 학자는 이것을 응용사학이라고 하며, 순정사학과 응용사학은 다른 것이라고 하며 학자적 양심을 납득시켰다.[54]

황국사관론자로서 조선사편수관이었던 나카무라에게 '큰 목적'에 어울리는 사실(史実)이란, 국체론 및 남조정통론에 입각한 황국사관의 확립과 전파에 적합한 사실이었고 '거기에 반하는, 숨기고 싶었던 사실'은 〈고려 말 왜구＝남조수군〉설로 발전할 위험이 있는 〈사료 1〉과 〈사료 2〉와 같은 것이었다고 할 수 있을 것이다.

---

52) 이에 관해서는 본서 제1장 Ⅱ절 참조.
53) 中村栄孝, 『日本と朝鮮』(日本歴史新書), 至文堂, 1966, 73쪽 참조.
54) 앞의 주(3) 하세가와 료이치 연구서, 26쪽.

결 론

에드워드 사이드는 『오리엔탈리즘』[55]에서 자신은 "지식이 생산되는 시점에서 확보되는 정치적인 환경, 곧 비록 눈에는 보이지 않아도 고도로 조직화된 여러 조건을 어떻게 은폐시켰는가를 분명히 밝히는 점에 흥미를 갖고 있으며" 또 "인문학 연구는 각각의 연구, 그 주제, 그 역사적 상황이 형성하는 독특한 맥락 속에서 지식과 정치의 관련성이 갖는 성질을 정식화하여야 한다"고 했다.

이 장에서 검토한 황국사관은 메이지유신 이후 일본의 근대국가가 채택한 지배 이데올로기로서, 근대과학으로서의 역사적 인식과는 거리가 먼 허구적인 관념이며 '식민사관'의 상위 개념이기도 하다. 그런데 제국주의 일본은 식민지 조선의 통치에도 황국사관을 적용시키고자 했다. 특히 1919년의 3·1운동 이후, 조선 민족의 독립 열망의 분출에 위기를 느낀 조선총독부는 그때까지의 무단통치에서 벗어나 새로운 방식을 모색해야 했고, 총독부의 '조선의 고적 조사 및 보존사업'과 '조선사 편수사업'은 그 결과물이었다.

이 사업의 목적은 일제가 식민지 조선에 대해 잘 알고 이해하고 있음을 과시하는 한편, 조선인들을 충량(忠良)한 천황의 신민으로 만드는 데 방해가 될 수 있는 위험한 요소를 미연에 은폐하고 왜곡하며 삭제하기 위함이었다. 다시 말해 이 두 사업은 일제가 황국사관을 『오리엔탈리즘』의 이론에 입각해 한반도에 적용시킨 것이다.

그런데 이 두 사업을 기획하고 추진하는 데 핵심적인 역할을 수행한 것이 일

---

55) 앞의 주(38) 책 참조.

본 관학 아카데미즘의 핵심이었던 도쿄제국대학 국사학과의 구로이타 가쓰미 교수였다. 그는 이를 위해 자신의 제자들을 조선에 파견했고 그중 한 사람인 나카무라는 20년 동안 조선에 체재하면서 스승의 기대에 충실히 부응했다. 조선에서의 활동은 그로 하여금 패전 이후 '일본의 조선반도사 연구의 제1인자'로 입지를 굳히게 만들었다. 그리고 일제의 패전 이후 70여 년이 지난 지금까지도 그의 연구는 전근대 동아시아 역사에 대한 올바른 이해를 방해하는 족쇄로 작용하고 있다.

특히 나카무라의 왜구 왜곡은 패전 이후 도쿄제국대학에서 도쿄대학으로 간판을 바꾼 국사학과를 중심으로 한 대외관계사 연구자들에 의해 계승되어 재생산되어 왔다. 다음 제4장에서는 나카무라의 황국사관이 그의 한국사 및 한일관계사 서술에서 어떻게 표출되고 있으며 또 그의 왜구 왜곡은 어떻게 논리적으로 전개되는지에 관해서 논하고자 한다.

04

제4장

나카무라 히데다카의 왜구 서술의 논리적
전개와 문제점 -『일본과 조선』을 중심으로-

제4장

나카무라 히데다카의 왜구 서술의 논리적
전개와 문제점 - 『일본과 조선』을 중심으로 -

서 론

　왜구는 몽골의 일본 침공과 함께 13~16세기에 걸친 동아시아 국제질서를 규정했던 해적활동이며 특히 고려 말 왜구[1]는 14세기 후반의 '원·명(元明) 교체기'라는 동아시아 국제질서 변동에 수반되어 발생한 파생적 역사 현상이다.[2] 그런데 현재 한국 학계의 고려 말 왜구에 대한 인식은 '남북조 내란기(1336~1392)의 혼란을 틈타 쓰시마 등 일본의 변경 도서 지역에 거주하던 소수의 해민(海民)들이 자행한 해적 행위' 정도에 그치고 있다.[3] 소위 〈왜구=삼도 해민(三島海民)〉설이라고 할 수 있는 이 주장은 나카무라 히데다카를 위시한 일본의 학자들이 제기한 주장이었다.

　일본 학계는 이러한 주장에 그치지 않고 더 나아가 당시 왜구 중에는 일본인만이 아니라 중국인과 고려인도 다수 포함되어 있었다고 하는 내용의 소위 〈왜구=고려(조선)인 실체〉설을 주장해 왔다.[4] 그리고 이러한 일본 측의 주장은 이미 1961년에 미국 스탠퍼드대학교에서 출판된 영문판 일본역사서에 그대로 반

---

1) 경인년(1350)부터 고려 멸망(1392)까지 침구해 온 왜구를 가리킨다. 한국사에서의 왜구의 정의 및 분류에 관해서는 이영, 「고려 말 왜구의 실상」(『잊혀진 전쟁 왜구』, 에피스테메, 2007, 8~16쪽)을 참조.
2) 예를 들어 한반도에서는 공민왕의 반원자주개혁에서 고려-조선 왕조의 교체, 일본 열도에서는 남북조 내란의 발생과 그 합일(合一)이라는 정치적 및 사회적 변화를 들 수 있다. 고려 말 왜구를 원·명의 교체라고 하는 중국 대륙정세와 연동지어 고찰한 연구로는 이영, 『팍스 몽골리카의 동요와 고려 말 왜구』(혜안, 2013) 참조.
3) 이에 관해서는 이영, 「〈고려 말·조선 초 왜구=삼도(쓰시마·이키·마쓰우라) 지역 해민〉설의 비판적 검토」 앞의 주(2) 책 참조.
4) 이에 관한 연구사 정리는 본서 제1장 참조.

영되고 있다.[5]

　이러한 〈고려(조선)인 실체〉설에는 일본의 근대 정치문제에서 비롯된 의도적인 왜곡이 배경으로 작용하고 있으며, 그 핵심에 전직 조선총독부 산하 조선사 편수관이었으며 패전 이후 일본의 조선사 연구의 권위자로 추앙받은 나카무라 히데다카가 있었다. 나카무라는 국체론과 남조정통론, 식민사관 및 침략사관 등을 주요 내용으로 하는 소위 '황국사관론자'였다. 그의 왜구에 관한 학설은 황국사관에 입각하고 있으면서 엄밀한 실증주의로 교묘하게 위장한 것이었다.

　본 장에서는 이러한 나카무라의 황국사관이, 그의 왜구 연구의 전제가 되는 13~14세기 후반의 한국사 및 고려 말 왜구에 관한 서술에서 실제로 어떻게 구현되고 있는지 살펴본다. 이러한 검토는 한 시대의 역사 인식의 패러다임을 규정해 온 선구적인 연구 성과가, 연구자의 역사관 및 그가 살았던 시대의 정치적 상황과 어떠한 상관관계를 가지고 있는지를 잘 보여 줄 것이다. 아울러 나카무

---

5) 예를 들어 조지 샌섬(George Sansom)의 *A history of Japan*, 1334~1615(Stanford University Press, 1961)의 179쪽에 다음과 같이 서술되어 있다.

　"It should be added that the Korean themselves were not innocent of piracy, nor were the chinese. Indeed it has been said that more than half the crews and many of the vessels of the so-called Wako were Chinese or Korean."

　"한국인 자신들도 중국인들과 마찬가지로 해적행위와 무관하지 않다고 해야 한다. 실제로 소위 왜구라 불리는 집단의 대부분의 선박과 선원들 중 반이 넘는 숫자가 중국인 아니면 한국인들이었다고 일컬어져 왔다."

　이 외에 다음과 같은 책에서도 〈왜구＝고려(조선)인 실체〉설이 서술되어 있다.
　• 다나카 다케오 글, 로버트 사카이 번역(田中健夫, TANAKA TAKEO WITH ROBERT SAKAI)의 「JAPAN'S RELATIONS WITH OVERSEAS COUNTRIES(일본의 대외관계)」(Edited by John. W. Hall, Toyoda Takeshi. East Asia Program. Cornell University Ithaca. New York, 2001).
　• 피에르 프랑수아 수이리(PIERRE FRANCOIS SOUYRI)의 『*THE WORLD TURNED UPSIDE DOWN: MEDIEVAL JAPANESE SOCIETY*(거꾸로 뒤집힌 세계: 중세 일본 사회)』의 「THE GROWTH OF INTERNATIONAL PIRACY(국제 해적의 발전)」(1998년, 프랑스의 Maisonneuve et Larose 사에서 출판한 책을 2001년에 콜럼비아대학에서 번역 출간).
　• 피터 샤핀스키(PETER SHAPINSKY)의 『*LORDS OF THE SEA: PIRATES, VIOLENCE AND COMMERCE IN LATE MEDIEVAL JAPAN*(바다의 영주들: 중세 일본의 해적, 폭력과 무역)』의 「PUTTING THE JAPANESE IN 'JAPANESE PIRATES'(일본인을 왜구로 만들기)」(The center for Japanese Studies, The University of Michigan. 2015).

라의 연구에 많은 부분을 의존하고 있는 일본과 한국의 전근대 한일관계사 연구자들에게 새로운 연구의 지평을 열어 주는 계기가 될 것이다.

『일선관계사의 연구』와 『일본과 조선』

『일선관계사의 연구(日鮮関係史の研究)』[6] 전 3권은 일본학사원상(日本学士院賞) 및 은사상(恩賜賞)[7]을 수상하는 등, 저자인 나카무라를 '전후(戦後)[8] 일본 조선반도사(朝鮮半島史) 연구의 제1인자'로 만드는 데 결정적인 기여를 했다. 그결과, 이 책은 이후 일본 역사학계에서 한국사 및 대외관계사 연구, 특히 전근대 한일관계사 연구자들에게는 고전(古典)과 같은 위치를 차지해 왔다.[9] 1966년에 발간되기 시작한 나카무라의 『일선관계사의 연구』는 일본의 전근대 한일관계사 연구자들의 어려움을 손쉽게 해결해 줄 수 있었다.[10] 왜냐하면 도쿄대학 국사학과 출신으로 20년 동안 조선 현지에서 『조선사』 편수업무에 종사한, 그의 한국사 사료에 관한 해박한 지식과 정보가 이 책 안에 고스란히 담겨 있기

---

6) 中村栄孝, 『日鮮関係史の研究』, 吉川弘文館, 1966.

7) '은사상(恩賜賞)'은 일본학사원상의 수상자 중에서도 특별히 뛰어난 연구 성과를 선정해 천황이 하사하는 상으로 최고의 명예로운 상이다.

8) 여기서 '전후(戦後)'란 일본 학계의 용어로, '1945년 일본이 태평양전쟁에서 패전한 이후'를 의미한다.

9) 이에 관해서는 본서 제1장 참조.

10) 다나카는 자신이 『조선왕조실록』을 공부하기 시작한 이래로 몇 번이나 포기할 뻔 했을 때 연구의 지표가 된 것이 나카무라가 1945년 이전에 발표하고 이 책에 싣고 있는 여러 논문 덕분이었다고 술회하고 있다. 『対外関係史研究のあゆみ』(吉川弘文館, 2003, 136쪽).

때문이다.[11] 따라서 일본의 전근대 한일관계사 연구자들은 대부분 이 책을 통해 한국사 및 한일관계사에 관한 기본적인 이해를 바탕으로 연구에 입문했으며 또 지금도 그렇다고 할 수 있다. 다시 말해 나카무라가 설정한 프리즘을 통해 한국사와 한일관계사를 조망하게 되는 것이다.

그러므로 일본의 전근대 한일관계사 관련 여러 학설들이 지닌 제반 문제들을 올바르게 이해하기 위해서는 그의 한국사 및 한일관계사에 관한 개별 학설들을 검토해야 한다. 또 그러기 위해서는 반드시 『일선관계사의 연구』에 실린 개별 논문들을 꼼꼼하게 정독하는 작업이 선행되어야 한다.

그러나 세 권에 실린 논문들이 모두 『조선왕조실록』의 방대한 사료를 섭렵하여 제시하고 있을 뿐 아니라, 동 시기 관련된 일본의 문헌사료들을 병용(倂用) 및 병기(倂記)하고 있다. 따라서 자칫하면 사료의 바다에 함몰되어 나카무라의 한국사 및 한일관계사 인식에 관한 전체상(全体像)을 개관하기가 쉽지 않고 오히려 그의 한국사 사료에 대한 해박한 지식에 감탄하게 될 뿐, 그가 설정한 패러다임에서 벗어나기는 어렵다.

한편 나카무라는 『일선관계사의 연구』(上卷)가 발행된 1966년에 『일본과 조선(日本と朝鮮)』[12]이라는 소책자를 발간했다. 이 책은 『일선관계사의 연구』 전 3권의 내용을 1권으로 축약·정리해 일반 독자를 대상으로 알기 쉽게 서술한 교양서라 할 수 있다. 그러므로 일단 이 책의 내용을 검토하면 고려 말-조선 중기까지의 한국사 및 한일관계사에 관한 그의 역사 인식의 전체상은 물론 그 문제점들을 비교적 손쉽게 파악할 수 있을 것으로 생각한다.

본 장에서는 우선 그의 황국사관이 한국사 서술에 어떻게 표출되고 있는지를 구체적으로 검토한 뒤, 이를 토대로 하여 왜구 왜곡의 논리적 전개에 대하여 살펴보고자 한다. 이를 통하여 나카무라의 학설을 연구의 전제로 삼아 왔던 전

---

11) 『조선왕조실록』의 전산화 작업은 물론, 색인(索引)조차 없었던 1960년대에 나카무라가 방대한 사료를 인용해 자신의 학설을 서술해 간 것은 현재의 한국인 연구자가 읽더라도 감탄할 수준이라 할 수 있다.

12) 中村栄孝, 『日本と朝鮮』(日本歴史新書), 至文堂, 1966.

후 일본의 대외관계사 연구의 여러 학설들을 근본적, 전면적으로 재검토해야 함을 제기하고자 한다.

나카무라의 한국사 서술의 특징과 문제점

여기서는 『일본과 조선』에서 고려 말 왜구와 관련된 학설을 이해하기 위한 전제가 되는 「제1 화이(華夷)의 세계」 중 '화이 세계의 변모'에 대하여 살펴보기로 하자. '화이 세계의 변모'는 (1) 몽골 제국의 정복 전쟁, (2) 몽골의 고려 침략, (3) 고려의 몽골 종속, (4) 몽골의 고려 지배, (5) 쿠빌라이의 중국 정복, (6) 명 제국의 중국 회복이라는 소제목으로(이를 편의상 절(節)이라고 하자.) 구성되어 있다. 먼저 '(2) 몽골의 고려 침략'에는 다음과 같이 서술되어 있다.

───

1. 13세기에 들어와 몽골과 교섭을 한 이 정권(최씨 무신정권: 필자 주)은 몽골을 형으로 삼고 국교를 맺었지만 그들의 요구를 거부하고 사절을 살해했기 때문에 대규모 침략을 초래하고 말았다. 1232년에 대군을 동원해 수도 개성으로 몰려왔기 때문에 고려 정부는 일단 항복하기로 결심했지만, 조건이 너무 가혹해 반발, 장기적으로 저항하기로 결정하고 강화도로 천도하고 도주했다. 이로부터 삼십 수년에 걸쳐 국내를 유린했다.[13]

───

13) 앞의 주(12) 책, 59쪽.

위 문장에서 나카무라는 몽골의 고려 침략을 '몽골의 침공―고려의 항복―
고려의 항복 번복―강화도로 천도 및 도주―몽골의 고려 유린'으로 극히 짧고
단순하게 서술하고 있다. 이 책이 일본의 일반 독자들을 대상으로 한 교양서라
는 사실을 감안한다면 이와 같은 서술방식을 이해하지 못할 것도 아니다. 그러
나 어떤 사람이 살인을 했다 하더라도, 살인까지 저지르게 된 동기와 과정에 따
라서는 '정당방위'로 인정되는 경우도 있다. 다시 말해 역사적인 사건도 결과
만 의미가 있는 것이 아니라 원인과 과정도 결과 이상으로 중요할 수 있다. 그
런데 나카무라는 '그들의 요구를 거부하고 사절을 살해'했다고 서술할 뿐 '왜
요구를 거부했는지'에 관한 설명이 없다. 실제로 『고려사』에도 누가 어떤 이유
로 사절을 살해했는지 기록이 없어서 그 배경을 정확하게 알 수 없다. 나카무라
는 '고려 조정'이 사절 살해의 배후였던 것처럼 서술하고 있다. 나카무라는 단
순히 행위의 '결과'만 서술하고 있으며 또 결과만 따지자면 틀린 것은 아니기
때문에 역사적 사실(史実)과 크게 배치되지 않는 것처럼 읽히는 것이다.

위의 인용만으로 나카무라의 한국사 서술방식을 비판하는 것은 성급하다고
할 수 있으므로 다른 사례를 살펴보자. (3)의 '고려의 몽골 종속'에는 다음과 같
은 서술이 있다.

------

 2. ⓐ 고려에서는 1257년에 최씨 정권이 몰락한 것을 계기로 몽골에 대한 항전
 방침을 포기했다. ⓑ 쿠빌라이 칸도 오랜 기간에 걸친 고려 정벌을 위한 용병책(用
 兵策)을 버리고 회유책을 쓰기로 했다. 여기에 몽골과 고려의 관계는 국면이 크게
 바뀌게 된다.14)

나카무라의 서술 〈1〉에서도 〈2〉와 마찬가지로 원인이나 과정에 대한 설명 없
이 단순히 결과만 서술하고 있다. 우선 ⓐ에 대해 살펴보면, 나카무라의 서술과
달리 고종 44년(1257)에 최씨 정권이 몰락하고 무신들의 힘이 약화되었지만 항
전 방침을 완전히 포기한 것은 아니었다. 즉, 2년 뒤인 고종 46년(1259)에 양국

------

14) 앞의 주(12) 책, 60쪽.

간 강화가 성립된 뒤, 고려에는 항전을 주장하는 무신 정권이 약해지기는 했지만 여전히 존속하고 있었고 강화파(講和派) 세력과 대립하고 있었다.[15] 그리고 그 뒤 발생한 삼별초의 대몽항쟁(1270~1273)에서 보듯이 고려의 항전지속 의지는 여전히 강했다.

ⓑ에 관해 살펴보면, 쿠빌라이가 왜 그때까지의 용병책을 버리고 회유책을 쓰기로 했는지에 대한 설명이 없다. 나카무라의 이러한 서술방식은 쿠빌라이의 즉위 이전에는 몽골이 마치 강경 일변도로만 고려에 임했던 것처럼 느끼게 만든다. 그러나 전쟁은 어디까지나 정치적 목적을 달성하기 위한 수단이다. 따라서 강경 일변도의 정책만 취할 수는 없으며 강경책과 회유책은 항상 동시에 또는 교대로 추진되는 것이 일반적이다. 실제로 몽골은 침공을 개시한 이래로, 여러 차례 고려에 대하여 항복할 것을 회유해 왔다. 따라서 왜 이때에 쿠빌라이가 회유책을 쓰기로 했는지에 대한 납득할 만한 설명이 있어야 한다. 이러한 설명이 없기 때문에 ⓐ의 '고려의 항복'을 ⓑ의 쿠빌라이가 '받아들인 것(허락)' 같은 서술이 되고 있다.

그런데 이 문제에 관한 현재 한국 학계의 유력한 학설에 의하면, 이 무렵 양국 사이에 강화가 성립된 것은 고려와 몽골 양국 내부의 정세 변화가 크게 작용하고 있었기 때문이라고 한다.[16] 즉, 고려 측 요인으로는 항전을 주도한 최씨 정권의 약화, 몽골의 침공으로 인한 피해의 증가와 항전 역량의 감소, 몽골이 국왕의 친조 및 무신 정권의 수반인 최항(崔沆)의 출륙(出陸)에서 태자의 입조(入朝)로 강화의 조건을 완화시킨 것을, 몽골 측 요인으로는 고려의 끈질긴 항전에 부담을 느끼고 있었으며 '몽골에서도 이때 헌종(憲宗)이 죽고 쿠빌라이를 중심으로 하는 한지파(漢地派)와 아리크 부케를 중심으로 하는 본지파(本地派) 사이에 내전이 시작되고 있었던 것'을 들고 있다.[17] 이런 상황 속에서 고려의 태

---

15) 이익주, 「고려 대몽항쟁기 강화론의 연구」, 『역사학보』 151호, 1996.
16) 정세 변화의 내용에 관해서는 앞의 주(15) 논문 참조.
17) 이익주, 「고려·원 관계의 구조에 관한 연구―소위 '세조 구제'의 분석을 중심으로 ―」 『한국사론』 36, 1996.

자(뒤의 원종)가 중국까지 와서 쿠빌라이를 만나게 된 것이 이후 양국 간의 관계에 큰 영향을 미치게 되었다[18]고 하는 것이 양국 간의 강화가 이루어질 수 있었던 정확한 배경이다. 당시 양국의 내부 사정은 나카무라의 서술처럼 단순하지 않았던 것이다.

그런데 앞의 〈1〉과 〈2〉에서는 몽골 최초의 고려 침입에서부터 삼별초의 난까지 이어지는 고려의 30여 년간에 걸친 항몽(抗蒙) 사실에 관한 언급도, 또 그것이 몽골로부터 많은 양보를 이끌어 냈다고 하는 서술도 일절 보이지 않는다. 오로지 고려 조정은 강력한 몽골군의 일방적인 공격 앞에 철저하게 패한 뒤, 백성들을 버려 두고 강화도로 도주해 버린 무능하고 무기력한 정부로만 묘사되고 있을 뿐이다.

이와 유사한 주제에 관하여 일본의 조선사연구회가 펴낸 한국사 개설서인 『조선의 역사(朝鮮の歷史)』는 어떻게 서술하고 있는지 살펴보기로 하자.

───

이(몽골의 침략 : 역자 주)에 대하여 고려 측은 적극적으로 저항운동을 전개했다. (중략) 본토에서의 대몽항전의 중심이 되었던 것은 최씨 정권의 군대인 삼별초와 지방 인민이 각지에서 임시로 조직한 별초군 등이었다. 몽골의 침략으로 인해 각지에서는 농민들과 노비들의 반란이 이어지고 있었지만 그들 반란군이 정부에 대한 저항을 일시 중지하고 대몽골 항전에 참전하는 일도 있었다. 그리하여 현대에 이르기까지 조선의 민족독립의 상징으로 살아 있다. (중략) 최씨 정권이 몰락한 뒤, 무신정권을 계승한 집권자들은 저항 자세를 버리지 않았으며 또 삼별초의 군사력도 온존하고 있었다. (중략) 그러나 삼별초는 이에 불만을 품고 반란을 일으켜 남방 해상의 진도와 제주도로 전전하면서 조선 남부 각지의 농민들의 지지를 얻어 항전한 뒤 마침내 1273년에 격파당하고 말았다.[19]

위에서 보듯이 나카무라의 언급과는 완전히 상반되게, 최씨 무신정권을 비

───

18) 앞의 주(17) 논문 참조.
19) 朝鮮史研究会編, 『朝鮮の歷史』, 三省堂, 1974, 104~106쪽.

롯한 그 이후의 집권자 등 고려의 지배계층은 물론 삼별초와 한때 정부에 반란을 일으켰던 민중들도 대몽항전에 참전하였다고 하는 등 거족적으로 적극적인 대몽항전을 전개하였다고 서술하고 있다. 고려의 지배계층에 대한 나카무라의 인식은 다음 언급에서도 잘 드러나고 있다.

———

　3. 쿠빌라이 칸은 중국을 잘 이해하고 있었던 사람으로, 그 문화를 높이 평가하고 있어서 몽골의 국수론자(国粹論者)로부터 중국에 홀딱 빠진 사람이라고 비난받을 정도였다. (쿠빌라이 칸은) 즉위 초에 무력행사만으로 상황에 대처하는 시기가 지났음을 인정하고 문치주의(文治主義)를 취할 것을 선언했다. 고려에 대한 정책 전환도 그 일환이었다. 그러나 무력 압박에서는 해방시키면서도 고려를 완전히 복속시키고 말았다.[20]

나카무라가 "무력행사만으로 상황에 대처하는 시기가 지났음을 인정하고" "문치주의에 입각해 고려에 대한 정책을 전환해 고려를 복속시켰다"고 한 것에서, 고려와 원의 강화 성립이 마치 원의 일방적인 결정에 의해 이루어진 것이라고 해석하는 나카무라의 인식을 또 다시 확인할 수 있다. 다시 말해 몽골에 대항하는 고려의 능동적이고 자주적인 군사·외교적 행위 주체로서의 모습은 보이지 않고, 강대국의 일방적인 압력에 피동적이며 수동적으로 대응하는 객체로서 묘사되고 있는 것이다.

　만약 몽골의 정책 변화가 나카무라의 주장대로 쿠빌라이의 '문치주의'에 의한 것이라면 그 뒤 두 차례(1274년과 1281년)에 걸쳐 일본에 침공한 사실은 어떻게 설명해야 할 것인지 의문이다. 그리고 무력의 압박에서는 해방시키면서 '어떻게' 고려를 완전히 복속시키고 말았는지에 대한 설명이 전혀 없다. 이 부분은 고려가 몽골의 무력이 없어도 완전히 복속되고 말았다고 하는 나카무라의 인식을 보여 준다. 그리고 무엇보다도 '(원나라가) 고려를 완전히 복속시켰다'라고

———

20) 앞의 주(12) 책, 60~61쪽.

하는 서술 자체가 정확하지 않다. 이와 관련이 있는 '(4) 충렬왕의 몽골 취향'을 보자.

———

　4. 충렬왕 이후, 대대로 고려왕은 모두 다 몽골 제실(帝室)의 부마가 되어 몽골어로 된 이름을 가지고 장기간에 걸쳐 중국에 거주하는 일도 있었다. (그 결과) 자연스럽게 국왕의 폐립(廢立)은 손쉽게 행하여져 30년의 저항정신도 사라지고 ⓐ 고려 정부는 껍데기만 남게 되었다. 이러한 상태는 몽골 제국의 붕괴기에 들어가 반항운동의 기회가 찾아왔을 때까지 80년 넘게 지속되었다. 후세에 관직의 명칭과 궁정용어, 습속에 이르기까지 몽골의 흔적이 남아 있어 ⓑ 평화적인 침윤(浸潤)이 얼마나 뿌리 깊었던 것인가를 생각하게 한다.[21]

〈4〉의 ⓐ "고려 정부는 껍데기만 남게 되었다"와 〈3〉의 "고려를 완전히 복속시키고 말았다"는 같은 의미의 서술이라 할 수 있다. 그런데 현재 한국 학계에서는 13세기 후반부터 14세기 전반에 걸친 100년간을 '원 간섭기'로 규정하고 있다. 이러한 표현의 의미는 당시 고려와 원 관계의 본질을 원의 고려에 대한 '지배'가 아니라 '간섭'으로 보려는 것으로, 여기에는 당시 고려가 독자적인 왕조 체제를 그대로 유지하였다는 사실이 전제가 되고 있다.[22] 즉, 고려 국왕은 통치권을 확보하고 있었으며 그 통치권이 미치는 영역 안에서만 기능하는 배타적인 정치제도 및 사회·경제제도를 보유하고 있었다. 따라서 당시 고려 국왕은 원의 다른 제왕(諸王)들과 전혀 성격을 달리 했으며 기본적으로 원과 외교관계를 맺고 있는 외국의 군주로서 존재하였다[23]고 원 간섭기의 고려 국가의 존재 형태를 설명하는 것이 한국 학계의 정설이다.

　이러한 인식은 원 간섭기의 양국관계를 규정하고 있었던 '세조 구제(世祖舊制)'라는 정치체제에 바탕을 두고 있다. 세조구제는 물론 고려 고유의 풍속을

———

21) 앞의 주(12) 책, 62쪽.
22) 앞의 주(17) 이익주 논문, 42쪽.
23) 앞의 주(17) 이익주 논문, 42쪽.

보전하고자 하는 고려 측의 요구가 반영된 결과였다.[24] 그런데 나카무라의 서술에는 장기간에 걸친 고려의 대몽항쟁에 관한 서술도, 또 그 결과 세조구제라는 정치체제가 성립했다고 하는 인식도 전혀 찾아볼 수가 없다. 그래서 "고려가 완전히 몰락했다"고 서술하고 있는 것으로 생각된다.

또한 "자연스럽게 국왕의 폐립(廢立)은 손쉽게 행하여졌다"고 했지만 그 실상은 그렇게 단순하지 않았다.[25] 그리고 ⓑ의 "평화적인 침윤(浸潤)이 얼마나 뿌리 깊었던 것인가를 생각하게끔 한다"고 한 것은 몽골 측이 강요하지 않았음에도 불구하고 고려 사회에 몽골 문화가 깊숙이 뿌리내렸다고 함으로써 고려 왕실을 비롯한 지배계층의 사대성(事大性)을 강조하려고 한 것으로 보인다. 이것은 "충렬왕 이후, 대대로 고려왕은 모두 다 몽골 제실(帝室)의 부마가 되어 몽골어로 된 이름을 가지고 장기간에 걸쳐 중국에 거주하는 일도 있었다"고 서술한 것, 그리고 앞에서 지적한 "고려가 몽골의 무력이 없어도 완전히 복속되고 말았다고 나카무라가 주장하는 것으로 해석된다"고 한 부분과 같은 맥락이다.

그런데 원 간섭기 약 1세기 동안 고려 사회에만 일방적으로 몽골풍의 문화가 전파된 것이 아니었다. 반대로 고려의 문화도 몽골 사회, 특히 지배계층에 전파되었다.[26] 원나라가 강요하지 않았음에도 불구하고 고려 왕실이 몽골풍의 문화를 수용한 것은 양국 왕실의 밀접한 관계와 빈번한 교류의 자연스러운 결과라고 보아야 한다. 만약 이를 '사대성의 발로(發露)'라고 평가한다면, 몽골로부터 두 차례나 침공당하고 또 어떠한 정치적 간섭도 받지 않았던 가마쿠라 시대 중기 이후의 일본 사회에 원나라 문화가 크게 유행한 사실[27]은 어떻게 설명할

---

24) 앞의 주(17) 이익주 논문, 7~11쪽.
25) 고려 국왕에 대한 책봉권을 원나라가 가지고 있었던 것은 사실이지만 원이 고려의 국왕을 책봉하는 데에는 일정한 한계가 있어서 고려의 전통적인 왕위계승 질서를 부정하지는 못했다고 한다. 앞의 주(17) 이익주 논문, 34쪽.
26) 박용운, 『고려시대사』, 일지사, 2008년도 증보판, 702~706쪽 「여·원 양국 간의 인적·물적 교류」.
27) 몽골의 일본 침공 이후에도 많은 일본의 무역선이 중국을 왕래해 문화를 수입했다. 그 결과, 가마쿠라 문화의 특색 중 하나로 송과 원나라 문화의 영향을 들고 있을 정도로 원대의 문화가 가마쿠라 문화에 미친 영향은 컸다.

수 있을 것인지 의문이다.

　지금까지 '몽골의 고려 침략'과 소위 '원 간섭기'에 해당하는 시기의 한국사에 관한 나카무라의 서술을 정리하면 다음과 같은 특징들이 확인된다.

　첫째, 원인과 과정에 대한 설명 없이 결과만 극히 간단하게 서술하고 있다.

　둘째, 고려 조정을 자주적·능동적인 정치·군사 및 외교 행위의 주체로서가 아니라 몽골의 일방적 요구에 피동적·수동적으로 순응(順応)하는 무기력하고 무능한 객체로서만 묘사하고 있다.

　셋째, 고려 왕실을 사대성(事大性)이 강한 존재로 묘사하고 있다.

　이 중 두 번째와 세 번째 특징은 우리가 소위 식민사관이라고 규정하는 내용 중 하나인 '타율성론(他律性論)'과 거의 일치한다. 해방 후 20년이 지난 1966년의 시점에 발간된 책에서 식민사관의 흔적이 뚜렷하게 확인되며 더욱이 이 책의 저자가 소위 일본학사원상과 은사상을 수상했다고 하는 것에서 1960년대 당시 일본 학계 및 지식계의 한반도에 대한 인식을 잘 대변하고 있다고 할 수 있다. 그리고 지금까지도 『일선관계사의 연구』와 『일본과 조선』 두 책은 일본의 대외관계사 연구자들과 일반 교양인들의 한국 인식에 큰 영향을 미치고 있다.[28]

　그런데 위의 두 번째와 세 번째 특징은 소위 1920년대 중기에서 1930년대에 걸쳐 조선총독부가 간행한 수십 집에 달하는 '조선총독부 조사자료'에 담겨 있

---

28) 물론 일본의 한국사 연구가 모두 다 식민사관에 입각하고 있다고 할 수는 없다. 대표적인 예로 일본에서의 한국사 왜곡에 대하여 하타다 다카시(旗田巍)는 그의 논문 「고교의 세계사 교과서에 나타난 조선」(『조선사 연구회 논문집』 제6집)에서 다음과 같이 언급하고 있다.
　"조선에 대한 식민지 지배를 면죄하려는 경향과 싸우며 조선 문제에 대한 이해를 깊이 하기 위해서는 역사학자로서 우선 근대 이후의 조선에 관한 인식, 일본과 조선의 관계에 대한 인식을 바르게 하지 않으면 안 된다. 그러나 그것만으로는 지나칠 수 없다. 근대 이후의 조선에 대한 인식은 근대 이전의 조선에 대한 인식과 깊게 관련되어 있으므로 전자의 일그러짐을 바르게 하기 위해서는 후자에 관해서도 충분히 검토해야만 한다. 즉, 조선사상(朝鮮史像)을 전체로서 다시 생각해야 한다"면서 "조선 사회의 발전은 단지 중국의 일방적인 영향 아래서 이루어진 것이 아니라 중국과의 끊임없는 대항관계 속에서 이룩되었으며 중국이 지배하려는 힘을 밀쳐 내려는 것이 조선이 약진할 수 있는 바탕이었다"는 사실을 빠트려서는 안 된다고 지적했다. 강동진, 『日帝의 한국 침략 정책사』(한길사, 1980)의 게시에 의함.

〈표 4-1〉 강동진의 『일제의 한국 침략 정책사』 중 조선 독립 불능론의 내용

조선 독립 불능론	㉠ 조선 민족의 민족성은 독립 자치 능력이 없다.
	㉡ 조선 민족은 역사적으로 독립한 적이 없다.
	㉢ 조선 민족은 독립하려 해도 실력이 없다.
	㉣ 국제적 여건이 조선의 독립을 못 하게 하고 있다.

는 일본 식민주의자의 논리 세 가지 중 하나인 '조선 독립 불능론'의 주요 내용과 일치한다.[29] 그 내용은 〈표 4-1〉과 같다.

㉠의 논거로 강동진은 '(조선총독부가) 조선 민족은 역사적으로 지배층의 학정에 대해 반대 투쟁을 한 적이 없는 무기력하고 순순히 복종하는 민족이라고 짐짓 왜곡 강조했으며'[30] 또 "'일본 식민주의자들은 조선인이 선천적으로나 후천적으로도 민족성이 우둔하며 겁이 많고 나약해서 강제 아니면 통어(通御)할 수 없는 저열(低劣)한 민족성을 가지고 있다'고 했다.[31] 특히 총독부가 발간한 여러 선전문서와 어용논문, 저서에서 공통적으로 지적하고 있는 것이 조선 민족이 '무기력'하고 '겁나(怯懦)'하며 곧잘 '부화뇌동'하는 '종순(從順)한 민족'이라고 하는 것이다"라고 했다.[32]

여기서 보면, 앞에서 필자가 주장한 나카무라 서술의 두 번째와 세 번째 특징과 강동진이 지적한 총독부의 여러 문서들에 보이는 주장이 일치함을 발견할 수 있다. 그리고 조선 민족성의 특징으로 '겁나(怯懦)'하다고 한 것은, 나카무라가 고려의 적극적인 대몽항쟁의 사실과 침략군 사령관 살례탑을 전사하게 하는 등의 혁혁한 전과(戰果)에 대하여 일절 언급하지 않은 것과 관련지어 생각할 수 있다.

또 ㉡은 '조선 독립 불능론'을 역사적으로 입증하기 위해 일본 통치 권력이 가장 주력해 온 대목으로 1920년대의 모든 선전용 논문이나 저서에서 볼 수 있

---

29) 앞의 주(28) 책, 53~64쪽의 「각종 출판물·자료 조사에 의한 정치선전」을 참조.
30) 앞의 주(28) 책, 61쪽.
31) 앞의 주(28) 책, 61쪽.
32) 앞의 주(28) 책, 60~61쪽.

다고 한다.[33] ⓒ은 '조선인은 독립하기에 족한 '실력'과 '자격'이 없는 민족이기 때문에 그 독립은 조선 민족에 불행한 결과만 끼친다는 논리로'[34] 이는 총독부의 '실력 양성론' 주장으로 이어지며,[35] 또 대표적인 친일파 이광수의 '민족개조론'과도 맥이 닿아 있다. 이처럼 '조선 독립 불능론'의 세 가지 내용이 모두 필자가 나카무라의 한국사 서술의 특징으로 지적한 조선 민족의 '무기력', '무능', '사대성'에 대한 강조와 일치함을 확인할 수 있다.

그런데 강동진은 조선총독부 당국이 '조선 독립 불능론'의 전제로서 조선사 왜곡을 중시하였다고 말한다.[36] 즉, '조선 독립 불능론'이 1920년대 중기 이후의 조선총독부의 조선사 왜곡을 전제로 하고 있는데,[37] 나카무라가 도쿄제국대학 국사학과를 졸업하고 총독부 산하 조선사편수회의 일원으로 조선에 건너왔던 해가 바로 1926년이었다.[38] 그리고 그는 실제로 1938년에 조선에서 역사교육에 종사하는 교원들을 대상으로 행한 한 강연에서 자신이 평생 역사교과서 편찬에 관계해 왔음을 밝혔다.[39] 이는 나카무라가 '조선 독립 불능론'의 이론적 근거를 제시하기 위한 조선사 왜곡 작업에 직접 관여한 장본인 중 한 사람이라는 사실을 보여 준다.

이렇게 볼 때, 앞에서 언급한 나카무라의 서술의 첫 번째 특징, 즉 결과만 단순하게 서술한 것 역시 '지면상의 제약'이나 '일본의 일반인 독자들을 위한 교

---

33) 앞의 주(28) 책, 60쪽.

34) 앞의 주(28) 책, 63~64쪽.

35) 앞의 주(28) 책, 64쪽.

36) 그 근거로 강동진은 사이토 미노루(斎藤実) 총독의 브레인이었던 호소이(細井)가 총독에게 보낸 편지 중 다음 부분을 들고 있다. "…독립론의 그릇된 거짓을 갈기갈기 부수고 더불어 국민협회에게 옛 한국의 추하고 약하며 덜했던 점을 스스로 고백시켜서 독립이 이미 수백 년 전, 아마도 3천 년 전에 조선국과 함께 독립을 잃고 있었다는 사실을 세계적으로 널리 알리는 일이 무엇보다도 급하다고 여기고 있나이다…". 앞의 주(28) 책, 62~63쪽. 여기서 '추하고 약하며 덜했던 점'은 각각 '사대적이며 무기력하며 무능함'이라고 표현할 수 있다.

37) 앞의 주(28) 책, 62쪽.

38) 나카무라 히데다카의 이력에 관해서는 일본어판 위키피디아 및 본서 제3장 참조.

39) 조선에서 「내선일체론(内鮮一体論)」이라는 제목으로 강연한 내용이 『朝鮮の教育研究』(123号, 1938年 12月)라는 잡지에 게재되어 있다.

양서'로 출판되었기 때문이 아니라 의도적인 서술방법이었음을 짐작하게 한다. 즉, 황국사관의 주요한 특징 중 하나인 "큰 목적에 어울리는 사실(史實)을 강조하고 거기에 반하는 사실을 숨기는 경향이 있었다"[40]고 한 것과 관련이 깊다. 여기서 '큰 목적'이란 다름 아닌 조선의 식민지 지배를 합리화·정당화하는 것으로 이 목적을 위해 나카무라는 원인과 과정을 생략하고 결과만 간단하게 서술하는 방식을 취한 것이다. 만약 그렇지 않고 원인과 과정에 관해 상술하게 되면 고려 사회의 적극적인 대몽항쟁 및 그 성과로서 세계 역사상 최대의 판도를 형성했던 몽골 제국의 간섭하에서도 고려가 독자적인 왕조체제를 유지해 왔던 사실 등이 드러나게 된다. 그렇게 되면 무기력과 무능력, 그리고 사대성을 한민족의 민족적 특성으로 규정짓고 이를 세뇌하여 확산시키고자 했던 총독부의 의도와 그 실행에 핵심적인 역할을 수행했던 자신의 행위를 스스로 부정하는 것이 되고 만다.

나카무라의 왜구 왜곡의 논리적 전개

나카무라의 한국사 서술이 위와 같이 조선총독부를 위시한 일본 식민주의자들의 정치 선전과 동일한 내용을 토대로 하고 있다면, 이를 전제로 한 왜구 서술 역시 적지 않은 문제를 포함하고 있을 것이라 생각된다. 여기서는 나카무라

---

40) 長谷川亮一, 『「皇国史観」という問題』(十五年戦争期における文部省の修史事業と思想統制政策), 白沢社, 2008년의 게시에 의함.

가 자신의 한국사 인식을 바탕으로 해당 시기의 왜구에 관해서는 어떻게 서술하고 있는지, 그리고 그의 왜구 서술은 어떠한 논리적 전개과정을 거치고 있는지 생각해 보자.

우선 「교린(交隣)의 전제―왜구대책의 진전―」 중 '원(元)·고려의 왜구난(倭寇難)'이라는 장에 있는 몇몇 문장을 발췌해 검토해 본다. 이 장은 다음의 절들로 구성되어 있다. (1) 일선(日鮮) 수호(修好)의 발단, (2) 원·고려의 왜구난, (3) 고려의 통신사 나흥유, (4) 정몽주와 이마가와 사다요(今川貞世), (5) 고려의 변경세력 이용, (6) 왜구난의 심각화, (7) 최영·이성계 두 장군의 대결, (8) 조선 왕조의 사대정책, (9) 조선 태조의 교린 공작 등이다. '(2) 원·고려의 왜구난'에서 나카무라는 다음과 같이 서술하고 있다.

─────

ⓐ 고려에서는 공민왕의 원에 대한 반항운동과 원말 쟁란의 여파로 인해 (나라) 안팎으로 사변이 이어져 ⓑ 도저히 왜구의 예봉을 꺾을 수 있는 병력을 동원할 수 없었다. ⓒ 그래서 외교수단을 통해 일본 정부의 힘을 빌려서 금제시키려고 생각했던 것이다.[41]

ⓐ에서 나카무라는 공민왕의 반원자주개혁(反元自主改革)을 원에 대한 '반항운동' 정도로 폄하(貶下)하고 있는데, 이는 '무기력하고 무능하며 사대성이 강한 조선 민족'에게 자주성(自主性)은 있을 리 없으며 또 있어서도 안 되기 때문이다. 또 이 '반항'이라는 단어 자체가 보통 "부모(선생)님에게 반항하다" 내지 '사춘기의 반항' 등과 같이 사용되듯이, 자기보다 연장자에 대하여 취하는 행동이거나 또는 일시적인 정서적 혼란기의 일탈된 행동이라는 뉘앙스를 풍기는 단어임을 고려할 때, 조선 민족을 '종순한 민족'이라고 규정한 총독부의 정치선전과 모순되지 않도록 단어 선택에 고심한 흔적이 엿보인다.

그리고 ⓑ는 당시 고려가 처한 상황에 대한 정확한 설명이라고 할 수 없다.

─────

41) 앞의 주(12) 책, 69쪽.

왜구는 선박과 말을 이용한 기동력을 갖춘 집단이었다.[42] 더욱이 한반도는 삼면이 바다로 이루어져 있어 해안선의 길이가 수천 킬로에 달한다. 왜구가 언제 어떻게 침구해 올 것인지 알 수 없는 상황에서 효율적으로 대응하기란 설사 '원말 쟁란의 여파'가 없었더라도 결코 쉬운 문제가 아니었을 것이다. 이는 대륙정세가 비교적 안정되어 있던 조선 초기에도 침구해 오는 왜구 대응에 조선의 조정이 고심을 했던 것을 보더라도 잘 알 수 있다.

ⓒ 역시 적절한 평가라 할 수 없다. 왜구가 발생하면 당연히 해당 국가에 대한 외교적인 항의를 통해 사정을 알아보고 그 책임을 추궁하는 것은 '동원할 정예 병력의 유무(有無)에 관계없이' 정책상 최우선 순위라고 할 수 있다. 이는 소위 '13세기 왜구'의 단계에서도 확인된다.[43] 따라서 경인년(1350)에 왜구가 다시 침구하기 시작한 이후, 고려가 금왜요구 사절을 파견하는 것은 지극히 자연스러운 대응이었다. 그런데도 공민왕 정부는 경인년 왜구의 재침 이후 17년 동안 일본에 대하여 외교사절을 파견하지 않았다.[44] 오히려 이 점에서 고려 정부의 외교적 신중함이 돋보인다고 할 수 있다.

또한 나카무라는 '(3) 고려의 통신사 나흥유'와 '(4) 정몽주와 이마가와 사다요'에서 왜구금압을 위한 고려의 대일 외교와 이에 대응해 이마가와 사다요와 오우치씨가 각각 휘하 병력을 고려에 파견한 사실에 관해 언급한 뒤, '(5) 고려의 변경세력 이용'에서 나카무라는 마치 고려가 왜구금압을 위해 일본 변경의 실력자들에게 재물을 보내어 환심을 사고자 했으며 또 그러한 고려의 의도대로

---

42) 이영, 「고려 말기 왜구의 실상과 전개」, 『왜구와 고려-일본 관계사』, 혜안, 2011, 210~214쪽.

43) 이영, 「경인년 이후의 왜구와 내란기의 일본 사회」. 앞의 주(42) 책, 141~143쪽.

44) 이 점이 당시 고려가 처하고 있었던 국내외 정세의 복잡성을 잘 보여 준다고 할 수 있는데, 그 이유로 다음과 같은 점을 생각할 수 있다. 즉, 약 1세기 전에 있었던 여몽 연합군의 일본 침공 이래, 고려와 일본 양국 간에는 외교관계가 단절되어 있었으며 양국 간의 군사적 긴장관계는 해소되지 않았다. 또한 공민왕의 반원자주개혁이 시작된 이후, 원나라와의 긴장관계가 고조되어 가고 있는 상황이었기에 고려는 남북 양쪽에서 군사적 위기 상황에 처해 있었다. 고려로서는 약탈한 뒤에 돌아가는 왜구보다는 수십만 대군을 동원해 침공해 올 위험이 있는 원나라에 대응해 북쪽에 국력을 집중할 수밖에 없었던 것이다. 이에 관해서는 본서의 제7장 참조.

이마가와 사다요[45])나 오우치 요시히로(大內義弘)[46])가 왜구금압에 응했던 것처럼 서술하고 있다.[47]) 다음의 서술 내용을 보자.

　　이렇게 하여 규슈탄다이(九州探題)가, 중앙 정부를 제쳐 두고 직접 일·려 외교에 임하게 되고 그 지지자인 오우치씨(大內氏)도 똑같이 고려와 사자를 왕래하게끔 되었다. 그들은 고려가 해적 금제(禁制)와 피로인(被擄人)들의 쇄환(刷還)을 요청하기 위해 여러 차례 사자를 파견해 오는 것에 대하여, 사절들이 가지고 오는 신물(信物)을 얻을 목적으로 일단 금제 명령을 내려 관할하는 하카타의 무역시장에 모여드는 피로인들을 송환시키고 수호(修好)를 맺을 사절을 왕래하게 했다. 이윽고 서국 각지에서 이를 모방하는 사람들이 속출해 일선(日鮮)관계를 전개하게 되는 계기가 되었다.[48])

나카무라는 '중앙 정부를 제쳐 두고' 또 '신물을 얻을 목적으로'라고 서술함으로써 규슈탄다이 이마가와 사다요나 서국 지방의 호족(豪族) 오우치 요시히로가 행한 고려와의 사절 왕래를, 경제적인 이익을 노린 불법적이며 사적인 차원의 대응이었다고 폄하하고 있다. 그럼으로써 고려가 마치 경제적인 재화 공여를 미끼로 하여 일본의 변경세력에 왜구금압을 호소한 것처럼 서술하고 있

---

45) 이마가와 사다요는 이마가와 료슌(今川了俊)이라고도 하며 무로마치 막부 쇼군의 일족으로 1371년에 규슈탄다이(九州探題)에 임명된 이래 1395년에 해임될 때까지 규슈 지역의 남조 세력 진압에 핵심적인 역할을 했던 인물이다. 아울러 1377년 정몽주가 금왜요구 사절로 일본에 파견되었을 때 그와 회견했고 그 이후 고려의 피로인을 송환하는 등 왜구금압에 적극적으로 협조한 인물이다. 이에 관해서는 가와조에 쇼지(川添昭二)의 『今川了俊』(吉川弘文館, 1964) 및 본서 제7장 그리고 한윤희, 「여말 선초 피로인 송환에 관한 한 고찰—〈今川了俊의 송환배경 = '경제적 수익 목적'설)에 대한 비판적 검토」(『일본연구』 36집, 중앙대학교 일본연구소, 2014) 등을 참조.

46) 오우치 요시히로(大內義弘)는 스오(周防)와 나가토(長門) 지방을 중심으로 하는 오우치씨의 당주로 남북조 내란 당시 료슌을 도와 규슈의 전투에 참여해 규슈 남조 세력 진압에 일조했으며 또 그 뒤 요시노의 남조와의 대화를 통해 남북조의 합일을 이끌어 내는 데 중요한 역할을 했던 인물이다. 요시히로에 관해서는 마쓰오카 히사토(松岡久人)의 『日本の武将20. 大內義弘』(吉川弘文館, 1965) 등을 참조.

47) 앞의 주(12) 책, 72~73쪽.

48) 앞의 주(12) 책, 73쪽.

다. 그러나 규슈탄다이의 전신(前身)이라 할 수 있는 다자이후(大宰府)의 쇼니(少貳)가 고려와의 사절 왕래 및 외교 문제를 규슈 현지에서 해결한 사례는 가마쿠라 시대 초기에도 확인된다.[49] 고려가 규슈탄다이와 왜구 문제를 논의하고 그 협조를 구한 것은 고려와 일본 양국 간의 오랜 외교적 관례에 따른 것이었다.

그리고 이마가와, 오우치 두 사람 모두 다 무로마치 막부 쇼군(將軍)의 부하로 규슈 남조 세력을 토벌하는 규슈 북조군의 중심이었다. 이마가와가 규슈탄다이로서 규슈 지역을 관할하였다면 오우치씨는 오늘날의 야마구치현(山口県)을 근거로 하는 일대의 대 호족 세력이었다. 그리고 이마가와가 고려와의 외교 과정에서 보인 행동은 나카무라가 언급한 것처럼 결코 신물을 얻고자 하는 경제적인 목적에서 기인한 것이 아니었다.[50] 당시 중원을 통일한 명나라 태조가 고려와 일본에 대하여 왜구금압을 강하게 요구해 왔고, 만약 이에 응하지 않으면 대군을 동원해 직접 일본 정벌에 나설 것이며 그때는 고려를 거쳐 갈 것이라고 위협해 왔다.[51] 왜구금압을 명분으로 내세운 명의 군사·외교적 위협을 함께 느끼고 있던 고려와 일본 양국은 왜구금압에 협력해 공동보조를 취할 필요가 있었고 이것이 막부의 규슈 현지 책임관인 규슈탄다이 이마가와 사다요와 그와 협력하고 있던 서국의 호족 오우치씨 두 사람이 왜구금압에 적극적이었던 이유였던 것이다.[52]

그리고 고려는 이마가와나 오우치씨만이 아니라, 쓰시마의 소씨(宗氏)와도 왜구 문제 해결을 위해 사절이 왕래하고 있었다. 이 점은 『일본과 조선』의 제2절 '원(元)·고려의 왜구난(倭寇難)'에서 나카무라 자신도 언급하고 있다.[53] 나카무라는 왜구금압을 위한 고려의 외교적 노력이 별다른 효과가 없었다고 주장하는 데 주력하고 있다. 다른 예를 보자.

---

49) 『고려사』 권제22, 세가 제22, 고종 14년 5월 을축 조.
50) 이에 관해서는 앞의 주(45) 한윤희 논문 참조.
51) 『고려사』 권제44, 공민왕 22년 7월 20일 조.
52) 본서의 제9장 참조.
53) 앞의 주(12) 책, 69~70쪽.

나카무라는 고려 공민왕 15년(1366)에 무로마치 막부에 왜구금압 요구 사절을 파견한 후 쓰시마 만호 소 쓰네시게(宗経茂)로부터 사절이 오고 그 뒤에 왜구가 얼마 동안 침구해 오지 않은 것에 대하여 다음과 같이 서술하고 있다.

우연일지도 모르지만 이러한 외교교섭이 있은 뒤, 얼마동안 왜구의 활동이 줄어들자 고려에서는 이것을 아시카가 정권의 금압에 의한 것이라고 믿고 있었다.[54]

여기서 나카무라는 '우연일지 모르지만'이라고 서술함으로써 왜구의 발생 배경, 그 실체 및 왜구의 근거지 등이 일본과 직접적인 관련이 있다고 하는 생각에 유보적인 태도를 취하고 있다. 그리고 '고려에서는~ 믿고 있었다'라는 식으로 표현함으로써 막부의 금압이 왜구의 활동 감소와 아무런 인과관계가 없었던 것처럼 서술하고 있다.[55] 이는 '(6) 왜구난의 심각화'에서의 다음의 서술 내용과도 관련이 있다.

5. 고려의 대일(対日) 수호(修好)는 실마리가 풀렸지만 해가 거듭될수록 왜구난(倭寇難)이 심각해졌다.[56]

'고려의 대일(対日) 수호(修好)는 실마리가 풀렸지만'에서 보듯이, 나카무라는 고려가 당시 일본에 사절을 파견한 이유 중에는 고려가 일본과 수호, 즉 외교관계 수립이라는 목적도 포함되어 있었던 것처럼 서술하고 있다. 그러나 당시 고려의 사절 파견은 어디까지나 왜구금압을 일본 측에 요구하기 위한 것이었다.[57] 나카무라는 왜 이렇게 서술했을까? 위의 인용에서 나카무라 서술의 의도

---

54) 앞의 주(12) 책, 70쪽.
55) 공민왕 15년(1366) 당시 금왜사절의 파견이 왜구를 일시적으로 금압하게 한 배경에 관해서는 본서 제7장 참조.
56) 앞의 주(12) 책, 73쪽.
57) 공민왕 15년(1366)에 최초로 금왜요구 사절을 일본의 무로마치 막부에 파견하였을 당시의 첩장(牒狀)에는 "왜구를 금압하지 않으면 군대를 일으켜 (직접) 그들을 체포하겠다"고 하는 내용

를 두 가지로 유추해 볼 수 있다.

첫째, 식민주의자들의 소위 '일선불가분론(日鮮不可分論)'과 관련지어 생각할 수 있다. '일선불가분론'의 성립 배경에 대하여 강동진은 (3·1 운동 이전에는) '일본의 조선 지배가 '동양의 평화', '화란(禍亂)의 근절'을 위한 것으로 두 민족 공통의 이익이라는 논리'[58]가 "3·1 운동 후에는 인종적·문화적 전통이 같다는 데에 바탕을 둔 '일선불가분론'이라든가 백인의 동점(東漸)에 대항한다는 뜻에 서의 두 민족의 '공존공영', 숙명적인 '공동체론'으로 탈바꿈했다"[59]고 했다. 즉, 한반도의 정치권력은 고려나 조선이나 할 것 없이 예나 지금이나 일본에 협 력해 원만하게 지내야 한다는 식민주의자들의 생각을 바탕에 깔고 있다. 〈5〉에 서 나카무라는 고려가 왜구를 금압하지 않으면 군사 침공도 불사하겠다고 한 것에 대해서는 일절 언급하지 않고, 마치 고려가 일본과 수교를 원해서 사절을 파견한 것처럼 꾸미고 있다.

둘째, "해가 거듭될수록 왜구난(倭寇難)이 심각해졌다"에서 보듯이, "고려가 왜구를 금압하기 위해 이마가와 사다요 등과 같은 변경세력을 이용하려고 재물 로 매수했지만 별 성과를 거두지 못했다"고 평가하려는 저의가 깔려 있다. 이 러한 서술은 '우왕 대 당시 왜구의 대다수가 사실은 일본인이 아니라 고려인이 었다'고 하는 그의 주장과 맥을 같이하고 있다. 즉, 나카무라는 고려가 왜구금 압을 위해 일본에 여러 차례 사절을 파견했음에도 불구하고 왜구의 침구가 오 히려 더 심각해져 갔다고 함으로써 왜구는 금왜사절의 파견으로 해결할 수 있 었던 문제가 아니었다고 주장한 것이다.[60] 즉, 그는 우왕 대(1375~1388)에 들어

이 포함되어 있는데 이는 일본에 대한 협박이라고도 해석할 수 있다. 반면 첩장의 어디에도 고
려가 막부와 수교를 원하고 있다는 내용은 포함되어 있지 않다. 이에 관한 구체적인 내용은 본
서 제7장 참조.

58) 앞의 주(28) 책, 59쪽.

59) 앞의 주(28) 책, 59쪽.

60) 일본에 대한 외교사절의 파견이 당장 왜구를 완전히 금압시킬 수 있었던 것은 아니었지만, 막
부로 하여금 규슈 지역의 남조 세력에 대해 적극적인 군사 공세를 취하게 함으로써 왜구문제
를 근본적으로 해결할 수 있게 한 것은 사실이다. 실례로 막부의 규슈 지역에 대한 장악이 1380
년대 중엽부터 가능해지는데 같은 시기에 왜구의 침구 빈도나 규모도 현격하게 감소하게 됨을
『고려사』에서 확인할 수 있다.

오면서, 고려의 천민들이 왜구와 결탁해 거짓 왜구를 자행했던 것이 왜구의 실체였다고 하면서 다음과 같이 서술하고 있다.

상륙한 해구(海寇)[61]가 재인·화척 등과 같은 특수부락민과 해방을 원하는 노예·천민들의 길안내를 받고 오지 깊숙이 침입하는 일도 더욱 심해졌다. 그 가운데에는 고려인들이 일본인의 복장을 하고 약탈을 행하는 일도 많아져서 '거짓 왜구'라는 명칭까지 생겨날 정도로 혼란은 격화되었다.[62]

그러나 재인과 화척 등 특수부락민과 해방을 원하는 노예·천민들이 왜구의 길안내를 했다거나, 일본인 복장을 하고 있었다는 사료는 어디에도 없다.[63] 나카무라는 화척·재인이 거짓 왜구(假倭) 행위를 한 사례가 많아졌다고 했지만 가왜(假倭)의 사례를 전하는 사료는 단 3건[64]에 불과하다. 또 그 최초의 사례도 내륙 깊숙이까지 왜구들이 침구해 전전하면서 고려 사회에 큰 충격을 주었던 우왕 6년, 즉 소위 '경신년(1380) 왜구' 이후의 일이다.[65] 이 시기에 『고려사』에 가왜 행위가 나타나는 것은 우왕 대 이후 왜구의 침구가 극심해지면서 고려 정부가 그 대책으로 모든 계층과 신분에 속한 사람들을 병력의 대상으로 삼으면서, 이동생활을 영위하던 화척과 재인들도 예외가 아니게 되었고 또 경신년 왜구의 영향이 컸기 때문이었다.[66]

왜구 관련 사료에 고려인으로 적의 첩자 노릇을 하던 사람의 존재가 확인되지만 그것은 어디까지나 왜구에게 잡혀서 살아남기 위해 마지못해 한 것이었

---

61) 여기에서 왜구가 아니라 '해구'라는 단어를 사용한 것도 우왕 대 침구한 왜구의 대다수가 사실은 고려인이었다고 하는 주장을 의식한 것으로 보인다.
62) 앞의 주(12) 책, 73쪽.
63) 이에 관해서는 앞의 주(42) 이영 논문, 256~262쪽 참조.
64) 『고려사』 권제134, 열전 제47, 우왕 8년 4월 조. 『고려사』 권제135, 열전 제48, 우왕 9년 6월 조. 『고려사』 권제118, 열전 제31, 조준 전.
65) 구체적인 내용에 관해서는 앞의 주(42) 이영 논문 참조.
66) 앞의 주(42) 이영 논문 참조.

[그림 4-1] 경신년(1380) 왜구의 상륙지점-충   **[그림 4-2]** 서천 장암진성 위에서 바라본 전
남 서천군 장항읍 전망산 전경   망산과 기벌포(평지 부분)

다.[67] 그런데 나카무라는 원 사료에 없는 내용을 마치 사실(史實)인 양 확대해
석함으로써 우왕 대 왜구 중 다수가 마치 고려인이었던 것처럼 꾸미고 있다. 그
리고 이러한 나카무라의 서술이 모두(冒頭)에서 제시한 조지 샌섬의 왜구 서술
을 위시한 영미권에서 출간된 일본 역사서에 고려(조선)인이 왜구의 주요 구성
원이었다고 하는 서술의 출발점이 되어 왔다.[68]

왜 이런 식으로 사료를 의도적으로 오역(誤訳)하고 확대해석하였을까? 다음
의 몇 가지 이유를 생각할 수 있다. 첫째, <u>왜구가 일본의 잘못이 아니라 본질적
으로 고려 국내의 문제였다고 주장하기 위함이다.</u> 나카무라는 고려 말 왜구 집
단 속에 고려의 천민 집단이 다수 포함되어 있었다고 함으로써 왜구상(倭寇像)
을 애매모호하게 한 뒤, 더 나아가 우왕 대 이후의 왜구의 실체가 마치 일본인
이 아니라 고려인이었던 것처럼 슬그머니 구슬을 바꿔치기한 것이다. 그것은
그가 고려 말 왜구에 관해 서술하면서 당시의 일본 국내정세, 즉 경인년(1350)
부터 격렬해지기 시작한 규슈 지역의 군사적 상황[69]에 관해서는 일절 언급하지

---

67) 『고려사』 권제133, 열전 제46, 우왕 3년 6월 경술일 조.
68) 영문판 일본 역사서 안의 왜구 서술의 실태와 문제점에 관해서는 차후 발표할 예정임.
69) 규슈 지역의 군사적 긴장이 고조되면 이와 비례해서 왜구의 침구 빈도도 증가해 갔다. 이
    에 관해서는 이영, 「경인년(1350)~병신년(1356)의 왜구와 규슈 정세—쇼니 요리히사를 중심
    으로—」; 동, 「쓰시마 쓰쓰 다구쓰다마신사 소재 고려 청동제 반자와 왜구」; 동, 「가라쓰 가
    가미신사 소재 고려 수월관음도의 유래」; 동, 「오호바루 전투(1359)와 왜구—공민왕 6~8년
    (1357~1359)의 왜구를 중심으로—」, 앞의 주(2) 책 수록.

않았다는 것을 보더라도 잘 알 수 있다. 예를 들어 그는 왜구가 발호하던 고려 말 상황에 대해 다음과 같이 서술하고 있다.

그런 가운데 고려는 많은 내정과 외정에서 어려운 문제를 안고 있었다. ⓐ 안으로는 왕위가 이미 권신이 좌우하는 바가 되었으며 더욱이 왕은 유렵(遊獵)을 일삼으며 ⓑ 음란한 행동을 즐겨 하며 정사를 돌보지 않았고, ⓒ 권문세가들의 권력다툼은 아주 극심해 관제(官制)는 문란해져 매관매직이 성행하였으며 ⓓ 토지제도는 문란해져 귀족과 사원이 사유하는 전장(田莊)이 증가하였고 ⓔ 군사제도는 붕괴되어 군사에 통제가 없었으며 세도가들이 보유하고 있던 사병이 증가해 국가의 재용(財用)도 병력도 완전히 쇠퇴하고 말았다.[70]

그가 지적한 고려 말의 혼란상을 비슷한 시기에 해당하는 가마쿠라 말-남북조 시기의 일본 상황과 비교하면 어떨까? ⓐ의 경우, 이미 가마쿠라 시대 말이 되면 왕통(王統)이 여러 갈래로 나뉘어 분열되는 현상을 보이기 시작했으며 천황이 되기 위해서는 가마쿠라 막부의 동의가 필요하게끔 되었다.[71] 그리고 이어서 남북조 내란기가 되면 아시카가 다카우지(足利尊氏)와 함께 무로마치 막부를 세운 동생 아시카가 다다요시(足利直義)가 고다이고(後醍醐) 천황의 동궁(東宮) 쓰네요시(恒良)와 동생 나리요시(成良) 두 왕자를 독살했고 또 가마쿠라에 가두어 두었던 왕자를 부하에게 지시해 암살하게 하였다.[72] ⓑ의 경우 남북조 내란의 한 주역이었던 고다이고 천황의 음란함은 공공연한 사실이었다.[73] 또

70) 中村栄孝, 『日鮮関係史の研究』(上), 吉川弘文館, 1966, 143쪽.
71) 村井章介, 『日本の中世10, 分裂する王権と社会』, 中央公論新社, 2003, 13쪽.
72) 『태평기(太平記)』, 「金崎の春宮ならびに将軍の宮御隠れのこと」. 藤田寿雄, 『南北朝の流れと真相』, 近代文芸, 1996, 174쪽.
73) 아미노 요시히코(網野善彦)는 고다이고 천황이 "코끼리 머리에 인간의 몸을 한(象頭人身) 남녀가 서로 껴안고 성교를 하는 형상(男女抱合・和合像)을 본존으로 하는 성천공(聖天供)을 수행하고 있었던 사례를 들어서 '고다이고는 여기에서 인간의 심오한 자연─섹스 그 자체의 힘을, 자기 왕권의 힘으로 삼으려고 했다'고 말할 수 있다"고 언급했다. 『異形の王権』(平凡社, 1986), 앞의 주(71) 무라이 쇼스케 책, 46~47쪽의 게시에 의함.

ⓒ과 ⓓ에 관해서는 가마쿠라 막부를 멸망시킨 뒤 성립한 겐무(建武) 정권의 토지 및 인사 정책의 문란함을 비난한 것으로 유명한 『니조가와라라쿠가키(二條河原落書)』의 사례를 들 수 있다.[74] ⓔ의 경우, 아시카가 다카우지와 동생 다다요시 형제의 권력 다툼이 경인년(1350)부터 내전, 즉 간노노조란(観応の擾亂)으로 비화되어 남조와 북조라는 이파전에서 삼파전이라는 더 복잡한 양상을 띠게 되었던 사실을 들 수 있다.

그런데 나카무라는 이러한 남북조 내란기 당시 일본 사회의 혼란상, 특히 천황에 대한 당시 무사들의 패행(悖行)에 대해서는 일절 언급하지 않고 오히려 이를 적극적으로 은폐할 것을 주장하면서[75] 고려 말의 혼란상만 부각시키며 마치 왜구가 일본이 아닌 고려 국내의 문제인 것처럼 서술하고 있는 것이다.

둘째, 고려 말 왜구가 고려와 명나라의 외교 압력에 굴복해, 무로마치 막부가 이에 적극적으로 대응해 규슈 남조 세력에 대한 군사 공격을 강화시킴으로써 결과적으로 1380년대 중반에 들어서면서 왜구가 대폭 쇠퇴하였다는 사실을 은폐하기 위해서이다.[76] 이에 관해 나카무라는 다음과 같이 서술하고 있다.

즉, 조선에서 그것(왜구)이 종식된 이유는 주로 자유롭고도 유리한 통호무역을 용인했기 때문이라고 해야 한다. 그것을 엄격히 제한해 이윤이 줄어들자 오히려 잠상(潛商: 밀무역업자) 등이 활발하게 활동하게 된 명나라 말기에, 또 다시 (왜구의) 난이 일어나기에 이르렀다는 사실을 보더라도 분명하다고 할 것이다. 그리하여 명나라에서 해마다 (왜구가) 번성하게 되는 것은 감합(勘合)제도를 엄격하게 세우고 제한을 심하게 가했으며 또 정식통교가 단절되었기 때문에 자연스럽게 밀무역

---

74) 앞의 주(71) 무라이 쇼스케 책, 53~54쪽.

75) 본서의 제1장 참조.

76) 이 점에 관해서 미국의 고려 말 왜구 연구자 해저드 해리슨 벤저민(Hazard. Jr, H. Benjamin)은 1967년도에 캘리포니아 주립대학에 제출한 박사학위 논문, 『JAPANESE MARAUDING IN MEDIEVAL KOREA—THE WAKO IMPACT ON LATE KORYO)』의 결론(322쪽)에서 다음과 같이 언급하고 있다. "1380년대 중반까지 고려는 왜구의 침구를 통제할 수 있었던 것 같다. 군대는 최영과 이성계의 지휘하에 다시 강화되었다. 효율적인 수군이 창건되었으며 화약 무기를 장착함으로써 고려의 함선은 왜구의 배들보다도 전투력이 강해졌다."

등도 유행하게 되었던 것에서 기인한다.[77]

만약 고려의 대일 왜구금압 외교가 실제로 왜구의 금압에 실효가 있었다고 서술하면 이는 무로마치 막부가 고려와 명나라의 외교적 압력에 굴복한 모양이 되고 만다. 그래서 그는 이마가와 사다요나 오우치 요시히로의 대고려 접촉을 폄하했으며 고려의 대일 외교 노력이 왜구의 금압에 별로 효과가 없었다고 평가했다. 만약 고려의 대일외교가 왜구의 금압에 실효가 있었다고 한다면 우왕 대의 왜구 대부분이 일본인이 아니라 고려인이었다고 하는 자신의 주장과 배치되기 때문이다. 이러한 목적을 위해 고려 말 왜구를 논하면서 나카무라는 오로지 무역과 관련해서 언급하고 있을 뿐 남북조 내란과의 관련을 일절 언급하지 않았다.

셋째, 또 하나 주목해야 할 이유는 그가 고의적인 사료의 확대해석을 통해 총독부를 비롯한 일제 식민주의자들의 논리를 반복주장하고 있는 사실이다. 이는 '재인·화척 등과 같은 특수부락민과 해방을 원하는 노예·천민들의 길안내를 받고'라는 부분에서 확인된다. 앞에서 고려의 왕실 및 지배 계층을 '무기력, 무능, 사대성이 강한' 존재로 왜곡한 그가 우왕 대 왜구의 실체로 '해방을 원하는 노예·천민' 운운한 것은 총독부의 '계층 간 분열정책'과 닿아 있는 것으로 보인다. 즉, 강동진은 총독부가 '청년층의 반일적인 혁신적 경향을 싫어하는 보수적 지주층을 식민통치체제 쪽으로 끌어들이면서 민중에 대한 청년층의 영향력을 덜어 없애려고 시도하였으며'[78] 이러한 분열정책은 '식민지 지배의 기

---

77) ( ) 안은 번역자가 추가한 것. 「朝鮮史」, 『歷史敎育講座』(四海書房, 昭和 10年(1936), 39쪽. 책의 제목으로 볼 때 나카무라가 역사교육에 관여하는 교사들을 대상으로 한국사와 한일관계사의 교육 방침을 제시하고 있는 것으로 생각된다. 이 책에서 나카무라는 왜구가 쇠퇴하게 된 이유로, 막부가 왜구를 적극적으로 금압했기 때문이라고 가르쳐서는 안 된다고 하는 일종의 가이드라인을 제시하고 있는 것으로 보인다. 다시 말해 고려와 명나라의 외교적 압력에 의해 막부가 규슈의 치안을 회복시킴으로써 왜구를 쇠퇴시킨 것이라고 가르쳐서는 안 되며, 왜구의 발호 및 소멸은 어디까지나 고려(조선)와 중국의 대외자세 및 무역정책에서 비롯된 것이라고 가르쳐야 한다고 주장하고 있는 것이다.

78) 앞의 주(28) 책, 26~28쪽.

본적인 수법으로, 일본의 조선 식민지 지배에 있어 민족 내부의 신구 세대차와 계급적 이해의 대립을 이용해서 그 정치선전의 침투를 꾀한 것은 (조선총독인) 사이토 미노루(齋藤)가 그 효시'79)라고 하고 있다.

앞에서 언급한 『조선의 역사』에서 보듯이 평소에는 조정에 반기를 들었던 초적들조차 이민족인 몽골군의 침입에 대항하였고 또 부곡민, 철소민 등 피지배 계층민들도 적극적으로 대몽항쟁에 가세하고 있었다.80) 그런데 나카무라가 『일본과 조선』의 도처에서 고려 지배계층의 '무기력, 무능, 사대성이 강함'을 반복 강조하면서도 피지배계층의 대몽항쟁에 관해서는 일절 언급하지 않았다. 오히려 그는 왜구의 침구가 마치 이러한 고려의 노예ㆍ천민들에게 '해방'의 기회를 제공하고 있었던 것처럼 서술하고 있는데 여기에는 '노예ㆍ천민들과 다름없는 조선의 피지배계층'에게 일제가 조선왕조를 멸망시킴으로써 해방을 안겨다 주었다고 하는 정치선동을 복선(伏線)으로 깔고 있는 것이다.

이하, 나카무라의 왜구 왜곡의 논리적 전개를 정리해 보면 대략 다음과 같다.

> 고려는 왜구를 군사적으로 제압할 마땅한 방법이 없었기 때문에 외교적 수단에 의존할 수밖에 없었다. 그래서 고려가 고안해 낸 것은 일본의 변경 세력을 재물로 매수해 왜구금압에 협조하게끔 한다는 것이었다. 이에 매수된 규슈탄다이와 서국의 호족 오우치씨는 고려의 요구에 응하는 척했지만 외교적 방법은 별다른 효과를 거두지 못하고 왜구의 침구는 시간이 갈수록 더욱 격화되어 갔다. 그 이유는 왜구가 본질적으로 일본의 문제가 아니라 고려 국내의 문제였기 때문이다. 즉, 왜구에 호응해 해방을 원하는 고려의 노예ㆍ천민들이 왜구의 길안내를 하거나 또는 일본인 복장을 하고 거짓 왜구 행위를 자행했던 것이 고려 말 왜구의 실체였던 것이다.

---

79) 앞의 주(28) 책, 26~28쪽.
80) 박용운, 『고려시대사』, 일지사(1985년 상권 1쇄 발행, 1987년 하권 1쇄 발행, 2008년 증보판 1쇄 발행). 여기서는 증보판의 570~574쪽을 참조.

위와 같은 나카무라의 논리는, 조선총독부와 식민주의자들의 '일선불가분론'과 '계층 간 분열정책' 등 한국 침략정책을 배경에 깔고 있으면서 왜구 현상의 근원적인 문제는 '무기력하고 무능하며 사대주의적인 고려 왕실 및 지배층'이 자국 백성들을 억압하고 착취한 것에서 기인한 것이었다고 하는 식으로 전개되고 있음을 알 수 있다.

'서론'에서 일본의 왜구 연구, 특히 그 사회적 실체 및 발생 배경 등에 관해서 많은 왜곡이 개재되어 있다고 언급한 바 있다. 그런데 나카무라의 고려 말 왜구 서술에는 왜구가 침구하게 된 배경, 즉 일본의 국내정세에 관한 내용은 전혀 보이지 않는다. 도쿄제국대학 국사학과(일본사학과)를 졸업해 누구 못지않게 해당 시기의 자기 나라 역사를 잘 알고 있을 그가, 『일본과 조선』이라는 책에서 왜구를 논하면서 고려 말의 혼란상만 열거하고 강조하고 있을 뿐, 일본 국내 사정(남북조 동란의 영향)에 관해서는 완전히 함구하고 있는 것이다.

대표적인 일본 중세사학자 중 한 사람인 나가하라 게이지(永原慶二)는 '황국사관과 교과서검정의 역사관의 공통점으로서 <u>자국의 역사, 그중에서도 특히 국가와 지배층의 정책, 행동 등을 극력 잘못이 없는 것으로 묘사하려고 하는 발상</u>'을 들고 있다.[81] 즉, 나카무라는 "고려 말 왜구는 일본의 천황 가문이 남조와 북조로 나뉘어 권력 투쟁을 전개하던 남북조 시대 당시 사회의 모순이 국경을 넘어 고려와 중국으로 번진 역사 현상이었다"라고 해서는 절대로 안 되었다. 그에게 고려 말 왜구는 모두 고려 지배층의 무능과 무기력함, 그리고 사대주의가 빚어낸 혼란상에서 비롯된 것이며, 일본의 일부 변경도서지역의 소수 주민들이 침구해 그 발단을 만들기는 했지만 왜구 발호의 본질적인 원인은 고려 사회 내부에 있었던 역사 현상이어야만 했던 것이다. 이러한 점에서도 철저한 황국사관론자로서의 나카무라의 면모가 뚜렷이 드러나고 있다.

이와 같은 나카무라에서 시작된 왜구 왜곡은, 태평양전쟁에서 패한 뒤에도

---

81) 永原慶二, 『皇国史観』(岩波ブックレット), 岩波出版, 1983. 앞의 주(40) 하세가와 료이치(長谷川亮一)의 책의 게시에 의함.

후배인 다나카 다케오와 무라이 쇼스케 등 도쿄대학 국사학과 출신의 대외관계사 연구자들에 의해 계승되었고 또 심지어 태평양 건너 미국의 명문대학이 발간한 일본 역사서에서 고려(조선)인들을 왜구의 실체로 둔갑시키고 있는 것이다.

결 론

　본 장에서는 제2차 세계대전 이후 일본에서 한국사 연구의 최고 권위자 중 한 사람으로, 그리고 전근대 동아시아 국제관계사 연구의 선구자로서 높이 평가받아 왔던 나카무라 히데다카의 왜구 왜곡의 논리적 전개를, 그의 대표적인 연구 성과인 『일선관계사의 연구』를 축약한 『일본과 조선』를 통해 고찰하였다.

　검토 결과, 조선총독부 산하 조선사편수회의 편수관이었으며 철저한 황국사관론자였던 나카무라는 자신의 한국사 서술에서, 자기 자신도 직접 관여한 총독부와 일본 식민주의자들의 한국 침략 정책을 그대로 투영시키고 있었음이 확인되었다. 즉, '조선 독립 불능론'을 바탕에 깔고 고려 왕실 및 지배층의 무기력함과 무능함 그리고 사대성을 반복적으로 강조하였다. 그 과정에 황국사관의 '큰 목적에 어울리는 사실(史實)을 강조하고 거기에 반하는 사실을 숨기는' 방법이 활용되었는데, 그것은 구체적으로 고려의 대몽항쟁 과정에서 역사현상의 원인과 과정을 생략한 채 결과만 간단하게 서술하는 방식이었다.

　이상과 같은 형태는 고려 말 왜구에 관한 서술에서도 확인된다. 즉, 그는 '일선불가분론'과 '계층 간 분열정책' 등을 배경에 깔면서 왜구 문제의 본질이 마치 고려의 지배층과 피지배계층 간의 갈등과 대립에 있었던 것처럼 분식(粉飾)

했다. 그 과정에 남북조 동란이라는 일본의 국내정세는 일절 언급하지 않았다. 왜구를 논하면서 '일본'을 배제시킨 것이었다. 그것은 일본의 두 천황 가문이 남조와 북조로 나뉘어, 그리고 신하인 무사가 천황을 능욕하던 시대, 즉 남북조 동란의 치부가 드러나게 해서는 절대로 안 된다고 하는 황국사관론자로서의 시대착오적인 집착에서 비롯된 것이었다. 그는 실증주의적 연구라는 가면을 쓰고 교묘하게 한국사는 물론 일본사도 왜곡하고 있었다.

본 장에서는 나카무라의 한국사 및 왜구 서술 중에서도 주로 역사적 사실 관계를 확인하는 데 치중하였다. 이러한 역사 왜곡을 바로잡기 위해서는 개별적인 사실의 진부(眞否)를 가리는 것도 중요하지만, 그것을 뛰어넘어 왜곡의 구조를 밝히는 작업이 더욱 중요하다. 앞으로도 이런 점에 특히 유의하면서 나카무라의 학설을 계승하고 있는 일본의 왜구 및 대외관계사 연구자들의 연구를 비판적 관점에서 재검토해 나가야 할 것이다.

제2부

동아시아 국제정세 변동과
고려 말 왜구

제 5 장

'경인년 이후의 왜구'와 마쓰라토

─우왕 2~3년(1376~1377)의 왜구를 중심으로─

제 5 장

'경인년 이후의 왜구'와 마쓰라토
— 우왕 2~3년(1376~1377)의 왜구를 중심으로 —

서 론

한국 역사학계에서는 '왜구'라고 하면 곧바로 쓰시마, 즉 대마도(対馬島)를 떠올려 왔다. 그런데 고려 말 왜구, 즉 '경인(庚寅, 1350)년 이후의 왜구'는 쇼니씨(小弐氏)—소씨(宗氏)의 영향하에 있었던 쓰시마 세력만이 아니었다. 왜구의 침구 초기라고 할 수 있는 '13세기의 왜구' 단계는 물론이고 '경인(년) 이후의 왜구'와 비교할 수 없을 정도로 규모와 빈도가 격감한 '조선 시대의 왜구'에도 한반도와 지리적으로 인접한 이키 섬(壱岐島)과 히젠(肥前) 지방의 마쓰라토(松浦党) 무사들이 그 실체였음이 확인된다.

따라서 왜구가 가장 왕성하게 활동하였던 '경인(년) 이후의 왜구'에 쓰시마 이외에 마쓰라토 무사도 가담했을 것이라고 생각하는 것이 자연스럽다.[1] 그러나 현 단계에서 남북조 내란기의 마쓰라토 무사들과 왜구의 관계에 대한 실증적인 연구는 전무하다고 할 수 있다.

왜구 연구에는 또 하나 해결되지 않은 중요한 문제가 있다. 그것은 왜구와 규슈 남조(南朝), 즉 정서부(征西府)의 관련이다. 오래 전부터 후지타 아키라(藤

---

1) 미요시 후지오(三好不二雄)는 "1350년 본격적으로 왜구가 침구하게 된 뒤부터 이후의 왜구에 대하여 일본에 남아 있는 사료는 거의 없다. 따라서 왜구로서 한반도에 침구한 사람들이 어디의, 무슨 지방 사람들이었던가, 이 점을 명확하게 밝히는 것은 불가능하다. 그러나 마쓰우라 지방의 지리적인 위치와 환경, 앞에서 언급한 바 가마쿠라 시대 전반기의 2~3개 사료 및 뒤에 언급하는 바 반도와 대륙 방면에 남아 있는 약간의 기록과 사서(史書)의 기재(記載) 등에 의해 마쓰우라 지방의 주민, 그 지배자인 마쓰라토(松浦党)의 여러 사람들이 쓰시마(対馬)와 이키 섬(壱岐島)의 도민들과 함께 왜구의 중요한 요소를 구성하고 있었을 것이라고 하는 것은 거의 추정된다"고 했다. 「南北爭乱期における肥前」, 『佐賀県史』(福博印刷株式会社, 昭和 43年 9月). 그러나 밑줄 친 부분에 대해서도 최근의 연구에 의해 밝혀지고 있다. 예를 들어 이영, 「동아시아의 파이렛츠와 코르세어」, 『팍스 몽골리카의 동요와 고려 말 왜구』(혜안, 2013) 참조.

田明) 등에 의해 남조의 수군에 왜구가 포함되어 있었을 것이라는 식의 견해는 이미 제시된 바 있었다.[2] 그러나 그것은 문헌사료에 입각해 논증된 것이 아니라 추론(推論)이었다. 본 장에서는 기존의 연구가 간과해 왔던 내란기의 마쓰라토와 왜구의 관련을 고찰함으로써 남조 수군과 왜구의 관련이라는 문제에 접근해 보고자 한다.

사료의 재검토

여기에서는 우선 왜구의 실체에 관한 고려와 일본의 사료를 당시 일본의 국내정세와 대조하여 검토해 본다. '경인(년) 이후의 왜구'의 실체에 대하여 14세기 말 당시의 기록에는 (1) 시코쿠와 규슈의 해적들(四国·九州の海賊共),[3] (2) 규슈의 난신(西海道一路九州乱臣),[4] (3) 서변 해도의 완고한 백성(西辺海道頑民),[5] (4) 도망간 집단(逋逃輩),[6] (5) 반란을 일으킨 백성(叛民),[7] (6) 여러 섬의 도적(諸島賊党),[8] (7) 고려로 건너간 아쿠토(悪党)[9] 등으로 표현하고 있다. 또한 약 1세기 뒤

2) 藤田明, 『征西将軍宮』, 東京宝文館, 1915.
3) 『태평기(太平記)』 巻第39, 「高麗人来朝事」. 山下宏明 校注, 新潮日本古典集成, 新潮社, 1989.
4) 『고려사』 권제133, 열전 제46, 우왕 3년 6월 을묘 조.
5) 앞의 주(4) 사료 참조.
6) 『고려사』 권제133, 열전 제46, 우왕 3년 8월 조.
7) 『고려사』 권제113, 열전 제26, 정지(鄭地) 전.
8) 『고려사』 권제46, 세가 제46, 공양왕 3년 8월 계해 조.
9) 「永徳元年八月六日幕府管領斯波義将奉書」(『祢寝文書』 三, 弥寝氏文献雑聚巻之一, 東京大学史料編纂所架藏写真帳一八頁).

인 1471년에 작성된 『해동제국기(海東諸国記)』에서는 고려 말에 가미마쓰우라(上松浦)·시모마쓰우라(下松浦)·이키 섬(壱岐島)·쓰시마(対馬島) 사람들이 많이 침구해 갔다고 기록하고 있다.[10]

이처럼 '경인(년) 이후의 왜구'의 실체 및 그 발생원인에 관해서는 사료의 작성 시기 및 왜구에 대한 관점에 따라 다양한 사료 용어가 존재한다. 이하 본장에서는 이러한 사료를 재검토해, '경인(년) 이후의 왜구'에 대해 생각해 보기로 한다. 먼저 『태평기(太平記)』의 기록을 보자.

---

1. 탐욕스러운 아부레모노(溢物)들이 비슷한 무리들끼리 모여들더니 여러 포구와 섬들은 도적들이 빼앗아 길에는 역장(駅長)도 없고 세키쇼(関所)[11]는 다른 사람이 차지하고 말았다. 이 도적들은 수천 척의 배를 타고 원나라와 고려의 여러 항구로 쳐들어가 명주(明州)와 복주(福州)의 재보(財宝)를 빼앗았다. 관청 건물과 사원을 불태웠지만 원(元)나라·삼한(三韓)의 관리와 백성들은 이를 막지 못해 포구와 가까운 수십 개 지방이 모두 사람들이 못 살게 되어 황폐해졌다.[12]

위의 〈사료 1〉의 『태평기』기사는 고려가 왜구금압을 요구하기 위한 목적으로 파견한 사신들이 교토(京都)에 도착한 1367년 2월 이후부터 『태평기』가 완성되는 1370년 이전 사이에 기록된 것이다.[13] 여기서는 당시 일본의 혼란한 국내

---

10) 이를 근거로 하여 미우라 슈코(三浦周行)와 나카무라 히데다카(中村栄孝)는 '삼도(三島)' 즉 왜구의 근거지를 이키 섬, 쓰시마와 히젠 마쓰우라로 보았다. 다나카 다케오(田中健夫), 『中世海外交渉史の研究』(東京大学出版会, 1959) 참조. 이러한 소위 〈왜구＝삼도 해민〉설에 관한 비판적 연구로 이영, 「'여말-선초 왜구＝삼도(쓰시마·이키·마쓰우라) 지역 해민'설의 비판적 검토」 앞의 주(1) 연구서 참조.

11) '교통의 요지에 설치한 검문소'라는 의미.

12) 「欲心強盛の溢物共、以類集りしかば、浦々島々多く盗賊に被押取て、駅路に駅屋の長もなく、関屋に関守人を替たり。結句此賊徒、数千艘の舟をそろへて、元朝・高麗の津々泊々押寄て、明州・福州の財宝を奪取る。官舎・寺院を焼きける間、元朝・三韓の吏民是を防兼て、浦近き国々数十個国、皆栖人もなく慌にけり。(中略) 賊船の異国を犯奪事は、皆四国・九州の海賊共がする所なれば、帝都より厳刑を加るに拠なし」앞의 주(3) 사료.

13) 남북조 시대의 군기물(軍記物), 즉 무사들의 활약상을 그린 문학작품이며 또 사료이기도 한 『태평기(太平記)』는 작자 미상으로, 14세기 중엽부터 기록되기 시작해 1370년 무렵까지는 현재의 40권이 완성된 것으로 여겨지고 있다.

치안 상황에 대해 언급한 뒤, 왜구의 사회적 실체는 '아부레모노토모(溢物共)'[14]이며, 또 침구의 실체는 "모두 시코쿠·규슈의 해적들이다"라고 하고 있다.

이 기사가 작성된 당시(1367~1370)는 남조(征西府)가 다자이후(大宰府)를 포함한 규슈 중북부 지역을 장악하였고, 북조(막부)는 규슈에서 거의 세력을 상실한 상태였다[15]. 따라서 왜구의 실체에 관해 정확한 정보를 막부 요인들이 지니고 있었다고 생각하기 어렵다. 그런 관점에서 볼 때, 교토의 조정(北朝)과 무로마치 막부의 요인들 내지는 『태평기』의 작자들이 '시코쿠와 규슈 해적의 소행'이라고 한 왜구의 실체와 그 배경에 관해 정확한 정보를 지니고 있었다고 생각하기 어렵다.

그런데 〈사료 1〉로부터 약 10년 뒤인 1376년 10월에 일본에서 귀국한 고려의 사신 나흥유[16]가 전달한 일본 승려 도쿠소 슈사(德叟周佐)의 편지를 보면, 왜구

---

14) '아부레모노토모'란 정해진 주인(主人)이나 영지(領地)도 없이, 전장(戰場)을 떠돌아다니면서 난폭한 행동을 일삼는 무사들을 의미했다.

15) 분나(분와, 文和) 원년(1352)에 규슈탄다이(九州探題) 잇시키 노리우지(一色範氏)와 나오우지(直氏) 부자가 규슈를 떠나 귀경했고, 그 뒤를 이어 다시 북조로 전향한 쇼니 요리히사는 엔분(延文) 4년(1359) 가네요시 왕자(懷良親王)·기쿠치 다케미쓰(菊池武光)의 세력과 지쿠고(筑後) 오호바루(大保原) 전투에서 패배했다. 쇼군 요시아키라(義詮)는 시바 우지쓰네(斯波氏経)를 후임 규슈탄다이로 임명해 파견했지만 그 역시 조자바루(長者原) 전투에서 패배하자 곧바로 약 1년 반의 규슈 체재를 끝으로 결국 조지(貞治) 2년(1363)에 스오(周防, 야마구치현)로 피신해 귀경하고 말았다. 이어서 조지 4년(1365) 8월, 후임으로 시부카와 요시유키(渋川義行)를 규슈로 파견했지만, 그는 규슈에 발도 들여놓지 못하고 귀경했을 정도였다. 이에 관해서는 이영, 「오호바루(大保原) 전투(1359)와 왜구─공민왕 6~8년(1357~1359)의 왜구를 중심으로─」 앞의 주 (1) 연구서 참조.

16) 나흥유는 경서(経書)와 역사를 많이 공부해 전대(前代)의 고사(故事)에 밝았고, 중국과 고려의 지도를 편찬하기도 하였으며, 우왕의 국에 손수 간을 맞춰 주기도 한 측근 중의 측근이었다. 그리고 그와 함께 고려로 온 일본의 승려 양유는 본래 고려의 중이었다(『고려사』 권제114, 열전 제27, 나흥유 전). 나흥유가 일본에 건너간 것은 우왕 원년(1375) 2월, 그가 귀국한 것은 우왕 2년(1376) 10월(『고려사』 권제133, 열전 제46, 우왕 원년 2월 조; 『고려사』 권제133, 우왕 2년 10월조)이니 거의 2년에 가까운 시간을 일본에서 보낸 것이 된다. 물론 그가 일본에 건너가자마자 첩자로 오해받아 일시적으로 구속 상태에 있었다고는 하지만 그의 지리와 역사, 경서에 대한 해박한 지식, 그리고 고려 출신 승려 양유를 통한 정보 입수, 우왕의 측근 중의 측근이라고 하는 제반 상황을 고려할 때, 그가 가지고 온 일본에 대한 정보는 비단 〈사료 2〉만이 아니었을 것이다. 또한 그가 가지고 온 정확한 정보는 고려 조정으로 하여금 이후 왜구 대책을 수립하는 데 중요한 영향을 미쳤을 것으로 생각해도 좋을 것이다.

의 발생 배경 및 그 실체에 관해 훨씬 구체적으로 언급하고 있다. 다음 〈사료 2〉를 보자.

　　2. ⓐ 서해도 일로(一路)의 규슈(九州) 지역에 반란을 일으킨 신하들이 할거하여 공부(세금)를 바치지 않은 지 이미 20년이 지났다. ⓑ 서변 해도의 완고한 백성들이 이 틈을 타고 (고려를) 침구하고 있는데, 이는 우리들의 소행이 아니다. ⓒ 조정이 장수를 그곳(규슈 지방)에 파견해 들어가서 매일 싸우고 있으니, ⓓ 바라건대 규슈만 평정된다면 해적은 금지시킬 수 있을 것임을 하늘과 태양에 두고 맹세한다.[17]

이 〈사료 2〉는 일본이 보낸 외교문서인 첩장(牒狀)의 원문을 그대로 인용한 것인지 그 내용을 고려 측이 정리해서 기술한 것인지는 잘 알 수 없다. 그렇지만, '서해도', '규슈' 등 일본 지명을 구체적으로 들고 있는 점, ⓒ의 '조정(북조)이 장수를 파견해 규슈에 가서 매일 싸우고 있으니'라고 하는 구절에서 당시 무로마치 막부가 규슈탄다이(九州探題) 이마가와 료슌(今川了俊)을 파견해 규슈에서 남조와 격전을 치르고 있었던 점 등에서 첩장의 내용을 충실하게 반영했다고 볼 수 있다. 가와조에 쇼지(川添昭二)도 또한 〈사료 2〉에 대해 "이 편지는 일본의 덴류지(天竜寺)의 승려 도쿠소 슈사의 이름으로 보내진 것으로, 내용으로 보아 막부의 뜻을 전하고 있음은 분명하다"고 언급했다.[18]

---

17) 「其国僧周佐寄書曰, ⓐ 惟我西海道一路九州乱臣割拠, 不納貢賦, 且二十余年矣, ⓑ 西辺海道頑民観隙出寇, 非我所為, ⓒ 是故朝廷遣将征討, 架入其地, 両陣交鋒, 日以相戦, ⓓ 庶幾克復九州, 則誓天指日, 禁約海寇」『고려사』권제133, 열전 제46, 우왕 2년 10월.

18) 또한 가와조에 쇼지는 이 사료를 가지고 다음과 같이 언급하고 있다.
　　"이는 막부가 규슈탄다이(九州探題) 이마가와 료슌(今川了俊)을 파견해 규슈 경영에 임하게 하고 그 성과를 대(対) 고려 교섭에 이용하고자 하고 있음을 이야기하고 있다. 이마가와 료슌은 오안(応安) 5년(1372) 8월 다자이후(大宰府)를 함락시켜 가네요시(懷良)＝기쿠치씨(菊池氏)를 지쿠고(筑後) 고라산(高良山)으로 몰아내고 히고(肥後) 기쿠치(菊池)에 봉쇄, 에이와(永和) 원년(1375) 8월 쇼니 후유스케(少弐冬資)를 히고 미즈시마(水島)에서 유살(誘殺)했다. 이에 반감을 품고 시마즈 우지히사(島津氏久)가 배반했음에도 불구하고 규슈 경영은 상당히 진척되고 있었다. 이마가와 료슌의 왜구 대책도 그만큼 진척되고 있었던 것으로 해구(海寇)를 금압하겠다는 약속도 공언만은 아니게 되어 가고 있었다." 川添昭二, 「今川了俊の対外交渉」(『九州史学』第75号, 1982年 10月)

그런데 이 〈사료 2〉는, 규슈의 남조(征西府)가 다자이후(大宰府)를 장악하던 시기에 작성된 〈사료 1〉과 달리, 오안(応安) 4년(1371)에 새로 규슈탄다이로 임명된 이마가와 료슌이 다자이후와 하카타(博多)는 물론, 히젠 지방과 이키 섬을 세력하에 두고[19] 쓰시마까지 자기 영향하에 편입시키려 하던 때에 작성된 것이다. 따라서 〈사료 1〉과는 비교할 수 없을 정도로, 왜구의 실체와 배경에 대하여 훨씬 구체적인 내용을 담고 있다고 할 수 있다. 〈사료 2〉를 구체적으로 분석해 보기로 하자.[20]

이 사료에서는 왜구 발생의 배경으로, 'ⓐ 규슈의 반란을 일으킨 신하들(난신)'의 존재를 들고 있으며 왜구의 주체로 'ⓑ 서변 해도의 완고한 백성들'을 지적하고 있다. 여기서 우선 문제가 되는 것은, 왜구 발생의 배경을 조성한 ⓐ의 '서해도 일로의 규슈 지역에 반란을 일으킨 신하들'이 구체적으로 누구를 가리키는 것이냐라는 것이다. 이 문제와 관련해서 "서해도 일로의 규슈 지역에 반란을 일으킨 신하들이 세금을 바치지 않은 지 이미 20년이 지났다"고 한 것에 주목해 보자. 〈표 5-1〉은 남북조의 내란이 시작된 이후 〈사료 2〉가 기록된 1376년 이전까지의 규슈 지역에서 발생한 주요 사건을 정리한 것이다.

〈표 5-1〉에서 1376년을 기점으로 '20여 년 전에 규슈 지역에서 반란을 일으켜 공부(貢賦)를 바치지 않은 상황'이라 함은 간노노조란(観応の擾乱, 1350)에서부터 규슈탄다이 잇시키 노리우지(一色範氏)가 마침내 25년 동안의 규슈 체재를 포기하고 귀경(歸京)하던 때(1355)까지에 해당함을 알 수 있다.[21]

전반적으로 볼 때 이러한 지적은 타당하다. 그러나 이마가와 료슌의 규슈 경영과 왜구 대책이 구체적으로 어떠한 상관관계가 있었는지에 대한 언급은 보이지 않는다. 왜구 대책이 진척되고 있었다고 하는 그의 지적과는 달리, 〈사료 2〉가 작성된 1377년이야말로 가장 왜구가 빈번하게 침입한 해였다. 본서 제2장 '왜구 침구표' 참조.

19) 山口隼正, 「対馬国守護」, 『南北朝期九州守護の研究』, 文献出版, 1989.
20) 참고로 나카무라 히데다카, 다나카 다케오 등 일본의 왜구 연구자들은 이 사료를 단 한 번도 구체적으로 검토한 적이 없다.
21) 〈표5-1〉에서도 알 수 있듯이 가네요시(懷良) 왕자가 기쿠치에 자리를 잡은 것은 1348년 1월이었다. 따라서 간노노조란이 일어나기 전까지 규슈 지역의 남조(정서부) 세력은 북조 세력보다 약했다.

〈표 5-1〉 남북조 내란 발발 이후 1375년까지 규슈에서 발생한 주요 사건

	시기	사건	내용
①	1336년 2월	다타라하마(多々良浜)전투	아시카가 다카우지(足利尊氏)와 기쿠치씨(菊池氏)의 전투
②	1342년 5월	가네요시 왕자(懷良親王), 사쓰마(薩摩) 도착	정서부(征西府) 활동의 시작
③	1348년 1월	가네요시 왕자, 기쿠치(菊池) 도착	가네요시 왕자와 기쿠치 다케미쓰(菊池武光)의 연합
④	1350년 3월	간노노조란(観応の擾乱)	아시카가 다다후유(足利直冬)와 쇼니 요리히사(少弐頼尚)의 연합
⑤	1352년 11월	후루우라조(古浦城) 전투	왕자(親王)·다케미쓰(武光) 군(軍), 쇼니 요리히사를 도와 잇시키(一色)를 공격
⑥	1352년 11월	아시카가 다다후유, 규슈를 떠남.	규슈에서 나가토(長門)로 도주함.
⑦	1355년 10월	잇시키 노리우지(一色範氏)의 귀경(歸京)	규슈탄다이(九州探題) 잇시키 노리우지가 규슈를 떠남.
⑧	1359년 8월	지쿠고가와(筑後川)전투	기쿠치 다케마쓰와 쇼니 요리히사가 싸움.
⑨	1361년 8월	정서부, 다자이후 점령	정서부의 다자이후 시대가 시작
⑩	1372년 8월	이마가와 료순(今川了俊), 다자이후 점령	가네요시 왕자, 지쿠고 고라산(筑後高良山)으로 철수함.
⑪	1375년 8월	미즈시마(水嶋)의 변	이마가와 료순, 쇼니 후유스케(少弐冬資)를 유살(誘殺)

1376년에서 정확히 20년 전이라면 잇시키 노리우지의 귀경(1355)이 될 것이고, 그를 규슈에서 쫓아낸 것이 바로 쇼니 요리히사와 정서부의 연합 세력이므로 '난신(乱臣)'이란 바로 그들을 지목함을 알 수 있다.

더욱이 공민왕 16년(1367)에 교토에 도착한 고려의 금왜(禁倭)요구 사신 김일 일행이 전달한 첩장 내용 중에 경인년(1350)을 왜구가 침구해 오기 시작한 해로 지목했던 것,[22] 그리고 이 〈사료 2〉가 고려로 보낸 첩장이었음을 생각하면, 20

---

22) 첩장 내용의 일부를 보면 다음과 같다. "황제의 명령에 따라서 정동행중서성(征東行中書省)은 일본과 본성이 관할하는 고려의 경계가 수로(水路)로 서로 접하고 있음을 조사하여 확인하였다. 대개 귀국의 표류민을 여러 차례 인도적인 입장에서 호송해 왔다. 그런데 생각지도 않게 <u>지</u>

여 년 전부터 '공부(貢賦)를 바치지 않는 상황'을 초래케 한 것은 바로 '간노노조란'이라는 정변(政変) 이후 잇시키 노리우지의 축출에 이르는 일련의 사태를 지목함을 알 수 있다.[23]

이마가와 료슌은 1375년 8월 미즈시마(水島)[24]에서 쇼니 후유스케를 유인해 살해한다(誘殺). 이에 반발하는 시마즈 우지히사(島津氏久)에 대하여 "후유스케는 남조에 딴 마음(二心)을 품고 있었다. 지쿠시(筑紫)의 난(乱)은 주로 이에 기인한다"고 그 이유를 토로했다.[25] 뿐만 아니라, 에이와(永和) 2년(1376) 정월, 료슌은 오토모(大友), 오우치(大内) 양씨의 부대와 함께 후유스케(冬資)의 동생 요리스미(頼澄)를 다자이후의 우치야마산(有智山)에서 공격해 크게 격파했다[26]고 전해진다. 이에 대해 가와조에는 "요리스미는 원래 소료(惣領)인 후유스케에 대항해 일찍부터 남조에 속하고 있었던 것으로, 전해 오는 이야기가 사실이라면 료슌은 후유스케가 사망한 뒤 쇼니씨 세력을 근본적으로 소탕할 것과, 남조의 한 주력을 함께 멸망시킬 전략 목적으로 이 공격을 감행한 것일 것이다"라고 했다.[27] 이마가와 료슌의 쇼니씨에 대한 불신과 적대감을 잘 알 수 있다.

이상을 정리하면, 〈사료 2〉의 ⓐ '규슈의 반란을 일으킨 신하'는 '기쿠치씨를 중심으로 하는 남조 정서부 세력'만이 아니라 규슈 지역에서의 간노노조란의 핵심인물로 반 막부의 기치를 들었던 쇼니 요리히사를 중심으로 한 세력도 포함하는 것이 된다.[28] 그런데 왜구의 주체와 발생 배경에 관해 〈사료 2〉와 유사

정(至正) 십년 경인년(庚寅年)부터 많은 해적선이 침구해 왔다. 이는 모두 귀국의 영토에서 나와 본성(本省)의 합포(合浦) 등과 같은 곳에 와 관청을 불 지르고 백성을 괴롭혔다. 극단적인 경우에는 살인까지도 서슴지 않았다." (하략) 『태평기(太平記)』 卷第39, 「高麗人来朝事」.

23) 만약 정서부만을 '규슈의 난신'으로 생각했다면, 〈표 5-1〉의 ② 또는 ⑨, 즉 가네요시 왕자가 사쓰마에 도착해 활동을 시작한 1342년이나 다자이후를 점령한 1361년을 그 기준으로 잡았을 것이다. 그렇다면 그것은 각각 '30여 년 전'과 '10여 년 전'이 된다.

24) 현재의 구마모토현(熊本県) 기쿠치시(菊池市).

25) 『山田聖栄自記』『花営三代記』. 川添昭二, 『今川了俊』, 吉川弘文館, 1964, 111쪽 참조.

26) 『歴代鎮西要略』 卷4.

27) 앞의 주(25) 가와조에 쇼지(川添昭二) 연구서, 125쪽 참조.

28) 나흥유가 귀국한 것이 1376년 10월이니 〈사료 2〉가 작성된 시점은 아마도 같은 해 후반기로 추정된다. 이 당시의 규슈 정세를 보면, 전년도(1375) 8월에 규슈탄다이 이마가와 료슌이 규슈 남

하면서 다른 내용을 담고 있는 사료가 있다. 다음의 〈사료 3〉을 보자.

———

　3. 나흥유가 가지고 온, 귀국(일본)의 서신에 의하면, (고려를) 침구하고 있는 해적들은 우리 서해 일로 <u>규슈의 난신(乱臣)들이 서쪽 섬에 할거하여 행하고 있는 것이지</u>, 우리의 소행이 아니다. (따라서) 아직 감히 즉시로 금지시킬 수 있다고 약속할 수 없다.[29)]

　이 〈사료 3〉은 1377년 6월에 안길상을 사절로 파견하였을 때 보낸 고려의 서신으로, 거기에는 나흥유가 가지고 온 승려 도쿠소 슈사의 서신(〈사료 2〉)의 내용 일부가 포함되어 있다. 그런데 그것을 보면 '왜구의 주체'에 대하여 약간 다르게 기술하고 있음을 알 수 있다. 즉, 〈사료 2〉에서는 왜구 행위의 직접적인 주체가 '서변 해도의 완고한 백성들(頑民)', 〈사료 3〉에서는 '규슈의 난신(乱臣)'이라는 것인데, 〈사료 2〉와 〈사료 3〉은 모두 나흥유가 전달한 승려 도쿠소 슈사의 서신 내용이다.

　이 〈사료 2〉와 〈사료 3〉은 어떤 관계가 있을까? 우선 이 두 사료 중 어느 하나가 잘못 기술되었을 가능성에 대해 생각해 보자. 그 가능성 중 하나로, 당시 왜구 행위의 주체는 '규슈의 난신'이고 '서변 해도의 완고한 백성'이 아니라는 경

———

조(征西府)의 중심적인 존재인 기쿠치씨(菊池氏)의 본거지로부터 불과 4킬로미터 서쪽에 위치한 미즈시마(水島)까지 밀고 들어와 진을 치고 대립하고 있었다. 그런데 뜻밖에 '미즈시마의 변'이 일어나 료슌은 졸지에 수세로 몰리게 된다. 그 해 12월에 나흥유가 왜구의 금압을 요구하기 위해 일본에 왔던 것이다. 그리고 다음 해(1376)가 되면서 기쿠치씨의 대장인 기쿠치 가가마루(菊池賀々丸＝菊池武朝)가 요시나리 친왕(良成親王)과 함께 히젠 코쿠후(肥前国府, 사가현 사가시)에까지 출병하고, 같은 해 2월에는 기쿠치 다케구니(菊池武国)가 료슌의 동생(今川仲秋)을 하카타(博多)에서 격파하는 등, 료슌은 규슈탄다이로 부임해 온 이후 최초로 수세에 몰리고 있었다. 즉, 료슌이 수세에 몰리게 된 계기는 바로 쇼니 후유스케의 유살(誘殺)이었던 것이다. 〈사료2〉는 바로 이런 상황 속에서 작성된 것으로, 이 점에서도 20여 년 전의 규슈 지방에서의 혼란을 초래한 배경이 쇼니 요리히사와 아시카가 다다후유의 연합(규슈의 간노노조란)이었다고 언급하고 있었던 것으로 생각된다.

29)「去後拠羅興儒齋来貴国回文言稱, 此寇因我西海一路九州乱臣, 割拠西島, 頑然作寇, 実非我所為, 未敢即許禁約」앞의 주(4) 사료 참조.

우이다. 그러나 그렇다면 '틈을 타서 침구한다'는 표현이 필요하지 않았을 것이다. 반대로 왜구의 실체는 '서변 해도의 완고한 백성'이며, '규슈의 난신'이 아니라고 하는 경우인데, 그렇다면 '서쪽 섬에 할거하여 행하고 있는 것'이라고 구체적으로 기술하지 않았을 것이다. 그리고 〈사료 3〉은 후술하는 〈사료 6〉과 그 내용이 거의 일치하는 것으로 보아서 내용상 오류가 없다고 볼 수 있다. 이 두 사료의 해석에 관해서는 이미 별고(別稿) 「여말–선초 왜구의 배후 세력으로서의 쇼니씨」[30]에서 구체적으로 논증한 바와 같다. 따라서 이를 토대로 상정할 수 있는 '경인(년) 이후의 왜구'의 실체를 최대한으로 잡으면 〈표 5-2〉와 같이 될 것이다.

즉, 이 〈사료 2〉와 〈사료 3〉이 작성된 당시, 막부는 왜구의 주체를 크게 '서해 일로 규슈의 난신'과 '서변 해도의 완고한 백성'의 두 가지로 보고 있음을 알 수 있다. 그리고 전자는 '서해 일로 규슈'라고 구체적으로 지명을 들고 있는 데 반

〈표 5-2〉 경인(년) 이후의 왜구의 구성

㉠ 서해 일로(西海一路) 규슈(九州)의 난신(乱臣)	ⓐ 쇼니씨 세력	ⅰ) 쓰시마 ⅱ) 북규슈의 쇼니씨 일족[31]
	ⓑ 정서부 세력[32]	기쿠치씨(菊池氏) 주축의 남조 수군
㉡ 서변 해도(西辺海道)의 완고한 백성(頑民)	ⓐ 규슈 지역 해민 ⓑ 혼슈 서부 해민[33] ⓒ 시코쿠의 해민	ⅰ) 마쓰라토(松浦党)[34] ⅱ) 오스미노구니(大隅国, 현재의 가고시마현) 지역의 아쿠토(悪党) 등

30) 앞의 주(1) 책 참조.
31) 가와조에 쇼지(川添昭二)는 가마쿠라 이후 남북조에 이르는 시기의 쇼니씨에 대하여 다음과 같이 언급했다.
　　"무토 스케요리(武藤資頼)의 뒤를 이은 쇼니씨 본종(本宗)과 서가(庶家) 일족은 그 규슈 전역에 걸친 특수한 권한을 배경으로 하여 슈고(守護) 관국 내의 각 지역에 분할 소령을 획득해 분포, 광범위한 족적(族的) 번성을 보이고 있었다. 재지영주화를 위한 움직임은 오토모(大友), 시마즈(島津) 두 집안보다도 한 걸음 앞서고 있었다. 또한 구래의 다자이후가 지니고 있었던 대외무역 관리 기능을 계승해 대외무역에 관여, 그 경제적인 지반을 강화하고 있었던 것이다." 앞의 주(25) 가와조에 쇼지 연구서, 116~117쪽 참조. 쇼니씨 세력이 가마쿠라 시대에 대외무역에 관련하고 있었다면 전란기인 남북조 시대에는 전시라는 특수상황하에 왜구활동을 전개하였을 것으로 보아야 한다.

해, 후자는 '서변 해도'라 하여 반드시 규슈 지역에만 한정하고 있지 않다. 따라서 규슈 이외의 지역, 예를 들면 혼슈(本州) 서부나 시코쿠(四国) 지역의 해민(海民)[35]들이 왜구로 침구해 갔을 가능성을 배제할 수 없다.

〈사료 2〉에서 "규슈의 난신들이 '서쪽 섬'에 할거(割拠)하고 있다"고 했는데 정확하게 서쪽의 섬은 어디를 가리키는 것일까? 구체적으로 확정할 수는 없지만 쓰시마와 이키 섬은 그 대상에서 제외할 수 없을 것이다. 우선, '서쪽 섬'이 쓰시마를 지목했을 가능성을 생각해 보자. 쓰시마는 도주(島主) 소 쓰네시게(宗

---

32) 쇼니 요리히사가 지쿠고가와(筑後川) 전투에서 패배해 일선에서 은퇴한 이후, 쇼니씨는 적자(嫡子)인 쇼니 후유스케(少弐冬資)와 그 동생 쇼니 스미요리(少弐澄頼)로 나뉘어 각각 북조와 남조에 속해 있었다. 특히 정서부가 다자이후를 장악하고 있었던 시기(1361~1371)에 쇼니 스미요리는 정서부의 다자이쇼니(大宰少弐)로서 행정의 주요한 역할을 행하고 있었다. 가와조에 쇼지에 따르면, 신안 해저 침몰선에서 발견된 총계 364매의 목간 중에서 쇼텐지(承天寺)의 조자쿠안(釣寂庵) 내지는 미야자키(宮崎)라고 쓴 묵서명(墨書銘)이 나오고 있는 것을 토대로, 쇼텐지의 조자쿠안은 하카타의 사찰과 신사가 행했던 대외무역의 거점과 같은 존재였던 것. 그리고 거기에 쇼니 요리히사의 가신(심복 부하)이라 할 수 있는 아에바 도데쓰(饗庭道哲)가 거기에서 정무(政務)를 보고 있는 것은 정서부 가네요시 왕자의 대외 교섭의 실무를 그가 집행하고 있었을 것이라고 상상케 한다고 하고 있다(『九州の中世世界』, 海鳥社, 1994, 24쪽). 후술하는 것처럼 쓰시마는 1369년 무렵 북조에서 남조로 전향하게 되는데 이것은 아마도 쇼니 후유스케에서 쇼니 스미요리의 휘하에 들어간 것으로 보인다. 이처럼 쓰시마를 세력하에 둔 쇼니씨 세력은 정서부와 더불어 규슈탄다이 이마가와 료슌에게 '서해 일로 규슈의 난신'이었던 것이다.

33) 조선 초기의 수도서제(授図書制), 즉 도서(図書)라고 하는 것은 인판(印判)을 의미하는 것으로 조선정부가 통호(通好)를 공인한 일본인에 대하여 이것을 주어서 증명서에 찍어서 본인임을 확인하는 제도인 것이다. 이 인판은 동인(銅印)으로 인문(印文)에는 받은 사람의 실명(実名)을 새기는 것이 원칙이었다고 한다. 세종 초년부터 행해져 이를 받은 사람을 수도서인(受図書人)이라고 했는데, 수도서인의 분포는 『해동제국기(海東諸国紀)』에 의하면 쓰시마, 이키, 규슈를 주로 하여 서부 주고쿠(中国) 지방 일부에 이르고 있다. 앞의 주(1) 미요시 후지오 논문 참조. 이런 점을 고려하면 '경인(년) 이후의 왜구'에 주고쿠(中国) 지방, 즉 혼슈 서부 지방 사람들이 가세했을 가능성을 배제할 수 없다.

34) 참고로 남북조 내란기의 마쓰라토 무사들은 쇼니씨 또는 정서부 세력의 일원으로 편성되는 경우가 많았다.

35) '호수(湖)·늪(沼)·강(河)·바다(海)를 불문하고 수면(水面)을 주요한 생활 장소로 삼고 어업, 염업, 수운업, 상업에서 약탈에 이르는 생업을, 아직 완전히 구분하지 않은 채 행하고 있었던 사람들'을 '해민(海民)'으로 정의한 것은 아미노 요시히코(網野義彦)의 「日本中世における海民の存在形態」(『社会経済史学』 36-5, 1971)였다고 할 수 있다. 아울러 이들 '해민'을 거느린 사람들을 '바다의 영주(海の領主)'라고 칭한 것도 아미노 요시히코(『海民と日本社会』, 新人物往来社, 1998)였다.

経茂)가 1369년 4월 6일자 문서에 남조의 연호인 쇼헤이(正平) 24년을 사용하고 있으므로 남조로 전향한 것이 확인된다.[36] 그리고 이어서 1376년(에이와 2) 10월 16일 이전에는 도주 소 스미시게(宗澄茂)가 북조로 또 다시 전향하였음을 알 수 있다.[37] 다음 〈사료 4〉를 보자.

---

4. つしま(対馬)のしま(島)わた(和田)の浦のこうれい(恒例)の御くうし(公事)の事、
きうふん(給分)としてあて給るところ也、御かき下のむねにまかせてちきやう(知行)す
べき状如件、
　　　永和二
　　　　　十月十六日
　　　　　　大山さへもん五郎殿　　　　　　　　　　　　　　　　澄茂(花押)[38]

이것은 소 스미시게가 쓰시마의 주인(住人) 오야마사에몬고로(大山左衛門五郎)에 대해 와다노우라(和田浦, 아소만 내, 시모아가타군 미쓰시마초)의 급분(給分)으로서 나누어 준 항례의 구지(公事)를 지행하라고 하는, 어떤 인물의 '온가키구다시(御書下)'를 시행하라고 하는 내용이다.

여기서 소 스미시게는 북조의 연호 에이와(永和)를 사용하고 있음이 확인된다. 따라서 나흥유가 전한 승려 도쿠소 슈사의 편지가 작성된 때는 바로 쓰시마의 지배 세력이 남조에서 또 다시 북조로 전향하는 것과 비슷한 시기였음을 알 수 있다. 그렇지만 도주(島主)가 북조로 전향했다고 해서 쓰시마가 전부 북조의 일원이 된 것도 아니었다. 오사 세쓰코에 의하면, 소 쓰네시게에서 소 스미시게

---

36) 正平廿四、四月六日そう慶書下(「いつのみやしきゆうへ申八まん御りやうしひなのはたけの事」につき、朽木兵衛四郎入道に加地子を催促すべし) → 惣左衛門(鳥居岩男氏文書). 앞의 주(19) 야마구치 다카마사 연구서 582쪽 참조.
37) 앞의 주(19) 야마구치 다카마사 연구서 참조. 야마구치는 남조에서 북조로 전향한 이유로, 전년(1375)에 히고(肥後) 미즈시마(水島) 사건에서 쇼니 후유스케(少弐冬資)가 규슈탄다이 이마가와 료슌에게 유살당한 것과, 료슌 세력의 앞에서 정서부(宮方)가 쇠퇴해 가는 것을 보고 한계를 느끼고 료슌 측=막부 측으로 전향한 것일지도 모른다고 했다.
38) 大山小田文書, 앞의 주(19) 야마구치 다카마사 연구서 참조.

로 도주가 바뀌는 과정에 소씨(宗氏) 일족 내부에 내분이 발생해 정변으로 전개되었다고 한다.[39] 따라서 정변을 통해 집권한 소 스미시게에 대항하는 쓰네시게 계통의 세력은 여전히 남조의 일원으로 존재하였을 것이고 따라서 도주가 북조로 전환했다고 해서 쓰시마 전체가 북조 측이 되었다고 할 수 없다.[40]

이키 섬은 어떠했을까? 이곳은 이마가와 료슌이 오안(応安) 4년(1371)에 규슈에 내려오자마자 무나가타 다이구지(宗像大宮司) 우지요리(氏頼)의 뒤를 이어 료슌이 이키 섬의 슈고(守護)가 되었다.[41] 그렇지만 전통적으로 마쓰라토(松浦党)가 지배하는 영역이었던 점, 그리고 이 당시 마쓰라토의 변화무쌍한 변신 행각을 생각한다면, 규슈탄다이가 슈고를 겸하고 있다고 해서 섬 전체가 항상 일관되게 북조의 강고한 지배하에 있었다고는 보기 어렵다. 이키 섬 또한 난신들이 할거하고 있는 '서쪽 섬'이었을 가능성이 있다. 이 점은 다음의 〈사료 5〉를 통해서도 확인된다.

5. 왜적으로 말하면 온 나라가 모두 도적인 것이 아니고 그 반란을 일으킨 사람들이 쓰시마(対馬)·이키(一岐) 등 여러 섬에 근거지를 둠으로써 나라 동쪽 변방에 접근해 무시(無時)로 침범해 옵니다.[42]

이것은 우왕 당시 남해의 관음포(観音浦) 전투에서 왜구 선단을 무찌른 고려의 장수 정지(鄭地)가 쓰시마를 정벌할 것을 건의한 내용의 일부로, 여기서 우리는 반란을 일으킨 사람(乱臣)들이 할거하고 있었던 '서쪽 섬'이란 바로 쓰시마와 이키 섬 등의 섬이었음을 알 수 있다. 정지의 건의내용, 즉 ① 온 나라가 모

---

39) 長節子, 「十四世紀後半の二度の政変」—定宗元年朝鮮国議政府宛宗貞茂書契を中心に—, 『中世日朝関係と対馬』, 吉川弘文館, 1988.

40) 참고로 쓰네시게 계통이 세력을 회복하는 것은 정종 원년(1399)의 일이다. 앞의 주(39) 오사 논문 참조.

41) 앞의 주(19) 야마구치 다카마사 연구서 「壱岐国守護」 참조.

42) 「倭非挙国為盜, 其国叛民, 分拠対馬一岐両島, 隣於合浦, 入寇無時」, 『고려사절요』 권제32, 우왕 13년(1387) 가을 8월 조.

두 도적이 아니다, ② 반란을 일으킨 사람(난신)들이 도적질(왜구)을 하고 있다, ③ 쓰시마와 이키 등 구체적인 지명을 들고 있다는 점에서 이 정보는 〈사료 3〉의 내용과 일치함을 알 수 있다. 따라서 〈사료 5〉의 내용도 일본 측이 제공한 정확한 정보를 토대로 한 것으로 보아야 할 것이다. 다시 말하자면 '규슈의 난신(乱臣)', 즉 쇼니씨와 정서부 세력이 왜구의 핵심 세력이라고 할 수 있는 것이다.

그렇다면 〈사료 3〉에서 언급하고 있는 또 하나 왜구의 실체인 '서변 해도(海道)의 완고한 백성(頑民)들'이란 누구일까? 그리고 '난신'과 '완고한 백성'의 차이는 무엇일까? 여기서 난신(乱臣), 즉 '신하'라고 함은 그 용어에서 정치적인 의미가 느껴진다.

당시 막부의 입장에서 볼 때, '20여 년 전부터의 난신'이 정치적으로 막부, 즉 규슈탄다이에 대항하며 남조와 북조로 번갈아 변신을 거듭하던 '쇼니씨 세력'과 일관되게 남조를 견지한 '기쿠치씨(菊池氏)를 중심으로 하는 정서부'를 의미했다면, '완고한 백성'의 '백성'이라는 말에서 '남조' 혹은 '북조'라는 정치적인 입장은 느껴지지 않는다. 남북조 시대에 '난신'이란 북조의 입장에서 보면, '남조에 충성을 바치는 신하'를 의미하는 것이다. 따라서 '난신'과 구별되는 '백성'이라 함은 이러한 정치적 입장과는 무관한 사람들을 의미하는 것이 아닐까? 또한 '신하'와 '백성'이라는 말에서 신분의 차이가 느껴지기도 한다.

그러면서 '완고한'이란 표현에서 막부(규슈탄다이)의 명령이나 결정에 전적으로 따르지 않고 '고집을 부리며 자기들의 주장을 굽히지 않는 사람들'이란 뉘앙스를 담고 있는 것 같다. 그리고 그런 '완고한 백성'들이 '틈을 타서 침구한다'고 한 점에서 그들의 '기회주의적인 행동'을 엿볼 수 있다.

따라서 "서변 해도의 완고한 백성들이 이 틈을 타서 침구한다"는 사료는, ① 막부의 지배(북조)에 대하여, 초지일관 강한 반대 입장을 취하는 골수 남조(예를 들면, 기쿠치씨와 같은)가 아니면서도, ② 막부에 불만을 품고 있는, ③ 비교적 신분이 낮은(따라서 쇼니씨 세력도 아닌), ④ 국경 근방의 연해지역(沿海地域)의 주민들이, ⑤ 기회를 엿보고 침구하는 것이라고 해석할 수 있다.

그러면 여기서 '서변 해도의 완고한 백성들'이란 구체적으로 어떤 사람들이며 또 그들이 엿보았던 '틈'이란 무엇을 지칭하는 것일까? 그리고 그들은 앞의 '규슈의 난신'들과는 어떠한 상관관계를 지니고 있었을까?

단순히 '서변 해도(海道)'라는 표현만 가지고 구체적으로 그곳이 어느 지역이라고 단정하기는 어려울 것이다. 여기서는 서변 해도를 일단 이키 섬과 히젠 마쓰우라(肥前松浦) 지방의 사람들, 즉 마쓰라토(松浦党) 무사들에 포커스를 맞춰 생각해 보기로 하자.[43)]

---

43) 왜구의 주요한 근거지 및 배출지(排出地)로서의 쓰시마와 이키·히젠 마쓰우라 지방은 왜구의 발생 조건에서 상호 간에 공통점과 차이점이 있었다고 생각한다. 여기서는 이 문제에 대하여 구체적으로 논할 여유가 없으므로 다음 기회로 미루기로 하지만, 당장 지적할 수 있는 공통점으로는 경작지가 협소하고 식량, 특히 곡물을 구하기가 어려워 타 지역과의 교역을 통해 얻어야 한다는 점을 지적할 수 있다.

또한 차이점으로는 마쓰우라 지방(肥前)이 규슈의 다른 지역(예를 들면, 지쿠젠과 부젠의 쇼니씨, 분고의 오토모씨, 히고의 기쿠치씨와 아소씨, 사쓰마와 오스미의 사마즈씨 등)과 같이, 타씨(他氏)에 비해 압도적으로 세력이 강한 호족이 존재하지 않았고, 마쓰라토 무사들은 근린의 호족 간이나 친족들 사이에 치열하게 상호 간에 다투고 있었던 지역이라는 점을 들 수 있다. 쓰시마는 규슈 본토에서도 멀리 떨어진 낙도(落島)였기에 중앙 정계의 지배가 미치지 않았던, 쇼니씨의 대관(代官) 소씨(宗氏)가 장기간에 걸쳐서 배타적, 안정적으로 지배해 온 지역이었다. 이런 양자의 차이점은 왜구 발생에서도 마쓰우라 지방이 내부 분쟁이 원인 중의 하나였다면, 쓰시마의 경우는 왜구의 침구가 소씨의 강력한 통제하에 이루어지고 있었던 점을 큰 차이로 지적할 수 있을 것이다.

또한 고려의 지리 및 지형·수로(水路) 그리고 침구 대상지에 대한 정보에서도 쓰시마는 마쓰우라 지방에 비하여 월등하게 우월하였을 것으로 생각되며 따라서 마쓰우라 지역 사람들의 고려에 대한 침구도 일정 부분 쓰시마 인들에 의존해야만 했을 것이다.

군사집단으로서의 '완고한 백성(마쓰라토)'

〈고려 말 왜구의 실체=규슈의 난신〉설이 아닌 〈삼도 해민〉설, 즉 쓰시마와 이키 그리고 마쓰우라 지역의 해민들이 고려 말 왜구의 실체였다는 주장에 입각해서 생각하면, 『고려사』에 보이는 대규모 선단으로 구성된 왜구의 빈번한 침구가 모두 '삼도'와 같은 변경의 도서 연해 지역 주민들에 의해 자행되었다고 하는 주장에 선뜻 수긍하기 어렵다. 또한 남북조 내란기에 대규모의 병력이 일본을 떠나 멀리 한반도와 중국까지 침구해 갔을까 하는 의문도 있을 수 있다. 이러한 의문들은 결국 〈왜구=고려·일본인 연합〉설 내지는 〈왜구=고려·조선인 주체〉설의 입론(立論)의 근거 중 하나가 되고 있다.[44]

한편 '왜구=규슈의 난신'을 '남조의 군세(軍勢)'로 본 사람으로 후지타 아키라(藤田明) 등이 있다.[45] 그러나 그것은 사료에 근거를 둔 분석이 아니라 추정의 범위를 벗어나지 못하는 것이었고, 이후 이런 관점에서 본격적으로 고찰되지 않았다. 그래서 한일 양국 학계는 고려 말 왜구의 실체를 주로 〈삼도 해민〉설에 바탕을 두고 고찰해 왔다. 우리는 '백성'이라고 하면 보통 농민을 연상하지만, 왜구는 선박을 이용한 해상 이동 능력이 있어야 하므로, 왜구의 실체를 '연

---

44) 예를 들면 다나카 다케오는 왜구의 인원과 선박이 많은 것에 착목해, 왜구가 "일본인만의 해적집단이 아니라 다수의 고려인이 포함되어 있었던 것이 아닐까"라고 하면서 '최성기(最盛期)의 왜구 집단을 모두 쓰시마민 내지는 쓰시마를 경유한 왜구로 생각하는 것은 무리'라고 했다. 「倭寇と東アジア通交圏」(『日本の社会史』 一〈列島内外の交通と国家〉, 岩波書店, 1987).

45) 『征西将軍宮』, 東京宝文館, 1915. 그 이외에 앞의 주(25) 가와조에 쇼지 연구서; 사토 신이치(佐藤進一), 『日本の歴史 9. 南北朝の動乱』(中央公論社, 1965); 미야모토 쓰네이치(宮本常一), 『旅の民俗と歴史 7. 海と日本人』(八坂書房, 1987年 7月) 등이 있다.

해 지방의 백성(어민)과 이들을 인솔한 일부 무사' 정도로 생각한 것이다. 그 결과, 이 정도 수준의 무력에도 제대로 대응하지 못하는 무능한 '고려 조정'으로 이어졌고, 그것은 또 왜구의 발호 이유가 '고려 사회가 피폐했기 때문'이라는 인식을 낳았다. 이처럼 기존 연구는 왜구의 주체로 '규슈의 난신'을 배제하고 '완고한 백성(頑民)'을 상정했다. 그런데 '백성(民)'이라는 단어에서 우리는 '전문적이고 숙련된 무력 집단'이 아닌 '비군사적인 성격을 띤 오합지졸'이라는 인상을 강하게 받게 됨을 부정할 수 없다.

왜구 주체의 한 축(軸)이라 할 수 있는 '규슈의 난신', 즉 남북조 내란의 주역이었던 '쇼니씨의 세력'이나 '정서부의 군세'가 내란의 장기화로 인해 전문적이고 숙련된 무력집단이었음은 새삼 언급할 필요가 없다. 그렇다면 과연 '완고한 백성'으로 표현된 마쓰라토의 무력은 '백성(民)'이라는 표현처럼 '비(非)숙련·비(非)조직·비(非)전문적인 오합지졸'과 같은 것이었을까? 여기에서는 이런 문제의식에서 남북조 내란기, 즉 왜구 발호기(跋扈期)의 마쓰라토의 군사적 성격과 문제점을 기존의 연구 성과를 토대로 왜구의 군사적 능력과 연관지어 재검토한다.

이 문제에 접근하기 위해 마쓰우라 지방의 지역적인 특성이라 할 수 있는 '친해양성(親海洋性)'과 '풍부한 말(馬)의 사육'에 대하여 살펴보자.[46] 3세기에 기록된 『위지(魏志)』「왜인전(倭人伝)」에 "즐겨 물고기와 전복을 채취하며 수심(水深)에 관계없이 잠수해 이를 취(取)한다"는 기사가 있다.[47] 풍부한 해산물을 잠수(潛水)로 채취해 생활하고 있었던 이 지역 주민들은 일찍부터 바다에 익숙한 사람들이었다.[48]

---

46) 마쓰라토의 근거지는 규슈 서북부인 사가현(佐賀県, 동서 마쓰우라군)과 나가사키현(長崎県, 남북 마쓰우라군)이었다. 한편 지방의 명칭으로는 '마쓰우라'라고 읽고 무사단의 명칭으로는 '마쓰라토'라고 읽는다.

47) 「마쓰라고쿠(末蘆国)」조.

48) 이러한 지역적인 특성으로 인해 마쓰우라 지방은 늦어도 헤이안 시대(平安時代) 중기 무렵까지는 이 지방에 '우노미구리야(宇野御厨)'라는 것이 설정되어 있었다. 미구리야(御厨)란 천황가(天皇家) 내지는 천황가의 조상신을 모시는 이세신궁(伊勢神宮)을 위시한 신사에서 필요로 하는 공물(供物)을 조달하기 위하여 각지에 설치된 영역을 의미한다. 이 '우노미구리야'는 사가평야(佐賀平野)를 중심으로 지쿠고가와(筑後川) 상류부에서부터 고토렛토(五島列島)까지를 포함하

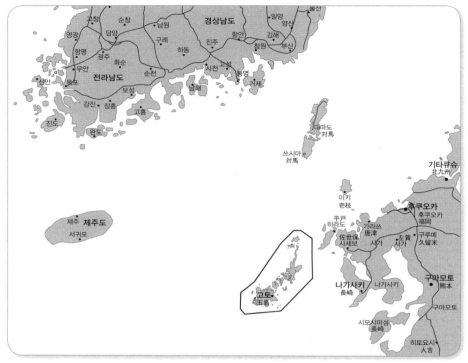

[그림 5-1] 고토렛토와 주변 지도

또한 고토렛토(五島列島)는 히젠(肥前, 나가사키현과 사가현)과 히고(肥後, 구마
모토현) 사람들이 쓰시마 해류를 타고 쓰시마로 가서 고려에, 또 직접 동중국해
를 건너 중국으로 향하는 국제해상교통의 요지였다. 즉, 고토렛토의 지카시마
(値嘉島), 후쿠에지마(福江島)의 미이라쿠(三井楽)는 견당사선(遣唐使船)을 위시해
중국 대륙으로 향하는 배가 출발하고 돌아오는 항구로[49] 지금도 미이라쿠에는
견당사선이 급수(給水)를 위해 사용했다는 우물이 남아 있다.[50] 이처럼 마쓰라

는 광대한 지역에 존재하고 있었던 것으로 추정되고 있다. 戶田芳実, 「御厨と在地領主」(『初期中
世社会史の研究』, 東京大学出版会, 1991).

49) 10여 척의 배가 정박할 수 있는 '가와하라노우라(川原の浦＝후쿠에지마의 북서안, 기시쿠초 가
와하라노우라)'를 떠나 미네라쿠미사키로 가서 거기서 출항해 동중국해를 건너 대륙으로 도항
해 갔다는 기록이 있다(『肥前国風土記』).

50) 아미노 요시히코(網野善彦), 「西海の海民社会」, 『東シナ海と西海文化』, 海と列島文化 4, 小学館,
1992.

토의 주요한 근거지 중의 하나인 고토렛토는 국제항로의 마지막 기항지였다. 그들이 다른 지역 주민들보다도 먼저 해외항로와 원양항해에 더 익숙했음은 재론할 필요가 없을 것이다.

이러한 이유로 외국 무역선과 접촉할 기회가 많았던 마쓰우라 지역의 주민들은 일찍부터 해적으로서의 모습을 드러내고 있었다. 가마쿠라 시대인 에이닌(永仁) 6년(1298) 4월 24일, 당시 막부의 실권자인 호조씨(北条氏)의 무역선이 고토렛토 중의 하나인 와카마쓰시마(若松島)에서 사금(砂金)·견직물·도검(刀劍)·수은(水銀)·마키에(蒔絵) 등을 싣고 중국을 향해 출항했다.[51] 그런데 이 배는 출항 후 곧바로 히노시마(樋島·日ノ島, 와카마쓰시마의 북서쪽에 위치) 부근에서 파손되어 조난당하고 만다. 그러자 곧바로 히노시마의 재진인(在津人)·백성들이 배 7척을 이끌고 와서 주변 여러 섬들에서 몰려온 선당(船党)[52]이라고 불린 사람들과 함께 화물을 실고 가 버렸다. 막부는 이 물건들을 회수하기 위해 명령을 내렸지만 효과가 없었다. 시로즈 사토시(白水智)는 이들의 행동을 가리켜 "사탕에 몰려드는 개미처럼 표착선박에 쇄도해 화물을 빼앗아 간 섬의 백성·재진인·선당들의 행동 속에서 바다를 자유롭게 왕래하면서 상대의 약점을 발견하면 약탈행위를 일삼는 해적과 같은 일면을 발견해 낼 수 있다"[53]고 설명하고 있다.

앞서 말한 바와 같이 일본의 중세사학계는 이런 사람들을 '해민(海民)'이라고 하는데, 헤이안 시대 후기에서 가마쿠라·남북조 시대 무렵까지의 이러한 해민을 ① 낭인형(浪人型), ② 구고닌형(供御人型), ③ 하인소종형(下人所従型), ④ 백성

---

51) 에이닌(永仁) 6년(1298) 히젠의 고토(五島)에 표착한 원나라에서 귀국한 막부의 어용선(御用船)이 압수되었을 때의 막부 화물의 피해액은 다음과 같았다. 「三百三十七切內(百三十七切分砂金、二百切 圓金) 水銀、銀、白布幷細細所持具足等□違注進」. 白水智, 「西の海の武士団・松浦党—青方文書にみる相剋の様相—」(『東シナ海と西海文化』海と列島文化 4, 小学館, 1992)을 참조.

52) 아미노 요시히코(網野善彦)는 선당(船党)을 "그물을 이용한 어업(網漁)을 행하고 있었으며 영주의 로도(郎党), 주겐(中間)으로서 무력을 행사하고 있었던 해부(海夫)였다"고 하였다. 앞의 주(35) 논문 참조.

53) 앞의 주(51) 시로즈 사토시(白水智) 논문 참조.

형(百姓型)으로 분류하고 있다.[54] 마쓰라토 무사들이 거느리고 있었던 해부(海夫) 내지는 선당(船党)이라 불리던 사람들은 ③ 하인소종형으로 분류되는데, 그 것은 그들이 섬(嶋)과 곶(崎) 등에 당(党), 일류(一類)라 불리는 집단을 이루고 '바다의 영주'가 소유하는 그물(網)과 함께 재산의 일부로서 양여(讓与)되고 있 었기 때문이다.[55] 이들 해민은 배를 집으로 삼아 바다에서만 활동하고 있었다. 그리고 '바다의 영주'는 이런 해민들의 기본적인 생산수단인 배를 만드는 데 필 요한 목재를 얻는 후나키야마(船木山)를 소유함으로써 그들을 지배하고 있었 다.[56] 그렇지만 이들 해민은 유동성(流動性)이 매우 강해서 이들의 해상 이동을 완전히 통제하기는 어려웠다.[57]

가마쿠라 말기 당시에 고토렛토 중의 고지카시마(小値賀嶋) 니시우라베(西浦部) 아오가타무라(靑方村)의 영주(領主) 아오가타씨(靑方氏)는 이러한 해부를 소 유하고 있었다. 아오가타씨의 소령(所領)은 집과 얼마 되지 않는 논과 밭, 소와 말을 방목하는 목장(牧), 그물(網), 제염하는 건물(塩屋), 목재를 얻는 산(船木), 제염에 사용하는 땔감(塩木)을 얻는 산과 들(山野)로 이루어지며, 해부는 이러한 어업과 제염을 유지하던 사람들이었다.[58] 산은 배도 만들고 사냥도 하며 소금 을 굽는 데 사용하는 땔감을 구하는 장소이기도 했다.[59] 그런데 이들 서북부 규 슈 일대의 해부들은 쉽게 도망쳐 섬에서 섬으로 유랑하였는데, 마치 '宿人(여행 자)'같다고 한탄할 정도로 출입이 격심했다.[60] '바다의 영주'들은 이들을 붙들

---

54) 앞의 주(35) 아미노 요시히코 논문 참조.

55) 앞의 주(35) 아미노 요시히코 논문 참조.

56) 앞의 주(35) 아미노 요시히코 논문 참조.

57) 무라이 쇼스케(村井章介)도 마쓰우라 지역의 사람들에 대하여 "풍요로운 산과 바다의 산물의 혜 택 속에서 소와 말의 방목에도 적합해 경작에 적합한 장소가 아주 부족한 이 지역의 주민이 거 의 유일한 교통로인 바다와 강을 배로 이동하는 '낭인적인 해민(浪人的海民)'이라고 해도 틀리 지 않다"고 언급했다. 「鎌倉時代松浦党の一族結合—系図の復元を中心に—」(鎌倉遺文研究Ⅱ 『鎌倉時代の社会と文化』, 東京堂出版, 1999).

58) 網野善彦, 「青方氏と下松浦一揆」, 『歴史学研究』 254号 참조.

59) 앞의 주(51) 시로즈 사토시(白水智) 논문 참조.

60) 가마쿠라 시대 당시, "미네씨(峯氏)와 아오가타씨(靑方氏)의 상론(相論)에 임해 지토(地頭)의 득 분(得分)에 대해 질문을 받은 고토렛토의 오구시(大串)의 백성은 '로닌(浪人)'이라서 선례(先例)

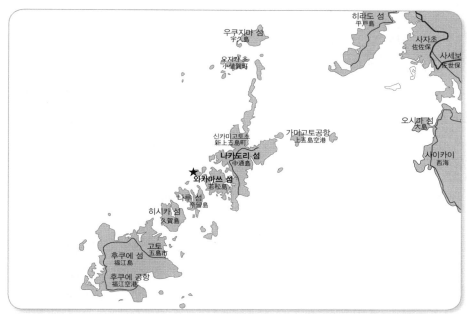

★는 히노시마

[그림 5-2] 고토렛토(五島列島)

어 두는 데에 많은 노력을 기울여만 했다.[61]

그리고 또한 이들 해부와 동질적인 사람들로 농작(農作), 사냥, 그물 등의 노동에 동원되면서 '백성(百姓)'이라고 불린 사람들이 서북부 규슈 지역에 있었다. 그들은 게닌(下人)과는 달리 기본적으로 자유민이었다고 할 수 있다.[62] 가마쿠라 후기 이후, 그중에는 고토렛토 중의 우라베시마(浦部嶋) 주인(住人) 우마사부로구니마쓰(馬三郞国末)처럼 자신이 소유하는 많은 배를 대여해 사용료

에 대해서는 잘 알지 못합니다'라고 대답하고 있다. 상론 도중에 관행이나 실태 등을 현지(在地)의 '고로인(古老人)'에게 질문하는 것은 당시 일반적인 관습이었는데, 그곳을 대표하여 증언을 부탁받은 고로(古老)의 백성 자신이 '로닌'이었다고 하는 것은 안정된 정주(定住)가 반드시 진전된 것은 아니었음을 보여 주고 있다. 평지가 적고 하천도 아주 작은 것밖에 없는, 농업에서는 아주 적당하지 않은 조건을 고려한다면 아마도 이 부랑성(浮浪性)이 높은 백성은 다분히 바다에 의존한 생활을 보내고 있었던 사람이었다고 추측된다"고 했다. 앞의 주(51) 시로즈 사토시(白水智) 논문 참조.

61) 앞의 주(35) 아미노 요시히코 논문 참조.
62) 앞의 주(35) 아미노 요시히코 논문 참조.

(船賃)를 받는 사람들과[63] 소금 21석, 동전 1관(貫) 500문을 스스로의 '부채(負累)'로서 떠안은 '소종(所從)' 사부로뉴도도쿠부쓰(三郎入道得仏)와 같은 사람[64] 도 있었다. 이 근방의 영주가 의외로 여길 정도의 거액의 동전을 취급하고 있는 것은 당시 이 지역에서 선박을 이용한 상업활동이 활발하게 전개되고 있었음을 보여 주는 것으로,[65] 이들 선박에 대한 약탈도 빈번하게 발생하고 있었다.[66]

마쓰라토 무사들의 무력은 바로 이처럼 잠수기술과 원양항해 능력을 바탕으로 해외항로에 익숙하고 유동성이 강하며 언제든지 약탈자로 변신할 수 있는 사람들, 또 그중의 일부는 선박을 활용한 활발한 해상활동의 결과 풍부한 경제력을 지닌 사람들을 토대로 이루어져 있었던 것이다. 그리고 마쓰라토의 무사들은 보통 상인도 겸하고 있었기에 유통로를 장악하는 일에도 주력했다.[67]

앞에서 살펴본 것처럼, 가마쿠라 시대 막부 최고 권력자의 선박에 대한 약탈도 주저하지 않았던 그들이었기에, 국내외의 조건만 갖춰진다면 언제라도 국경을 넘어가 왜구로 변신할 수 있었다. 실제로 이들 중 일부는 '왜구'의 초견(初見) 기사인 고려 고종 10년(1223) 5월보다 무려 70여 년 이전인 닌표(仁平) 원년 (1151) 무렵에 이미 실제 왜구에 해당하는 약탈을 행하고 있었다. 즉, 고토렛토의 북부에 위치한 고지카시마를 지니며 마쓰라토의 일원인 기요하라 고레가네 (淸原是包)가 고려의 선박을 약탈했다.[68] 그리고 경인년(1350)으로부터 약 1세기 전에 해당하는 1226년 6월과 1232년 9월에도 마쓰라토가 고려를 침구했음이 확인된다.[69]

다음으로 풍부한 말의 사육에 관해서 살펴보자. 마쓰우라 지역(서북 규슈)의 영주들의 활동과 관련해서 또 하나 빠트려서는 안 되는 것이 바로 말(馬)과의

---

63) 『靑方文書』 51号.
64) 『靑方文書』 102号.
65) 앞의 주(35) 아미노 요시히코 논문 참조.
66) 앞의 주(35) 아미노 요시히코 논문 참조.
67) 앞의 주(35) 아미노 요시히코 논문 참조.
68) 『靑方文書』 12号.
69) 본서 제7장의 '〈표 7-1〉 13세기의 왜구와 외교적 대응' 참조.

관련성이다. 이미 나라(奈良) 시대인 8세기 전반에 기록된 『히젠노쿠니후토키(肥前国風土記)』에는 고토렛토 중의 하나인 지카시마의 주민 '아마(白水郎)'에 대하여 "말과 소가 많이 있고 (그 지역 사람들의 용모는) 하야토(隼人)와 닮았으며 항상 말을 타고 활 쏘는 것(騎射)을 좋아한다"고 기록하고 있으며, 앞에서도 보았듯이 가마쿠라 시대의 마쓰라토 무사들의 소령 목록 중에는 말을 사육하는 마키(牧)가 포함되어 있었다.

도다 요시미(戸田芳実)는 마쓰라토의 영주들은 소 목장(牛牧)을 관리하고 현지에서 생산하는 소의 목양(牧養)·수송·매매에 관계하였을 것이라고 추정했다.[70] 또 아미노 요시히코(網野善彦)도 이러한 마쓰라토 무사들의 소령 내의 마키(牧場)의 존재에 주목해, 남북조 시대 마쓰우라 지방에서 사육되고 있었던 말은 군사적인 용도로 사용되었을 것이라고 추측했다.[71] 그리고 "마쓰라토를 위시한 서북 규슈의 영주들이 자기 목장에서 사육한 말을 타고 '왜구'에 가담한 것이라고도 생각할 수 있다"고 하였다.[72]

이처럼 마쓰우라 지방 사람들은 일찍부터 바다(잠수와 원양항해능력)만이 아니라 육지에서의 말의 사육과 선박을 이용한 해상수송, 그리고 말을 이용한 사냥과 전투에 익숙하였음을 보여 준다. 이것은 그들이 정규군으로서의 육전(陸戰) 및 해전(海戰) 수행능력을 갖추고 있음은 물론, 선박과 말을 이용한 장거리 이동능력과 기동력에 입각한 '게릴라전에 뛰어난' 집단[73]이었음을 보여 주는 것으로, 이 점은 바로 '경인(년) 이후의 왜구'의 특성과도 일치한다.

이러한 우수한 전투 수행 능력을 지닌 무장집단, 더욱이 국경 지방에 거주하

---

70) 戸田芳実, 「御厨と在地領主」, 木村武夫編, 『日本史の研究』, ミネルバ書房, 1970.
71) 아미노 요시히코는 "아오가타우라(青方浦)의 마키에는 소도 방목되고 있었지만, 오히려 말의 목양이 주로 이루어졌다. 작은 말을 매년 방목함으로써 그 증식을 꾀하였다고 생각되는데 말은 군사적인 용도에 사용되는 경우가 적지 않았음에 틀림없다"고 했다. 앞의 주(35) 아미노 요시히코 논문 참조.
72) 앞의 주(35) 아미노 요시히코 논문 참조.
73) 이영, 「경인년 이후의 왜구와 내란기의 일본 사회」, 『왜구와 고려-일본 관계사』(혜안, 2011) 참조.

고 있는 그들을 일본의 국가 권력은 방치하고 외면하지 않았다. 그들은 중요한 군사·정치적인 사건, 예를 들면 외침이나 내란이 발생할 때에는 반드시 역사의 표면에 모습을 드러내고 있다. 간닌(寬仁) 3년(1019)에 여진족들로 구성된 해적들이 쓰시마와 이키 섬, 북 규슈 지방을 침공하였을 때 마쓰라토 무사들은 이들과 대적하고 있다. 그리고 12세기 말 겐페이갓센(源平合戰)의 마지막을 장식한 전투인 단노우라(壇の浦) 해전에서 마쓰라토 수군은 헤이케(平家) 선단(船団)의 유력한 한 축을 이루고 있었다.[74]

또한 13세기 말의 몽골과 고려 연합군의 일본 침공 시에는 방어군의 주축 중의 하나로 참전하고 있으며[75] 남북조 내란기에는 본거지인 규슈를 떠나 멀리 기나이(畿內) 지방과 더 나아가 자기들 근거지에서 1,000km 이상 떨어진 오늘날의 도쿄 부근인 하코네(箱根)에서 벌어진 전투에 참가하고 있다.[76] 또 북조의 일원으로 가세한 히가시마쓰우라군(東松浦郡) 가가미(鏡) 출신인 구사노 히데나가(草野秀永)는 고다이고(後醍醐) 천황을 도와 가마쿠라 막부의 타도에 큰 공을 세운, 심복 중의 한 명인 나와 나가도시(名和長年)를 전사하게 하는 전공을 올리기도 했다.[77]

이처럼 왜구 주체의 하나로 '완고한 백성'으로 표현되었던 마쓰라토의 무력

---

74) 「さる程に平家は千余艘を三手につくる、まず山鹿の兵藤次秀遠、五百艘で先陣に漕ぎ向ふ、松浦党三百余艘で先陣につづく、平家の君達二百余艘で三陣に続き給へり」「遠矢の事」, 『平家物語』卷第11. 佐藤謙三 校注, 角川文庫.

75) "북을 울리며 전투를 개시하려 할 때에, 철포(鉄砲)라고 하여 공같이 생긴 철환(鉄丸)이 굴러가는 것이 마치 판자 위를 굴러 내려가는 바퀴와 같고, 큰 소리가 나는 것이 번갯불이 번쩍 하는 것 같은 것을, 한번에 2천~3천 개 던지니 일본의 병사들이 많이 불타 죽고 방어 초소에 불이 붙어서 불을 끌 틈도 없었다. 가미마쓰라(上松浦)·시모마쓰라(下松浦)의 무사들도 이 군대를 보고서는 보통 방법을 써서는 이길 수 없을 것이라고 여기고 다른 길로 돌아가서 불과 1,000여 명으로 밤에 기습하기로 하였다. 그 투지는 높이 사 줄만 하지만 그야말로 구우일모(九牛一毛)요, 대창일립(大倉一粒)의 적은 병력이었기에 적을 2만~3만 명 죽였지만 마침내 모두 생포되어 밧줄에 꽁꽁 묶이고 손바닥을 밧줄을 연결하는 뱃전에 꽂히고 말았다." 「太元より日本を攻むる事」, 『太平記』卷第39. 『新潮日本古典集成』, 山下宏明 校注, 新潮社, 昭和 63년.

76) 「箱根·竹下合戰の事」 『太平記』卷第14. 『新潮日本古典集成』, 山下宏明 校注, 新潮社, 昭和 63년.

77) 「伯耆守長年、三條猪熊において、豊(肥力)前国の住人草野左近将監力為に討ち取られぬ」, 『梅松論』. 「肥前国鏡の城主草野右近将監秀永、名和伯耆守長年を討ち取って抜群の功あり」, 『鎮西要略』.

은 결코 '비군사적 성격을 띤 오합지졸'이 아니라, 육상 및 해상에서의 정규전은 물론, 게릴라전 수행 능력도 겸비한, '전문적이고 숙련된 군사집단'이었다. 따라서 '완고한 백성'들로 표현된 마쓰라토의 무력 역시, 쇼니씨와 기쿠치씨 등 규슈 남북조 내란의 주역과 더불어 강력한 무력을 지닌 집단이었던 것이다. 아니 오히려 게릴라전 수행 능력과 사람은 물론 말까지 배에 실어 해상을 이동할 수 있는 능력을 지닌 집단이었기에 정규 무사단보다 더 왜구에 더 적합한 존재였다고도 할 수 있다. 그렇기 때문에 고려의 정규군도 이들을 쉽게 이기지 못했던 것이다.

그런데 이러한 마쓰라토의 군사력은 남북조 내란기 당시 그들을 군사력으로 활용하고자 하는 측의 입장에서 볼 때에, 심각한 문제점과 한계를 지니고 있었다. 그것은 그들이 강대한 세력에 쉽게 흡수되고 쉽게 이탈하는 부동적(浮動的)인 성격을 지니고 있었기 때문이다.[78] 즉, 마쓰라토 무사들도 그때 그때의 정치·군사적인 상황 변화에 따라 남조에서 북조로, 북조에서 또 남조로 자주 변신해 갔던 것이다.

이 점에 대해 무라이 쇼스케(村井章介)는 이마가와 료슌이 오안(応安) 4년 (1371) 규슈탄다이로 현지에 부임해 가던 당시에 기록한 기행문 『미치유키부리 (道ゆきぶり)』를 검토, "가미마쓰라토(上松浦党)[79]의 무사들이 아군에 가세한 것

---

78) 물론 이런 부동성은 비단 마쓰라토만의 문제는 아니었다. 그렇지만 그들이 다자이후와 인접한 히젠 지방에 위치하고 있었기에 그들의 변신은 정국의 추이에 크게 영향을 미쳤다고 할 수 있다.

79) 무라이 쇼스케(村井章介)는 이 가미마쓰라토(上松浦党)에 대하여 다음과 같이 언급하고 있다. "가미마쓰라토(上松浦党)란 헤이안 시대 중기의 인물, 미나모토 히사시를 공통의 선조로 하는 마쓰라 겐지 중에서 사시, 하라, 이시시, 간다, 치가, 오우치, 쓰루타, 아리우라, 나카무라, 시노하라 등을 성으로 하는 사람들이다. 이러한 성에 대응하는 지명은 현재, 사가현 히가시마쓰우라 반도 및 그 기부(基部)에 분포해 중세 사이쇼 고인료 마쓰우라노쇼의 영역에 거의 일치한다. (일부는 인접하는 기시마군이나 지쿠젠노구니 이토시마군에도 미친다) 그들은 시모마쓰라토 (下松浦党)와 달라서 잇키 게이다쿠죠는 남기지 않았지만, 그 근거지가 남북조 내란 과정에서 전략적인 중요성을 인정받았기 때문에 규슈탄다이(九州探題) 등과 같은 상급 권력과의 사이에서 주고받은 많은 사료를 남기고 있다. 그것을 통해 우리들은 고쿠진잇키와 상급 권력과의 접점에서 발생하는 여러 가지 종류의 문제를 관찰할 수 있다."(村井章介,「今川了俊と上松浦一揆」, 『日本歴史』338号, 1976年 11月号)

은 어디까지나 '隨多分之儀', 즉 다수의 뜻에 따른 것이었기에, 료슌의 의지만으로 좌우할 수 있는 것이 아니라, '담합(談合)'의 결과에 따라서는 적으로 변할지도 몰랐던 것이다"라고 언급했다.[80] 세노 세이치로(瀬野精一郎)는 남북조 시대의 마쓰라토 무사에 대하여 다음과 같이 서술하고 있다.

(남북조 시대) 각각의 세력은 토착 세력을 자기 편으로 끌어들임으로써 우위를 점하고자 노력하였다. 약소 세력 집단인 마쓰라토(松浦党)는, 항상 이들 세력이 전력을 강화하기 위한 대상이었다. 그래서 이들 여러 세력에 의해, 자기 진영에 가세할 것을 권유받은 마쓰라토는, 각각 독립된 각 가장(家長)의 이해득실에 입각한 상황판단에 따라 행동이 결정되었다. 따라서 유리하다고 가장이 판단하면 그때까지 지지하고 있던 세력에서 다른 세력으로 변신하는 일도 자주 있었다. 그런 빠른 변신이라고 하는 점에서는 각지에 할거하는 약소 무사 집단인 마쓰라토의 경우는 유리한 특성을 지니고 있었다고 말할 수 있다. 그래서 마쓰라토의 행동은 아주 유동적이었으며 자주 주요 전투에서 마쓰라토가 배반해서 승패가 역전되었다고 하는 악명이 남아 있다. 그래서 마쓰라토를 자기 편에 가세시키고자 하는 편에서 본다면 항상 방심할 수 없는 불안정한 세력이었다고 말할 수 있다.[81]

이러한 마쓰라토의 변화무쌍하고 신속한 변신은 그들이 소규모 무사단의 집합체로, 내란기에 생존하기 위한 어쩔 수 없는 방편이기도 했다. 그들은 기쿠치 씨처럼 남조에 대한 변함없는 충성이라는 확고한 이데올로기에 입각하지 않고, 시세(時勢)의 변화에 즉응(即応)하는 변화무쌍한 변신을 거듭하였다. 그리고 가마쿠라 막부 초창기 이래 대대로 다자이쇼니(大宰少弐)를 계승해 온 쇼니씨, 그리고 히고의 국사(国司)와 슈고(守護), 히젠의 슈고를 겸한 기쿠치씨(菊池武光) 등과는 비교될 수 없을 정도로 사회적 신분이 낮은 해민들을 거느린 소규모 무사단의 집합체였다. 따라서 무로마치 막부는 그들을 정치색을 띤 '난신'이 아니

---

80) 앞의 주(79) 무라이 쇼스케 논문 참조.
81) 세노 세이치로(瀬野精一郎), 「多島の海の暴れ者、松浦党—海賊と鎌倉御家人の迫間に」, 『吉野の嵐 動乱の淡、南北朝時代』, 集英社, 1972.

라 완고한 '백성'으로 표현했다고 생각할 수 있다.[82]

지금까지의 고찰, 즉 '규슈의 난신＝쇼니씨와 정서부 세력', '완고한 백성＝마쓰라토'라고 한 것은 어디까지나 〈사료 2〉와 〈사료 3〉의 내용을 바탕으로 하여 추정한 것이며 이를 입증할 만한 다른 사료, 예를 들면 일본의 동(同) 시기 사료나 다른 근거가 될 만한 자료를 제시한 것은 아니었다. 따라서 다음 절에서는 지금까지의 『고려사』의 기사에 입각한 고찰이 과연 일본의 문헌사료를 토대로 한 입증이 가능한지 여부에 대하여 살펴보기로 하겠다.

---

82) 예를 들면, 겐토쿠(建德) 2년(오안 4, 1371) 10월 3일자 「今川了俊軍勢催促狀写」[(肥後有浦文書) 『南北朝遺文』 九州編 4901호]의 수신인 아리우라 이와우(有浦祝)는 아무런 관직명 없이 '有浦三郎(祝)殿'로 표기되어 있다. 분추(文中) 2년(오안 6, 1373) 5월 6일자 「五島住人等一揆契諸狀案」[(肥前青方文書) 『南北朝遺文』 九州編 5031호)]를 보자. 이것은 고토렛토의 쥬닌(住人) 등이 맺은 잇키 계략장의 안문(案文)이다. 이 제목에 보이는 '쥬닌(住人)'이란 고케닌(御家人)보다 신분이 낮은 '본계(凡下)의 무리'라고 하는 의미로(白水智, 「西の海の武士団、松浦党ー青方文書にみる相剋の様相ー」 『東シナ海と西海文化』 海と列島文化, 第4巻, 小学館, 1992年 4月) 여기서 본계란 '가마쿠라 막부법에 보이는 신분 계층상의 호칭으로, 사무라이(侍)에 속하지 않는 일반 서민'을 가리킨다. 고오쓰비토(甲乙人)이라고도 한다.
　　이 안문(案文)에 보이는 잇키 계략에 참가한 모든 구성원들은 그 어떤 관직명 없이 이름만 기록하고 있다. 그러나 이후 마쓰라토 무사들에게 관직명을 부기한 사례가 늘어나기 시작한다. 예를 들면, 아리우라 이와우의 경우, 덴쥬(天授) 3년(에이와 3, 1377) 2월 18일까지만 해도 아무런 관직명이 표기되어 있지 않지만(『南北朝遺文』 九州編 5372호), 같은 해 11월에는 자신을 '松浦波多蔵人三郎祝'라고 '蔵人'를 자칭하고 있으며(『南北朝遺文』 九州編 5427호), 북조의 일원으로 참전해 사망한 이후인 덴쥬(天授) 5년(고랴쿠 원년, 1379) 10월 4일에는 '波多大和権守'로 불려지고 있다(『南北朝遺文』 九州編 5566호).
　　그리고 코와(弘和) 4년(에이토쿠 4, 1384) 2월 23일자 「下松浦住人等一揆契諸狀」[(肥前山代文書) 『南北朝遺文』 九州編 5813호]에는 源湛・鬼益丸代・諸亀丸代마・源宥와 같이 그냥 성명만 기록한 것도 있지만 대개의 경우 石見守武・因幡守広・因幡守壱・石見守全 등과 같이 관직명을 표기하고 있다. 그러나 동일한 잇키 계략장 내에 因幡守를 표기한 사람이 4명, 石見守가 4명, 若狭守가 3명, 薩摩守가 2명이나 된다. 이것은 이미 유명무실한 관직일지라도 이를 희망하던 마쓰라토 사람들의 요구에 부응한 것이라고 생각된다.
　　어쨌든 1376년 10월 이전에는 마쓰라토 무사들 거의 대부분이 이미 아무런 실체가 없는 관직(官職)조차 없었던 낮은 사회적 지위에 있었음을 알 수 있다.

우왕 3년(1377)의 왜구와 마쓰라토

고려 우왕 3년(1377, 덴쥬 3 · 에이와 3)은 왜구가 최고조에 도달한 해였다.[83] 1350년에서 1391년까지 지속된 왜구 침구 중 가장 절정에 달하였던 것이 1376~1380년인데, 그중에서도 1377년은 침구한 '지역 · 횟수 · 집단 수'에서 모두 최고 정점에 이른 해였다(〈표 5-3〉).

이 해에 왜구가 가장 많이 침구해 온 이유는 무엇일까? 그리고 그들은 누구일까? 앞에서 인용한 〈사료 2〉와 〈사료 3〉에서 왜구 행위의 주체로, '서해 일로 규슈의 난신'과 '서변 해도의 완고한 백성'이라고 한 것은 1376년도 10월 이전의 당시 일본 측의 왜구에 관한 인식을 반영하는 것이라 할 수 있다. 그렇다면 그보다 약 1년 뒤인 1377년도 8월에 보이는 '왜구의 주체'에 관한 다음 사료는 어떻게 해석해야 할 것인가?

〈표 5-3〉 우왕 2년(1376)~우왕 6년(1380)의 왜구 침구 상황

연도(년)	지역	횟수	집단 수
1376	50	15	6
1377	54	32	7
1378	53	23	7
1379	42	22	5
1380	41	14	5

---

83) 앞의 주(73) 이영 논문 참조.

6. 日本国遣僧信弘来報聘書云, 草窃之賊, 是逋逃輩, 不遵我令, 未易禁焉.[84]

〈사료 6〉은 우왕 3년(1377) 8월에 일본국이 "승려 신홍을 보내 와 '草窃之賊 (좀도둑)'들은 (일본에서) 도망간 집단으로, 우리들(北朝)의 명령을 따르지 않으 니 아직 금지시키는 것이 쉽지 않다"고 한 것이다. 승려 신홍은 이마가와 료슌 의 부하이므로 여기서 일본국이란 료슌을 지칭한다. 당시의 왜구를 '(일본에서) 도망간 집단'이라고 하고 있는데 무슨 이유로 도망가야 했는지, 또 앞에서 본 〈사료 2〉, 〈사료 3〉과 이 〈사료 6〉은 어떤 상관관계가 있는지를 당시 규슈 정세와 연관시켜 고찰해 보자. 료슌이 규슈탄다이로 임명되어 출발한 1371년 2월부터 1377년에 이르기까지의 규슈 정세의 경과를 간단히 정리하면 〈표 5-4〉와 같다.

〈표 5-4〉의 내용을 자세히 살펴보도록 하자. 1371년(겐토쿠 2, 오안 3) 2월에 이마가와 료슌이 규슈로 출발했다. 8월에는 그의 아들 요시노리(義範)와 기쿠치 다케미쓰(菊池武光) 사이에 다카사키조(高崎城)를 둘러싼 공방을 시작으로, 1375 년(덴쥬 1, 에이와 1) 8월의 미즈시마의 변(水島の変)이 일어나기 전(〈표 5-4〉의 1~14)까지 그야말로 파죽지세의 일방적인 승리를 거두고 있다. 그 과정에 정서 부는 전성기를 이끌어 냈던 기쿠치씨의 16대 당주 기쿠치 다케미쓰(菊池武光)는 물론 그 뒤를 이은 아들 기쿠치 다케마사(菊池武政)도 연이어 사망해 겨우 12살 된 가가마루(賀々丸, 뒷날의 菊池武朝)가 모든 책임을 떠맡아야 할 정도로 기쿠치 씨를 중심으로 한 정서부는 붕괴 직전까지 몰리게 되었다. 그래서 1374년, 다 자이후를 함락당한 뒤에 2년 동안 주둔했던 고라산(高良山)에서도 철수해 본거 지 히고의 기쿠치(菊池)로 철수(〈표 5-4〉의 10)해야 할 정도로 중대 국면을 맞이 했던 것이다.

후퇴하는 정서부를 쫓아서 기쿠치씨(菊池氏)의 본거지인 기쿠치시(菊池市)의 미즈시마(水島)까지 진격해 본진(本陣)을 설치한 료슌은, 1375년 8월 26일에 시마

---

84) 앞의 주(6) 사료 참조.

〈표 5-4〉 1371년 2월~1377년까지의 규슈 정세

	시기	사건
1	1371년 2월	이마가와 료슌(今川了俊), 교토를 출발해 규슈로 향함.
2	1372년 2월	이마가와 료슌, 지쿠젠 다라쿠라(筑前多良倉), 다카미조(鷹見嶽城)를 함락
3	동년 8월 10일	이마가와 료슌, 기쿠치 다케야스(菊池武安)를 덴잔조(天山城)에서 격파
4	동년 8월 11일	이마가와 료슌, 우치야마조(有智山城) 함락
5	동년 8월 12일	이마가와 료슌, 다자이후(大宰府) 함락. 가네요시 왕자(懷良親王)・기쿠치 다케미쓰(菊池武光), 고라산(高良山)으로 후퇴
6	1373년 11월	기쿠치씨의 16대 당주 기쿠치 다케미쓰 사망
7	1374년 5월	기쿠치씨의 17대 당주 기쿠치 다케마사(菊池武政) 사망
8	동년 7월	남조군, 히젠(肥前) 나가노조(永野城)에서 이마가와 료슌의 군대에 패배
9	동년 8월	남조군, 히젠 다카기 아리우라무라(高来有家村)에서 이마가와 료슌의 군대에 패배
10	동년 9월	기쿠치 다케토모(菊池武朝), 고라산에서 철수해 히고(肥後)로 귀환
11	동년 11월	이마가와 료슌의 부하 다와라 우지요시(田原氏能), 히고 미즈시마(小島)에서 남조군을 격파
12	1375년 6월	이마가와 료슌, 마에야마조(前山城)의 남조군 격파
13	동년 7월	이마가와 료슌, 기쿠치(菊池) 미즈시마(水島)에 포진. 시마즈 우지하사(島津氏久)・오토모 지가요(大友親世)・쇼니 후유스케(少弐冬資)를 초청
14	동년 8월 26일	이마가와 료슌, 쇼니 후유스케를 미즈시마에서 유살(誘殺)
15	동년 8월 28일	이마가와 료슌, 지쿠고(筑後) 슈고시키(守護職)를 시마즈 우지하사에게 주어서 위로하지만 우지하사(氏久)는 남조군으로 전향
16	동년 8월	료슌의 고립 상태를 틈타서 8월 말, 지쿠고의 남군이 봉기. 이를 진압하기 위해 출병한 나가이 사다히로(長井貞広), 우쓰노미야 쓰네카게(宇都宮経景), 히타 젠에이(日田詮永) 등 료슌의 유력한 부장(部将)이 야마자키 전투에서 전사
17	동년 9월	이마가와 료슌, 히고 미즈시마에서 히젠 마쓰자키조(松崎城)로 후퇴
18	동년 11월	막부, 오후치 요시히로(大内義弘)에게 명령해 이마가와 료슌을 돕게 함.
19	동년 12월	오우치 요시히로, 규슈(豊前)로 건너감.
20	1376년 정월 23일	마쓰우라(松浦) 지역의 하타(波多) 한 사람(波多武?)이 변심
21	동년 7월	이마가와 미쓰노리(今川満範), 히고 서남부[현재의 야쓰시로시(八代市)]의 남조군을 항복시킴.
22	동년 윤7월 5일	이마가와 료슌, 히젠 시로이시조 쓰야마[白石城妻山, 현재의 기시마군 시로이시쵸(杵島郡白石町)]를 함락
23	동년 8월	쇼군 요시미쓰(義満), 이마가와 료슌에게 동생 미쓰아기라(満詮)를 규슈로 파견할 것을 알림. 도토미(遠江)・쓰루가(駿河)・빈고(備後)・아키(安芸) 등 이마가와씨(今川氏) 영국(領国)의 군세를 거느리고 갈 것을 알림.

24	동년 9월	이마가와 료슌, 쇼니씨 일족이 "아직 적인지 아군인지 분명하지 않다"고 보고
25	동년 9월	주고쿠(中国) 지방에서부터 원군이 속속 몰려옴.
26	1377년 1월13일	이마가와 나카아기(今川仲秋)가 기쿠치 다케야스(菊池武安)와 지후·니나우치[현재의 사가시(佐賀市)]에서 전투. 이어서 지쿠고에 진입해 가와사키(河崎)에 포진. 기쿠치씨의 공격이 실패, 지쿠고까지 공격당하게 됨. 전투 결과, 기쿠치씨의 최대의 후원자 겸 동맹자인 아소다이구지(阿蘇大宮司), 아소 고레타케(阿蘇惟武)와 기쿠치 다케야스(菊池武安), 다케미쓰(武光)의 동생 다케요시(武義)가 전사

즈 우지히사(島津氏久)를 통해 쇼니 후유스케를 데려오게 해 그를 살해한다(〈표 4〉의 14). 이에 대해 시마즈 우지히사는 "규슈 삼인중(三人衆)이 체면을 잃었다"고 하면서 전열에서 이탈했을 뿐 아니라 남조로 전향함에 따라서 정세는 일변해 9월에는 히젠 마쓰자키조(松崎城), 10월에는 기시마군(杵島郡)의 쓰카사키(塚崎)로 후퇴하지 않을 수 없었다(〈표 5-4〉의 17).

이런 전황의 급격한 변화는 신속한 변신을 일삼았던 당시 마쓰라토 사람들에게 어떤 영향을 미쳤을까? 1376년 정월 23일자 이마가와 료슌이 아소다이구지(阿蘇大宮司) 고레무라(惟村)에게 보낸 편지를 보면, 마쓰우라의 하타(波多) 1명이 변심했기에, 2~3일 내에 군세를 파견해 조치를 취하겠다고 하는 내용이 보인다.[85] 후술하는 바, 뒷날의 사태 전개로 볼 때 이 하타 1명은 하타 다케시(波多武)로 보인다(〈표 5-4〉의 20).

같은 해(1376) 윤7월 5일에는 이마가와 료슌이 히젠 시로이시조 쓰야마(白石城妻山, 현재의 杵島郡白石町)를 함락시켰다고 하는 기사가 보인다(〈표 5-4〉의 22). 이곳은 가미마쓰라토(上松浦党)의 영역에 포함되는 지역으로,[86] 그 구체적인 내용을 알 수 없지만 정월 23일의 하타 1명의 변심과 관련지어 생각하면, 이 무렵 이미 가미마쓰라토의 무사들 중 일부는 미즈시마의 변 이후 전세가 남조로 기울어 가는 것을 보고 이에 내응(内応)하려 한 것으로 생각된다. 그들의 변신은

---

85) 에이와(永和) 2년 정월 23일자 『今川了俊書狀寫』『肥後阿蘇家文書』(『南北朝遺文』 九州編 5266号).
86) 앞의 주(79) 무라이 쇼스케 논문 참조.

1377년 정월 13일 지후(千布)와 니나우치(蜷打) 전투 직후의 사료를 보면, 보다 분명해진다.[87] 덴쥬(天授) 3년(1377, 에이와 3년) 정월의 「今川了俊書狀写」[88]를 보면 〈사료 6〉과 관련이 있을 것 같은 내용이 보인다. 다음 〈사료 7〉을 보자.

———

7. 今川了俊書狀写

　新春吉事最前申籠候了、

　　　　　　(武)　　　　　　　　(懷良親王)

　抑波多三郎事、多分現形之由聞候、宮方舟等事出入之由承及

　候、まつ舟路事并路口々等事、急々可有御沙汰候哉、とても

　又於地下、御一家人々皆以無二之御沙汰ともにて候なる間、

　目出候、然者為公私候上者、御方深重の人々相共二、まつ波

　多分所に被馳寄候て、此方の勢到来を御待候へく候、近日大

　将を可差遣候、郡内躰、連々一家御方々可有注進候哉、相共

　に承候者悦入候、恐々謹言、

　　　(永和三年)　　　　　　　　　(今川了俊)

　　　正月十六日　　　　　　　　　了俊(花押影)

　(祝)

　　有浦殿

이 사료는 규슈탄다이 이마가와 료슌이 마쓰라토의 일원으로, 일관되게 북조 측에서 행동한 하타 아리우라 이와우(波多有浦祝)[89]에게 보낸 편지의 사본으로,

———

87) 이 전투 결과, 정서부는 최대의 후원자 겸 동맹자인 아소다이구지(阿蘇大宮司) 아소 고레타케(阿蘇惟武)가 전사당하는 처참한 패배를 당하고 말았다. 아소씨는 아소신사(阿蘇神社)의 대궁사직(大宮司職)과 거기에 수반되는 광대한 소령(所領)을 지닌 슈고급(守護級)의 호족으로, 당시 형인 고레무라(惟村)는 북조 측에 속해 있었지만 만약 이들이 일치단결해 남북조 어느 쪽에 가세한다면 전황을 크게 바꿀 수 있을 정도의 큰 세력이었다. 그래서 료슌도 가네요시 왕자가 아소신사에 참배하고 있는 것에 아주 크게 놀라고 있을 정도였다. 아소 고레무라만이 아니라 기쿠치 다케야스(菊池武安) 그리고 다케미쓰(武光)의 동생 다케요시(武義)와 같은 정서부의 핵심 무장들도 전사하고 말았다.

88) 永和三年正月十六日『今川了俊書狀写』(『肥前斑島文書写』『南北朝遺文』5364号).

89) 이 점에 관해서는 앞의 주(79) 무라이 쇼스케 논문 참조.

내용을 살펴보면 대략 다음과 같다.

① 하타사부로 다케시(波多三郎 武)가 정체를 드러냈다는 보고를 들었다.

② 미야가타(宮方＝남조) 측의 선박 등이 출입하고 있다는 것을 들었다.

③ 선박이 이동하는 길과 입출항하는 장소 등에 대한 것을 서둘러 자기에게 보고할 것

④ 일가 사람들이 모두 한마음으로 행동하고 있는 것은 기쁘다.

⑤ 아리우라도노이와우(有浦殿祝)가 믿을 수 있는 사람들을 데리고 우선 하타분소(波多分所)로 달려가서 아군(북조의 군대)이 도착하는 것을 기다릴 것

⑤ 곧 대장(大将)을 파견하겠다.

⑥ 군(郡) 내의 상황과 일족의 모든 사람들에 대하여 보고할 것

위 사료는 같은 해(1377) 정월, 이마가와(今川)·오우치(大内) 연합군과 남조의 군대가 지후·니나우치에서 벌인 전투 이후 가미마쓰라토 내부에서 발생한 상황을 보여 주고 있다. 즉, 가미마쓰라토의 일원인 하타사부로다케시(波多三郎 武)가 남조로 전향했음이 드러났고 또 이와 관련해서 남조 선박들이 어딘가 입출항(入出港) 하고 있음을 알 수 있다(밑줄 친 부분). 그러나 이 사료에서는 단지 가미마쓰라토 중의 하타사부로다케시가 남조에 가세한 것과 남조 선박이 빈번하게 드나들고 있다는 사실만 알 수 있을 뿐 그것이 왜구와 어떤 관련성이 있는지 여부에 대하여는 알 수 없다. 〈사료 7〉 이후의 사태 전개를 보여 주는 것이 약 한 달 뒤에 쓰여진 〈사료 8〉이다.

---

8. 今川了俊書状

(肥前国松浦郡)(義員カ)

黒河に中賀野五郎遣て候、あまりニ無勢候間、まつ昨日ハ伊

(松浦郡)

万里まて越て候よし申て候、此上ハいそき有浦殿ニ御手の人

々そへられ候て、つかハされ候へく候、かねても申て候しこ

とく、しかるへく候、あれの事ハ一向御ハからい候て、給候

へく候、恐々謹言、

　　（永和三年）　　　　　　　　　（今川貞世）

　　　二月十五日　　　　　　　　　了俊(花押)

　　佐志殿[90]

　이 〈사료 8〉은 이마가와 료슌이 가미마쓰라토의 일원으로 막부 측이었던 사
시도노(佐志殿)에게 보낸 편지로, 내용은 다음과 같다.

　① 구로카와(黑河, 현재의 이마리시 구로카와초)에 나카가노 고로(中賀野五郎: 中
　　賀野義員)를 파견했다.

　② 아군 병력이 너무 적어서 우선 어제는 이마리(伊万里)까지만 갔다는 것을
　　요시가즈가 알려 왔다.

　③ 이 이상은 (가지 말고) 서둘러 아리우라도노(有浦殿)에 귀하(사시도노)의 병
　　력을 합하여 파견해야겠다.

　이어서 다음의 〈사료 9〉를 보자.

----

　9. 中賀野義員書狀写

　　（肥前国松浦郡）

　　為波多凶徒、此境ニ可罷下之由、被仰下候之間、今月十三日、

　　（松浦郡）

　　伊万里浦内中原と申ところへ罷着、今日御教書一通下給候、

　　御心へのために候、案文進候、在国人々あまた御渡候といへと

　　も、御事ハ波多の御領主候間、諸事被申談、可被沙汰之由承

　　候、よて御事かきにもこのおもむきニて候、定てそれよりも

　　さいそく候らん、隨而いつれにいつのひまいりあい候へきよ

　　し、此御返事にもうけ給、又それよりも使者を給、これより

　　もかさねて人をしんし候て、安堵をさため、よりあい申、一

----

90)「今川了俊書狀」(『古文書時代鑑続上所収』『南北朝遺文』九州編 5371号).

みち申たんすへく候、恐々謹言、

　　　　（永和三年）　　　　　　　（中賀野カ）

　　　　二月十八日　　　　　　　義員(花押影)

　　　　（祝）

　　　　有浦殿[91]

　이 〈사료 9〉는 (이마가와 료슌이) 구로가와에 파견한 대장 나카가노 요시가즈(中賀野義員＝中賀野五郎)가 사흘 뒤인 2월 18일에 아리우라도노(有浦殿)에게 보낸 편지의 사본으로, 내용은 다음과 같다.

　① 이마가와 료슌이 남조에 가세한 하타(波多)씨들을 토벌하기 위해 대장으로 파견한 것은 나카가노 요시가즈였다.

　② 나카가노 요시가즈는 2월 13일에 이마리(伊万里) 포구(浦口) 내의 나카하라(中原)에 도착하였다.

　그런데 다음의 〈사료 10〉을 보면, 구로카와(黒河) 무카이(向)촌이 바로 남조 군대의 지역적 거점이 되고 있었음을 알 수 있다(밑줄 친 부분).

10.　今川賴泰書狀

　　　　　　　　　　　（肥前国松浦郡）

　　佐志方へ便宜御状、委細承了、兼又黒河向用害事、松浦の

　　人々重て申子細候、其左右之間ハ、其にて可有御待候、御

　　定日けんハこれより可申候、有浦方にも此由を可仰候、尚々

　　自是左右之間、御待候へく候、恐々謹言、

　　　　（永和三年）　　　　　　　（今川）

　　　　　三月二日　　　　　　　賴泰(花押)

　　　　（義員カ）

　　　　　中賀野五郎殿[92]

91) 永和三年二月十八日「中賀野義員書状写」(『肥前有浦文書写』『南北朝遺文』5372号).
92) 永和三年三月二日「今川賴泰書狀」(『肥前有浦文書』『南北朝遺文』5375号).

[그림 5 – 3] 구로카와초(이마리만 내)—우왕 2, 3년 당시 왜구(마쓰라토)의 집결지

[그림 5 – 4] 구로카와초 나나쓰시마의 옛 모습

〈사료 10〉은 〈사료 9〉가 작성되고 10여 일 뒤에 료슌을 대신해 히젠 지방의 무사들을 지휘하고 있었던 료슌의 동생 이마가와 요리야스(今川賴泰)가, 나카가노 요시가즈에게 보낸 편지로 그 내용은 다음과 같다.

① 이마가와 료슌(북조)에 대하여 반기를 든 하타씨 일당들이 구로카와(黑河)의 무카이(向)라고 하는 곳에 요새(用害)를 구축하고 있다는 것

② 나카가노 요시가즈에게 섣불리 행동하지 말고 날짜를 자신이 정할 때까지 현지에서 기다릴 것을 강조

여기서 당시 남조의 세력인 하타씨 일당이 거점으로 삼았던 곳이 구로카와이며 북조 측의 병력을 능가하는 수의 남조 군세가 집결해 있었음을 알 수 있다.

다시 〈사료 7〉로 돌아가서, 이마가와 료슌이 아리우라도노에게 "선박이 이동하는 길과 출입항(出入港)하는 장소 등등에 대한 것을 서둘러 자기에게 보고하

[그림 5-5] 구로카와초의 현재 모습-조선소(왼쪽), 마을(오른쪽)

라"고 한 부분에 대하여 다시 생각해 보자. 현재 당시 아리우라도노가 보냈을 것으로 생각되는 보고서는 남아 있지 않다. 그러나 〈사료 8〉~〈사료 10〉을 통해 보고서의 내용에 적어도 당시 남조의 선박들이 출입하고 있었던 곳이 이마리만(伊万里湾)에 위치한 항만이었으며 또 그들의 요새가 이마리시(伊万里市) 구로가와초(黒川町)의 무카이라는 지역이었음을 알 수 있다.

〈사료 7〉의 「宮方舟等事出入之由承及候、まつ舟路事并路口々等事、急々可有御沙汰候哉」에서 '남조의 선박(宮方舟)', 즉 정서부의 선박은 무엇일까? 그리고 당시의 전선(戰線)은 동쪽으로 직선거리로 40킬로 이상 떨어진 현재의 사가시(佐賀市)의 지후·니나우치에 있었는데, 왜 정서부의 선박들이 이마리만을 드나들고 있었을까?

이 문제를 생각하기 전에 먼저 하타사부로다케시(波多三郎武)는 어떤 인물인지 알아보자. 왜냐하면 무라이도 "하타씨의 변신은 '남조의 선박(宮方舟)'의 발호를 초래한다"[93]고 지적하고 있듯이, 남조의 선박과 하타사부로다케시의 변신은 상호 밀접한 인과관계에 있다고 보아야 한다. 이 무렵을 전후한 가미마쓰라 잇키의 내부 사정에 관해서는 무라이의 상세한 연구가 있다.[94] 그 내용을 정리하면 대략 다음과 같다.

---

93) 앞의 주(79) 무라이 쇼스케 논문 참조.
94) 앞의 주(79) 무라이 쇼스케 논문 참조.

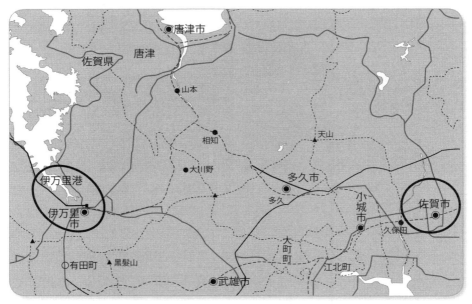

[그림 5-6] 이마리만과 구로카(왼쪽 원내)와 그리고 지후·니나우치 전장(오른쪽 원내)과의 위치 관계

오안(応安) 6년(1373), 아리우라 이와우(有浦祝)와 하타히로시(波多広, 하타사부로다케시의 父) 사이에 이토시마쇼나이이이다하라(怡土志摩庄内井田原, 현재의 후쿠오카현 이토시마군 시마초 이다하라)를 둘러싸고 분쟁이 발생, 이와우는 이다하라(井田原)에 "난입해 성곽을 구축(無是非令乱入取城梛)"했다. 그런데 아리우라 이와우는 부(父)인 사시히라쿠(佐志披)가 생존해 있을 때부터 일관되게 북조를 지지한 인물이고, 반면에 히로시는 남조의 지배하에 가미마쓰라 잇키(上松浦一揆)의 두목과 같은 존재였다.[95)]

---

95) 앞의 주(79) 무라이 쇼스케 논문은 아리우라 이와우와 하타히로시와의 대항관계에 대하여 다음과 같이 언급하고 있다. "아리우라 이와우의 父 히라쿠는, 규슈 각지의 전투에 참가해 오던 중 조지(貞治) 원년 11월 20일, 아들 모로오카 쓰요시(諸岡強)와 함께 마침내 지쿠젠의 가타오카(片岡)에서 전사(戦死)하고 말았다. 히라쿠는 사시 쓰도무의 둘째 아들로서 사시무라나이 아리우라(佐志村内有浦)를 중심으로 하는 여러 곳을 상속하고 있었는데, 하타(波多巧)의 적녀 히간구조(彼岸久曾)과 결혼했기 때문에, 하타(波多) 집안의 소료(惣領)이기도 했다. 그런 그의 전사는 히라쿠, 히간구조(彼岸久曾)의 사이에서 태어난 아들 이와우와, 다쿠미(巧)의 동생(舍弟)인 히로시(広)와의, '하타 집안의 소령(波多一跡)'을 둘러싼 분쟁의 원인(遠因)이 된다. 다자이

료슌이 마쓰우라 지방에서 의지하려고 한 세력은, 그 누구보다도 이 이와우 였다. 료슌의 분신인 요리야스가 규슈 북쪽 해안의 요부코(呼子)에 도착하자마자 다수의 히젠 지방의 무사를 결집시킬 수 있었던 것도, 무가 측으로서는 고루(孤壘)를 지키고 있었던 이와우의 힘에 의지하는 바가 컸기 때문일 것이다. 이렇게 되자 히로시의 입장은 미묘해졌다.[96]

이처럼 하타히로시와 아리우라 이와우는 소령(所領)의 문제만이 아니라 가미마쓰라 잇키 내부의 주도권 장악, 그리고 각각 남조와 북조라는 정치적 입장에서도 서로 대립하고 있었다. 그런데 〈사료 8〉에 나오는 하타사부로다케시(波多三郎武)는 하타사부로히로시(波多広)의 아들로, 남조와 하타다케시의 접점은 여기에 있었다.

〈사료 7〉에서 '남조의 배'가 '출항'만 하고 있었다면 지후·니나우치 전투에서 패한 남조의 군세가 도주하는 것이라고 생각할 수 있지만, '출입'으로 되어 있는 것으로 봐서 그 무엇인가를 '반입과 반송'을 하고 있었다고 생각된다. 이 '남조의 배'는 어디에서 왔던 것일까? 텐쥬(天授) 3년(1377) 1월 13일의 사가현(佐賀県) 사가시(佐賀市) 근방에 위치한 지후·니나우치에서 벌어진 전투를 전후한 1376년 말 무렵부터 1377년 5월 사이에 『고려사』에는 다음과 같은 왜구의 침구 기사가 대거 나타나고 있다. 그리고 〈표 5-3〉에서 보았듯이, 이 해는 왜구의 침구가 최고조에 달한 해였다. 다음 사료를 보자.

---

11. (십일월 신사) 왜구들이 진주 명진현에 침구했다. 또 함안, 동래, 양주, 언양, 기장, 고성, 영선 등에 침구해 약탈하고 불질렀다.[97]

12. (십일월 병술일) (전략) 왜구들이 진주 반성현에 침구했다. 또 울주, 회원, 의

후 함락 이후 남조에 가세한 히로시는 남조가 거의 규슈 전역을 세력하에 두게 되는 상황에 힘 입어서 가미마쓰라 잇키(上松浦一揆)의 두목과 같은 존재로 성장했다."

96) 앞의 주(79) 무라이 쇼스케 논문 참조.

97) 「(十一月 辛巳) 倭寇晋州溟珍県, 又焚掠咸安·東萊·梁州·彦陽·機張·固城·永善等処」, 『고려사』 권제133, 열전 제46, 우왕 2년 11월 신사일 조.

창 등의 현에 침구해 불지르고 약탈하기를 남김이 없었다.[98]

　　13. (십일월 기해일) (전략) 왜구가 밀성현에 침구해 동래현까지 이르렀다.[99]

　　14. (십이월) 왜구가 합포영을 불태우고 양주와 울주 두 곳에서 사람을 살해하고 불질렀으며 의창, 회원, 함안, 진해, 고성, 반성, 동평, 동래, 기장 등의 현까지 침구하였다.[100]

　　15. 우왕 3년 정월에 왜구가 회원창에서 물건을 훔쳐 갔다.[101]

　　16. (우왕 3년) 2월, 왜구가 신평현에 침구하자, 양광도 도순문사 홍인계가 이를 격퇴했다.[102]

　　17. (우왕 3년 2월) 왜구가 경양에 침구하고 마침내 평택현에 이르자 양광도 부원수 인해가 싸웠지만 이기지 못했다.[103]

　　18. (우왕 3년 3월) 왜구가 (개성의) 서쪽 교외를 침구했다.[104]

　　19. (우왕 3년 3월) 왜구가 착량에 침구하고 또 강화를 침구했다.[105]

　　20. (우왕 3년 4월) 왜구가 울주와 계림을 침구했다.[106]

　　21. (우왕 3년 4월) 왜구가 울주, 양주, 밀성 등지를 침구하고 불태우고 약탈하기를 남김이 없었다.[107]

　　22. (우왕 3년 4월) 왜구가 언양현을 불질렀다. 계림부윤 윤승순이 왜구 4명을 베었다.[108]

---

98)「(十一月 丙戌日)(前略) 倭寇晋州班城県, 又寇蔚州・会原・義昌等県焚掠殆盡」,『고려사』 권제133, 열전 제46, 우왕 2년 11월 병술일 조.

99)「(十一月 己亥日)(前略) 倭寇密城郡, 及東萊県」,『고려사』 권제133, 열전 제46, 우왕 2년 11월 기해일 조.

100)「(十二月)倭焚合浦営, 屠焼梁・蔚二州, 及義昌・会原・咸安・鎮海・固城・班城・東平・東萊・機張等県」,『고려사』 권제133, 열전 제46, 우왕 2년 12월 조.

101)「三年正月, 倭盗会原倉」,『고려사』 권제133, 열전 제46, 우왕 3년 정월 조.

102)「二月, 倭寇新平県, 楊広道都巡問使洪仁桂撃之」,『고려사』 권제133, 열전 제46, 우왕 3년 2월 조.

103)「(二月)倭寇慶陽, 遂入平沢県, 楊広道副元帥印海与戦不克」,『고려사』 권제133, 열전 제46, 우왕 3년 2월 조.

104)「(三月)倭寇西鄙」,『고려사』 권제133, 열전 제46, 우왕 3년 3월 조.

105)「(三月)倭寇窄梁, 又寇江華」,『고려사』 권제133, 열전 제46, 우왕 3년 3월 조.

106)「四月, 倭寇蔚州・鶏林」,『고려사』 권제133, 열전 제46, 우왕 3년 4월 조.

107)「(四月)倭寇蔚州・梁州・密城等処, 焚掠殆盡」,『고려사』 권제133, 열전 제46, 우왕 3년 4월 조.

108)「(四月)倭焚彦陽県, 鶏林府尹尹承順斬倭四級」,『고려사』 권제133, 열전 제46, 우왕 3년 4월 조.

	사료	시기	지역	지역 수	침구의 특징
1	11~15	1376년 11월~1377년 1월	A	26	5회에 걸쳐 총 26지역(5.2지역/1회)
2	16~19	1377년 2월~1377년 3월	B	6	4회에 걸쳐 총 6지역(1.5지역/1회)
3	20~22	1377년 4월	A	6	3회에 걸쳐 총 6지역(2지역/1회)
4	23	1377년 4월	B	1	(1지역/1회)
5	24	1377년 5월	A	1	(1지역/1회)
6	25	1377년 5월	a	1	(1지역/1회)
7	26~27	1377년 5월	B	4	2회에 걸쳐 총 4지역(2지역/1회)

*A는 쓰시마의 대안 지역인 경상남도 남해안 일대 및 인접 지역
*B는 중부 서해안 지역 일대
*a는 남부 내륙 지방 일대를 각각 의미함.

23. (우왕 3년 4월) 왜구가 서강에 들어왔다. 최영과 변안렬이 부대를 이끌고 나가 이를 막았다.[109]

24. (우왕 3년 5월) 왜구가 밀성을 침구해 촌락을 침략하고 보리를 빼앗아 배에 싣기를 마치 무인지경을 가듯이 했다. 안동 조전원수 왕빈이 이를 물리쳤다.[110]

25. (우왕 3년 5월) 태조(이성계)가 지리산에서 왜를 쳐서 크게 격파했다.[111]

26. (우왕 3년 5월) 왜적 백여 기가 남양과 안성·종덕 등의 현에 침구했다.[112]

27. (우왕 3년 5월) 왜구가 또 강화에 대거 침구해 살인과 약탈을 행하였다.[113]

이상의 〈사료 11〉~〈사료 27〉의 특징을 정리하면 〈표 5-5〉와 같다.

〈표 5-5〉의 내용 중 가장 먼저 주목할 점은 침구 지역이 'A-B-A-B-A-a-B' 즉 쓰시마의 대안 지역인 경상남도 남해안 일대 및 인접 지역에 대한 침구와 중

---

109) 「(四月) 倭賊入西江, 崔瑩·辺安烈出師却之」, 『고려사』 권제133, 열전 제46, 우왕 3년 4월 조.

110) 「(五月) 倭寇密城侵掠村落, 取麦載船, 若蹈無人之境, 安東助戰元帥王賓擊却之」, 『고려사』 권제133, 열전 제46, 우왕 3년 5월 조.

111) 「(五月) 太祖擊倭于智異山, 大敗之」, 『고려사』 권제133, 열전 제46, 우왕 3년 5월 계미일 조.

112) 「(五月) 倭賊百余騎寇南陽·安城·宗德等県」, 『고려사』 권제133, 열전 제46, 우왕 3년 5월 경인일 조.

113) 「(五月) 倭又寇江華大肆殺掠」, 『고려사』 권제133, 열전 제46, 우왕 3년 5월 정유일 조.

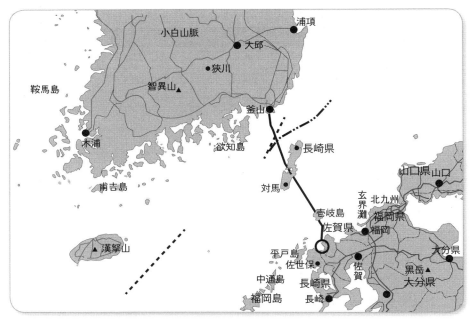

[그림 5-7] 정서부(왜구)의 침구 경로(이마리-이키-쓰시마-남해안)

부 서해안 지역 일대에 대한 침구가 시간의 경과와 더불어 반복되고 있다는 점
이다.[114] 이는 다음 〈사료 28〉을 통해서도 확인되고 있다.

───

28. 경상도 원수 우인열이 보고하기를, "왜적이 대마도로부터 바다를 뒤덮을 정
도이고 돛과 돛대가 서로 이어질 정도입니다. (중략) 이때에 강화에 있는 왜적이
서울에 아주 가까이 밀어닥쳐서 국가에서 방비하기에 겨를이 없었는데 또 이 보
고를 받자 어찌 할 바를 몰랐다.[115]

우왕 3년(1377) 3월 경상도 원수 우인열의 보고에 의하면, 이미 수도 개경 근
방인 강화도 일대에 왜구들이 몰려와 있는 상황에서 쓰시마 쪽에서는 또 다른

───

114) 〈표 5-5〉의 5와 6은 상호 간의 시기 및 지리적 인접성을 고려할 때, 밀성으로 침구한 왜구
(〈사료 24〉) 중 일부 병력이 북상해 지리산 기슭까지 침입(〈사료 25〉)한 것으로 생각된다.
115) 『고려사절요』 권제30. 우왕 3년(1377) 3월 조.

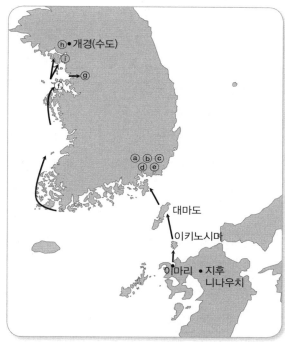

* ⓐ는 〈사료 11〉, ⓑ는 〈사료 12〉, ⓒ는
  〈사료 13〉, ⓓ는 〈사료 14〉, ⓔ는 〈사료
  15〉에 해당.
* ⓕ는 〈사료 16〉, ⓖ는 〈사료 17〉, ⓗ는
  〈사료 18〉, ⓘ는 〈사료 19〉에 해당.

[그림 5-8]
1376년 11월~1377년 5월까지
왜구의 침구 지역

왜구 무리들이 바다를 뒤덮을 정도의 대규모의 선단을 이루어 고려로 향하고
있다는 것이다. 이 〈사료 28〉에 보이는 바다를 뒤덮을 정도의 왜구 선단은 그해
4월의 침구, 즉 〈사료 20〉~〈사료 22〉의 경상도 울주, 계림, 양주, 밀성, 언양을
침구한 무리로 생각된다.

다음으로 주목되는 것은 최초의 A지역(쓰시마 대안 경남 남해안 일대)에서 B지
역, 즉 중부 서해안 일대에 대한 침구로 바뀌는 시기가 1377년 1월이라는 사실
이다. 〈사료 11〉~〈사료 15〉를 보면 1376년 11월부터 1377년 1월 당시까지 왜구
의 침구지역은 모두 쓰시마의 대안(対岸) 지역에 해당하는 경상남도 남해안 일
대였음을 알 수 있다. 그 침구 형태 또한 단기간 내에 인접 지역을 신속하게 이
동하면서 집중적으로 침구하고 있다. 또 정월에는 마산(馬山)에 있었던, 전국
13곳에 있었던 조창 중 하나인 회원창(会原倉)을 공격, 약탈하고 있다.

그런데 〈사료 16〉~〈사료 19〉를 보면 이러한 방식과 완전히 다른 침구 형태가
나타난다. 즉, 1377년 2월에 왜구는 신평현을 침구하고 있는데 이곳은 현재의

충남 홍주군(洪州郡)에 해당하는 지역이다.[116] 그리고 같은 2월에 경양(현재의 천안)·평택(경기도)을, 3월에는 (개성의) 서쪽 교외, 4월에는 착량(강화도와 김포군 사이에 위치)과 강화도를 침구하는 식으로, 시간이 경과됨에 따라서 서해를 북상해 충남과 경기도 일대의 해안 지역을 침구하면서 수도 개성 주변 해역에 머무르고 있음을 알 수 있다.

왜 1377년 1월을 계기로 하여 이처럼 침구 지역과 형태에 변화가 나타날까? 이 의문에 대한 해답을 생각하기 이전에 우선 〈사료 3〉으로 돌아가 규슈의 난신들이 할거하고 있다는 서쪽 섬, 즉 쓰시마와 이키 섬(壱岐島)에 대하여 생각해 보자. 이 두 섬은 이마리와 아주 가까운 거리에 위치하고 있으며, 규슈에서 한반도로 이어지는 항로상에 위치하고 있다. 그런데 〈사료 7〉에 남조의 선박이 이마리만을 출입하고 있다고 서술하고 있다.

남조의 선박이 지후·니나우치 전투의 현장에서 서쪽 직선거리로 40킬로미터 이상 떨어진 이마리만을 입출항한 이유는 무엇이며 또 정서부가 가미마쓰라토의 하타사부로다케시(波多三郎武)에게 기대한 역할은 무엇이었을까?

이러한 의문에 대한 해답을 암시해 주는 것이 위의 〈사료 24〉이다. 그 내용은, 왜구들이 음력 5월(양력 6월)에 밀성(현재의 경남 밀양)에 쳐들어가, 촌락을 약탈하고 보리를 빼앗아서 배에 싣고 마치 무인지경을 가듯 했다고 하는 것이다. 다른 사료와는 달리 이 〈사료 24〉는 구체적으로 '보리'를 약탈해 갔다고 기록하고 있다. 음력 5월이면 아직 보리가 푸른색을 띠고 있을 무렵이다. 그런데 『태평기』에는 이 푸른 보리에 얽힌 이야기가 실려 있다.

겐무(建武) 3년(1336), 미나토가와 전투(湊川合戰) 당시 남조군의 총대장 닛타 요시사다(新田義貞)가 위기에 처한 것을 먼 산 위에서 보고 달려와 자신의 말에다 태우고 대신 전사한 오야마다타로 다카이에(小山田太郎高家)의 이야기다. 그 내용 중의 일부를 인용하면 다음과 같다.

---

116) 본래 백제의 사평현(沙平縣)으로 통일신라 때 신평현으로 고쳐 혜성군(槥城郡 : 汚川郡)의 영현(領縣)이 되었고, 고려시대 홍주(洪州 : 洪城)에 속하였다가 조선 후기에 당진군에 속하였다.

29. 작년, 요시사다가 서쪽 지방을 토벌하라는 명령을 받고 하리마(播磨) 지방에 내려가 도착했을 때에, 현지에는 병력은 많았지만 병량이 적었다. 만약 금지령을 내리지 않으면 여러 병사들의 약탈이 끊이지 않을 것이라고 생각해, 곡식 한 알이라도 약탈하거나 민가 한 채라도 강탈하는 자가 있으면 곧바로 이를 처형할 것이라고 큰 표찰에 써서 거리 여기저기에 세웠다. 그러자 농민들은 안심하고 경작에, 상인들도 장사에 전념할 수 있었다. 그런데 이 다카이에(高家)가 적진 가까이에 가서 아직 충분히 익지 않은 푸른 보리를 베어서 안장에 싣고 돌아왔다.

사무라이도코로(侍所) 나가하마 로쿠로사에몬노조(長浜六郎左衛門尉)가 이를 보고 곧 다카이에를 붙잡아서 법에 따라 처형하려 했다. 요시사다가 이 말을 듣고 "생각해 보니 이 자가 아직 익지도 않은 보리와 자기 생명을 바꾸려 하지는 않았을 것이다. 여기가 적진(敵陣)이라고 오해했든지, 아니면 병량이 떨어져 금지령이 얼마나 엄격한지를 잊어버렸든지 둘 중의 하나일 것이다. 어쨌든 오야마다의 진영을 살펴보라"고 하면서 사자(使者)를 보내 조사하게 했더니, 말과 무구는 아주 잘 정비되어 있었는데 식량은 한 톨도 없었다.[117]

요시사다는 보리 주인에게는 옷 두 벌로 변상해 주고, 다카이에에게는 병량으로 쌀 열 석(약 1,800리터)을 줘서 돌려보냈다고 한다. 여기서 흥미로운 사실은 전투에 참가한 정규군이 말과 무구는 갖추고 있었지만, 병량이 없었다는 것과 적진에서 병량을 약탈하는 것은 문제로 삼지 않았다는 사실이다. 이를 왜구의 침구에 적용시켜 보면, 병량을 확보하기 위해 (몽골의 일본 침공 이후) 적국시(敵国視)하고 있었던 고려나 중국을 침구해 약탈하는 일이 당시 무사들에게는 조금도 문제가 되지 않았다는 것을 의미한다고 할 수 있다. 〈사료 24〉의, 밀성에서 왜구들이 보리를 배에 싣고 갔던 것은, 위의 다카이에의 행동처럼 병량 확보를 위한 것이었다고도 생각할 수 있을 것이다.

와타누키 도모코(綿貫友子)는 일본 전근대 시대의 전쟁과 해상을 통한 물자의

---

117) 「小山田太郎高家青麦を刈る事」 『太平記』 巻第16. 『新潮日本古典集成』, 山下宏明 校注, 新潮社, 昭和 63年.

유통에 관해 다음과 같이 언급하고 있다.

　물자의 흐름에 관련해서 쟁란이 일어나고, 쟁란에 의해 물자의 흐름이 저해되기도 하고 촉진되기도 한다. 무력분쟁을 조장하는 요소는 사회구조 중에서 무수하게 많이 조직되어 그중에서도 물자의 흐름＝유통은, 쟁란의 원인·경과·결과의 어느 것과도 깊이 관련되어 기능하고 있는 것이다. 그것은 근현대의 세계정세에 한정된 이야기가 아니다. 과학기술이 아직 발달하지 않은 단계에서 전쟁은 전선에 병력과 군수품을 얼마나 많이 투입할 수 있을까라고 하는 인해전(人海戰), 물량전(物量戰)을 기반으로 지략을 썼던 것이다. 물자가 필요해서 경제활동이 전개되는 지역이 있으며, 곤란을 무릅쓰고 통행하는 것이 큰 이윤으로 이어진다.[118]

북조와 치열한 전투를 전개하고 있던 당시, 규슈의 난신(쇼니씨와 정서부)은 무엇 때문에 서쪽 섬(쓰시마와 이키 섬 등)에 전력을 분산시켜 그 일부를 배치해 두었을까? 그것은 바로 병량(전투 수행 물자)의 공급을 위한 것이었다고 해야 할 것이다. 시공을 초월해 전쟁을 성립하게 하는 데 '물자'와 그 유통이 어떻게 관련되고 있었는가를 일깨워 주는 사례로, 와타누키는 겐페이갓센(源平合戰) 당시 미나모토 유키이에(源行家)의 군세와 그들의 행동을 들면서 다음과 같이 언급하고 있다.

　미나모토 유키이에(源行家)가 이끄는 군세(軍勢) 내부에는 1월 상순부터 2주일 넘게 이세(伊勢)·시마(志摩) 양국 연안(沿岸)을 약탈, 2월 상순(上旬)에 이자와노미야(伊雜宮) 근방을 습격한 구마노벳토(熊野別当) 탄조(湛增) 휘하의 구마노 해적이 포함되어 있었다. 그들은 다나베노미나토(田辺湊)와 신미야즈(新宮津)를 주요한 거점으로 삼아서 일상적으로는 배를 사용한 생업에 종사하는 기이노구니(紀伊国) 주인(住人)과 구마노슈토(熊野山衆徒)로 구성되었던 것으로 생각된다.
　이세노구니(伊勢国)를 공략할 때에도 50척이 넘는 선박의 숫자와 300여 명의 주

---

118) 綿貫友子, 「戰爭と海の流通」, 小林一岳・則竹雄一編, 『戰爭Ⅰ. 中世戰爭論の現在―ものから見る日本史』, 靑木書店, 2004.

류(駐留)가 전해지고 있는데, 난폭한 행위를 일삼은 끝에 자녀(子女) 30여 명을 포박해서 철수할 때에 후타미노우라(二見浦)에서부터 이세노우미(伊勢海), 기소가와(木曾川) 수계(水系)를 거슬러 올라가 스노마타(墨俣)로 향한 선단(船団)과, 일단 구마노우라(熊野浦)로 돌아와 그 다음 달에 아와(阿波)로 진공한 선단으로 나누어진다.

그들은 아와노구니(阿波国)에서 자이케(在家)의 잡물(雑物), 자재(資材), 미곡류(米穀類) 일체를 남김없이 수색해 약탈한 것으로 보이는데, 스노마타에서의 대결이 임박한 윤2월 상순에는 구마노슈토(熊野衆徒)들 2천여 명이 유키이에(行家)에게 협력하기 위해 오와리(尾張)에 집결하고 있는 것을 보면, 구마노 해적에 의한 일련의 진공(進攻)과 약탈은 스노마타 전투에 참전하기 위해, 그리고 병량을 확보하기 위한 행동이었다고 해석된다.[119]

여기서 주목해야 할 사항들은 다음과 같다. 첫째, 당시 내란의 한 축이었던 겐지 무사단의 미나모토 유키이에가 이끄는 부대 내에 구마노(熊野) 해적이 포함되어 있었던 점, 둘째, 그들 해적은 일상적으로는 배를 사용한 생업에 종사하는 해민들과 절의 신도들이었던 점, 셋째, 난폭한 행위와 사람을 납치했던 점, 넷째, 일반 백성들의 재산과 미곡류를 약탈했는데 이것은 전투에 참전하기 전에 병량미를 확보하기 위한 행동이었던 점 등이다. 미나모토 유키이에의 군세와 〈사료 11〉~〈사료 15〉의 왜구를 비교해 보면 〈표 5-6〉과 같다.

〈표 5-6〉 미나모토 유키이에의 군세와 왜구의 비교

	미나모토 유키이에의 군세	왜구
시대 상황	겐페이갓센(源平合戦)	남북조 내란(南北朝内乱)
부대 구성	무사단＋구마노 해적	남조(정서부)＋마쓰라토(해적)
해적의 구성	해민＋구마노슈토(신도)	마쓰우라 지역의 해민(肥前国)
행동 양식	난폭행위, 납치, 백성들의 재산과 미곡류의 약탈	살인, 방화, 납치, 재산과 곡식의 약탈
행동의 목적	참전과 병량 확보를 위한 것	?

---

119) 앞의 주(118) 와타누키 도모코 논문 참조.

〈표 5-6〉에서 보듯이 양자는 전시(戰時)라는 시대 상황, 부대의 구성, 해적의 구성, 행동 양식 등에서 약 2세기라는 시간적인 차이를 초월해 그 내용이 거의 일치함을 알 수 있다. 그렇다면 〈사료 11〉~〈사료 15〉의 왜구들의 침구 목적을 무엇으로 봐야 할 것인가도 그 답이 나오지 않을까? "군세(軍勢)의 진군(進軍)을 방해한 것은 적군(敵軍)의 존재 이전에 병량과 선박의 결핍이었으며, 그 두 가지를 어떻게 확보하는가가 전투의 행방을 크게 좌우했다"는 지적은,[120] 남북조 내란 말기 남조에 의해 주도된 왜구 침구의 목적이 무엇이었는가에 대한 명약관화한 해답을 제공해 주는 것이라고 할 수 있을 것이다.

그러면 1377년 1월을 기점으로 해서 침구 지역 및 형태에 변화가 보이는 것은 어떻게 생각해야 할까? 이와 관련해서 앞의 〈표 5-4〉의 26, 1377년 1월 13일에 현재의 규슈 사가현 사가시 교외의 지후·니나우치에 있었던 남조와 북조 간의 결전과 관련지어 생각할 필요가 있다. 즉, 1376년 11월부터 1377년 1월까지는 이 결전을 앞둔 시점이었다. 따라서 병량을 위시한 전투 수행에 필요한 물자를 서둘러 조달할 필요가 있었다. 그런데 쓰시마에서 멀리 떨어진 곳까지 침구할 수 없었다. 병량을 조달하기 위해 고려를 침구하는 왜구 역시 정서부 병력의 일원이었기에 규슈에서 너무 멀리 떨어진 곳까지 침구한다면 이는 전력의 분산(分散)과 다름없기 때문이다. 그리고 그 침구 형태 역시 '단기간 내에 제한된 지역을 신속하게 이동하면서 집중적으로 침구하는 방식'을 취하고 있었던 것으로 생각된다. 이는 결전이 있었던 1월에는 회원창을 침구한 것 이외에 대규모의, 빈번한 침구가 없었던 사실을 통해서도 방증이 가능할 것이다.

또한 결전이 끝난 뒤인 2월 이후의 침구 지역 및 형태, 즉 "중부 서해안 지역을 북상하면서 강화도 일대에 머무르고 있다"는 것 역시 다음 전투에 대비해 전국의 물자가 모여 약탈의 효율을 극대화할 수 있는 수도 개성 주변 해역으로 침구해 온 것으로 보인다.

〈사료 8〉의 1377년 2월 15일은 물론 〈사료 9〉 2월 18일, 〈사료 10〉 3월 2일에

---

120) 앞의 주(118) 와타누키 도모코 논문 참조.

도 북조의 이마가와 료슌은 정서부의 거점인 이마리만 일대의 구로카와(黑河)를 장악하지 못하고 있다. 그러는 동안에 이마리만－이키 섬－쓰시마를 연결하는 루트를 통해 마쓰라토를 중심으로 한 정서부 군세의 한반도 침공은 계속이어졌다. 이에 항의하기 위해 고려 조정이 우왕 3년(1377) 6월에 판전객시사 안길상을 일본에 파견해 해적 금지를 요청하자,[121] 그해 8월에 일본이 답례사 승려 신홍을 보내어 다음과 같은 편지를 전달하였다.

─────

　　30) 귀국을 침범하는 초적들은 우리나라에서 도망쳐 간 무리로서 우리의 명령을 따르지 않으니 금지하기가 쉽지 않다.[122]

'귀국을 침범하는 초적들(왜구)'은 우리나라(일본)에서 도망쳐 간 무리로서 우리(북조)의 명령을 따르지 않으니 금지하기가 쉽지 않다고 하는 내용의 편지를 규슈탄다이 이마가와 료슌이 부하 신홍을 시켜 보내온 것이었다.[123]

여기서 주목해야 할 점은 〈사료 8〉의 이마가와 료슌의 서신과 〈사료 9〉의 료슌이 파견한 토벌대장 나카가노 요시카즈의 서신, 그리고 〈사료 10〉의 료슌의 동생 이마가와 요리야스가 나카가노 요시가즈에게 보낸 서신에서 공통적으로 지적하고 있는, 구로카와를 거점으로 삼고 이마리만을 입출항하고 있던 남조계의 마쓰라토 무사들에 대하여 '우리나라에서 도망쳐 간 무리(逋逃輩)'라고 하고 있는 것이다. 즉, <u>이는 우왕 2년(1376) 11월부터 3년(1377) 8월 이전까지 고려를 침구한 왜구의 실체에 대하여 규슈탄다이 이마가와 료슌이 남조에 속한 마쓰라토 무사들이었음을 공식적으로 확인해 준 것이었다.</u>

이 '포도배'라는 용어는 『고려사』는 물론 중국과 일본의 외교문서에서도 확

─────

121) 『고려사』 권제133, 우왕 3년(1377) 6월 을묘일 조.
122) 「日本国遣僧信弘来報聘書云, 草窃之賊是逋逃輩, 不遵我令, 未易禁焉」, 『고려사』 권제133, 우왕 3년(1377) 8월 무오일 조.
123) 『고려사』 권제133, 열전 제46, 우왕 4년 6월에 "일본 구주절도사 원료준이 승려 신홍으로 하여금 군사 69명을 거느리고 왜적을 포획하게 하였다"라는 기사가 보인다.

인되는 세 나라의 문헌사료에 공통적으로 보이는 사료 용어로, 왜구에 대한 일본 공권력의 공식적인 명칭이었다.[124] 즉, 고려와 명이 부르는 왜구의 실체에 대하여 일본의 공권력은 '포도배'라고 정의내린 것이다.

V

결 론

경인(년) 이후의 왜구, 즉 고려 말 왜구와 마쓰라토 및 정서부의 관련에 대한 실증적인 연구는 지금까지 거의 전무(全無)하다시피 했다. 이 장에서는 고려 말 왜구를 당시 일본 국내, 특히 규슈 정세에 지대한 영향을 끼쳤던 마쓰라토라고 하는 무사단의 실태와 관련지어 고찰함으로써 고려 말 왜구의 실체에 접근하고 자 했다.

이 장에서 구체적으로 검토한 우왕 2~3년(1376~1377)에 걸쳐 고려를 침구해 온 왜구는 고려 말 왜구 중에서도 가장 많은 침구 지역과 횟수를 기록한 사례였다. 여기서는 이 해의 왜구 침구를 『고려사』의 왜구 기사와 일본의 문헌사료를 대조해 왜구 침구의 배경과 목적 및 그 실체를, 침구 시기 및 지역 그리고 침구 형태의 검토를 통해 규명하고자 하였다.

그 결과, 1376년 11월부터 다음 해 5월까지 고려에 침구해 온 왜구가 1377년 1월 13일에 규슈의 사가현 사가시 교외의 지후 · 니나우치에서 남조와 북조의

---

124) 이에 관해서는 이영, 「동아시아의 파이렛츠와 코르세어」, 『팍스 몽골리카의 동요와 고려 말 왜구』(혜안, 2013) 참조.

군대가 결전을 벌인 전투와 밀접한 관계에 있음을 입증할 수 있었다. 그리고 규슈의 이마리만의 구로카와−이키 섬−쓰시마를 연결하는 왜구의 침구 루트를 확인하였다.

또 하나의 의의를 들자면, 우왕 대 왜구의 실체가 쓰시마와 이키 섬 등의 일본인이 아니라, 그 대부분이 화척과 재인 그리고 제주도 인으로 이루어진 고려인이었다고 주장한 나카무라 히데다카·다나카 다케오·무라이 쇼스케 등 일본의 왜구 연구자들 주장의 허구성을 실증적인 방법으로 입증한 점이다.

나카무라를 비롯한 일본의 왜구 연구자들은 『해동제국기(海東諸国記)』의 "전조(前朝: 고려 왕조)에 우리나라를 침구해 온 왜구들 대부분이 쓰시마와 이키 섬 그리고 마쓰우라 지방 출신들이 많았다"고 하는 사료에 의거해 당시 일본의 국내정세와의 관련에 대해서는 전혀 언급하지 않은 채, 이 지역의 경작지 부족에 기인한 항상적인 식량결핍 문제를 지니고 있었다고 하면서, 고려 말 왜구의 실체를 협소한 이 지역의 주민들만으로 국한해 왔다. 소위 〈삼도 해민〉설이다. 이러한 주장은 고려 말 왜구의 발호(跋扈)를 '남북조 내란'이라는 일본의 국내정세와 차단시키고 고려 지배층의 부패·무능·문약(文弱)·사대주의의 탓으로 돌린 황국사관의 연장선상에 있다고 할 수 있다.

제 6 장

고려 말 왜구의
단계별 침구 양상과 고려의 대응

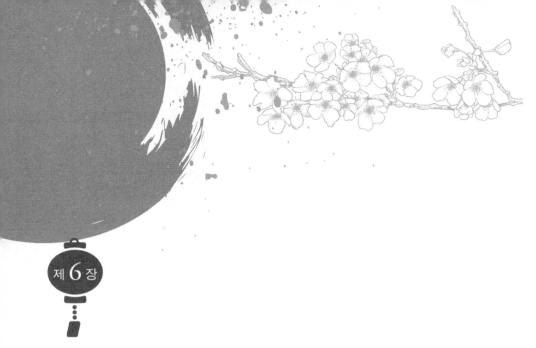

제6장

고려 말 왜구의
단계별 침구 양상과 고려의 대응

서 론

일본은 메이지시대(1868~1912)부터 왜구 문제를 연구해 왔다. 그런데 일본의 왜구 연구는 많은 문제와 오류를 만들어 냈다.[1] 예를 들면, 일본의 대표적인 왜구 연구자인 다나카 다케오(田中健夫)는 고려 말에 왜구가 창궐하게 된 주요 원인으로, '고려 토지제도의 문란(紊乱)'과 거기에 기인하는 '군사제도의 이완(弛緩)'을 들었다.[2] 그리고 이러한 견해는 일본 학계에서 정설(定說)로 통용되고 있으며,[3] 한국 역사학계도 별다른 구체적인 검증없이 이 견해를 무비판적으로 수용해 왔다.[4]

그러나 이는 왜구가 창궐하게 된 근본 원인을 일본이 아닌 고려 사회 내부에서 구하려는 견해로, 범죄 발생의 근본 원인이 가해자가 아니라 잘 대처하지 못한 피해자에게 있다고 주장하는 것과 같은 맥락이다.[5] 또 이상과 같은 주장은

---

1) 이에 관해서는 본서의 제1장과 제2장을 참조.
2) 田中健夫, 「土地制度の整備と軍制の拡充」, 『海の歴史, 倭寇』, 教育社, 1982. 그런데 최초로 이러한 주장을 한 것은 다무라 히로유키(田村洋幸), 「倭寇猖獗の基本的原因」(『中世日朝貿易の研究』, 三和書房, 1967)였다.
3) 현재 일본 중세 대외관계사 학계의 대표적 연구자인 전(前) 도쿄대학 교수 무라이 쇼스케(村井章介)도 「建武・室町政権と東アジア」(『アジアのなかの中世日本』, 校倉書房, 1988, 93쪽)에서 같은 견해를 제시하는 등, 일본의 대표적인 왜구 연구자들은 거의 일치된 견해를 보였다.
4) 예를 들어, 박용운은 『고려시대사』(일지사, 1987)에서 다음과 같이 서술하고 있다.
"무엇보다도 왜구의 창궐이 극심하게 된 데는 전에 역시 설명한 바, 당시 <u>고려의 정치적・경제적 난맥상과 국방력의 약화・허술이 큰 요인이 되었다</u>는 점도 지적되고 있다. 요컨대 일인(日人)들의 가중된 생활고와 고려 및 저들 조정 내부의 동요・혼란이 왜구를 초래한 근본적인 원인이었다고 할 것이다. (중략)"라고 하여 고려 조정의 동요와 혼란을 일본 조정의 그것과 더불어 왜구를 초래한 근본적 원인으로 지적하고 있다.
5) 고려의 토지제도의 문란과, 이에 기인한 군제(軍制)의 동요가, 왜구의 발호(跋扈)와 전혀 무관하

제4장에서 언급한 바, 왜구에 호응해 해방을 원하는 고려의 노예·천민들이 왜구의 길안내를 하거나 또는 일본인 복장을 하고 거짓 왜구 행위를 자행했던 것이 고려 말 왜구의 실체였다고 하는 나카무라 히데다카(中村栄孝)의 주장, 즉 왜구가 본질적으로 일본의 문제가 아니라 고려 국내의 문제였다고 하는 것과 일맥상통한다.

이러한 다나카의 주장은, 막대한 피해를 가져다준 왜구에 대해 고려 조정이 특별히 유효한 대책을 강구하지 않았다고 하는 인식에 토대를 두고 있는 것 같다. 실제로 이러한 주장은 소위 〈삼도(三島) 해민〉설6)과 결합되어 고려 정부는 일본의 변경 도서 지역민들의, 비(非)전문적인 무장집단들의 침구조차 제대로 대응하지 못할 정도로 무능하고 나약한 정권이었으며, 그렇기 때문에 고려 왕조의 멸망은 지극히 당연한 것이었다는 인식이 자리 잡는 데 일조(一助)하게 되었다.

그러나 다나카의 이해와는 달리, 고려 정부가 왜구에 대응해 군제 개혁을 중심으로 다양한 정책을 입안하고 실행해 왔음은 고려사 연구자들 사이에는 주지(周知)의 사실이다.7) 그렇지만 연구의 대부분이 군사제도에만 편중되어 있어서

다고 단언할 수는 없을 것이다. 그러나 '고려의 전제(田制) 문란 및 군제의 이완(弛緩)'과 같은 상태는 왜구가 침구하기 이전인 원 간섭기부터, 아니 그보다 훨씬 전인 무신집권기 때부터 이미 나타난 현상이다. 그리고 전제가 문란하지 않고 군제도 정비된 조선 시대 초기에, 그리고 조선보다 국력이 크고 강한 명나라에도 왜구는 빈번하게 침구해 왔다. 따라서 왜구의 창궐과 전제의 문란 및 군제의 이완은 아무런 직접적인 인과관계가 없다. 또한 본 장의 후반부에서 보다 구체적으로 고찰할 예정이지만, 고려 말기의 군사제도는 토지제도와 직접 관련 없이, 거의 모든 계층에서 병사를 동원하였다.

왜구 발호의 일차적이고 본질적인 원인은 역시 당시 일본 사회의 상황에서 찾아야 하고, 또 왜구의 침구를 가능하게 했던 동아시아 국제질서의 변동 속에서 구해야 한다.

6) 이 주장에 대한 비판적인 검토로 이영, 「〈고려 말·조선 초 왜구=삼도(쓰시마·이키·마쓰우라) 지역 해민〉설의 비판적 검토」(『팍스 몽골리카의 동요와 고려 말 왜구』, 혜안, 2013)를 참조.

7) 이 문제에 관해서는 다음과 같은 연구 성과가 있다. 오종록, 「고려 말의 도순문사—下三道의 도순문사를 중심으로—」(『진단학보』 62, 1986); 동, 「고려 후기의 군사지휘체계」(『국사관논총』, 1991); 권영국, 「고려 말 지방 군제의 변화」(『한국중세사연구』 1호, 1994); 야기 쓰요시(矢木毅), 「高麗における軍令權の構造とその變質」(『東方学報』, 京都第70冊, 1998); 윤훈표, 「고려 말기 군제개혁의 추진과 그 성격」(『여말선초 군제개혁연구』, 혜안, 2000). 그리고 이 시기의 군제에

고려 조정의 왜구 대책을 전반적으로 고찰한 것이라고 보기 어렵다. 또한 고려가 취한 각각의 정책들이 왜구의 다양한 침구 양상에 어떻게 대응하였으며 또 침구 양상의 변화에 대응해 고려의 대책이 어떻게 변해 갔는지, 그리고 그러한 정책들이 어느 정도 실효성이 있었는지 등에 관해서는 구체적으로 밝혀지지 않았다.

따라서 본 장에서는 이러한 문제의식에 입각해 우선 경인년(1350) 이후의 규슈 정세와 왜구의 침구 양상(樣相)을 상호 관련지어 생각해 보고자 한다. 고려 말 왜구를 그 침구 양상에 따라 몇 개의 단계로 나누고, 각각의 단계별 침구 양상의 특성과 그 변화에 따라 고려 조정이 어떻게 대응했는지에 대해 알아보고자 한다. 아울러 각 대책의 상호 인과 및 연관관계에 대해서도 살펴본다.

이러한 문제의식에 입각한 연구를 통하여 첫째, 왜구의 창궐 원인이 고려의 전제 문란과 군제 이완에 있었다는 주장의 허구성을 입증할 것이다. 둘째, 일본의 왜구 연구자들이 오래전부터 제기해 온 『고려사』의 왜구 관련 사료의 신빙성에 관한 논란을 종식시킬 것이다. 셋째, 고려 조정이 무능하고 부패한 나머지, 왜구의 실체가 자국민이 일본인들과 연합해서 행한 것임을 전혀 깨닫지 못하고 있었다는 인식의 전제가 되고 있는 소위 〈왜구=고려(조선)인 주체〉설, 〈왜구=고려·일본인 연합〉설[8], 〈왜구=다민족·복합적 해적〉설[9], 〈왜구=마지널맨(marginal man=境界人)〉설[10] 등이 완전한 허구임을 또 다른 각도에서 입증하게 될 것이다.

관한 연구 동향에 관하여 다음과 같은 글들이 있다. 김남규, 「군사제도」(『한국사론2—고려 편』, 1978); 윤훈표, 「고려시대 군제사 연구의 현황과 과제」(『군사(軍史)』 34, 1997).

8) 이 설의 문제점에 관해서는 이영, 「고려 말기 왜구 구성원에 관한 고찰— '고려, 일본인 연합론' 또는 '고려, 조선인 주체론의 비판적 검토—」(『한일관계사연구』 제5집, 1996)를 참조. 본 논문은 원래 『倭寇と日麗関係史』(도쿄대학 출판회, 1999)에 실린 것을 2011년에 『왜구와 고려·일본 관계사』(도서출판 혜안)로 번역 출간.

9) 이에 관해서는 이영, 「왜구 다민족·복합적 해적설의 허구와 문제점—식민사관과 관련하여」(『동북아역사논총』 26집, 2010); 동, 「〈여말—선초의 한반도 연해도서=다민족 잡거 지역〉설의 비판적 검토」(『팍스 몽골리카의 동요와 고려 말 왜구』, 도서출판 혜안, 2013)를 참조.

10) 이 설에 관해서는 무라이 쇼스케(村井章介), 『中世倭人伝』(岩波新書, 1993)을 참조. 아울러 본서는 이영, 『중세 왜인의 세계』(소화사, 1995)로 번역 출간되었음.

그리고 무엇보다도 왜구 발호의 근원적 원인이 고려 사회 내부가 아니라 일본의 중앙 정계와 연동된 규슈 지역의 군사적·정치적 상황에 있었음을 보여주게 될 것이다.

규슈 정세와 왜구의 침구 양상

고려 말 왜구의 침구 양상은 시기에 따라 다양한 변화를 보인다. 왜구의 침구 양상을 연도별로 지역·횟수·침구 집단으로 구분해 보면 〈표 6-1〉과 같다.

이 〈표 6-1〉을 보면 1350~1352년, 1358~1361년, 1372~1375년, 1376~1385년, 1388~1389년은 왜구가 빈번하게 침구해 온 시기이다. 특히 1376~1383년의 8년 동안은 그야말로 왜구의 최극성기(最極盛期)라고 할 수 있을 정도다. 반면 1353~1357년, 1362~1363년, 1366~1371년, 1386~1387년, 1390~1391년의 기간은 '창궐(猖獗)' 내지는 '발호(跋扈)'라는 표현이 어울리지 않을 정도로 왜구의 침구가 적었던 시기였다고 할 수 있다.

고려 말 왜구는 시종일관 많은 집단이 연속적으로 침구해 왔을 것이라고 생각하기 쉽지만, 실제로는 '①활발하게 침구 → ②소강상태 → ③다시 활발하게 침구 → ④소강상태 → ⑤또다시 활발하게 침구 → ⑥최극성기 → ⑦소강상태'로 그 침구 양상이 시기에 따라 다양한 변화를 보이고 있다.

그렇다면 이상과 같은 침구 양상의 변화는 어떠한 배경을 두고 전개되었던 것일까? 거기에서 일정한 법칙성 같은 것을 발견할 수 있을까? 앞에서 다나카가 언급한 '고려 토지제도의 문란'과 '군사제도의 이완'이라는 이유를 가지고

<표 6-1> 경인(년) 이후의 왜구 침구표[11]

	연도(년)	지역	횟수	집단		연도(년)	지역	횟수	집단
1	1350	8	6	5	22	1371	4	4	3
2	1351	5	4	3	23	1372	18	11	5
3	1352	13	10	7	24	1373	10	6	4
4	1353	1	1	1	25	1374	15	13	7
5	1354	1	1	1	26	1375	13	5	3
6	1355	2	2	1	27	1376	50	15	6
7	1356	0	0	0	28	1377	58	32	7
8	1357	3	3	2	29	1378	51	23	7
9	1358	12	10	2	30	1379	31	22	5
10	1359	4	4	2	31	1380	40	14	5
11	1360	19	5	1	32	1381	33	14	6
12	1361	11	4	2	33	1382	25	8	5
13	1362	2	2	1	34	1383	55	13	6
14	1363	2	1	1	35	1384	19	12	8
15	1364	12	8	5	36	1385	17	11	5
16	1365	6	5	1	37	1386	0	0	0
17	1366	3	3	2	38	1387	7	4	3
18	1367	1	1	1	39	1388	23	9	4
19	1368	0	0	0	40	1389	9	5	3
20	1369	5	2	3	41	1390	7	3	3
21	1370	2	2	1	42	1391	1	1	1

이러한 침구 양상의 변화를 합리적으로 설명할 수 있을까? 아니면 소위 〈삼도(三島) 지역 해민〉설에 입각해 쓰시마·이키(壱岐)·마쓰우라(松浦) 지역의, 해당 연도의 농작(農作)의 풍흉과 관련지어 납득할 수 있는 설명이 가능할 것인가?

---

11) 〈표 6-1〉은 『고려사』와 『고려사절요』의 왜구 침구 기사를 토대로 작성한 것으로 이영, 「고려 말의 왜구와 마산」(『잊혀진 전쟁, 왜구─그 역사의 현장을 찾아서』, 에피스테메, 2007)에서 발췌하였음.

아니면 〈왜구＝고려(조선)인 주체〉설, 〈왜구＝고려·일본인 연합〉설, 〈왜구＝다민족·복합적 해적〉설, 〈왜구＝마지널맨(marginal man＝境界人)〉설 등으로 설명이 가능할까? 필자가 조사한 바에 의하면, 아직까지 시기에 따른 침구 양상의 변화라고 하는 관점에서 왜구 문제를 고찰한 선행 연구는 없는 것 같다.

그런데 이 같은 고려 말 왜구의 침구 상황은 같은 시기의 규슈 지역의 군사정세와 관련지으면 합리적인 설명이 가능하다. 필자는 최초로 고려 말 왜구의 침구를, 그 침구 빈도를 기준으로 삼아 시기별로 분류한 뒤, 그것을 규슈의 군사정세와 관련지어 고찰한 바 있다.[12] 즉, 〈표 6-1〉에 나타난 왜구의 침구 양상을 같은 시기의 규슈 정세와 연결시켜 〈표 6-2〉와 같이 일곱 단계로 나누어 분석·고찰한 것이다.

---

12) 이영, 「고려 말 왜구의 허상과 실상」, 『대구사학』 제91집, 2008.

13) 이 문제에 관해서는 이영, 「경인년(1350)－병신년(1356)의 왜구와 규슈 정세」(『팍스 몽골리카의 동요와 고려 말 왜구』, 혜안, 2013) 및 가와조에 쇼지(川添昭二), (『今川了俊』(吉川弘文館, 1964) 참조.

14) 앞의 주(12) 이영 책, 226~227쪽 참조.

15) 이에 관해서는 이영, 「오호바루(大保原) 전투(1359)와 왜구, 공민왕 6~8년(1357~1359)의 왜구를 중심으로」, 앞의 주(12) 이영 책 참조.

16) 야마구치 다카마사(山口隼正), 「対馬国守護」(『南北朝期九州守護の研究』, 文献出版, 1989), 577쪽 참조.

17) 1372년 8월 규슈탄다이(九州探題) 이마가와 료슌(今川了俊)은 10년 만에 정서부로부터 다자이후(大宰府)를 탈환하는 데 성공한다. 정서부는 같은 해 8월, 고라산(高良山)으로 철수하고, 2년 뒤인 1374년 9월에는 고라산에서도 물러나 본거지인 기쿠치(菊池)로 후퇴했다. 이에 료슌은 진군을 계속해 1375년 7월에 기쿠치의 입구 미즈시마(水嶋)에 진을 쳤다. 앞의 주(13) 자료 참조.
　이처럼 이 기간은 규슈 지방에서 전투가 빈번하게 전개되던 시기로 이와 더불어 왜구의 침구도 이전 시기에 비해 대폭 증가하고 있음을 알 수 있다.

18) 왜구들이 고려로 침공하려면 우선, 고려와 가장 가까운 곳에 위치한 쓰시마에 가서 식수를 공급받고 항해하기에 유리한 바람과 기상을 기다리며 또 침구 대상지에 관한 정보를 얻어야 하며 또 항로를 안내해 줄 사람을 태워야 할 것이다. 그런 점에서 쓰시마의 도움을 빌리지 않고서는 고려에서의 효율적인 약탈을 기대하기는 어려웠을 것이다. 이렇게 생각하면 정서부(征西府)가 왜구에 가세하게 된 것은, 쓰시마가 남조로 변신한 뒤의 일로 보아야 한다. 야마구치 다카마사(山口隼正)에 의하면 정서부가 다자이후에서 쫓겨난 1372년 8월 이후, 쓰시마가 남조가 된 것은 오안(応安) 원년(1368)의 일이다. 앞의 주(16) 논문 참조.
　그런데 같은 오안 원년 1월 정서부의 가네요시 왕자는 오랫동안 기다려 왔던 동정(東征), 즉 휘하의 규슈 군사력을 동원해 교토로 올라갈 계획을 실행에 옮기지만 세토나이카이(瀬戸内海)

〈표 6-2〉 경인(년) 이후 각 시기별 규슈 정세와 왜구의 침구

	시기(년)	규슈 지역의 군사정세	왜구의 침구 정도	침구 주체
A	1350~1352	쇼니 요리히사가 규슈에서 군사활동을 활발하게 전개[13]	활발함.	요리히사 휘하 쓰시마 세력
B	1353~1357	쇼니 요리히사의 군사활동이 휴지기에 들어감.[14]	A시기에 비해 현저히 감소	상동(上同)
C	1358~1361	오호바루 전투를 전후해 쇼니 요리히사의 군사활동이 다시 활발해짐.[15]	B시기에 비해 왜구의 침구 빈도가 현저히 증가	상동(上同)
D	1362~1371	요리히사가 다자이후(大宰府)를 떠나 교토(京都)에서 은거[16]	소강상태(1364년은 예외)	쓰시마 세력
E	1372~1375	1372년에 규슈탄다이와 정서부가 전투 개시.[17] 쇼니씨 참전	D에 비해 대폭 증가	쓰시마 및 정서부 세력[18]
F	1376~1383	미즈시마의 변(水嶋の変) 이후 쓰시마의 소씨가 분열 대립[19]	최극성기(最極盛期)[20]	쓰시마 및 정서부 세력
G	1384~1391	정서부의 본거지 점령당함(1381). 세력이 크게 약화[21]	F에 비해 급감[22]	쓰시마 및 정서부 세력

에서 오우치(大内)의 수군에 패배해 좌절하고 만다[「征西将軍宮海上軍の事」, 『北肥戦誌』(九州治乱記) 巻之三]. 만약 이 시점에 이미 정서부가 왜구에 관여하고 있었다면 동정(東征)에 대비해, 병량미의 확보를 위해 왜구들이 고려로 활발하게 침구하고 있었을 것이다. 그러나 1367년과 1368년은 이와는 정반대의, 즉 왜구가 거의 침구하지 않는 현상을 보이고 있다. 이렇게 볼 때, 정서부가 왜구에 가세하기 시작한 것은 아마도 이마가와 료슌의 군대에 의해 다자이후를 상실하고 군사적으로 열세에 몰리기 시작한 1372년 이후, 규슈 최대의 곡창지대인 지쿠고 평야를 빼앗기고, 이어서 본거지인 기쿠치를 포위당한 1375년 7월 이후부터가 정서부가 본격적으로 왜구와 관련을 맺게 되는 시점으로 생각된다.

원래 정서부의 거점인 히고(肥後, 현재의 구마모토현 일대) 지방은 규슈의 곡창지대였다. 따라서 정서부가 본거지인 히고 지방을 안정적으로 지배하고 있는 한 병량미 조달은 원활하게 이루어졌을 것이다. 그런데 1375년 7월 이후 전장(戦場)이 히고 지방으로 옮겨 온다. 남조와 북조의 군대가 구마모토현에서 대규모 전투를 전개한 것은 1374~1975년, 1377년, 1378~1379년의 세 차례였다. 1376년부터 나타나는 왜구의 극심한 침구 상황은 이러한 추정을 뒷받침하는 것으로 생각할 수 있다. 물론 1371년 10월에도 정서부가 명의 요청에 의해 중국인 포로를 송환하는 사례가 있었다. 그렇지만 아직 이 시점에서 정서부가, 전쟁 물자를 확보하기 위해서 왜구에 적극적으로 가세했다고 보기는 어렵다. 이는 정서부의 적극적인 의지와 관계없이 쓰시마 내지는 마쓰라토(松浦党)에 의해 잡혀 온 포로로 생각된다.

〈표 6-2〉를 통해 규슈의 군사정세와 왜구의 침구 양상 사이에는 다음과 같이 일정한 상관관계가 존재함을 확인할 수 있다.

첫째, 쓰시마의 슈고(守護) 쇼니씨(少弐氏)가 규슈 본토에서 군사활동을 활발하게 전개할 때에는 왜구의 침구가 증가하지만, 반대의 경우에는 대폭 감소하거나 단 한 차례도 침구하지 않는다.

둘째, 설사 쇼니씨가 군사활동의 주역이 아닌 경우라도, 규슈 지역에 장기간에 걸쳐 격렬한 전투가 이어질 때에는 왜구가 대폭 증가한다. 그러나 전쟁이 소강상태에 들어가면 왜구의 침구도 이에 비례해 대폭 감소한다.

셋째, 규슈 지역의 전쟁 상태에 더해 쓰시마 내부 사회가 분열·대립 상태가 되면 왜구의 침구는 최고조로 증가한다.

---

19) 1375년 8월에 발생한 소위 '미즈시마(水嶋)의 변(變)'은 규슈탄다이(九州探題) 이마가와 료슌(今川了俊)이 적의 본거지, 기쿠치를 눈앞에 두고 쇼니씨의 가독(家督)인 쇼니 후유스케(少弐冬資)를 살해한 사건이다. 이 사건을 계기로 정서부를 궁지에 몰아넣었던 북조의 군대는 내분으로 일거에 무너지고 후퇴한다. 그런데 이 사건 직후 쓰시마 내부도 료슌 측과 정서부 측으로 분열되어 대립하게 된다. 규슈 본토에서의 남북조 간의 대립이 쓰시마에도 그대로 옮겨진 것이다.
  F기간(1376~1383) 중에 남북조 양군은 일전일퇴의 공방을 주고받은 결과, 마침내 료슌은 1381년 6월에 기쿠치를 함락한다. 그러나 1383년 9월에 료슌은 마시키(益城, 현재의 구마모토현)에서 포진(布陣)하는 등 남조의 쇠퇴 속에서도 양자 간의 군사적 대치는 이어진다. 앞의 주(13) 자료 참조.
20) F기간(1376~1383)에는 E기간(1372~1375) 수준의 2~3배로 침구 지역이 급증, 그야말로 왜구의 최극성기(最極盛期)라고 할 수 있다.
21) 1384~1385년에는 다시 1372~1375년 수준으로 감소하고, 1386년에는 단 한 차례도 침구해 오지 않았다. 이러한 감소 추세는 고려 말까지 이어진다. 즉, 1388년의 23회 침구를 제외하면 1392년의 고려 멸망 당시까지, 북규슈 지방이 정서부의 지배하에서 정치군사적으로 비교적 안정을 유지해 대규모 전투가 발생하지 않았던 D기간(1362~1371)의 수준까지 떨어지는 급격한 감소세를 보이고 있는 것이다.
  예를 들면 침구 지역의 경우, 1383년의 55에서 19 → 17 → 0 → 7 → 23 → 9 → 7 → 1로, 1388년도에 일시적으로 증가하고 있지만 전반적으로 볼 때 감소하고 있음이 확인된다. 침구 횟수 및 침구 집단의 경우에도 같은 경향을 보이고 있다. '〈표 6-1〉 경인(년) 이후의 왜구 침구표'를 참조.
22) 남조의 쇠퇴로 인한 정세의 안정화가 왜구의 침구가 줄어들게 된 이유라고 생각한다. 이후 규슈의 남조 세력은 1391년 9월에 야쓰시로(八代)의 후루후모토(古麓)에서 정전(停戰)하고 다음해인 1392년 10월에 마침내 남북 양조의 합일(合一)이 이루어짐으로써 60여 년 동안 지속되었던 남북조 내란은 그 막을 내리게 된다.

이처럼 고려 말 왜구는, 그 침구 양상을 규슈 지역의 군사정세와 관련지을 때 합리적으로 설명할 수 있다. 이 같은 특징은 고려 말 왜구가 침구한 주 목적이 전쟁 수행에 필요한 병량(兵糧)을 위시한 재화와 노동력의 확보를 위한 것이었음을 보여 준다.

왜구의 단계별 침구 양상

지금까지 고찰한 것처럼, 왜구의 침구 양상은 결코 일정한 통제 없이 이루어졌던 것이 아니었으며 거기에는 하나의 패턴이 존재하였음이 확인된다. 그중 하나로 쓰시마의 슈고(守護) 쇼니씨(少弍氏)를 둘러싼 규슈 지역의 군사정세와의 상관관계를 지적할 수 있다. 그런데 고려 말 왜구의 침구가 시기에 따라 그 침구 양상이 변화하고 있다는 인식은 이미 고려 시대 당시의 문헌을 통해서도 확인된다. 조정의 고관(高官)이며 유종(儒宗)으로, 왜구와 관련해 『고려사』 등 정사(正史)에서 볼 수 없는 귀중한 사료를 전하고 있는 목은(牧隱) 이색(李穡)의 시가 그것이다. 다음의 〈사료 1〉을 보자.

---

1. 「산중요(山中謠)」[23]
내 일찍 들으니 해적이 출몰하여 때때로 수촌(水村)을 공격한다 하였네.

---

23) 『목은시고 제26권』, 민족문화추진회 간. 민족문화추진회의 번역에 의거함.

맨 처음엔 밤이면 해안을 올라와 담장 넘어 서절구투(鼠窃狗偸)에 그쳤는데

중간에 교만을 떨며 안 물러가고 벌건 대낮에 평원을 횡행하다가

점차 우리 관군과 감히 서로 맞대항하며 새벽부터 황혼까지 북치며 함성을 질러 댔지.

나는 그때 다른 세상일을 들은 듯 여기고 일찍 자고 늦게 일어나 아손들과 놀았었네.

그런데 연래엔 능곡(陵谷) 위치가 문득 바뀌어[24] 적들이 날뛰어서 장차 우리를 병탄(併吞)하고자, (후략)

이 시에서 이색은 왜구의 침구 상황을 다음 3단계로 나누어 이해하고 있다.

Ⅰ. (맨 처음) 밤에 해안가에 상륙해 몰래 도둑질(鼠窃狗偸)하는 단계

Ⅱ. (중간에) 물러가지 않고 대낮에 평원을 떠돌며 고려 토벌대와 전투를 벌이는 단계

Ⅲ. (연래에는) 주객(主客)이 전도(顚倒)되어 마치 고려를 점령하려는 듯 하는 단계[25]

여기에서는 이색의 생각에 따라, 왜구 침구를 세 시기로 나누어 각 단계별로 고려는 어떠한 왜구 대책을 추진하였으며 또한 고려 조정이 각 단계별로 취해 온 다양한 왜구 대책들이 왜구의 침구 양상과 어떠한 상관관계가 있는지 살펴보기로 한다.

---

24) 언덕이 변해 골짜기가 되고, 골짜기가 변해 언덕이 된다는 뜻으로, 군자와 소인의 위치가 서로 전도되는 것을 비유한다. 민족문화추진회의 번역에 의함.

25) 이처럼 '고려 말 왜구의 침구가 시기에 따라 차이가 있었다'고 하는 인식은 『동국여지승람(東国 与地勝覧)』에서도 확인된다(권37. 전라도 장흥 조). 다음을 보자.

"지정(至正) 경인년 이래로 일본 섬 오랑캐들이 침입하여 ⓐ 밤에는 작란(作乱)하다가 날이 밝으면 몰래 곧 달아나므로 나라에서 가볍게 여기고 걱정거리로 삼지 않았는데 날이 갈수록 심해져서 대낮에도 깊숙이 들어와 열흘 혹은 한 달 동안이나 ⓑ 멋대로 횡행하여 바다 근처의 민가는 폐허가 되어 버렸다."

여기서는 이색의 인식과 달리, ⓐ의 '밤에 작란하는' 것과 ⓑ의 '멋대로 횡행하는' 것의 2단계로 묘사하고 있다. 그리고 ⓑ의 고려 국내 깊숙이 침투해 횡행하던 기간을 열흘에서 한 달로 기록하고 있다.

그렇다면 이색이 말한 세 단계는 각각 언제부터 언제까지로 시기를 구분할수 있을까? 우선 Ⅰ단계는 경인년(1350) 이후부터 어느 시점까지일까? 즉, 언제까지 '밤에 해안가에 상륙해 몰래 도둑질하는 형태'로 침구하였을까? 다음의『고려사』 공민왕 21년(1372) 10월의 〈사료 2〉를 보자.

---

　2. 왜적의 배 27척이 양천(陽川)에 들어와 3일 동안 머물러 있었다. 여러 장수가
군사를 거느리고 출전하였으나 아군은 모두 성중애마(成衆愛馬)였으므로 수전(水
戰)에 익숙하지 않아서 대패하였다. 적은 원수기(元帥旗)를 빼앗아 가지고 북을 울
리며 강화에 이르러 읍 사람에게 주고 갔다.[26]

여기서 묘사하고 있는 상황, 즉 '원수(元帥)의 깃발을 빼앗아 가지고 북을 울리는 행동'을, '밤에 해안가에 상륙해 몰래 도둑질하는 형태'였다고 생각하기는어려울 것이다. 그러면 경인년(1350) 이후 언제까지가 Ⅰ단계에 해당하는 시기일까? 이는 일단 Ⅱ단계의 시점(始点)이 언제쯤이 될 것인가라고 하는 문제와도맥락을 같이한다. 이 Ⅱ단계의 특징은 '왜적들이 약탈이 끝난 뒤에도 빨리 물러가지 않는 것'과 '고려의 토벌대와 전투를 벌이는 것'이다.

위의 두 가지 조건은 유기적 관련이 있다. 즉, 당시 고려에는 아직까지 왜구가 침구하면 곧바로 출동할 수 있는 군대가 충분하지 않았고, 대개의 경우 중앙에서 토벌대를 조직해 현지에 파견했다. 토벌대가 도착하려면 일정한 시간이걸렸고 따라서 왜구가 고려군과 전투를 벌이게 된다는 것은 왜구들이 더 이상Ⅰ단계 때처럼 약탈을 마친 뒤에도 곧바로 물러나지 않았음을 알 수 있다. 다시말해서 Ⅱ단계의 가장 중요한 지표는 '약탈을 마치고도 고려에 체재하는 것'이라고 할 수 있다.

그러면 Ⅱ단계의 상황, 즉 왜적들이 약탈을 마친 뒤에도 빨리 물러가지 않고,고려군과 육상에서 전투를 전개하는 것은 언제부터 시작되었을까? 그런데 왜구와의 육상 전투는 Ⅰ단계에 해당하는 경인년(1350) 2월에 이미 발생한 적이 있다.

---

26) 『고려사』 권제43, 공민왕 21년(1372) 10월 신사일 조.

3. 왜가 고성, 죽림, 거제 등에서 노략질하였는데 합포 천호 최선 등이 이들과 싸워 격파하였다. 이때 죽은 적은 3백여 명이었다.[27]

　〈사료 3〉을 통하여 고려군과 왜구 사이에 전투가 발생하였음을 알 수 있다. 그뿐 아니라, 공민왕 7년(1358) 7월에도 다음과 같은 기사가 있다.

　　4. 전라도 도진무 유익환이 왜적 십 명을 살상 포로하였으며 경상도 진무 우승길과 고성 현령 위양용이 왜적과 싸워서 7명을 살상 포로로 삼았다.[28]

　〈사료 4〉에서는 육상 전투가 일어났음을 알 수 있다. 이후 우왕 4년(1378)까지 발생한 육상 전투를 나열하면 〈표 6-3〉과 같다.

　이처럼 위의 〈사료 3〉을 보면, 왜구와 고려군의 육상 전투는 이미 경인년, 즉 충정왕 2년(1350)부터 있었다. 그리고 공민왕 7년(1358)에 1차례 있었으며, 뒤의 〈표 6-3〉에 의하면 공민왕 13년(1364)에는 모두 2차례, 공민왕 19년(1370)에도 1차례 있었음을 알 수 있다. 그렇지만 위의 〈사료 4〉의 사례를 제외하고 1351년(충정왕 3)~1364년(공민왕 13)까지 약 14년 동안에는 육상 전투가 일어나지 않았다. 1364년의 경우에도 1차례의 육상 전투는 수도 개경에서 멀리 떨어진 경상남도 진해(현재 창원시 진동면)에서 발생했다.

　그리고 1364년(공민왕 13) 이후 다음의 육상 전투가 발생한 것은 그로부터 또 6년 뒤인 1370년(공민왕 19)이다. 다시 말해서 1364년에 2차례의 육상 전투가 있은 뒤에도, 매년 연속적으로 전투가 일어난 것은 아니었다.

　『고려사』나 『조선왕조실록』 그리고 여러 문집에서 '경인년 왜구'가 일종의 '성어(成語)'처럼 되어 버린 것도 80여 년의 오랜 '왜구의 공백기'를 깨고 경인년(1350) 이후부터 거의 매년 연속적으로 침구해 왔기 때문이었다.[29] 이 점을

---

27) 『고려사』 권제37, 충정왕 2년(1350) 2월 조.
28) 『고려사』 권제39, 공민왕 7년(1358) 7월 정미일 조.
29) 왜구의 공백기와 이 문제에 관해서는 이영, 「경인년 이후의 왜구와 내란기의 일본사회」(『왜구와 고려·일본 관계사』, 혜안, 2011) 참조.

〈표 6-3〉 왜구와 고려군의 육상 전투(1364~1378)

	시기	내용
1	1364년 3월	경기우도 병마사 변광수와 좌도병마사 이선이 적과 싸워 대패함.[30]
2	동년 5월	경상도 도순문사 김속명이 왜적 3천을 진해에서 쳐서 대승함.[31]
3	1370년 2월	선주에 침입하였으므로 양백연이 맞받아쳐서 50여 명을 벰.[32]
4	1372년 6월	함주와 북청주에서 만호 조인벽이 왜구를 크게 격파, 70여 명을 죽임.[33]
5	동년 9월	양광도 순문사 조천보가 왜적과 용성에서 싸워서 패전하고 죽음.[34]
6	1373년 2월	구산현에서 경상도 순문사 홍사우가 왜구 수백 명 살해, 무기 노획[35]
7	1374년 3월	안주(황해도 재령군)에서 목사 박수경이 왜구와 싸워 격퇴함.[36]
8	1375년 3월	양광도 도순문사 한방언이 경양현에서 왜구와 싸워 패함.[37]
9	동년 8월	경상도 부원수 윤승순이 왜적 26명을 벰.[38]
10	1376년 7월	목사 김사혁이 부여, 공주에 침구한 왜구와 싸워 패함.[39]
11	동년 7월	박인계가 연산현 개태사로 가는 왜구와 싸우다 말에서 떨어져 피살[40]
12	동년 7월	낭산, 풍제 등 고을에 침입. 원수 유영과 병마사 유실이 물리침.[41]
13	동년 10월	한주(韓州)에 침입. 최공철이 공격해 적 백여 명을 벰.[42]
14	1377년 2월	신평현에 침입했는데, 양광도 도순문사 홍인계가 이를 격파함.[43]
15	동년 2월	경양·평택현에 침입. 양광도 부원수 인해가 싸웠으나 이기지 못함.[44]
16	동년 4월	서강에 침입. 최영과 변안렬이 출전하여 이를 격퇴함.[45]
17	동년 5월	안동 조전원수 왕빈이 밀성을 침공한 왜구를 격퇴함.[46]
18	동년 5월	이태조가 지리산에서 왜적을 공격하여 크게 무찌름.[47]
19	동년 6월	서해도 안주에 침입. 김공세 등 3명이 공격. 4명을 죽임.[48]
20	동년 6월	장택현을 침공하였으므로 원수 지용기가 이를 격퇴함.[49]
21	동년 6월	서해도 영강, 장연 등 현을 침공. 세 원수가 이를 격퇴함.[50]
22	동년 7월	풍주를 침입. 서해도 상원수 박보로가 격퇴함.[51]
23	동년 8월	신주, 문화, 안악, 봉주에서 원수 양백익 등이 왜구와 싸워 패함.[52]
24	동년 11월	도순문사 배극렴이 김해와 의창에서 왜구와 싸워 패전함.[53]
25	1378년 3월	원수 왕빈이 남양과 수원부에 침구한 왜구에게 패함.[54]
26	동년 4월	이태조와 양백연이 합세해 승천부에 침구한 왜구를 크게 무찌름.[55]
27	동년 5월	서주 비인현, 수원 용구 등처를 침공. 호장 이부, 적 10여 명을 포로[56]
28	동년 6월	종덕, 송장, 영신현을 침공. 원수 최공철, 왕빈 등이 이를 격퇴[57]
29	동년 7월	아주와 동림사에 침입. 최공철이 적 3명을 베이고 말 20여 필 노획[58]
30	동년 10월	옥주 등지에서 양광도원수 한방언, 왜적 2명 살해, 말 10필을 노획[59]
31	동년 12월	하동, 진주에서 도순문사 배극렴이 왜적 19명을 죽임.[60]

고려한다면 왜구 침구에서 '유사한 현상의 연속적인 발생'이 왜구 침구 양상의 각 단계를 구분할 때 중요한 기준이 된다고 생각한다. 따라서 1364년부터 II단계에 들어간 것이라고 생각하기는 어렵다.

그렇다면 II단계는 언제부터 시작된 것으로 보아야 할까? 일단 약탈을 마치고도 곧바로 물러가지 않은 것이 첫 번째 판단 기준이 되는데, 이러한 현상이 최초로 사료상에 확인되는 것은 바로 〈사료 2〉 1372년(공민왕 21) 10월의 "3일 동안 머물러 있었다"는 것이다. 이 해에는 육상 전투가 2회 발생했고 또 이후 1373년(공민왕 22)(1회), 1374년(공민왕 23)(1회), 1375년(우왕 원)(2회), 1376년(우왕 2)(4회), 1377년(우왕 3)(11회), 1378년(우왕 4)(8회) 등 매년 연속적으로 발생할 뿐 아니라 해를 거듭할수록 그 횟수가 대폭 증가해 갔다. 이러한 현상이 시작된 것이 바로 1372년이었던 것이다.

이처럼 1372년(공민왕 21)이 왜구 침구 측면에서 특별한 해였음은 앞의 〈표 6-1〉에서도 확인할 수 있다. 즉, 이 해는 바로 전년에 비해 침구 지역은 4→18로 침구 횟수는 4→11로 침구 집단 수는 3→5로 각각 약 2배에서 4배까지 증가했다. 이상과 같은 이유에서 I 단계는 1350~1371년까지이며, II단계의 시작은 1372년부터라고 생각할 수 있다.

---

30) 『고려사』 권제40, 공민왕 13년(1364) 3월 병술일 조.
31) 『고려사』 권제40, 공민왕 13년(1364) 5월 조.
32) 『고려사』 권제42, 공민왕 19년(1370) 2월 계유일 조.
33) 『고려사』 권제43, 공민왕 21년(1372) 6월 임인일 조.
34) 『고려사』 권제43, 공민왕 21년(1372) 9월 경신일 조.
35) 『고려사』 권제44, 공민왕 22년(1373) 2월 기해일 조.
36) 『고려사』 권제44, 공민왕 23년(1374) 3월 을해일 조.
37) 『고려사』 권제133, 우왕 원년(1375) 3월 조.
38) 『고려사』 권제133, 우왕 원년(1375) 8월 조.
39) 『고려사』 권제133, 우왕 2년(1376) 7월 조.
40) 앞의 주(39) 사료.
41) 앞의 주(39) 사료.
42) 『고려사』 권제133, 우왕 2년(1376) 10월 조.
43) 『고려사』 권제133, 우왕 3년(1377) 2월 조.
44) 앞의 주(43) 사료.

II단계가 이 해부터 시작된 이유는 무엇일까? 그것은 바로 이 해부터 규슈탄 다이(九州探題) 이마가와 료슌(今川了俊)과 정서부(征西府)의 전투가 시작되었기 때문이다(〈표 6-2〉의 E). 정서부가 10년 넘게 장악해 왔던 규슈 지역의 정치 중심인 다자이후(大宰府)를 북조의 군대가 탈환하기 위해 치열한 공방전을 전개하기 시작한 것이 바로 이 해 8월이었다(제5장 〈표 5-1〉의 ⑩ 참조).

II단계는 언제까지일까? 바로 III단계에 진입하는 시점이 될 것이다. III단계는 '주객이 전도되어 마치 고려를 점령하려고 하는 단계'로, II단계보다 왜구의 침구 양상이 한층 더 심각한 상태에 진입했음을 의미한다. 그러면 III단계는 구체적으로 어떤 상황을 의미하며 또 그것은 언제부터 시작되는 것일까? 다음 〈사료 5〉의 『고려사』의 우왕 2년(1376) 7월의 기사를 보자.

---

    5. 교동현 백성들을 근방 다른 곳으로 옮겨 왜구의 난을 피하게 하였다.[61]

이때는 수도 개경의 외항인 예성강의 남쪽 불과 수 킬로미터밖에 떨어져 있지 않은 교동현(현재의 교동도)의 백성을 이주시키고 있다. 그런데 왜구들이 교

---

45) 『고려사』 권제133, 우왕 3년(1377) 4월 조.
46) 『고려사』 권제133, 우왕 3년(1377) 5월 조.
47) 『고려사』 권제133, 우왕 3년(1377) 5월 계미일 조.
48) 『고려사』 권제133, 우왕 3년(1377) 6월 경술일 조.
49) 앞의 주(46) 사료.
50) 『고려사』 권제133, 우왕 3년(1377) 6월 을묘일 조.
51) 『고려사』 권제133, 우왕 3년(1377) 7월 조.
52) 『고려사』 권제133, 우왕 3년(1377) 8월 조.
53) 『고려사』 권제133, 우왕 3년(1377) 11월 조.
54) 『고려사』 권제133, 우왕 4년(1378) 3월 조.
55) 『고려사』 권제133, 우왕 4년(1378) 4월 조.
56) 『고려사』 권제133, 우왕 4년(1378) 5월 조.
57) 『고려사』 권제133, 우왕 4년(1378) 6월 조.
58) 『고려사』 권제133, 우왕 4년(1378) 7월 조.
59) 『고려사』 권제133, 우왕 4년(1378) 10월 조.
60) 『고려사』 권제133, 우왕 4년(1378) 12월 조.
61) 『고려사』 권제133, 우왕 2년(1376) 7월 조.

〈표 6-4〉 공민왕 20년(1371)~공민왕 22년(1373)의 수도권 해역에 대한 왜구의 침구

	침구 시기	침구 내용
1	공민왕 20년(1371) 7월	예성강에 침입해 병선 40척을 불태움.[62]
2	공민왕 22년(1373) 6월	왜적의 배가 동강과 서강에 모여 양천과 한양(漢陽)에 침범해 민가에 방화하고 백성을 살해하거나 포로로 삼음.[63]
3	동년(1373) 7월	왜적이 마침내 교동을 함락시킴.[64]

동도나 강화도를 비롯한 수도권 일대의 해역에 침구한 것은 우왕 2년(1376)보다 훨씬 이전인 경인년(1350)에 왜구가 재개된 바로 다음 해인 1351년(충정왕 3)부터 시작되었다.[65]

우왕 2년에 근접한 시기에 한정해서 살펴보더라도 대략 〈표 6-4〉와 같은 사례가 확인된다.

이처럼 3년 전인 공민왕 22년(1373) 7월에는 교동현이 왜구들에게 함락당하는 사태가 발생하였음에도 불구하고 별다른 조치를 취하지 않았는데, 3년 뒤인 우왕 2년(1376) 7월에 와서는 교동현의 백성들을 타지로 이동시키는 조치를 취한 것은 고려 조정이 이때부터 사태의 심각성을 절감하고 있었음을 보여 준다고 하겠다. 이러한 고려 조정의 인식 변화는 같은 해 같은 달의 다음 기사에서도 확인된다.

────

6. 왜적이 장차 서울에 침입한다는 헛소문이 돌므로 밤중에 방리군(坊里軍)을 풀어서 성을 수비하고 있었던 중에 또 왜적이 먼저 송악산으로 올라가려 한다는 소문이 있기에 중들을 일으켜 군대를 나누어 요해 지점들을 지키게 하였다.[66]

────

62) 『고려사』 권제43, 공민왕 20년(1371) 가을 7월 계축일 조.
63) 『고려사』 권제43, 공민왕 22년(1373) 6월 정축일 조.
64) 『고려사』 권제43, 공민왕 22년(1373) 7월 갑신일 조.
65) 예를 들어 다음과 같은 사료가 있다. "가을 8월 병술일, 왜선 130척이 자연(紫燕)·삼목(三木) 두 섬에 침입하여 인가를 거의 다 불살랐다."[『고려사』 권제37, 충정왕 3년(1351) 8월 병술일 조]. 여기서 자연도와 삼목도는 현재 인천공항에 해당한다.
66) 『고려사』 권제133, 우왕 2년(1376) 7월 조.

우왕 2년(1376) 7월에 왜적이 마침내 수도 개경까지 침입하려 한다는 헛소문이 떠돌았던 것이다. 사료에서는 '헛소문(訛言)'이라고 했지만, 방리군을 동원해 성을 수비하게 했다든지, 또는 중들을 동원해 요해(要害)지점을 방어하게 했다고 하는 것으로 볼 때, 고려 조정이 왜적의 개경 침입을 단순한 '헛소문'으로만 여기지 않았으며 사태를 얼마나 심각하게 받아들이고 있었는지를 알 수 있다. 해가 바뀌어 우왕 3년(1377)년 3월이 되면서 상황은 더욱 악화되어 갔다. 경상도 원수 우인열이 다음과 같은 보고를 해 온 것이었다.

7. 경상도 원수 우인열이 보고하기를, "왜적이 쓰시마로부터 바다를 뒤덮을 정도이고 돛과 돛대가 서로 이어질 정도입니다. 이미 군사를 보내어 요해처를 나누어 지켰으나, 적이 형세가 성대하고 방어할 곳이 많아서 한 도의 군사로써 나누어 지키기에는 형세가 심히 위태롭고 약하니 조전원수(助戰元帥)를 보내어 요해처를 방비하게 하소서" 하였다. 이때에 강화에 있는 왜적이 서울에 아주 가까이 밀어닥쳐서 국가에서 방비하기에 겨를이 없었는데 또 이 보고를 받자 어찌 할 바를 몰랐다.[67]

이미 수도 개경 근방인 강화도 일대에 왜구들이 몰려와 있는 상황에서 쓰시마 쪽에서는 또 다른 왜구 무리들이 바다를 뒤덮을 정도의 대규모의 선단을 이루어 고려로 향하고 있다는 보고를 들은 것이다. 당시 고려 조정으로서는 이러한 대규모 왜구 선단이 단지 약탈만 마치면 일본으로 돌아갈 것이라고 확신하기는 어려웠을 것이다. 아마도 수도나 영토의 점령에 목적이 있다고 생각해도 결코 무리가 아니었다고 생각한다. 고려 조정은 한 달여 뒤인 우왕 3년(1377) 5월, 마침내 천도(遷都)를 논의하기에 이른다.

8. 경성(京城)이 바다에 인접하고 있어 왜적의 침입을 헤아릴 수 없기에 도읍을 내륙지방으로 옮기려고 기로 윤환 등을 모아 놓고 동(動)·지(止) 두 글자를 써서

---

67) 『고려사절요』 권제30, 우왕 3년(1377) 3월 조.

가부(可否)를 의논하였다. (중략) 경복흥, 최영 등이 태조의 진전(眞殿)에 가서 동 ·
지를 점쳐 '지'를 얻었다. 우가 이르기를, "도적이 매우 가까이 왔는데 점만 좇을
수 있는가" 하고 정당문학 권중화를 철원에 보내어 집터를 살펴보게 하였다.[68]

주위의 반대를 뿌리치고 우왕은 신하를 개성보다 내륙에 위치한 철원에 파
견해 궁궐터를 살피게 하였다. 왜구의 위협으로 천도까지 거론하게 되었다는
것은 분명히 그 이전과 구별되는 새로운 상황이라고 할 수 있다. 천도 논의는
이후에도 이어졌다. 우왕 4년(1378) 12월에 좌소조성도감(左蘇造成都監)을 설치
해 수도 이전을 위한 공사를 시작하였다.[69] 당시 천도 논의가 오로지 왜구 때문
이었다고는 할 수 없지만,[70] 고려 조정이 왜구가 수도 개경에 쳐들어올지도 모
른다는 위구심을 강하게 지니고 있었던 것은 사실이다. 예를 들어 우왕 4년
(1378) 4월에 왜선이 착량(窄梁, 김포해협 남쪽 입구)에 크게 모여 승천부에 들어
와서 말을 퍼뜨리기를, "장차 경성을 침구한다"고 하니 안팎이 크게 진동했다
[71]는 것처럼 수도 지역 방위에 대한 우려는 1376년부터 1377년, 1378년으로 이
어진다.

고려는 불과 10여 년 전인 공민왕 10년(1361) 11월에 홍건적에 의해 수도를
점령당하고 국왕이 안동까지 피난을 떠난 쓰라린 경험을 했었다. 따라서 왜구
로 인한 천도 논의가 시작된 것은 그 이전 상황과 확연히 구별되는 단계로 보아
야 할 것이다. 그로부터 1년여가 지난 우왕 4년(1378) 12월에는 천도에 대비한
공사에 착수한다.[72] 다음 〈사료 9〉는 이러한 왜구의 개경 침구 가능성에 대해

---

68) 『고려사절요』 권제30, 우왕 3년(1377) 5월 조.
69) 『고려사』 권제133, 우왕 4년(1378) 12월 조.
70) 예를 들어 신돈이 비밀리에 시중 이춘부를 시켜서 충주로 도읍을 옮길 것을 청했다가 공민왕이
    노하자 신돈이 핑계하기를 "송경(松京)은 바다에 가까우니 해구(海寇)가 두렵다" 하여 해명하
    였다고 하는 기사가 있다. 『고려사절요』 권제28, 공민왕 18년(1369) 가을 8월 조.
71) 『고려사절요』 권제30, 우왕 4년(1378) 여름 4월 조.
72) "좌소조성도감(左蘇造成都監)을 설치하였다. 당시의 공론이 수도를 이전하려고 하였다. 이것은
    국사(國史)에 좌소(左蘇)에 백악산(白岳山), 우소(右蘇)에 백마산(白馬山), 북소(北蘇)에 기달산
    (箕達山) 등 3개소에 궁궐을 창건한다"라는 문구가 있었으므로 이 공사를 일으킨 것이다." 『고

고려 조정이 얼마나 심각하게 받아들였는지를 잘 보여 준다.

———

　9. 왜적이 또 다시 강화에 침입하자 강화로부터 봉화가 대낮에 계속 올랐고 서울은 계엄 중에 있었다. 원수들을 동강과 서강에 배치하여 수비하게 하며 용사들을 모집해 모두 관직을 상으로 주기로 하고 우선 각각 포(布) 50필씩을 주었다.73)

　우왕 3년(1377) 5월의 "왜적을 물리치기도 전에 용사들에게 관직을 상으로 주기로 하고 미리 포 50필씩을 주었다"라는 기사를 통해 왜구의 개경 침구 위험에 대해 고려 조정이 얼마나 당황했으며 또 초조해했는지를 잘 엿볼 수 있다.
　비단 천도 논의만이 아니었다. 왜구의 폐해는 나날이 더욱 심각해져 갔다. 우왕 3년(1377) 7월에는 왜적이 강화에서 물러나 수안, 통진, 동성(현재의 경기도 김포시) 등 현을 노략질했는데 지나간 곳마다 아무것도 남지 않았다고 한다.74) 이런 상황은 해를 거듭할수록 더욱 심해져 갔다. 그래서 우왕 7년(1381) 3월에는, 전라도의 주린 백성들이 다수 굶어죽었으며 각처에서 경비병과 인민들이 살 길이 없어서 절반 이상이 도망치거나 유랑의 길을 떠났기 때문에, 바닷가에 있는 주군에 3년간의 조세를 감면해 주었다.75) 그리고 같은 해 6월에는 왜적의 침략과 한재(旱災)로 인해 공물과 부세를 바치지 못해 요물고(料物庫)와 각 창고에서 저장물이 다 고갈되었다는 보고가 있었다.76)
　또한 우왕 2년(1376)은 왜구의 침구 빈도가 급증하기 시작한 해였다. 〈표 6-1〉의 '경인(년) 이후의 왜구 침구표'를 보면, 우왕 2년(1376)은 전 해에 비해 침구 지역은 13→50으로, 침구 횟수는 5→15로, 침구 집단의 수는 3→6으로 증가하

———

　　려사』 권제133, 우왕 4년(1378) 12월 병오일 조.
　　　이 공사는 곧바로 반대에 직면한다. 즉, 다음 해 정월에 간관들이, 왜적의 침략과 수해 및 한재로 백성들이 고통받고 있으니 이 공사를 중지할 것을 간언하지만 우왕은 이를 받아들이지 않았다. 『고려사』 권제134, 우왕 5년(1379) 정월 을해일 조.
73) 『고려사』 권제133, 우왕 3년(1377) 5월 조.
74) 『고려사절요』 권제30, 우왕 3년(1377) 3월 조.
75) 『고려사』 권제134, 우왕 7년(1381) 3월 무술일 조.
76) 『고려사』 권제134, 우왕 7년(1381) 6월 조.

였다. 또 〈표 6-3〉을 살펴보면 육상 전투의 발생 횟수도 전년의 2회에서 4회로 증가하였다. 이상과 같이 볼 때, 우왕 2년(1376)부터를 Ⅲ단계의 시점으로 생각할 수 있다. 따라서 Ⅱ단계는 1372년부터 1375년까지가 된다.

그러면 Ⅲ단계는 1376년부터 언제까지에 해당할까? 〈표 6-1〉에서 보듯이, 1384년에 들어오면 침구 지역이 크게 감소한다. 그러나 19지역(1384), 17지역 (1385)은 여전히 적은 숫자라고 할 수 없다. 그런데 1386년에는 단 한 번도 왜구가 침구해 오지 않게 된다. 그리고 이러한 감소 경향은 고려 말까지 이어져, 1386년부터 1391년까지는 1388년에 23지역을 침구한 것을 제외하면 전반적으로 Ⅰ단계 수준까지 감소된다. 따라서 1385년까지를 Ⅲ단계로 생각할 수 있다.

이제까지 이색의 단계별 구분과 시기·특징 등을 살펴본 내용을 요약하면 〈표 6-5〉와 같다.

그러면 여기에서 각 단계별 왜구 침구 상황의 차이는 어디에서 기인하는 것인지 생각해 보자. Ⅰ단계의 경우, 북규슈 지역의 군사적 충돌은 오호바루 전투 시기를 제하고 쇼니씨의 군사활동을 중심으로 비교적 소규모로 이루어지던 시기였다. 특히 1361년부터 1371년까지 약 11년 동안은 쇼니 요리히사가 정치 일선에서 물러나 교토에서 은거하던 시기로 그의 세력 약화가 두드러졌던 때였다.

Ⅱ단계는 이마가와 료슌이 적극적으로 규슈 남조(정서부)에 대한 군사 공세를 강화하면서부터 규슈 지역에서의 내전이 격화되기 시작하던 시기에 해당한다.

Ⅲ단계는 1376~1385년의 시기다. 우왕 2년(1376)부터 왜구의 침구가 Ⅲ단계에 진입하게 된 것은 〈표 6-2〉의 F에서 보듯이, 전년도(1375)에 미즈시마의 변

〈표 6-5〉 목은 이색의 고려 말 왜구 침구의 세 단계

단계	이색의 구별	시기(년)	특징
Ⅰ	밤에 해안에 상륙, 몰래 도둑질	1350~1371	밤에 침구, 낮에는 도주
Ⅱ	약탈 뒤 바로 철수하지 않고 대낮에 평원을 떠돌며 고려군과 전투를 벌임	1372~1375	고려군과 왜구의 매년 연속적인 육상 전투 발생
Ⅲ	마치 고려를 점령하려고 하는 수준	1376~1385	수도권 해역에 대규모 왜구의 연속적인 침구

이 일어난 뒤, 쓰시마의 소씨가 각각 남조와 북조로 분열·대립하기 시작한 것과 밀접한 관련이 있다고 생각된다. 또한 1361~1371년의 약 11년 동안 정서부가 북규슈 지역을 장악하고 있던 기간 중에 북규슈 지역의 마쓰라토를 위시한 여러 무장집단들이 남조의 군사력으로 편입되어 있었다. 즉, 이 기간을 거치면서 정서부 세력의 왜구화의 기반이 갖추어졌다고 생각된다. 특히 본서의 제5장에서 검토한 바 1376년 말~1377년의 남조와 북조의 군대가 지후·니나우치에서 벌인 결전과 같이 전선이 규슈 북부에 형성되어 있었다. 그리고 1375년에 이어서 1379년, 1381년에 걸쳐서 전개된 이마가와 료슌의 남조의 본거지 기쿠치에 대한 장기적인 포위작전으로 정서부는 병량을 비롯한 전쟁 수행 물자의 보급에 어려움을 겪을 수밖에 없었다. 이러한 상황이 남조 세력에 의한 고려 침구의 격화를 초래한 것이다.

이처럼 각 단계별 왜구의 침구 상황은 규슈 지역에서의 군사 및 정치 상황과 일치함을 알 수 있다.

고려의 단계별 왜구 대책

지금까지 고려 말 왜구의 침구 양상을 이색의 인식을 기준으로 하여 세 단계로 분류해서 살펴보았다. 이제 각각의 단계에서 고려의 왜구 대책은 어떤 것이었으며, 또 그러한 대책은 각 단계별 왜구의 침구에 관한 고려 조정의 인식을 어떻게 반영하고 있는지에 대해 살펴보기로 하자.

1. I단계의 왜구 대책

I단계에서의 왜구 대책은 대략 〈표 6-6〉과 같이 정리할 수 있다.

〈표 6-6〉 I단계(1350~1371)의 고려의 대책

	시기	내용
1	1350년 2월	왕이 친히 연경궁에서 왜적기양법석(倭賊祈禳法席)을 베풂.[77]
2	1352년 2월	왜구 대책을 널리 구함.[78]
3	동년 3월	백관(百官)과 방리(坊里)의 민가에서 군량미와 화살을 거두어 들임.[79]
4	동년 윤3월	모든 관리들에게 무기를 갖추게 하고 점검함.[80]
5	동년 8월	송악산 봉화소(烽火所)를 설치함.[81]
6	1358년 4월	왜적을 막아내지 못한 자들을 모두 군법으로 다스리도록 명령함.[82]
7	동년 4월	바닷가의 창고를 내지로 옮기자고 청하니 왕이 이 말에 좇음.[83]
8	동년 5월	방(坊)과 리(里)의 장정을 징발하여 병사로 임명함.[84]
9	동년 7월	중국 해상(海商)들에게 전라도의 벼를 수송케 함.[85]
10	1359년 5월	왜적이 침입하여 국내에 들어찼다 하여 태묘에 기도를 드림.[86]
11	1360년 5월	방리(坊里)의 장정으로 군대 편성. 모든 관리에게 조전(助戰)을 명령[87]
12	1361년 5월	전라도 수자리(戍)의 폐단을 거론하고 그 폐지를 건의함.[88]
13	1366년 8월	김용을 일본에 파견하여 정동행성의 첩장을 전달하게 함.[89]
14	1366년 11월	검교 중랑장 김일을 일본에 파견하여 해적을 금지할 것을 요구함.[90]
15	1368년 윤7월	강구사 이하생을 쓰시마에 파견함.[91]
16	동년 11월	쓰시마 만호 숭종경에게 쌀 1천 석을 줌.[92]
17	1369년 11월	국가에서 왜인을 거제도에 살도록 허락했는데, 이때 침범해 옴.[93]

---

77) 『고려사』 권제37, 충정왕 2년(1350) 2월 임인일 조.

78) 구체적으로 다음과 같은 내용이다. "좋은 대책은 실시하고 후한 상을 하사함. 무공을 세운 자는 승진시킴. 적의 추포에 자진응모한 자 중 양반은 벼슬을 3등급 승진시키고 천인(賤人)은 돈을 하사함." 『고려사』 권제38, 공민왕 원년(1352) 2월 병자일 조.

79) 『고려사』 권제38, 공민왕 원년(1352) 3월 기미일조 초하루 갑술일 조.

80) "재추(宰樞) 이하 각사(各司)의 영사(令史)들까지 모두 활 1개, 주살(弋) 1개, 칼 1자루씩 갖추게 하고 이를 점검하였다." 『고려사』 권제81, 병(兵) 1, 공민왕 원년(1352) 윤3월 조.

81) 『고려사』 권제81, 병(兵) 1, 충정왕 3년(1352) 8월 조.

82) 『고려사절요』 권제27, 공민왕 7년(1358) 여름 4월 조.

83) 『고려사』 권제39, 공민왕 7년(1358) 4월 정유일 조.

Ⅰ단계, 즉 '밤에 몰래 상륙해 도둑질하는 단계'의 약 22년 동안 총 17건의 왜구 대책이 발포되었다. 1년에 0.8건 정도가 된다. 그 사례를 분석해 보면, 종교적 대책(기도)이 2건, 왜구 대책의 공모가 1건, 모든 관리들의 무기 소지를 의무화하고 이를 점검한 것 1건, 군량미와 화살 등 무기 징발이 1건, 봉화소를 설치한 것 1건, 방리의 장정을 동원한 것이 2건, 군법 적용 1건, 수(戍)자리 폐지 건의 1건, 창고의 내지(內地) 이전이 1건, 중국인에게 조운을 위탁한 것이 1건, 사신 파견(일본 및 쓰시마)이 3건, 쓰시마에 쌀 1천 석 하사가 1건, 왜인들에게 거제도 거주를 허락한 것이 1건 등이다.

대책 공모를 '민정(民政)', 무기 징발과 군법 적용, 장정 동원 그리고 봉화소 설치 및 수자리 폐지를 '군사', 조운의 위탁과 창고 이전을 '교통', 쓰시마에 대한 대책을 '외교', 기도 등을 '종교'로 분류하면 〈표 6-7〉과 같다.

〈표 6-7〉을 통해 왜구 침구의 Ⅰ단계에는 군사적인 대책과 비(非)군사적인 대

---

84) 『고려사』 권제39, 공민왕 7년(1358) 5월 신해일 조.
85) 『고려사』 권제39, 공민왕 7년(1358) 7월 임술일 조.
86) 『고려사』 권제39, 공민왕 8년(1359) 5월 병오일 조.
87) 『고려사』 권제39, 공민왕 9년(1360) 5월 기유일 조.
88) "전라도 안렴사 전녹생이 아뢰기를, '주와 현의 관리의 폐단 중에 왜적을 막을 때의 폐단이 가장 큽니다. 경인년 이후로 전라도 내의 수자리의 수효는 해마다 늘어나 지금은 18곳에 두었사오며, 그곳의 군관들은 주군에서 사나운 행동으로 위엄을 세워 고을을 쇠퇴하게 하고 마침내는 수졸들을 부려 자신의 일을 하도록 하니, 수졸이 도망가 적이 오면 주군의 사람들을 징발하여 이를 연호군(煙戶軍)이라 이릅니다. 수자리를 설치하였으나 적을 막아 냈다는 말은 듣지 못하고 백성을 해롭게 하는 것만 보니 많은 수자리를 혁파하시고 주군에서 보고하기를 신중히 하며 척후를 엄하게 하여 변고 있을 때에 대비하도록 하는 것만 같지 못할까 하나이다' 하였다." (『고려사절요』 권제27, 공민왕 10년 5월 조). 그러나 이러한 건의가 수용되었는지 여부는 알 수 없다.
89) 『태평기(太平記)』 권제39, 「高麗人来朝事」에 보이는데, 관련 사료도 남아 있어서(『大日本史料』 제6편 해당 조) 그 경과를 알 수 있다. 그 사료에 따르면, 조지(貞治) 5년(1366) 9월, 고려 사신 김용(金龍)이 이즈모(出雲) 지방에 도착(『太平記』 권제39, 「高麗人来朝事」), 그다음 해 2월 14일에 셋쓰노구니(摂津国) 후쿠하라(福原) 효고노시마(兵庫島)(『善隣国宝記』)를 거쳐서 교토(京都)에 들어왔다(『後愚昧記』 조지 6년 3월 24일 조). 보다 자세한 내용은 본서의 제3장 참조.
90) 『고려사』 권제41, 공민왕 15년(1366) 11월 임진일 조.
91) 『고려사』 권제41, 공민왕 17년(1368) 윤7월 조.
92) 『고려사』 권제41, 공민왕 17년(1368) 11월 병오일 조.
93) 『고려사』 권제41, 공민왕 18년(1369) 11월 무오일 조.

〈표 6-7〉 고려 조정의 부문별 대책(I단계)

종류	종교	군사	외교	교통	민정
건수	2	7	5	2	1
비율(%)	12	41	29	12	6

책이 약 4 : 6 정도 비율로 발표되었음을 알 수 있다. 그런데 군사적 대책이라 하더라도 그 내용은 겨우 무기 징발이나 군법 적용, 장정 동원, 봉화소 설치 등으로 방어적인 것이었다. 다시 말해 (뒤에서 살펴보겠지만) 군함의 건조나 화포 사용과 같은 적극성을 띤 것이 아니었다. 더욱이 그중 1건은 수자리의 폐지를 건의한 것이다. 설사, "전라도 지역의 수자리의 설치가 왜구 방어에 도움이 되지 못하고 오히려 관리들이 백성들을 고통스럽게만 할 뿐이다"라고 해서 그 폐지를 건의한 것은 아직까지 왜구의 폐해가 심각한 상황에까지 도달하지 않았음을 보여 주는 것이라고 할 수 있다. 그리고 무엇보다 왜구를 퇴치하는 데 직접적인 효과를 기대할 수 없는 '기도'가 2건이나 포함되었던 것은 당시 고려 조정이 취한 대책의 소극성을 잘 보여 준다.

또 당시 고려 조정이 취한 대책을 대내적인 것과 대외적인 외교 대책으로 나누면, 전자가 12건이고 후자는 5건이다. 즉, I단계의 대외적인 대책은 전체의 약 30%의 비율로 (뒤에 살펴보듯이) II, III단계에 비교하면 외교적인 해결책에 대한 의존도가 높았다고 할 수 있다. 그런데 고려 조정이 최초로 일본에 금왜요구(禁倭要求) 사절을 파견한 것은 경인년에 왜구가 재개된 이후 무려 17년째에 해당하는 공민왕 15년(1366)이 최초였다.[94] 외교 대책 5건은 I단계의 마지막 시기에 집중되어 있는 것이다. 다시 말해 경인년 이후 1366년 8월까지 16년 이상, 고려는 대책다운 대책은 거의 강구하지 않았던 것이다.[95] 이처럼 I단계의

---

94) 앞의 주(89), (90) 참조.

95) 1350~1366년 8월 이전 기간 동안 고려 조정이 왜구 대책에 소극적이었던 것은 두 차례에 걸친 홍건적의 침공(1358년과 1361년)이 있었고, 공민왕의 반원자주개혁(反元自主改革) 추진 이후, 원나라가 반감을 품고 침공하겠다고 지속적으로 위협해 왔기 때문이다. 따라서 고려는 이에 대비하기 위해 북쪽 국경지대에 국력을 집중시켜야만 했다. 이에 관해서는 본서의 제7장, 제8장, 제9장을 참조.

대책은 소극적·방어적이며 외교적 대응 중심이었던 것이다.

2. Ⅱ단계의 왜구 대책

'대낮에 평원을 떠돌아다니며 고려 토벌대와 전투를 벌이는' 제Ⅱ단계에 들어오면 고려 조정의 대책은 어떻게 변화할까? 다음의 〈표 6-8〉을 보자.

〈표 6-8〉 Ⅱ단계(1372~1375)의 고려의 대책

	시기	대책
1	1372년 10월	(왕이) 인월곶에서 화전(火箭)을 시위. 수군을 열병함.[96]
2	1373년 정월	바닷가 여러 군에 백성들을 잘 돌보게 하기 위해 안집별감을 파견[97]
3	동년 7월	동서강(東西江) 창(倉)에 성을 쌓음.[98]
4	동년 8월	모병을 통해 의용좌우군을 설치하고 판관, 지사를 두어 영솔케 함.[99]
5	동년 10월	전함 건조를 명령함.[100]
6	동년 10월	(왕이) 서강성에 머물며 새로 만든 병선을 검열, 화전 화통을 시험[101]
7	동년 11월	명나라 중서성에 화약 공급을 요청함.[102]
8	1374년 정월	양광도와 전라도에 안무사를 파견. 포왜만호(捕倭萬戶)를 겸직시킴.[103]
9	1375년 정월	5부 도총도감이 흥국사에서 각령 및 방리의 무장을 검열함.[104]
10	동년 2월	판전객시사(判典客寺事) 나흥유를 일본에 친선사절로 보냄.[105]
11	동년 5월	순천, 연기 등지에 항복한 왜인들을 두고 관에서 양식을 공급[106]
12	동년 9월	동리의 장정들과 각 왕릉의 능지기들을 군사로 편입함.[107]

96) 『고려사』 권제43, 공민왕 21년(1372) 10월 갑오일 조.
97) 『고려사』 권제44, 공민왕 22년(1373) 정월 계해일 조.
98) 『고려사절요』 권제29, 공민왕 22년(1373) 7월 조.
99) 『고려사』 권제81, 병(兵) 1, 공민왕 22년(1373) 8월 조.
100) "장수와 수령을 승진, 출퇴하게 하고 군호(軍戶)는 적(籍)을 작성. 70세 이상의 사람에게 품계에 따라 쌀을 차등 있게 내어 군수(軍需)를 돕게 함." 『고려사절요』 권제29, 공민왕 22년(1373) 겨울 10월 조.
101) 『고려사』 권제44, 공민왕 22년(1373) 10월 병자일 조.
102) 『고려사』 권제44, 공민왕 22년(1373) 11월 을축일 조.
103) 『고려사』 권제44, 공민왕 23년(1374) 정월 계유일 조.
104) 『고려사』 권제81, 병(兵) 1, 우왕 원년(1375) 정월 조.

종류	군사	외교	교통	민정
건수	7	3	1	1
비율(%)	58.3	25	8	8

Ⅱ단계인 1372~1375년의 약 4년 동안 총 12건의 왜구 대책이 수립되었다. 1년당 3건에 해당한다. Ⅰ단계에 비해 4배 가까이 많은 대책을 내놓고 있다. 그 내용을 분석하면 신무기의 개발 및 시험 2건, 전함 건조 및 검열 2건, 포왜만호 및 추포만호 임명 2건, 수도와 지방의 장정 징발 1건으로 국방 대책이 총 7건에 달한다. 그중에서도 수군 대책이 4건으로 약 57%에 달한다.

그리고 안집별감의 파견 1건(민정), 창고에 축성 1건(교통), 사절 파견 2건, 왜구의 항복 수용 1건 등이다. 왜구의 항복 수용을 넓은 의미의 '외교'로 분류해, 부문별로 정리해 보면 〈표 6-9〉와 같다.

우선 Ⅰ단계와 비교하면, '기도'와 같은 종교적인 대책이 1건도 보이지 않는다는 점이 눈에 띈다. 그리고 Ⅱ단계에 들어오면 군사적인 대책과 비(非)군사적인 대책이 약 6∶4의 비율이 되는데, 이것은 Ⅰ단계가 4∶6의 비율이었던 것을 생각하면 왜구 대책이 군사적 성격을 강하게 띠게 되었음을 보여 준다. 다시 말해 고려 조정이 보다 실효성 있으면서 구체적이고 적극적인 대책 강구에 나섰다는 것이다.

또한 군사대책이라 하더라도 Ⅰ단계와 비교하면 큰 차이가 보인다. '신무기 개발 및 시험'은 물론, '전함 건조 및 검열'에 '포왜만호 및 추포만호의 임명'이라는 공격적인 대책이 처음 보인다. 특히 Ⅰ단계에 해당하는 공민왕 원년(1352)

---

105) 『고려사』 권제133, 우왕 원년(1375) 2월 조.
106) 『고려사절요』 권제30, 우왕 원년(1375) 5월 조.
107) "양광, 전라, 경상 등의 군사를 징발해 이성계와 최영에게 영솔시켜 동강과 서강에서 시위를 하면서 적을 방비케 한 뒤, 각도 군사들을 돌려보냄." 『고려사절요』 권제30, 우왕 원년(1375) 9월 조.

〈표 6-10〉 I 단계와 II 단계의 왜구 대책의 비교

	I 단계	II 단계	비교
1	1년에 평균 0.8건(23년에 17건)	1년에 평균 3건(4년에 12건)	약 4배 증가
2	군사대책 : 비군사대책(4:6)	군사대책 : 비군사대책(6:4)	군사대책의 증가
3	군량미와 화살을 징발	화전과 화통 시험. 병선 검열	공격적 군사 대응
4	바닷가 창고를 내지로 이전	동서강(東西江) 창(倉)에 축성	적극적 방어
5	중국 해상(海商)에 조운을 위탁	명나라에 화약 공급을 요청	군사외교의 전개
6	관리들에게 조전(助戰)을 명령	포왜만호, 추포만호 임명	공격적 군사 대응
7	투항 왜인 수용지, 거제와 남해	순천과 충북 연기(투항 왜인)	내지로 이전
8		연해주군에 안집별감을 파견	새로운 대책

에 이미 이색의 수군(水軍) 재건을 위한 건의가 있었지만,[108] 그때는 채택되지 못했던 것이 공민왕 23년(1374) 정월에 검교중랑장 이희가 수군 재건을 건의한 것을 계기로 하여 본격적으로 추진된다.[109]

또한 I 단계 때에는 바닷가 창고를 내지(內地)로 이전시켰던 것에 비해, II 단계에 들어오면 연해 지역의 창고에 성을 쌓는 등 교통정책에서도 적극성을 띠게 된다. 그뿐 아니라 연해 주군에 안집별감을 파견해 유이민(流離民)의 발생을 적극적으로 막고 있다.

대외적인 대책인 외교사절의 파견이 2건인데, 그중 1건은 중국에 화약 공급을 요청한 것이었다. 이 시기에 들어오면 명나라는 고려에 대해서도 왜구금압을 요구하기 시작하는데, 고려가 명나라에 대하여 화약의 공급을 요청한 것은 이러한 명나라의 외교적 압박을 역으로 이용한 것이었다.[110]

I 단계와 II 단계의 대책을 부문별로 비교해 보면 〈표 6-11〉과 같다.

II 단계에 들어오면 '기도'와 같은 종교적 대책은 일절 보이지 않는다. 그리고 군사대책의 비중이 약 1.4배로 대폭 늘어난 반면, 종교와 같은 실효성 없는

---

108) 『고려사』 권제115, 열전 제28, 이색 전.
109) 『고려사절요』 권제29, 공민왕 23년(1374) 봄 정월 조.
110) 이에 관해서는 본서 제9장 참조.

<표 6-11> I단계와 II단계의 부문별 대책 비교

(단위 : %)

항목	군사	외교	교통	민정	종교
I 단계	41	29	12	6	12
II단계	58.3	25	8	8	0
비교	+17	−4	−4	+2	−12

비군사적인 대책의 비중은 크게 감소한다. 그리고 외교적 대응도 크게 감소하지 않았다. 결론적으로 II단계의 대책은 I단계에 비해 훨씬 더 구체적이고 적극적·공격적인 성향을 띠었다고 평가할 수 있다.

이처럼 왜구들이 '밤에 몰래 상륙해서 도둑질하던 수준'에서 '대낮에 평원을 떠돌아다니며 고려 토벌대와 전투를 벌이는 행태'로 극성을 부리자, 고려 조정도 수수방관하지 않고 이에 따라 강경하게 대응해 갔던 사실을 확인할 수 있다.

고려의 대응에 이러한 변화가 발생한 이유는 무엇일까? 가장 근본적인 원인은 역시 원나라가 1369년에 수도 북경을 버리고 북으로 도주했다[111]는 동아시아 국제정세의 대변혁에 있었다. 즉, 고려가 원의 몰락으로 원나라의 군사 침공 위협에서 자유로워지자, 공민왕 15년(1366)에 일본에 대하여 금왜요구 사절을 파견한다.[112] 앞에서 설명한 대로 이에 대응해 무로마치 막부는 이마가와 료슌(今川了俊)이라는 특급 인물을 파견해 규슈 지역에 적극적인 군사개입을 하게 된다.[113] 그리고 이어서 새로운 중원의 패자(覇者)인 명나라도 1370년에 고려와 막부에 대하여 외교적 압력을 가해 오기 시작했다.[114] 그러던 중, 이마가와 료

---

111) 「大明兵至通州. (中略) 丙寅, 帝御淸寧殿, 集三宮后妃, 皇太子, 皇太子妃, 同議避兵北行. (中略) 卒不聽, 至夜半, 開健德門北奔」『元史』권제47, 순제 10, 28년 7월 윤달 조. 이러한 원의 도주가 왜구에 미친 영향에 관해서는 본서 제7장 참조.

112) 이에 관해서는 본서 제7장 참조.

113) 이에 관해서는 본서 제7장 참조.

114) 이에 관해서는 무라이 쇼스케(村井章介), 「日明交涉史の序幕」(『アジアのなかの中世日本』, 校倉書房, 1988); 鄭樑生, 「明代倭寇」(『明日関係史の研究』, 雄山閣, 1985); 사쿠마 시게오(佐久間重男) 「明初の日中関係をめぐる二、三の問題—洪武帝の対外政策を中心に」(『日明関係史の研究』, 吉川弘

슌은 1372년 5월에 하카타(博多)에서 명의 홍무제가 파견한 사신을 체포해 심문한 결과, 정서부의 가네요시 왕자가 명나라의 책봉을 받게 된 사실을 알게 된다.[115] 그것은 이후 료슌의 대(對) 정서부 군사 공세를 더욱 강화하게 해 규슈의 내전을 격화시켰으며 그것이 결국에는 왜구의 폭발적인 침구 증가로 나타난 것인데, 고려 역시 명의 금왜 압력을 군사원조로 이끌어 내 왜구 대책에 적극성을 띠게 된 것이다.

3. Ⅲ단계의 왜구 대책

'대낮에 평원을 떠돌아다니며 고려 토벌대와 전투를 벌이는' Ⅱ단계에서 '마치 고려를 점령하려고 하는' Ⅲ단계에 들어오면 고려의 왜구 대책은 어떠한 양상을 띠게 될까? 다음의 〈표 6-12〉를 보자.

文館, 1992); 본서 제9장 참조.
115) 앞의 주(114) 무라이 쇼스케 연구서 참조.
116) 『고려사』 권제133, 우왕 2년(1376) 4월 조.
117) 『고려사』 권제133, 우왕 2년(1376) 7월 조.
118) 앞의 주(117) 사료 참조.
119) "'왜적이 장차 도성을 침범한다'고 하므로 밤중에 방리의 군사를 징발하여 성을 지키게 함. 또 적이 장차 먼저 송악산으로 오른다는 말을 듣고 중을 징발하여 승군(僧軍)으로 삼고 요해처를 지키게 하였다." 앞의 주(117) 사료 참조.
120) "왜구로 인해 뱃길이 막힘. 세미 운수를 중지. 전라, 양광도의 해변 고을들에 요역을 차등 있게 감면해 줌." 『고려사』 권제133, 우왕 2년(1376) 윤9월 조.
121) "양가(良家) 자제 중 활 잘 쏘고 말 잘 타는 자, 군현의 아전 중 여력(膂力) 있는 자를 징모. 왜적을 막게 함. 여러 관사의 원리 중 휴가로 귀향해 장기간 미귀환 자를 삭직하고 토지 박탈. 전공자(戰功者)에게 줌." 『고려사』 권제133, 우왕 3년(1377) 2월 조.
122) "해주 수미사(須弥寺)는 일본과 맥이 통한다 해 문수도량을 차리고 재난에 예방하는 불공을 올렸다." 『고려사』 권제133, 우왕 3년(1377) 3월 조.
123) "전함 건조를 위해 경산(300명), 양광도 천명·교주·서해·평양 등 각 도의 승려 500명씩 징모(徵募). 명령을 기피하는 중은 군법으로 처벌하다." 『고려사』 권제133, 우왕 3년(1377) 3월조.
124) 『고려사절요』 권제30, 우왕 3년(1377) 3월 조.
125) 『고려사절요』 권제30, 우왕 3년(1377) 3월 조.
126) 『고려사』 권제133, 우왕 3년(1377) 4월 조.

〈표 6-12〉Ⅲ단계(1376~1385)의 고려의 대책

	시기	대책
1	1376년 4월	양광도와 전라도의 장수와 수령들의 방어설비와 근태(勤怠)를 감찰[116]
2	동년 7월	방어도감만 아니라 각 기관도 무기를 제조하게 함.[117]
3	동년 7월	교동현 백성들을 근방 다른 현으로 옮겨 왜구의 난을 피하게 함.[118]
4	동년 7월	방리의 군사와 승군을 징발함.[119]
5	동년 윤9월	왜구 때문에 뱃길이 막히자, 세미(歲米)의 해상 운송을 중지시킴.[120]
6	1377년 2월	양가자제, 군현의 아전 등을 징병함.[121]
7	동년 2월	각 도 요충지대 방호사 설치, 유민 방지, 연해 주군에 산성을 쌓게 함.
8	동년 3월	금왜(禁倭) 기도를 올림.[122]
9	동년 3월	전함 건조를 위해 승려들을 징발함.[123]
10	동년 3월	요해지인 교동과 강화의 사전(私田)을 혁파해, 군량에 충당함.[124]
11	동년 3월	교동의 노소(老少)를 내지 이주. 젊은이만 농상(農桑)에 종사케 함.[125]
12	동년 4월	판군기감사 이광보를 용진에 보내어 전함을 건조하게 함.[126]
13	동년 5월	천도를 논의. 점을 쳤지만 부정적. 왕이 철원에 집터를 보게 함.[127]
14	동년 5월	강화에 침구. 용사를 모집해 전원 관직 임명. 각 포(布) 50필 지급.[128]
15	동년 6월	왜구에게 잡혔다가 도망친 사람들의 대처법을 지시함.[129]
16	동년 6월	판전객시사 안길상을 일본에 파견해 해적 금지를 요구함.[130]
17	동년 7월	각 도에 사신을 보내어 산성(山城)을 수축함.[131]
18	동년 9월	전 대사성 정몽주를 일본에 보내어 해적 금지를 요청[132]
19	동년 10월	화통도감(火㷁都監)을 둠.[133]
20	동년 10월	경성(京城)에 성을 수축(修築)함.[134]
21	1378년 2월	왜구의 피해를 입은 강화부에 양곡 300석을 내어 구제함.[135]
22	동년 3월	목인길과 조인벽이 사졸들과 함께 화포를 쏘고 수전 연습을 함.[136]
23	동년 7월	일본이 파견한 중 신홍, 왜적과 조양포에서 싸워 적선 한 척을 나포[137]
24	동년 8월	나세, 심덕부를 파견해 전함으로 여러 섬에서 왜적을 크게 수색함.[138]
25	동년 10월	이자용과 한국주를 일본에 파견해 해적 금지를 요청[139]
26	동년 12월	왜적 때문에 조운이 통하지 않기에 관리의 녹봉을 규제함.[140]
27	1379년 윤5월	검교예의판서 윤사충을 일본에 보빙사로 파견함.[141]
28	동년 9월	서해, 양광도에 사신을 보내어 수군(水軍)을 정비해 왜적을 방어함.[142]
29	1381년 3월	강 연안 15곳에 원수를 배치해 왜구에 대비함.[143]
30	동년 3월	우왕이 연해 지방 각 고을들에 3년 동안 세금을 면제해 줌.[144]
31	동년 3월	지방 군대에 대하여 지시함.[145]
32	동년 7월	사서(史書)를 옮김.[146]
33	1383년 6월	충주 개천사의 사서(史書)를 죽주(竹州) 칠장사(七長寺)로 옮김.[147]
34	동년 7월	한직(閑職)인 지방의 봉익(奉翊), 통헌(通憲) 등에게 모두 출정을 명령[148]
35	동년 11월	각 도에 사람을 보내어 병선 건조를 감독케 함.[149]
36	1384년 2월	유배자들에게 기병, 해군이 되어 왜적을 잡아 속죄할 것을 명령[150]

앞서 다나카는 왜구 창궐의 원인으로 '고려 토지제도의 문란(紊亂)'과 그에 기인하는 '군사제도의 이완(弛緩)'을 들었지만, Ⅲ단계에 들어와 왜구의 침구로 위기의식이 고조되자 1376년 7월 시점에 이미 '방리의 군사를 징발(4)'하고 '승병을 동원(4)'하였으며, '양가자제(良家子弟)(6)'는 물론 '군현의 아전(衙前)(6)'까지 징발한다. 나아가 '한직(閑職)인 지방의 봉익(奉翊), 통헌(通憲) 등에게 모두

---

127) 『고려사』 권제133, 우왕 3년(1377) 5월 계미일 조.

128) 『고려사』 권제133, 우왕 3년(1377) 5월 경인일 조.

129) "적에게서 도망쳐 온 사람은 반드시 표창할 것. 간첩행위를 한 사람도 죽이지 말고 관에서 금품과 식량을 주어 생활을 보장해 줄 것. 왜놈을 죽이고 귀환한 사람은 상을 줄 것. 이 지시를 변방고을에 알릴 것. 만약 이 지시를 어기는 자는 처벌할 것." 『고려사』 권제133, 우왕 3년 (1377) 6월 경신일 조.

130) 『고려사』 권제133, 우왕 3년(1377) 6월 을묘일 조.

131) 『고려사』 권제133, 우왕 3년(1377) 7월 조.

132) 『고려사』 권제133, 우왕 3년(1377) 9월 조.

133) 『고려사』 권제133, 우왕 3년(1377) 10월 조.

134) 『고려사』 권제133, 우왕 3년(1377) 10월 조.

135) 『고려사』 권제133, 우왕 4년(1378) 2월 조.

136) 『고려사』 권제133, 우왕 4년(1378) 3월 조.

137) 『고려사』 권제133, 우왕 4년(1378) 7월 조.

138) 『고려사』 권제133, 우왕 4년(1378) 8월 조.

139) 『고려사』 권제133, 우왕 4년(1378) 10월 조.

140) "왜적으로 조운이 불통해, 창고가 모두 비어 버려 성재(省宰)의 봉군을 제외한 나머지 봉군은 녹을 주지 말 것을 건의하다." 『고려사』 권제133, 우왕 4년(1378) 12월 조.

141) 『고려사』 권제134, 우왕 5년(1379) 윤5월 조.

142) 『고려사』 권제134, 우왕 5년(1379) 9월 조.

143) "나세를 동강(東江) 도원수, 황상을 서강(西江) 도원수로 삼고 강 연안의 요소에 모두 원수를 두어 왜적을 방비하였는데 모두 15곳이었다." 『고려사』 권제134, 우왕 7년(1381) 3월 조.

144) 『고려사』 권제134, 우왕 7년(1381) 3월 무술일 조.

145) "교주도가 선발한 군인이 허약해 보병은 모두 귀환시킴. 연호군을 제외하고 먼저 한산관(閑散官)을 뽑고 삭방도 기병 이백 명이 협조하게 하다." 『고려사』 권제134, 우왕 7년(1381) 3월 무술일 조.

146) "사서(史書)를 보주(甫州) 보문사(普門社)에서 더 내지에 위치한 충주(忠州) 개천사(開天寺)로 옮기다." 『고려사』 권제134, 우왕 7년(1381) 7월 조.

147) 『고려사』 권제135, 우왕 9년(1383) 6월 조.

148) 『고려사』 권제135, 우왕 9년(1383) 7월 조.

149) 『고려사』 권제135, 우왕 9년(1383) 11월 조.

150) 『고려사』 권제135, 우왕 10년(1384) 2월 조.

출정을 명령(34)'하고 '죄를 지어 유배를 온 사람들조차 기병과 해군이 되어 왜 적을 잡아 속죄하도록 하는(36)' 등, 수단과 방법을 가리지 않고 병력 증강에 주 력해 왔다. 그 결과, 왜구의 침구가 가장 극성기(極盛期)에 도달했던 우왕 2년 (1376) 8월 당시, 각 도별로 점병(点兵)하여 보고한 전 병력은 9만 3,500명이나 되었으며,[151] 실제로 우왕 14년(1388)의 '요동정벌'에는 3만 8,830명이 동원되 었다.[152] 이미 고려의 군사제도는 토지제도와 무관하게 다양한 계층에서 장병 들을 충당하고 있었다. 따라서 토지제도가 문란해진 결과 군사제도가 이완된 것이 왜구 창궐의 이유이며, 조선시대에 들어와 군사제도가 정비되고 왜인들에 대한 우대책이 정비되자 왜구들이 평화로운 통교자로 변신해 갔다[153]고 하는 다나카의 주장은 설득력이 없다.

Ⅲ단계의 약 10년 동안에 총 36차례의 왜구 대책이 발표되고 추진되었다. 이 는 1년에 평균 3.6번꼴이다. 특히 왜구가 가장 많이 침구해 온 우왕 3년(1377)에 는 1년 동안에만 무려 15회의 대책이 발표되었다. 단순히 대책의 발표 빈도만 증가했던 것은 아니었다. Ⅰ, Ⅱ단계에서는 볼 수 없었던 새로운 분야의 대책도 내놓게 된다. Ⅲ단계의 왜구 대책을 부문별로 정리해 보면 〈표 6-13〉과 같다.

Ⅱ단계의 군사대책 중 수군과 관련된 것은 전체의 약 57%였는데 그것이 Ⅲ 단계에 들어오면서 48%로 상대적인 비중은 약간 감소했지만, 그것은 이 기간 중 전체 병력 수를 늘리기 위해 다양한 병사 동원책과 축성 대책이 발표되었기 때문이었다. 즉, Ⅱ단계에는 단 1건도 보이지 않았던 병사 동원책이 5건이나 발 표되었는데 이는 전체 군사대책의 약 28%에 해당한다. 축성대책과 무기 제조 관련 대책 역시 Ⅱ단계 당시에는 없었던 새로운 대책으로 각각 2건씩 모두 4건 이 발표되었다. 이는 전체의 약 22%에 해당한다.

이처럼 Ⅱ단계 당시에 볼 수 없었던 새로운 군사대책이 전체의 약 50%를 점 하는 중에서도 수군대책이 약 절반인 48%에 달했다는 것은 이 시기에 고려 조

---

151) 『고려사』 권제81, 지제 제35, 우왕 2년 8월 조.
152) 『고려사』 권제137, 열전 제50, 신우 5, 우왕 14년 4월 정미일 조.
153) 나카무라 · 다나카

대책 분야		구체적 사례
	군사 : 18건[154] (전체의 50%) 수군 대책은 총 8건으로 군사대책 중 48%	① 전함 건조 관련 : 3건[155]
		② 화포 이용 수전 연습 : 1건[156]
		③ 전함 파견 수색 및 수군 정비 : 3건[157]
		④ 일본군과 연합작전 : 1건[158]
		⑤ 무기 제조 관련 : 2건[159]
		⑥ 병력 동원 관련 : 5건[160]
		⑦ 축성 관련 : 2건[161]
		⑧ 지휘관 감찰 : 1건[162]
	외교 : 4건[163]	약 11.1%
	교통 : 1건[164]	약 2.8%
	행정 : 5건[165]	약 14%
	민정 : 5건[166]	약 13.9%
	종교 : 1건[167]	약 2.8%
	재정 : 2건[168]	약 5.6%

정이 수군 증강(增强)을 군사대책의 핵심으로 설정하고 있었음을 보여 준다. 이러한 수군 중시책(重視策)은 〈표 6-14〉와 같이 실제로 큰 성과를 올리고 있었

154) 〈표 6-12〉의 1, 2, 4, 6, 9, 12, 17, 19, 20, 22, 23, 24, 28, 29, 31, 34, 35, 36의 총18건.
155) 〈표 6-12〉의 9, 12, 35.
156) 〈표 6-12〉의 22.
157) 〈표 6-12〉의 24, 28, 29.
158) 〈표 6-12〉의 23.
159) 〈표 6-12〉의 2, 19.
160) 〈표 6-12〉의 4, 6, 31, 34, 36.
161) 〈표 6-12〉의 17, 20.
162) 〈표 6-12〉의 1.
163) 〈표 6-12〉의 16, 18, 25, 27.
164) 〈표 6-12〉의 5.
165) 〈표 6-12〉의 13, 14, 15, 32, 33.
166) 〈표 6-12〉의 3, 7, 11, 21, 30의 총 5건.
167) 〈표 6-12〉의 8.
168) 〈표 6-12〉의 10, 26.

〈표 6-14〉 Ⅲ단계 당시(1376~1385) 및 이후(1386~1392)의 고려 수군의 전과사례(戰果事例)

	시기	내용
1	1378년 8월	경상도 원수 배극렴이 왜적을 욕지도에서 쳐서 50급을 벰.[169]
2	1379년 4월	만호 정룡, 윤송을 파견, 전함 20척으로 왜적을 추격해 잡음.[170]
3	1380년 8월	최무선을 파견해 전함 100척을 인솔하여 왜적을 추격하여 잡음.[171]
4	1381년 4월	나공언이 쾌속선을 타고 추격, 왜적을 잡아 죽이고 13명을 생포[172]
5	1384년 12월	해도 만호 윤지철이 덕적도에서 왜선 2척을 나포 섬멸함.[173]
6	1385년 1월	해도 부원수 조언이 여주도에서 왜선 1척을 노획, 적 3명을 포로[174]
7	1385년 6월	옹진 기린도에 침입한 왜적을 해도 만호 정룡이 추격, 3명을 잡음.[175]
8	동년 동월	정룡 등이 병선을 인솔해 해도(海島)로 가서 왜적을 수색해 붙잡음.[176]
9	1385년 8월	전라도 해도 원수 진원서가 왜적 20여 명을 포로로 잡음.[177]
10	1388년 8월	왜적이 거제도에 침입. 한원철이 적선 1척 노획, 적 18명 살해[178]
11	1389년 2월	경상도 원수 박위가 쓰시마를 공격[179]
12	1392년 2월	왜적이 경상도 구라도에 침입. 이홍인이 이를 격파하고 병선을 나포[180]
13	1392년 3월	경상도 수군 만호 차준이 왜적의 배 1척을 나포[181]

다. 이제 Ⅲ단계 당시 고려 수군의 전과사례(戰果事例)에 대하여 구체적으로 살펴보기로 하자.

전함을 동원해 섬 지역을 수색, 왜구의 선박을 공격한다고 하는 적극적인 공세를 취하고 있으며 특히 쓰시마에서 가장 가까운 경남 통영의 욕지도까지 들

169) 『고려사』 권제133, 우왕 4년(1378) 8월 조.
170) 『고려사』 권제134, 우왕 5년(1379) 4월 조.
171) 『고려사』 권제134, 우왕 6년(1380) 8월 조.
172) 『고려사』 권제134, 우왕 7년(1381) 4월 조.
173) 『고려사』 권제135, 우왕 10년(1384) 12월 조.
174) 『고려사』 권제135, 우왕 11년(1385) 정월 조.
175) 『고려사』 권제135, 우왕 11년(1385) 6월 조.
176) 『고려사』 권제135, 우왕 11년(1385) 6월 조.
177) 『고려사』 권제135, 우왕 11년(1385) 8월 조.
178) 『고려사』 권제137, 우왕 14년(1388) 8월 조.
179) 『고려사』 권제137, 창왕 원년(1389) 2월 조.
180) 『고려사』 권제46, 공양왕 4년(1392) 2월 조.
181) 『고려사』 권제46, 공양왕 4년(1392) 3월 임인일 조.

〈표 6-15〉 각 단계별 대책발표 빈도

단계	Ⅰ단계	Ⅱ단계	Ⅲ단계
대책발표(연평균)	0.8건	3건	3.6건

어가 왜적을 소탕하는 등, 실제로 예전에는 기대할 수 없었던 전과를 거두고 있음이 확인된다. 이러한 고려 수군의 적극성은 화포(火砲)를 함선에 장착함으로써 비로소 가능해졌던 것이다.

그러면 대책의 발표 빈도를 각 단계별로 비교해 보자(〈표 6-15〉 참조).

Ⅲ단계의 경우, Ⅰ단계(연평균 0.8건)는 물론 Ⅱ단계(연평균 3건)보다도 증가한 연평균 약 3.6건에 달한다. 이처럼 침구 빈도가 늘어나면 거기에 대응해 고려 조정의 대책도 더욱 빈번하게 강구되고 있었음을 알 수 있다. 이어서 각 단계의 부문별 대책을 구체적으로 살펴보면 〈표 6-16〉과 같다.

〈표 6-16〉 각 단계별 부문별 대책

단계	Ⅰ단계	Ⅱ단계	Ⅲ단계
부문	군사	군사	군사
	외교	외교	외교
	민정	민정	민정
	교통	교통	교통
	종교	–	종교
	–	–	행정
	–	–	재정

Ⅱ단계에 들어오면서 '종교 대책(기도)'이 시행되지 않았는데, Ⅲ단계가 되자 다시 왜구 때문에 기도를 올렸다고 하는 사료가 1건 보인다. 그뿐 아니라 Ⅲ단계에는 행정과 재정적인 대책도 새로 추가되어 전 분야에 걸쳐 침구에 대처하고 있었다.

다음으로 각 단계의 부분별 대책의 변화 비율을 살펴보자. 〈표 6-17〉을 살펴보면, Ⅰ단계와 Ⅱ단계 당시는 국내 대책과 대외 대책이 각각 3:1 또는 4:1 정도

〈표 6-17〉 각 단계 부문별 대책의 비율 변화

(단위 : %)

항목	군사	외교	교통	민정	종교	행정	재정
I 단계	41	29	12	6	12	0	0
II단계	58.3	25	8	8	0	0	0
III단계	50	11.1	2.8	16.8	2.8	14	5.6

의 비율로 발표된 것에 비해, III단계에서는 그 비율이 평균 9:1로 국내 대책의 비율이 대폭 증가한다. 이는 III단계에 들어와서도 외교적 수단을 완전히 포기한 것은 아니었지만, 보다 공격적인 군사 대응을 강구하고 있었음을 의미한다.

III단계의 군사대책은 전체의 약 50%를 점하는데, 이는 II단계에는 없었던 행정(14%)과 재정(5.6%) 대책은 물론 민정 부문이 8.6% 증가한 가운데에서도 50%를 유지하고 있었던 점을 고려할 때에 III단계에도 역시 군사대책이 그 핵심에 있었다고 할 수 있다.

군사대책 중에서도 수군에 관한 것이 전체의 48%였다. 이것은 수군 대책이 군사대책의 중심이었음을 의미한다. 또 이러한 수군대책은 왜구들이 육지에 상륙하기 전에 해상에서 퇴치하겠다고 하는 적극적인 의지의 표현이었다. 그 군사적 대응 내용을 구체적으로 비교해 보면, 〈표 6-18〉과 같이 변화·발전하고 있었다.

III단계에 들어오면 무기 생산 주체의 다원화를 통한 대량생산과 공급의 신속화를 기하고 있으며 아울러 화통도감을 설치해 지속적으로 신무기의 개발·생산·보급 및 그 사용법의 훈련에 주력하고 있음을 알 수 있다.

이러한 화통도감의 설치는, 그때까지 해전(海戰)에서 열세를 면치 못했던 고려군을 우세로 전환시켜 한반도 연안에서의 제해권(制海權)을 회복하게 만들었다. 그래서 고려 수군은 전함에 화포를 적재함으로써 왜구와의 해전에서 이길 수 있다는 자신감을 가지고 한반도 연안 도서 지역에서 왜적들을 적극적으로 수색·추격·공격하기 시작했다.[182]

---

182) 『고려사』 권제133, 우왕 4년(1378) 8월 조.

〈표 6-18〉 군사대책의 단계별 변화

단계	Ⅰ단계	Ⅱ단계	Ⅲ단계
내용	군량미와 화살 징발	화전(火箭)과 화통(火筒) 시험. 병선(兵船)의 검열	무기제조 주체의 다원화 및 화통도감의 설치

　또 하나 주목할 만한 것은 군사외교 분야에서의 성과이다. 고려군은 일본이 파견한 부대와 합동으로 왜구를 공격하고 있는데, 이 합동작전은 무엇보다도 고려가 다각적인 외교를 통해 일본의 무로마치 막부로부터 적극적인 군사 협력을 이끌어 냈다. 즉, 명나라로부터의 화약 공급(Ⅱ단계)에 이어서 '일본군과의 합동작전'(Ⅲ단계)이라는 군사 협력을 이끌어 낸 것이다. 이것은 고려가, 왜구 토벌 작전이 자칫 잘못하면 일본과의 전면전으로 발전할 수 있는 우려에서 벗어나 왜구에 대해 적극적인 군사공격을 가할 수 있게 되었음을 의미한다. 우왕 14년(1388) 박위의 쓰시마 정벌도 막부와의 안정된 관계라는 확신을 바탕으로 추진된 것이라 할 수 있다.

　Ⅲ단계의 왜구의 침구 상황은 교통대책에도 변화를 주었다. 〈표 6-19〉를 살펴보자.

　〈표 6-19〉를 보면, Ⅰ단계와 Ⅱ단계에 비해 Ⅲ단계의 교통대책은 다른 분야의 대책이 적극적, 공격적인 성격을 띠는 것에 비해 후퇴한 것처럼 보인다. 그러나 다른 부문의 대책과 관련지어 살펴보면 그렇지 않음을 알 수 있다. 즉, 세미의 해상 운송을 중지시킨 대책은 다른 대책, 예를 들면 연해 도서 지역의 주민들에 대해 사민(徙民) 정책을 추진하거나 또는 산성(山城)을 축조해 대피하게 해, 왜구들을 내지(內地)로 유인하는 결과를 초래했다. 그 결과, 왜구 선박들로 하여금 고려 연안에서 더 오랫동안 체재하도록 만들었다. 이는 연안 지역 요소 15곳에 원수를 두는 대책이나 기타 수군 증강대책과 맞물려, 고려 수군들의 공

〈표 6-19〉 교통대책의 단계별 변화

단계	Ⅰ단계	Ⅱ단계	Ⅲ단계
변화	바닷가 창고의 내지 이전	동서강 창고의 축성	세미의 해상 운송을 중지시킴.

격에 노출될 확률을 높이게 되었다. 그 결과, 왜구들은 고려의 공격에 더 오랫동안 노출되었으며 또 침구 목적을 달성할 가능성도 줄어들게 되었다.

Ⅲ단계의 대책들 중에는 이전 단계에서는 볼 수 없었던 새로운 부문, 즉 재정 및 행정 대책도 보인다. 예를 들어 교동도와 강화도의 사전을 혁파해 군량에 충당하는 대책은 왜구의 주요 침투지역인 이들 지역에 주둔하는 군대의 둔전(屯田)과 같은 의미를 지니는 것으로 생각된다.

또한 '적에게서 도망쳐 온 사람은 반드시 표창할 것, 간첩행위를 한 사람도 죽이지 말고 관에서 금품과 식량을 주어 생활을 보장해 줄 것, 왜놈을 죽이고 귀환한 사람은 상을 줄 것, 이 지시를 변방 고을에 알릴 것, 만약 이 지시를 어기는 자는 처벌할 것'과 같은 행정대책은 당시 왜구에게 붙잡혀 목숨을 부지하기 위해 왜구의 길안내를 하거나 첩보활동을 했던 자국 백성들이라 할지라도 면죄(免罪)시켜 줌으로써 왜구로부터의 도주를 권장하고 왜구의 내륙 침투와 이동을 저지시키고자 한 대책으로 보인다.

결 론

고려 전제의 문란 및 군제 이완이 왜구 창궐의 주요 원인 중 하나였다고 하는 설은 지금까지도 한일 양국 역사학계에서 통설(通說)로서의 위치를 차지하고 있다. 즉, 고려의 왜구 대응이 미비했기 때문에 왜구의 창궐을 초래했으며 결국에는 고려 왕조를 멸망케 했고, 새로 성립한 조선 왕조의 효율적인 대책에 힘입어 왜구가 금압되어 갔다고 하는 주장이 현재 한일 양국 학계의 정설이다.

이러한 주장의 타당성 여부를 검증하기 위해 본 장에서는 고려 말 왜구의 침구 양상을 그 침구 빈도에 따라 구분해 그에 따른 고려 조정의 대책을 분석 고찰했다. 그 결과, 왜구의 침구 양상은 북규슈 지역에서의 군사정세와 밀접한 상관관계를 지니고 있었으며 또 침구 빈도 및 침구 양상의 변화에 따라 고려 조정의 대응도 적극적이고도 강경하게 변해 갔음이 확인되었다. 예컨대 I단계 때에는 회유책 중심의 방어적·소극적 대응이 주류였고, II단계 때는 구체적이며 적극적이고 또한 실효성이 있는 대책을 수립하고 추진해 갔다. III단계 때에는 공격적이며 수군 중심적인 대책과 아울러 군사외교도 활발하게 전개해 실효를 거두고 있다. 이러한 사실은 경인년 이후 점점 본격적으로 침구해 오는 왜구들에 대해, 고려 조정이 수수방관한 것이 아니라 적극적으로 대응하고 있었음을 보여주고 있다.

그리고 왜구의 침구가 절정에 도달하는 III단계에 들어서면 I, II단계에서는 볼 수 없었던 재정적·행정적인 대책 등 국가의 모든 분야에 걸쳐 다양한 대책을 발표하고 추진해 갔으며, 그러한 대책들은 상호 연계적인 성격을 띤 것들이었다.

이상과 같은 검토를 통해, 모두에서 제시한 다나카를 비롯한 일본 측 왜구 연구자들이 왜구 창궐의 이유로 제시해 왔던 소위 '고려 전제의 문란 및 그에 기인한 군제의 이완'은 전혀 타당하지 않다는 것이 확인되었다.

1383년을 정점으로 이후 왜구의 침구는 격감하는 경향을 보이기 시작해 1386년에는 단 한 차례의 왜구 침구도 없었다. 일본의 왜구 연구자들이 주장하는 것처럼 조선 시대에 들어와 태조 이성계가 실시한 왜구에 대한 회유책을 비롯한 여러 가지 대책들이 효과를 발휘해 왜구들을 무역 상인으로 변화시킨 것이 아니라 이미 1380년대 중엽부터 왜구의 침구는 격감하고 있었던 것이다.

이처럼 왜구의 침구를 격감시키는 데 결정적인 역할을 했던 것은 무엇이었을까? 고려가 추진했던 여러 대책 때문이었을까, 아니면 료슌의 규슈 지역에서의 성공적인 군사활동의 결과 때문이었을까? 왜구(해적) 문제 해결의 근본 대책이 무엇인가 하는 의문에 대한 해답이 될 수 있는 이러한 문제를 해결하기 위해서는 다양한 각도로부터의 치밀한 접근이 요구된다고 할 수 있다.

그렇지만 고려 말 왜구 침구의 배경이 규슈 지역의 내전 상황에 있었던 것, 그리고 1383년경이 되면 북조의 이마가와 료슌이 정서부(규슈 남조) 세력을 거의 진압하게 되었다는 사실을 관련지어 생각하면 그 답은 자명해질 것이다.

14세기의
동아시아 국제정세와 왜구

─공민왕 15년(1366)의 금왜사절

파견을 중심으로─

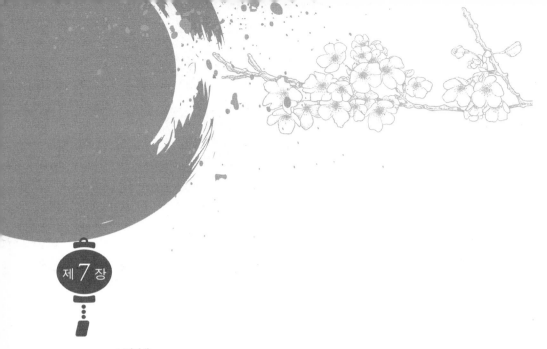

제 7 장

14세기의
동아시아 국제정세와 왜구
—공민왕 15년(1366)의 금왜사절
파견을 중심으로—

서 론

　역사 현상으로서의 왜구는 단순히 '일본인으로 구성된 해적 집단이 경제적 재화를 약탈하거나 또는 노동력을 확보하기 위해 사람을 납치하던 행위'라는 말로 온전히 설명되지 않는다. 왜구 현상의 배경에는 동아시아 각국, 즉 한·중·일 삼국의 국내정세 및 거기에 연동되어 성립하고 변동하는 국제관계, 그리고 그러한 국제관계를 보다 더 자국에 유리하게 적용시키려 하는 외교적 노력 등이 복잡하게 상호작용을 하면서 전개되고 있었다.

　다시 말해 중세 일본인들의 대외 팽창(왜구)에는, 내부적으로는 일본 사회의 모순이 그리고 외부적으로는 원 제국의 붕괴에 따른 동아시아 국제질서의 혼란이 복잡하게 뒤얽혀서 상호작용을 하고 있었던 것이다.

　본 장에서는 경인년(1350) 이후 고려를 침구해 온 왜구가 일본의 어떠한 국내 및 국제정세 속에서 발생하고 변화하였으며, 이에 대하여 고려 왕조는 외교적으로 어떻게 대응해 갔는가, 또 그 결과 이후의 동아시아 삼국 간의 국제정세에 어떠한 영향을 미쳤는가라는 문제를 공민왕 15년(1366)의 왜구금압을 요구하는 사절(이하 '금왜사절'이라 한다)의 파견을 중심으로 살펴보고자 한다.

　지금까지 왜구를 금압하기 위한 고려의 외교적 노력이 일본의 국내정세 및 동아시아 삼국 간 국제정세에 어떠한 영향을 미쳤는가라는 관점에서의 고찰은 없었던 것 같다. 이러한 고찰을 통해 왜구가 원·명(元明) 교체기라는 동아시아 국제정세와 어떠한 상호 유기적 관련 속에서 전개되었는가라는 관점에서 이 시대의 역사를 재조망할 수 있는 새로운 시야를 확보하게 될 것이다.

금왜사절 파견 지체의 배경

1. 기존 연구의 재검토

고려 조정이 '경인년(1350)의 왜구' 이후 일본에 금왜사절(禁倭使節)을 파견한 것은 공민왕 15년(1366)의 일이었다. 이 해는 남조의 쇼헤이(正平) 21년, 북조의 조지(貞治) 5년에 해당한다. 이후 고려 왕조가 멸망할 때까지 모두 10차례의 금왜사절 파견이 확인된다.[1] 이하 이 사건과 관련해 기존 연구가 지닌 문제점들에 대하여 간략하게 살펴보기로 하자. 이 사건을 처음 본격적으로 검토한 나카무라 히데다카(中村栄孝)는 그 의의에 대하여 다음과 같이 서술하고 있다.

> 아시카가 막부가 직면한 최초의 외교적인 사건으로 가장 주의해야 할 것이다. (중략) 또한 고려는 왜구 진압책의 하나로 해적금제(海賊禁制)를 요구하는 사절을 최초로 아시카가 막부를 위시해, 일본의 요로(要路)에 파견하였다. 고려가 멸망한 뒤에도 사절은 계속 파견되어 일본과 조선 사이에 마침내 밀접한 통호무역(通好貿易) 관계를 발생시키는 계기가 되었다. 어쨌든 아주 중요한 사건이라 해야 할 것이다.[2]

나카무라는 공민왕 15년의 금왜사절 파견이 고려(조선)의 일본에 대한 최초 파견이라고 하는 점과, 이후 양국 사이에 전개된 통호무역의 계기가 되었다는

---

1) 후술하는 〈표 7-4〉를 참조.
2) 나카무라 히데다카(中村栄孝)의 「太平記に見えた高麗人来朝の記事に就いて」는 다이쇼(大正) 14년(1925) 12월 탈고, 쇼와(昭和) 6년(1931) 4월에 수정한 뒤 『日鮮関係史の研究』(上) (吉川弘文館, 1965)에 재수록했다.

점에서 그 의의를 지적하고 있다. 그러나 왜구금압과 관련해 이때의 사절 파견이 어떠한 의의가 있는지에 대해서는 주목하지 않았다. 금왜사절에 대한 나카무라의 평가를 그대로 받아들인다면 고려(조선) 측의 외교적 노력은 금왜(禁倭)에 별다른 실효를 거두지 못한 채, 본래 의도와는 달리 양국 간의 통호무역을 열게 하는 계기만을 제공한 것이 된다.

그리고 남북조 시대 연구의 대표적인 명저(名著)로 손꼽히는『남북조의 동란(南北朝の動乱)』[3]에서 사토 신이치(佐藤進一)는 규슈 남조(南朝, 征西府)의 가네요시(懷良) 왕자의 대명외교(対明外交)에 대해 중점적으로 서술하면서도, 공민왕 15년의 사절 파견에 대해서는 한 줄도 언급하지 않고 있다.

또 다나카 다케오(田中健夫)는 이 사건의 의의에 대하여 "이 사절의 파견은 왜구의 금지에 다소 효과가 있었던 것 같다.『고려사』공민왕 17년 조에는 왜구에 관한 기술이 하나도 보이지 않고 있다"[4]고 했다. 그러나 다나카 역시 사절 파견이 왜구금압에 어떤 역할을 했는지에 대해서는 구체적으로 검토하지 않았다.

무라이 쇼스케(村井章介)는 "1367년에 왜구금압을 요구하는 고려 사신이 도래한 이후, 왜구는 일본을 둘러싼 국제관계 중 가장 기저적(底的)인 요인이 된다"[5]고 하였을 뿐 이후의 모든 서술은 일명관계(日明関係)에만 집중하였다. 그는 또한 이 사건의 경위를 단순 서술하고, "왜구의 금압(禁寇)은 상당히 실효가 있었던 것 같아서 1368년에는 드물게도 왜구의 침구(入寇)가 기록되어 있지 않다"[6]고 할 뿐, 공민왕 15년의 금왜사절 파견이 이후의 남북조 내란의 전개와 왜구에 미친 영향과 의의에 대해서는 특별한 주의를 기울이지 않고 있다.

반면, 가와조에 쇼지(川添昭二)는 이 사건의 의의를 다음과 같이 평가했다. 첫

---

3) 佐藤進一,『南北朝の動乱』, 日本の歴史9, 中央公論社, 1965.
4) 田中健夫, 「十四, 十五世紀の倭寇と武家外交の成立」,『日本歴史大系』2, 中世, 山川出版社, 1985.
5) 村井章介, 「建武・室町政権と東アジア」,『講座日本歴史 4, 中世 2』, 歴史学研究会・日本史研究会編集, 東京大学出版会, 1985.
6) 村井章介, 「庚寅以来之倭賊と日麗交渉」,『アジアのなかの中世日本』, 校倉書房, 1988.

째, 아시카가 정권이 외교를 자신의 권력하에 장악해 가는 단서가 되었다. 둘째, 막부로 하여금 규슈 평정을 진지하게 생각하게 하는 계기가 되었다. 셋째, 규슈탄다이(九州探題)를 시부카와 요시유키(渋川義行)에서 이마가와 료슌(今川了俊)으로 바꾼 것과 이 사건은 상당히 깊은 관련이 있었다[7]고 지적하고 있다. 그러나 가와조에 또한 공민왕 15년의 금왜사절의 도래가 당시 내란 중이던 일본 사회에 미친 파장이나 또 그것이 이후 왜구금압과, 그리고 그것과 밀접한 관련을 맺고 있었던 규슈 남조 세력의 평정과 구체적으로 어떤 상관관계에 있는지에 대하여 구체적으로 고찰하지 못하고 있다.

이상의 나카무라, 사토, 다나카, 무라이, 가와조에의 연구는 공통적으로 공민왕 15년의 금왜사절의 파견이 내포하고 있는 여러 가지 문제점을 간과하고 있으며, 그 역사적 의의에 대한 시각도 결여되어 있다. 따라서 이후 왜구 문제를 둘러싼 고려와 일본 간의 외교 교섭도 단지 언제, 누가 사절로 양국 간으로 왕래하였는가라는 사실을 나열하는 수준에 그치고 있을 뿐, 왜구 문제와 관련된 일본의 대외교섭은 오로지 명나라에 의한 쇼군 아시카가 요시미쓰(足利義満)의 '일본국왕' 책봉 문제에만 집중되어 왔다.

다시 말하자면, 공민왕 15년의 금왜사절 파견 이후 이어지는 고려의 사절 파견이 왜구금압과 어떠한 상호 관련이 있는지에 관해서 지금까지 이렇다 할 연구가 없는 것이 현실이다. 10차례에 걸친 고려의 사절 파견은 왜구의 금압에 어떠한 역할을 했으며 또 그 의미는 무엇일까? 또한 그 시초라 할 수 있는 공민왕 15년의 사절 파견은 어떤 의미를 가질까?

2. 공민왕의 왜구 관련 대원(対元) 정책

여기에서는 공민왕 15년의 금왜사절 파견이 내포하고 있는 문제점과 그 의의에 대하여 고찰하기 위해, 먼저 당시 고려 조정이 왜구 문제와 관련해서 취했

---

7) 川添昭二,「九州探題今川了俊の対外交渉」,『対外関係の史的展開』, 文献出版, 1997.

던 대원(対元) 외교정책에 대해 검토하고자 한다. 앞에서 살펴본 바와 같이, 최초의 금왜사절 파견이 지닌 의의에 대하여 적극적으로 평가한 나카무라와 가와조의 연구는 금왜사절 파견이 지니고 있는 문제점과 그 의의에 대해 많은 부분을 간과하고 있다. 예를 들어, '고려가 금왜사절 파견을 17년 동안이나 미루어 왔던 이유'라든가, '최초의 금왜사절 파견에 원나라가 개입하였는지의 여부' 등과 같은 문제이다. 이하 이러한 점들에 초점을 맞춰서 공민왕 15년(1366)의 금왜사절 파견에 대해 구체적으로 분석하고자 한다.

이 사건에 대한 개요는 『태평기(太平記)』권제39, 「고려인이 내조하다(高麗人来朝事)」에 보이는데, 이와 관련된 다른 자료들도 전해지고 있어서[8] 그 상세한 경과를 확인할 수 있다. 이 사료에 따르면, 조지(貞治) 5년 9월, 고려 사신 김용(金竜)이 이즈모(出雲) 지방에 도착,[9] 그다음 해 2월 14일에 셋쓰노구니(摂津国) 후쿠하라(福原) 효고노시마(兵庫島)[10]를 거쳐서 교토(京都)에 들어왔다.[11] 이 당시 고려 사신이 제출한 첩장(牒状)이 『태평기』권제39 「高麗人来朝事」와 「호온인몬조(報恩院文書)」에 수록되어 있다. 이 「호온인몬조」에는 일본국에 보내는 원나라 정동행중서성(征東行中書省)의 답부(割付)와 자(咨) 등을 포함하고 있는데, 지정(至正) 10년(쇼헤이 5, 간노 원년, 1350), 즉 경인년(庚寅年) 이래 창궐하고 있던 왜구를 금압해 줄 것을 요청하고 있다.[12]

여기서 문제로 삼고자 하는 것은 고려의 금왜사절 파견이 경인년(1350)에 왜구가 재침(再侵)한 지 무려 17년이나 지난 시점에서 이루어졌다는 사실이다. 이는 왜구가 발생하면 곧 일본에 외교 사절단을 파견했던 13세기와 비교하면 큰 차이가 있다고 할 수 있다. 다음의 〈표 7-1〉를 살펴보자.

〈표 7-1〉의 '13세기의 왜구'는 ① '1223년 5월'의 왜구 발생에서 ⑤ '1227년 4

8) 『大日本史料』第6編, 해당 조.
9) 『太平記』 卷第39, 「高麗人来朝事」.
10) 『善隣国宝記』.
11) 『後愚昧記』 貞治 6年 3月 24日 條.
12) 川添昭二, 「今川了俊の対外交渉」, 『九州史学』 第75号, 1982年 10月.

〈표 7-1〉 13세기의 왜구와 외교적 대응[13]

	시기	피해 지역	규모	결과·내용	출신지	사료	사절 파견
①	1223년 5월	금주(김해)	?	?	?	「高」	
②	1225년 4월	경상도 연해주군	2척	전원 체포	?	「高」	
③	1226년 정월	경상도 연해주군	?	왜구 2명을 살해	?	「高」	
④	1226년 6월	금주	?	?	쓰시마·마쓰라토	「高」·「吾」·「明」	
⑤	1227년 4월	금주	2척	왜구 30명을 살해	?	「高」·「吾」	동년 5월, 전라도 안찰사 파견
⑥	1227년 5월	금주 웅신현	?	왜구 7명을 살해	쓰시마	「高」·「吾」	동년 12월, 박인을 파견
⑦	1232년 9월	?	?	다수의 보물 약탈	마쓰라토	「吾」	
⑧	1251년	?	?	금주에 성을 쌓다	?	「高」	
⑨	1259년 7월	?	?	?	?	「高」	한경윤·홍저를 파견
⑩	1263년 2월	금주 웅신현 물도	?	조운선을 약탈	쓰시마	「高」·「靑」	동년 4월, 홍저·곽왕부를 파견
⑪	1265년 7월	남도 연해주군	?	?	?	「高」	

* 사료에서 「高」는 『고려사』, 「吾」는 『아즈마가가미(吾妻経)』, 「明」은 『메이게쓰키(明月記)』, 「靑」은 『아오가타몬조(靑方文書)』를 의미함.

월'까지의 왜구에 대응해 최초 발생 이후 4년 만인 1227년 5월 14일에 전라도 안찰사 조(趙) 아무개가 첩장을 보내왔으며,[14] 그럼에도 불구하고 같은 해 5월에 또 왜구가 발생하자 그해 12월에 박인을 파견했다.[15] 또 ⑨의 1259년 7월의 사절 파견[16]의 배경에 대하여는 잘 알 수 없지만, 역시 소규모의 침구가 있었을

---

13) 「경인년 이후의 왜구와 내란기의 일본사회」, 『왜구와 고려·일본관계사』 혜안, 2007년 130쪽에서 전재.

14) 『아즈마카가미(吾妻鏡)』, 安貞元年五月十四日條.

15) 『고려사절요』 권제15, 고종 14년 12월 조.

16) 『고려사절요』 권제15, 고종 46년 7월 조.

것으로 생각되며, ⑩의 1263년 4월에 홍저와 곽왕부를 파견한 것[17]은 그해 2월의 금주 웅신현 물도에 침구해 조운선을 약탈한 것에 대한 항의로 이루어진 것으로 생각한다. 그런데 '13세기의 왜구'는 소규모(예를 들면 선박 2척, 왜구 30명을 살해)였으며, 또 거의 대부분 고려군에 의해 소탕되었다. 즉, 고려 조정의 입장에서 볼 때 국가적인 위기라고 느낄 정도로 심각한 상황은 아니었음을 알 수 있다. 그럼에도 총 11건 발생했던 왜구 침입에 대해 모두 네 차례나 금왜사절이 파견되었다. 또한 그 파견 시기도 최초 발생에서부터 만 4년 뒤(⑤), ⑥의 5월에 왜구가 발생한 지 7개월 뒤인 같은 해 12월, ⑩의 1263년 2월에 왜구가 발생한 지 불과 2개월 뒤인 같은 해 4월 등, 빠르게는 2개월 뒤, 늦어도 만 4년 뒤에는 파견했음을 알 수 있다. 이와 비교해 '경인년 왜구'의 규모와 빈도는 어떠했을까? 〈표 7-2〉를 보자. '13세기의 왜구'와 '경인년의 왜구'의 규모는 단순비교하더라도 2척과 100여 척, 참수된 왜구의 숫자는 30명과 300명, 그리고 침구 빈도는 연 2회에서 연 5회로 큰 차이가 있다. 뿐만 아니라, 그다음 해(1351) 8월에는 130척의 선단을 이루어 전국의 조운선이 모여드는 강화도 부근에 위치한 자연도(紫燕島)와 삼목도(三木島)까지 침구[18]하고 있었는데도 고려 조정은 이에 항의하는 금왜사절을 파견하지 않았다.

필자는 별고에서 그 이유를 "아마도 몽골의 일본 침공을 계기로 하여 일본과 고려 사이의 외교관계가 단절되었기 때문에, 그리고 원(元)의 지배하에 있었

〈표 7-2〉 경인년(1350) 왜구의 침구 상황

시기	침구 지역	규모	비고
2월	고성·죽림·거제	?	왜구 300명을 참수
4월	순천부	100여 척	남원·구례·영광·장흥의 조선을 약탈
5월	순천부	66척	아군이 추적해 배 1척을 포획하고 13명을 살해
6월	합포·고성·회원·장흥부	20척	—
11월	동래향	?	—

---

17) 『고려사절요』 권제15, 원종 4년 4월 조.
18) 『고려사』 권제37, 세가 제37, 충정왕 3년 가을 8월 병술일 조.

기 때문에 원의 허가 없이 독자적으로 일본에 사자를 파견하는 것을 주저하였을 것이다"[19]라고 하였다. 그러나 당시 왜구로 인한 피해가 후술하는 바와 같이, 아주 심각한 수준에 달했던 것과 공민왕 대에 자주독립 노선에 입각한 대원외교정책을 추진했음을 고려한다면, 위에서 제기한 이유는 설득력이 부족하다. 보다 구체적인 이유가 있지 않았을까?

여기서 경인년(충정왕 2) 당시 고려가 처한 정치·외교·군사적인 상황에 대하여 살펴보기로 하자. 85년간의 '왜구의 공백기'[20]를 깨고 침구를 재개한 경인년 2월에 다음과 같은 기사가 『고려사』에 있다.

———

1. 임진일, 지평(持平) 최용생(崔竜生)을 경상도 안렴사로 임명하였다. 그런데 최용생은 내시(內侍)들이 원나라의 총애를 믿고 우리나라 백성들에게 해독을 끼치는 것을 증오했다. 그래서 그 악행을 폭로하는 방을 써 붙여서 사람들에게 광고하였더니 어향사(御香使) 환자(宦者) 주완지(朱完之) 첩목아(帖木兒)가 왕과 공주에게 최용생을 고소하였으므로 최용생을 파면하고 김유겸을 안렴사로 임명하였다.[21]

경상도 안렴사 최용생이 목민관(牧民官)으로서 취한 당연한 조치였음에도 충정왕은 이를 보호하기는커녕 파면해야 했다. 그리고 결국, 그다음 해 10월에 원나라 조정은 강릉대군(江陵大君) 기(祺)를 국왕으로 책봉하고 단사관(斷事官) 완자불화(完者不花)를 파견해 모든 창고와 궁실들을 봉인하고 국새(国璽)를 회수해서 돌아갔고, 왕은 왕위에서 물러나 강화에 가 있다가 독살당하고 말았다.[22] 이런 상황하에서 충정왕 대(代)의 조정이 왜구에 대하여 능동적이고 자주적으로 대응하기는 어려웠을 것이다. 뒤를 이어 즉위한 공민왕은 어떠했을까? 즉위 당시의 교서(敎書)에서 공민왕은 왜구에 대해 다음과 같이 언급하고 있다.

———

19) 이영, 「庚寅年以降の倭寇と内乱期の日本社会」(『倭寇と日麗関係史』, 東京大学出版会, 1999). 2011년에 도서출판 혜안에서 『왜구와 고려·일본 관계사』로 번역 출간.
20) 이영, 「倭寇の空白期」 앞의 주(18) 연구서 참조.
21) 『고려사』 권제37, 세가 제37, 충정왕 2년 2월 임진일 조.
22) 『고려사』 권제37, 세가 제37, 충정왕 3년 겨울 10월 임오일 조.

2. 왜적이 변방 지역을 침노하여 백성을 살육하고 주택에 방화하며 회조선(回漕船)을 약탈하고 있다. 이것은 모두 방어에서 규율이 문란하여 저장과 준비가 전혀 없는 데 기인한다. 대책을 세울 수 있는 자는 누구나 왕에게 제의할 수 있다.[23]

즉위 당시의 공민왕은 적극적으로 왜구에 대처하고자 했음을 알 수 있다. 그렇지만 공민왕의 왕권 역시 결코 안정된 것이 아니었다. 여기서 왜구를 포함한 공민왕 대의 국내외 주요 정치·외교·군사적인 사건들을 개략적으로 살펴보면 〈표 7-3〉과 같다.

〈표 7-3〉에서 보듯이 공민왕 대(代)는 한국 역사상 손꼽을 정도의 국난(国難)의 시대로 거의 매년 국가와 왕조 사직의 존립을 위협하는 사건들이 발생하고 있음을 알 수 있다. 공민왕 대에는 원나라가 동요하기 시작하자 공민왕이 옛 영토 회복정책을 추진했고, 그러자 원과 결탁한 내부 세력이 반란을 도모해 왕권이 불안정해지면서 다양한 혼란이 드러나기 시작하였다. 즉, 내부적으로는 조일신의 반역, 친원파(親元派) 기씨(奇氏) 일족의 반역과 토벌, 채하중의 반역, 공민왕에 대한 암살 기도 사건, 제주도 목자들의 반란 등이 연이어 발생하였다. 그리고 그 와중에 수만에서 20만 명에 이르는 홍두적의 대 부대를 위시해, 수만 명의 나하추의 군대와 여진족의 침구가 이어지면서 국왕이 남천(南遷)하게 되었다. 또 홍건적의 난이 어느 정도 진정되자 이번에는 원나라 조정이 공민왕을 폐위시키고 심양(瀋陽)에 있던 덕흥왕을 즉위시키며 1만 명의 군사를 딸려서 고려로 보내는 등, 그야말로 걷잡을 수 없는 격동의 시기를 보내고 있었다.

그렇다면 금왜사절을 파견하지 않은 것이 단지 왕권이 불안정하거나 또는 이처럼 과도한 군사·정치적 혼란으로 인해 정신적인 여유가 없었기 때문이었을까? 그런데 당시 왜구가 초래했던 충격과 공포도 결코 가벼운 것이 아니었다. 〈표 7-3〉의 사례 이외에 몇 가지 대표적인 사례를 살펴보자.

---

23) 『고려사』 권제38, 세가 제38, 공민왕 원년 2월 병자일 조.

〈표 7-3〉 공민왕 대의 주요 정치·외교·군사적 사건

연도	주요 사건
원년(1352)	조일신(趙日新)의 반역사건
3년(1354)	원 조정이 남방의 반란 세력 토벌을 위해 고려에 정예부대의 파견을 요청
4년(1355)	왜구, 조운선 200여 척을 약탈
5년(1356)	기철 일당을 숙청(4월), 쌍성 수복 작전의 전개(4월), 정동행성을 철폐(4월), 지정 연호의 사용 중지(6월), 원이 80만 대군으로 침공 위협(6월), 쌍성 탈환(7월), 총동원령(제주도인·화척·재인까지 포함, 9월), 제주도 반란(10월)
6년(1357)	채하중과 전찬의 반역 도모(6월)
7년(1358)	왜구로 인해 수도 계엄 상태(5월), 장사성의 사자 파견(7월)
8년(1359)	홍두적 3천 명 침구(11월), 4만 명 침구(12월)
9년(1360)	홍두적 2만 명을 살해(2월)
10년(1361)	홍두적 10만 명 침공(10월), 국왕이 남쪽으로 피난(11월), 개경 함락(11월)
11년(1362)	개경 수복, 10만 홍두적을 살해(1월), 나하추(納哈出)의 수만 병력의 침공(7월), 제주 목자의 반란(8월), 원이 덕흥왕을 국왕으로 옹립했다는 정보가 전해짐(12월).
12년(1363)	국왕의 환도(2월), 김용의 공민왕 암살 기도 사건(3월), 왜적의 선박 213척 교동 침구(4월), 원 조정이 덕흥군을 고려로 호송(5월)
13년(1364)	원나라 군사 1만 명이 의주를 포위(1월), 여진족의 침구(2월), 왜적 3천 명을 살해(5월), 방국진이 사자 파견(6월), 원 조정이 공민왕을 복위시킴(9월).
14년(1365)	왜적이 창릉에 들어와 세조의 초상을 약탈(3월)
15년(1366)	제주 토벌 작전 실패(10월)
16년(1367)	원나라가 왜적이 고려를 경유해 원으로 오는 것을 막으라고 지시(5월)
17년(1368)	김일 일행 귀국(1월), 일본의 사자 파견(7월), 쓰시마 만호가 사자를 파견(7월), 강구사 이하생을 쓰시마에 파견(7월), 원의 황제·황후·황태자가 상도(上都)로 도주했다는 소식이 전해짐(9월), 쓰시마 만호 숭종경(崇宗慶)이 사자를 파견해 입조, 숭종경에게 쌀 1천 석을 하사(11월)
18년(1369)	명나라 황제가 사신을 고려에 파견(4월), 지정 연호의 사용을 중지(5월), 거제 남해현의 귀화 왜인들이 배반해 귀국(7월), 아주에서 왜적의 배 3척을 포획(11월), 왜적이 영주·온수·예산·면주의 양곡 운송선을 약탈(11월)

*〈표 7-3〉은 『고려사』 '세가(世家)'를 토대로 하여 작성한 것임.

3. 원년(1352) 3월 기미일. 왜구의 침공으로 인해 "부녀자들이 가두에 몰려나와서 통곡하고 개성이 크게 놀랐다"고 하였다.[24]

4. 1355년 여름 4월 신사일. 왜적이 전라도의 조운선 200여 척을 약탈하였다.[25]

5. 1357년 여름 4월 무자일. 왜적이 개경의 바로 코앞에 위치한 교동도에 침입해 개경이 계엄 중이었다.[26]

6. 1357년 9월 무술일. 왜적이 승천부 흥천사에 들어와 충선왕과 한국공주의 초상화를 약탈해 갔다.[27]

7. 1358년 3월 기유일. 왜적이 각산 방어소에 침입해 배 300여 척에 방화했다.[28]

8. 1358년 가을 7월 임술일. 왜적의 방해로 수상 운수가 통하지 않았다.[29]

9. 1360년 윤5월 초하루 병진일. 왜적이 강화에 침입해 쌀 4만여 석을 약탈했다.[30]

10. 1363년 4월 기미일. 왜적의 선박 213척이 교동도에 정박해 수도가 계엄 상태에 들어갔다.[31]

11. 1364년 5월. 경상도 도순문사 김속명이 왜적 3천을 진해에서 쳐서 대파하였다.[32]

12. 1365년 3월 기사일. 왜적이 창릉에 들어와 태조 왕건의 부(父)인 세조의 초상화를 약탈해 갔다.[33]

"개성이 크게 놀랐다", "수상 운수가 통하지 않았다"고 한 것에서 왜구가 고

---

24) 『고려사』 권제38, 공민왕 원년 3월 기미일 조.
25) 『고려사』 권제38, 공민왕 4년 여름 4월 신사일 조.
26) 『고려사』 권제39, 공민왕 6년 여름 4월 무자일 조.
27) 『고려사』 권제39, 공민왕 6년 9월 무술일 조.
28) 『고려사』 권제39, 공민왕 7년 3월 기유일 조.
29) 『고려사』 권제39, 공민왕 7년 가을7월 임술일 조.
30) 『고려사』 권제39, 공민왕 9년 윤5월 초하루 병진일 조.
31) 『고려사』 권제40, 공민왕 12년 여름 4월 기미일 조.
32) 『고려사』 권제40, 공민왕 13년 5월 조.
33) 『고려사』 권제40, 공민왕 14년 3월 기사일 조.

려 사회에 얼마나 큰 충격과 피해를 끼쳤는지 충분히 짐작할 수 있다. 이상과 같은 왜구의 침구는 수십만 홍두적의 침공만큼은 아니라 하더라도 큰 충격과 공포를 초래했다. 특히 〈사료 6〉과 〈사료 12〉의 침구는 고려 왕실과 조정에 큰 충격을 주었음에 틀림없다. 지방의 조세 운송을 해상 수송에 의지하고 있었던 고려는 북방의 대규모 군사침공에 적절하게 대응하기 위해서 중남부 지방에서 운반해 오는 물자 및 인원의 수송이 원활하게 이루어져야 하였는데, 왜구가 수상 운송에 막대한 지장을 초래함으로써(〈사료 8〉) 긴박한 상황에 효율적으로 대응하는 데 큰 지장을 주었던 것이다. 따라서 북쪽에서 가해지는 정치·군사·외교적인 위협이 클 때일수록 남쪽 지방으로부터의 물자 수송은 더욱 긴요한 국가적 사안이 되었고, 따라서 왜구가 고려 사회에 안겨 준 물질적, 정신적인 타격은 더 증폭되었던 것이다.

그러므로 대규모의 침구에 대해 지체하지 않고 금왜사절을 파견해 항의하는 것은 국가 권력으로서 우선적으로 취해야 할 지극히 당연한 조치였다고 할 수 있다. 더욱이 '13세기의 왜구'의 경우, 고려는 즉각 금왜사절을 파견해 일시적이나마 그 효과를 보았던 선례도 있다.[34] 설사 사절 파견이 당장 왜구를 완전히 금압(禁壓)할 수 없다 할지라도 최소한 침구의 원인 정도는 파악할 수 있었을 것이고 또 그래야만 적절한 대책도 강구할 수 있었을 것이다.

또한 당시 고려 조정이 일본과의 외교 행위에 원나라의 눈치를 봐야 했던 상황도 아니었다. 그것은 〈표 7-3〉에서 당시 원나라에 대한 반란세력인 장사성 (張士誠), 정문빈(丁文彬), 방국진(方国珍), 이우승(李右丞), 주평장(朱平章) 등과 여러 차례에 걸쳐 사절을 주고받았던 사실을 봐도 알 수 있다.[35] 이렇게 볼 때, 고

---

34) "급제 박인을 예빙사로 일본에 파견했다. 이때에 왜적이 주현을 침략하므로 국가에서 이를 걱정해 박인에게 공문을 주어 보내어 대대로 우호관계를 가지고 있는 만큼 침략해서는 안 된다고 타일렀더니 일본에서 침략을 일삼던 왜적을 찾아내어 죽였다. 이리하여 그들의 침략 행위가 좀 잠잠해졌다." 『고려사』 권제22, 세가 제22, 원종 14년 12월 을해 조.

35) 일본에 김용과 김일 일행을 파견하기 전까지 고려 조정은 다음과 같이 원나라 지방 세력의 사절이 왕래하였다. 장사성 11회(공민왕 8년 4월과 7월, 9년 3월, 10년 3월, 10년 7월, 11년 7월, 12년 4월, 13년 4월, 13년 7월, 14년 4월, 14년 10월), 정문빈 2회(공민왕 8년 4월, 7월), 방국진

려 조정이 17년 동안이나 금왜사절을 파견하지 않았던 것은 다른 확고한 이유가 있었다고 생각해야 할 것이다.

이상과 같은 관점에서 공민왕 당시의 왜구와 관련된 대원(対元) 외교를 살펴보면 공민왕 5년(1356)의 반원자주개혁(反元自主改革)의 실시를 전후해서 변화가 확인된다. 즉, 반원자주개혁이 실시되기 전에는 왜구의 침구를 원나라 조정에 적극적으로 알리고 군사원조를 이끌어 냈다.[36] 그러나 실시 이후부터는 고려는 필요할 경우에는 일본의 존재를 대원 외교에 적절하게 활용하는 한편, 왜구의 빈번한 침공 사실과 그로 인해 고려가 받은 피해에 관해서는 원나라에 대하여 적극적으로 숨겨 왔던 것 같다. 즉, 고려는 오히려 교동도와 강화도·승천부 흥천사(개풍군) 등 수도권 해역(海域)에서의 왜구들의 약탈에 아무런 효과적인 조치를 취하지 못하고 있었음에도 불구하고, 1363년 여름 4월 원나라 어사대에 제출한 '백관기로서(百官耆老書)'에 "왜구와 싸울 때마다 물리쳤다"[37]라는 거짓 보고를 올렸다. 당시 고려 조정은 어떤 이유로 왜구의 침구 사실을 원에 숨기려 하였으며 또 그 위협을 애써 축소하려고 하였을까? 아마도 이 사실이 원에 알려질 경우 원이 이를 고려의 약점으로 인식해 군사·정치 공세에 더욱 적극성을 띠게 될지도 모른다고 고려 조정은 우려하고 있었던 것 같다.

당시 고려는 원과의 정면충돌은 가능한 회피하면서 옛 영토를 회복하고자 하는 정책을 추진하고 있었다. 그러나 불가피하다면 정면충돌도 피하지 않겠다는 자세로 임하고 있었다. 실제로 고려가 쌍성지역의 회복에 착수하자 1356년 6월에 원나라는 고려 사신을 요양성에 가두고 80만 병력을 동원해 고려를

3회(공민왕 8년 8월, 13년 6월, 14년 8월), 이우승 1회(공민왕 9년 7월), 주평장 1회(공민왕 13년 4월). 이 가운데에 공민왕이 회신을 써서 보낸 것이 사료에 확인되는 것이 정문빈(공민왕 8년 7월)이다. 그러나 장사성이 일본에 최초로 금왜사절을 파견할 시점까지만 모두 11차례의 사절을 파견한 것은 그에 상응하는 고려 측의 반응이 있었기 때문이라고 생각해야 할 것이다.

36) 이에 관해서는 이영, 「공민왕 원년(1352)의 동아시아 국제정세와 왜구」(『팍스 몽골리카의 동요와 고려 말 왜구』, 도서출판 혜안, 2013)을 참조.

37) 『고려사』 권제40, 공민왕 12년 여름 4월 갑인일 조. 이 '백관기로서' 이외에 달리 고려가 원나라에 대하여 '경인년 이후의 왜구' 침구 사실에 대하여 언급하고 있는 기록은 찾아보기 어렵다.

토벌하겠다고 위협해 왔으며,38) 이에 고려는 제주도 사람과 화척·재인까지 서북 국경지역에 총동원하는 체제로 맞섰던 것이다.39) 공민왕의 고지(故地) 회복 정책으로 원과의 충돌이 예상되고 있었기 때문에, 고려로서는 원나라가 알면 군사·외교적 약점이 될 수 있는 왜구의 침구 사실을 적극적으로 숨기고 싶었을 것이다.

이러한 군사적인 이유 이외에 정치적인 이유도 있었다. 그것은 소위 심양왕(瀋陽王) 덕흥군(德興郡)의 존재였다. 즉, 왜구의 빈번한 침구에 거의 속수무책 상태였던 고려의 실상이 원 조정에 알려진다면 고려의 공민왕이 무능한 존재로 평가될 것이며, 과거에 공민왕 스스로 충정왕을 밀어내고 왕위를 차지하였던 것처럼, 원이 자신과 덕흥군을 교체할 수 있는 중요한 명분이 될 수 있다고 인식했을 것이다. 또한 이러한 원의 압력에 호응하는 형태로 내부에서 야기될 반역과 음모 등에 대하여도 충분히 의식했을 것이다. 그래서 앞에서 언급한 것처럼 '백관기로서'에 "싸울 때마다 물리쳤다"40)고 허위 보고를 하였던 것이다.

고려는 1362년 봄 정월에 홍두적의 20만 대군의 침공을 격퇴하고 그들로부터 노획한 원나라 황제의 옥새를41) 비롯한 보물들을 원에 돌려주는 큰 공을 세웠다.42) 그럼에도 불구하고, 원 조정은 같은 해 12월에 덕흥군을 고려의 새로운 국왕으로 세웠다. 이 정보가 고려에 전해지자 고려 조정은 곧바로 이러한 외부 정세와 연계한 내부의 배신에 대하여 경계하고 있음을 알 수 있다.43)

이처럼 덕흥군의 옹립과 고려로의 귀국을 둘러싼 원과의 군사·정치적 긴장 상태는 1364년 9월에 원나라 황제가 공민왕을 복위(復位)시키고44) 그해 10월에

---

38) 『고려사』 권제39, 공민왕 5년 6월 을해일 조.
39) 『고려사』 권제39, 공민왕 5년 9월 경진일 조.
40) 앞의 주(36) 사료 참조.
41) 『고려사』 권제40, 공민왕 11년 정월 갑자일 조.
42) 『고려사』 권제40, 공민왕 11년 6월 병진일 조.
43) 『고려사』 권제40, 공민왕 11년 12월 계유일 조.
44) 『고려사』 권제40, 공민왕 13년 9월 기사일 조.

음모의 배후 주역이라 할 수 있는 최유를 체포해 고려로 압송함으로써[45] 일단 락된다. 고려 조정의 덕흥군 압송 요구를 원이 유예(猶豫)시킴으로써[46] 재연(再燃)될 가능성이 완전히 사라진 것은 아니었지만 이미 이 당시 원나라는 멸망 직전의 상황까지 몰려서,[47] 더 이상 고려의 내정에 관여할 여력이 없었다. 1367년 2월에는 마침내 원나라 황제가 제주도로 피난하려 한다는 소식이 고려 조정까지 전해질 정도였다.[48] 어쨌든 원나라와 군사적 충돌까지 각오하고 있었던 고려였지만, 왜구의 빈번한 침구 사실은 대원관계(対元関係)에서 군사적 그리고 정치적으로 중요한 약점이 될 수 있었기에 이를 적극적으로 숨기고 싶었을 것이다.

3. 공민왕의 왜구 관련 대일(対日) 정책

이번에는 금왜사절의 파견을 지연해 왔던 이유를 대일관계의 측면에서 생각해 보자. 고려가 금왜사절을 일본에 파견한 것은 원의 멸망이 거의 기정사실이 되다시피 한 1366년 8월의 일이었다.[49] 원의 멸망이 결정적인 사실이 될 때까지 금왜사절의 파견을 미루어 왔던 고려 조정의 의도는 무엇이었을까? 공민왕 대에 설장수가 왜구 대책으로 건의한 상소문 내용 중의 일부를 살펴보자. 그는 "(왜적들은) 성을 공격하고 토지를 약탈해 장구지책(長久之策)을 꾀하는 것이 아니라 특히 약탈에만 그 목적이 있으므로 소득이 없으면 기필코 퇴각할 것입니

---

45) 『고려사』 권제40, 공민왕 13년 겨울 10월 임인일 조.
46) 『고려사』 권제41, 공민왕 14년 봄 정월 무진일 조.
47) "정월에 명나라의 군대는 보경로(宝慶路)를 점령했는데, 이를 지켜야 할 장군은 도망했고, 또 위한(偽漢)의 장군 웅천서(熊天瑞)는 공주(贛州 : 강서성)와 소주(韶州)를 장악하고 있었으며, 남웅(南雄)은 명나라에 항복했다"(『元史』 巻第46, 本紀 第46, 順帝 9, 25년 정월 기사 조)라는 기사 내용에서 알 수 있듯이, 반란 세력들에 의해 수도를 정복당하고 있었던 원나라의 쇠망은 더 이상 감출 수 없을 정도였다.
48) 『고려사』 권제41, 공민왕 16년 2월 계해일 조.
49) 김용 일행이 일본의 이즈모(出雲) 지방에 도착한 것은 조지(貞治) 5년(1366) 9월의 일이다. 그러므로 그들이 고려를 출발한 것은 적어도 9월 이전의 일로 생각된다.

다"50)라고 했다. 고려 조정으로서는 약탈만 하고 돌아가는 왜구보다 북쪽 국경 문제가 국정(国政)의 우선순위에 있었을 것이다.

그렇지만 아무리 그렇다고 하더라도 일본에 금왜사절을 파견하는 정도는 충분히 시도할 수 있지 않았을까? 그럼에도 불구하고 사절을 파견하지 않은 것은 왜일까? 아마도 왜구가 대규모로 빈번하게 침구하는 배경에 대한 정보도 없는 가운데, (어쩌면 일본의 국가권력이 보다 더 큰 영토적 야심을 가지고 왜구를 조종하고 있을지도 모를 상황에) 사절을 파견하고 또 답례사절이 고려를 왕래하게 되면, 북방 국경지대로부터의 대규모 침공 등 고려의 군사·정치적 취약성이 드러날 것을 우려했기 때문으로 생각한다.

외국의 사자(使者)가 자국의 정보를 염탐할 위험성에 대해서 일본·중국·고려 삼국 조정이 공통적으로 우려하고 있었음은 다음 사례에서도 확인할 수 있다. 우선 일본의 사례를 보자. 다음 〈사료 13〉은 소위 '도이(刀伊)', 즉 여진족으로 구성된 해적의 침구(1019) 이후, 쓰시마에 와서 체재하고 있던 고려 사자 일행을 우선 다자이후(大宰府)로 데려와서 여러 가지 질문을 하고 식량 등을 지급한 뒤 귀국시킬 것을 결정한 '진노사다메(陣定)'의 결론을 전해들은, 전(前) 다이나곤(大納言) 미나모토 도시가타(源俊賢)가 후지와라 사네스케(藤原実資)에게 보낸 편지이다.

---

13. 많은 사람들이 작은 섬에 와서 열흘이나 한 달 동안 체재한다면 국가의 강하고 약함을 알게 되고 의식이 풍족한지 부족한지도 알게 될 것입니다. 빨리 돌려보낼 것을 최우선으로 생각해야 합니다.51)

여기서 미나모토 도시가타는 고려 사신들이 일본의 국정을 파악하고 방어가 약한 곳을 알게 될까 봐 경계하며, 그들을 다자이후로 데려오는 것을 반대하는 것은 물론, 곧바로 돌려보낼 것을 건의하고 있다.

---

50) 『고려사』 권제112, 열전 제25, 설손 전.

51) 「数多者、著小嶋送旬月者、可量国強搦(弱)、可知衣食乏、以早返為先」, 『小右記』, 寛仁 3年 9月 23日條.

중국의 예를 보자. 송(宋) 정강(靖康) 원년(1126)에 시어사(侍御史) 호순척(胡舜陟)의 「論高麗人使所過州県之擾」에 다음과 같은 기록이 있다.

14. (전략) 전하는 이야기에 의하면, (고려가) 우리나라에서 주는 물건을 글안과 금(金)과 나누고, 우리나라의 산천(山川)의 형세와 군사의 많고 적음, 재용(財用)의 허실을 염탐해 이를 글안과 금에 알린다고 합니다. 그러니 (고려 사신 일행의) 입조(入朝)는 단지 비용만 막대한 것이 아니라, 실로 호랑이를 키워서 (장래의) 환난을 만드는 것과 같습니다. 만약 고려 사신들이 명주(明州)에 도착하면 명주로 하여금 (고려의) 표문(表文)만 조정에 바치게 하고, 사신은 거기서 돌아가게 해야 합니다. 52) (후략)

고려 사신이 송의 내정에 대해 염탐했는지 여부는 알 수 없지만, 고려 사신들의 첩보활동 가능성에 대해 송이 심각하게 우려하고 있었으며, 강한 경계심을 품고 있었던 것을 위의 인용에서 확인할 수 있다. 이번에는 조선의 예를 보자. 태종 13년(1413)에 명나라 수군이 일본을 토벌하겠다고 하는 황제의 선유(宣諭)를 전달받고 이에 대한 대책을 논의하는 과정에 태종은 다음과 같이 언급했다.

15. (전략) 또 왜인이 만약 이 변(變)을 안다면 크게 불가하다. 지금 서울에 와 있는 왜사(倭使)의 족류(族類)가 우리나라에 퍼져 있어 그들로 하여금 알지 못하게 하는 것도 어려운데, 만약에 알아 가지고 통지하게 되면 뒷날 중국에서 반드시 말이 새나간 이유를 따질 것이다. 정왜(征倭)를 위한 거사는 반드시 5·6월에 있을 것이니, 왜사를 구류(拘留)해 2, 3개월만 지난다면 누가 다시 이를 말하겠는가?53)

이처럼 동양 삼국이 외국 사신이 내왕할 때에 자국의 비밀이 누설되는 것을 극도로 경계했음을 보여 주는 사례는 일일이 다 열거할 수 없을 정도로 많

---

52) 『歴代名臣奏議346夷狄』. 모리 가쓰미(森克己), 「日宋麗連鎖関係の展開」(『続日宋貿易の研究』, 国書刊行会, 1975)의 계시(啓示)에 의함.
53) 『태종실록』 태종 13년 3월 20일 조.

다.[54] 따라서 홍건적, 나하추, 여진족의 침입과 제주도의 반란 그리고 원의 군사·정치적 위협이 가해지고 있던 시기에, 일본 사절이 고려의 대일(対日) 창구였던 동남해도부서(東南海都部署)나 수도 개성까지 왔다면 이런 정보가 일본 측으로 흘러가는 것을 차단하기는 불가능했을 것이다.

실제로 1368년 봄 정월, 김용 일행에 이어 두 번째로 파견된 금왜사절인 김일 일행이 귀국할 때에, 일본은 승려 범탕과 범류를 함께 파견하고 있다.[55] 또 같은 해 가을 7월에도 사자를 파견하고 있고,[56] 이어서 쓰시마 만호(소 쓰네시게, 宗経茂)가 같은 달 7월[57]과 11월에 고려에 사자를 보내는 등,[58] 1년 동안에 모두 네 차례의 사절이 일본과 왜구의 주요 근거지인 쓰시마에서 파견되었다. 이들 사자가 수도 개성까지 왔는지 아니면 동남해도부서(당시는 금주에 소재)[59]까지만 왔는지는 확실히 알 수 없다. 그러나 고려 국내에 일정 기간 이상 체재하면서 고려 관리와 접촉하는 동안 고려 국내외 정세에 대한 중요한 정보를 얻을 수 있었을 것임에 틀림없다.

만약 그렇다면 후술하는 〈사료 17〉의 "ⓒ 만약 군대를 일으켜 그들을 체포한다면 아마도 이웃나라와의 우호관계에 어긋날 것이다"라고 한 것처럼 고려 조정이 일본에 대해 강경한 태도를 취하기 어려웠을 것이며, 오히려 약점만 드러내는 결과가 되었을 것이다. 그리고 그때까지 약탈과 납치만 하고 돌아갔던 왜구가, 고려 내부의 약점을 알게 된다면 영토에 대한 야심을 드러내 본격적으로

---

54) 예를 들면, 몽골의 사신 조양필은 일본에 파견되어 교토까지 가지도 못하고 다자이후에서 체재하다가 돌아오고 말았고(『고려사』 권제27, 세가 제27, 원종 14년 3월 계유 조), 우왕 원년(1375) 2월에 일본에 금왜사절로 파견된 나홍유는, 일본에 건너가자마자 첩자로 오해받아 구속당하기도 했다. (『고려사』 권제133, 열전 제46, 우왕 원년 2월 조; 『고려사』 권제114, 열전 제27, 나홍유 전.)

55) 『고려사』 권제41, 공민왕 17년 정월 무자일 조.

56) 『고려사』 권제41, 공민왕 17년 가을 7월 을해일 조.

57) 『고려사』 권제41, 공민왕 17년 가을 7월 기묘일 조.

58) 『고려사』 권제41, 공민왕 17년 11월 병오일 조.

59) 동남해도부서(東南海都部署)는 경주에 최초 설치되었는데, 이후에 금주(김해)로 이전과 경주로의 복귀를 반복한 끝에, 고려 말기 단계에는 경주로 낙착되었다. 변태섭, 「고려안찰사고」(『高麗政治制度史研究』, 一潮閣, 1971).

침공할지도 모른다는 의구심을 고려의 지배층들은 지니고 있었을 것이다. 그 것은 공민왕 5년(1356) 겨울 10월 무오일에 원나라에 보낸 표문에서 "우리나라 는 왜적이 침구해 노략질하기 시작한 이후, 그에 대한 방비를 거의 한 순간이라 도 늦출 수 없다"[60]고 한 부분에서도 엿볼 수 있다. 또한 실제로 몽골과 고려의 일본 침공 이후에 가마쿠라 막부가 비록 실행에 옮기지는 않았지만, 당시 기나 이(畿内) 지방 일대의 아쿠토(悪党)들을 동원하여 고려를 침공할 계획을 수립하 였던 사실[61]로 볼 때 고려의 우려는 결코 기우(杞憂)라고는 할 수 없었다. '13세 기의 왜구'가 단순한 해적 행위였음에 반해, '경인년 이후의 왜구'는 두 차례에 걸친 몽골·고려 연합군의 일본 침공 이후에 전개된 침구였기에, 더욱이 그 규 모가 '13세기의 왜구'와는 비교가 되지 않을 정도로 크고 또 빈번했다. 따라서 일본의 국가권력이 어떤 정치적인 의도를 가지고 배후에서 조종하는 것이라고 생각했을 가능성이 크다. 고려가 당시 우려하고 있었던 최악의 상황은 북(홍건 적·나하추·여진족·원나라)과 남(일본)의 양쪽에서, 단순한 약탈이 아니라 동시 에 대규모 군사적 침공을 당하는 것이었다.

이것이 바로 고려가 왜구의 심각한 침구를 당하면서도 17년 가까이 대일사 절(対日使節)의 파견을 자제해 온 가장 중요한 이유였다고 생각한다. 당시 고려 는 남과 북, 안팎에서부터 왕조 사직이 흔들리고 국토를 유린당해 수많은 장병 과 백성들이 살상당하는 심각한 군사·정치적 위기 상황을 맞고 있었다. 그러 나 그 와중에서도 고려 조정은 원에 대해서는 왜구의 침구를, 일본에 대해서는 북쪽 국경의 동요와 이와 연계한 내부의 혼란을 숨기기 위해 금왜사절의 파견 을 자제하는 외교 정책을 17년 가까이 굳게 지켜 왔던 것이다.

---

60) 『고려사』 권제38, 공민왕 5년 겨울 10월 무오일 조.
61) 겐지(建治, 1275~1277)와 고안(弘安, 1278~1287)의 고려 출병계획을 살펴보면, 오타부미(太田 文 : 토지등록대장)에 입각하여 서쪽 지방(西国)의 장원과 공령(荘郷)마다 선박, 무기, 인부역(人 夫役)을 부과하고 무용(武勇)이 뛰어난 자를 소령의 면적(所領額)에 따라서 모두 다 동원한다고 하는 철저한 것이었음을 알 수 있다. 기나이(畿内) 지방의 죄인(流人)과 아쿠토(亜党)를 파병하 고 또 은상(恩賞)을 기대하는 규슈의 광범위한 범위에 걸친 주민들에게 군사의무를 다할 것을 명령(軍事催促)하는 등, 일본 역사에서 예전에는 그 예를 찾아볼 수 없는 사태였다. 海津一朗, 『蒙古襲来 対外戦争の社会史』(吉川弘文館, 1998).

금왜사절 파견의 실상과 의의

1. 공민왕 15년 금왜사절의 의문점

공민왕 15년(1366, 조지 5) 8월, 금왜사절로 파견된 김용 일행이 일본에 도착한 것은 공민왕 15년 9월의 일이다.[62] 고려는 이어서 불과 3개월여 만인, 같은 해 11월[63]에 또 김일 등 30여 명으로 구성된 사절을 파견하였다. 김일은 그다음 해(1367) 2월 27일 일본에 도착해[64] 4월 초순에 교토에 들어갔다.[65]

그런데 당시 고려의 사절단 파견에는 몇 가지 의문점이 있다. 첫째, 『고려사』의 공민왕 15년 기록에는 최초의 금왜사절인 김용 일행이 8월 무렵에 출발하였음에도 불구하고 이에 관한 기사는 보이지 않고 같은 해 11월에 두 번째로 출발한 김일 일행에 관해서만 기록하고 있다는 점이다. 앞서 고찰하였듯이 김용 일행은 고려 조정으로서는 17년 동안이나 인내해 왔던 끝에 파견한 최초의 사절이었다. 또한 나카무라 히데다카의 연구에 따르면, 김용 일행은 원나라 황제의 뜻을 담은 첩장(牒狀)을 일본 조정에 전달하는 목적을 갖고 있었다.[66] 그렇다면 김용 일행의 파견은 고려 조정으로서도 아주 중요한 외교 행위였으며

---

62) 『太平記』 卷第39, 「高麗人来朝の事」에는 다음과 같이 되어 있다. 「これによって高麗国の王より、元朝皇帝の勅宣を受けて、牒使十七人わが国に来朝す。この使ひ異国の至正二十三年八月十三日に高麗を立って、日本国貞治五年九月二十三日出雲に着岸す」. 여기서 지정(至正) 23년(1363)은 지정(至正) 26년(1366)의 오기(誤記)로 보인다. 즉, 당시 김용 일행은 1366년 8월 13일에 고려를 출발해 9월 23일에 이즈모 지방에 도착한 것이다.

63) 『고려사』 권제41, 공민왕 15년 11월 조.

64) 後光厳院, 『善隣国宝記・新訂続善隣国宝記』, 貞治 6年 丁未條, 集英社, 1995.

65) 『師守記』, 貞治 6年 4月 6日條.

66) 앞의 주(2) 나카무라 히데다카 논문 참조.

이 점에서 보더라도 뒤에 파견된 김일 일행보다도 그 의미가 더 컸다고 해야 할 것이다. 『고려사』에 김용의 파견 기록이 누락되어 있고, 반면에 김일 일행에 관해서 기록되어 있는 것은 조금 이상하다고 생각하지 않을 수 없다.

그러나 그로부터 약 11년 뒤인 우왕 3년(1377) 6월 조에 안길상을 금왜사절로 파견할 당시에 지참한 서장(書狀) 속에 "병오년(공민왕 15년)에 김용 등을 파견했다"고 언급하고 있는 것67)을 보면, 『고려사』를 편찬할 당시의 기록상의 누락이라고 생각할 수도 있을 것이다.

두 번째 의문은 1366년 8월에 김용 일행을 사자로 파견한 지 불과 4개월도 채 되지 않은, 같은 해 11월에 왜 또 김일 일행을 파견하였을까라는 것이다. 이 문제에 대하여 나카무라 히데다카는 "왜 연이어 파견되었는지는 분명하지 않지만, 어쩌면 김용 일행은 원나라 정동행중서성의 첩장과 신물(信物)을 가지고 가는 사명을 띠고 있었는데, 그들의 귀국이 너무 지체되었기에―이즈모(出雲) 지방에 상륙하였기 때문에―김일 일행은 다시금 고려의 국서(國書)를 가져가기 위한 사신이 아니었을까?"라고 서술했다.68)

그렇지만 당시 고려와 일본 양국 간의 교통 여건이나 외교상의 관행69) 등을 고려할 때 외교 사절단이 불과 3~4개월 동안에, 즉 김일 일행이 11월에 파견되기 전에 김용 일행이 임무를 수행하고 귀국한다는 것은 생각하기 어렵다. 그러나 이 역시 다음과 같이 생각할 수 있을 것이다. 즉 "김용 일행을 파견하였지만 무사히 일본에 상륙해 일본 조정에 첩장을 전달하는 임무를 완수하였는지 여부를 확인할 수 없었기 때문에, 만약의 경우를 고려해 같은 임무를 띤 사절단을 다시 파견한 것이라고" 말이다.

---

67) 『고려사』 권제133, 열전 제46, 우왕 3년 6월 을묘일 조.
68) 앞의 주(2) 나카무라 히데다카 논문 참조.
69) 고려 측에서 가지고 간 국서에 대하여 일본 조정은 우선 선례를 조사해 보고 여러 차례의 회의를 거친 뒤 답신을 쓸 것인지 여부와 누가 쓸 것인지 또 그 내용은 어떻게 할 것인지를 둘러싸고 여러 차례의 회의를 거듭하였다. 이 문제에 관해서는 고려 문종 32년(1078) 당시 고려 측의 의사 파견 요청을 둘러싸고 전개된 양국 간의 외교 교섭에 대해 고찰한 田島公, 「高麗との関係, 第6章 海外との交渉」(橋本義彦編, 『古文書の語る日本史』 2, 平安, 筑摩書房, 1991)을 참조.

세 번째 의문은 이 당시의 금왜사절 파견에 원나라가 개입하였는지 여부이다. 이 문제에 대하여 나카무라 히데다카는 또 다음과 같이 언급하고 있다.

공민왕은 이에 또 다른 외교정책에 입각해 이(당시 고려가 처한) 궁지에서 벗어나고자 한 것일까? 사신을 일본에 파견해 금적(禁賊)을 요구하게 된 것이다. (중략)[70] 또 여기서 당시 원나라와 고려의 관계를 생각했을 때 원의 첩장으로 고려가 왜구 금압을 요구하는 것은 언뜻 보기에 이해하기 어려운 일이다. 그러나 『고려사』의 공민왕 '세가'에 의하면, 그다음 해인 공민왕 16년 5월 30일 원의 중서성 직성사인 걸철이 보낸 첩장에, '倭賊入寇, 必経高麗, 宜出兵捕之'라고 되어 있는 것을 보면 그 당시의 사정을 알 수 있을 것 같다. 즉, 이 내첩(来牒)은 전년도의 첩장을 가지고 온 사신의 소식을 알 수 없었기 때문에 출병해 왜구토벌을 행할 것을 고려에 명령한 것임에 틀림없으며 따라서 전년도의 정동행성의 첩장의 의미는 원나라 스스로도 사실상 왜구의 금압을 요구할 필요가 있었기 때문에 고려의 시급한 요구와 겹쳐져 발생한 것이다. 더욱이 원 세조 이래의 전통적인 대일본 교섭책에 입각해 고려는 그 첩장을 전달해야 하는 임무를 맡았고 동시에 자국의 시급한 사정에도 이용한 것일 것이다.[71]

나카무라 주장의 요점을 요약하면 대략 다음과 같다.
㉠ 김용 일행은 원나라의 정동행중서성의 첩장과 신물을 가지고 간 사절이었다.
㉡ 김일 일행은 고려의 국서를 가지고 간 사절이었다.
㉢ 김용 일행이 파견된 지 얼마 지나지 않아서 김일 일행이 파견된 것은 김용의 귀국이 너무 지체되기 때문이었다.
㉣ 당시의 원나라와 고려의 관계를 생각했을 때 원의 첩장으로 고려가 금왜를 요구하는 것은 언뜻 보기에 이해하기 어려운 일이다.
㉤ 전년도(1365)에 원나라로부터 같은 취지의 첩장이 고려로 전해졌다.

---

70) 이 부분의 서술은 〈사료 18〉을 참조.
71) 앞의 주(2) 나카무라 히데다카 논문 참조.

	사신	파견 시기	귀국 시기	기간	직책	행선지	비고
①	김용	공민왕 15년 (1366) 8월	공민왕 17년 (1368) 정월	약 1년 6개월	만호좌우위 보승중랑장	교토	원나라 첩장(?)을 전달
②	김일	공민왕 15년 (1366) 11월	공민왕 17년 (1368) 정월	약 1년 3개월	검교중랑장	교토	승려 범탕과 범류의 파견 답례
③	이하생	공민왕 17년 (1368) 7월	공민왕 17년 (1368) 11월	약 5개월	강구사	쓰시마	쓰시마 만호 숭종경이 사자를 파견
④	나흥유	우왕 원년 (1375) 2월	우왕 2년 (1376) 10월	약 1년 9개월	판전객시사	다자이후 교토	고려 출신 승려 양유의 파견. 승려 주좌의 편지
⑤	안길상	우왕 3년 (1377) 6월	일본에서 사망	약 3년 6개월	판전객시사	다자이후	답례사 신홍을 파견. 이마가와 료슌(今川了俊)의 서한 전달
⑥	정몽주	우왕 3년 (1377) 9월	우왕 4년 (1378) 7월	약 11개월	전대사성	다자이후	승려 신홍과 군사 69명과 주맹인을 고려 파견
⑦	한국주	우왕 4년 (1378) 10월	우왕 5년 (1379) 5월	약 8개월	판도판서	다자이후	오우치 요시히로(大內義弘), 박거사(朴居士)와 군사 186명을 고려 파견
	이자용	우왕 4년 (1378) 10월	우왕 5년 (1379) 7월	약 10개월	전사재령	다자이후	이마가와 료슌, 포로 230명을 고려로 송환
⑧	윤사충	우왕 5년 (1379) 윤5월	불명	불명	검교예의 판서	다자이후 교토	오우치 요시히로에 대한 빙사(聘使)로 파견(?)
⑨	방지용	불명	우왕 6년 (1380) 11월	불명	중랑장	다자이후	탐제장군 오랑병위 등 사신 내왕. 토산물을 바침
⑩	송문중	공양왕 3년 (1391) 10월	불명	불명	판종부시사	다자이후	동년 8월의 이마가와 료슌의 사절에 대한 답례사

＊〈표 7-4〉는 『고려사』의 기록에 의한 것임.

　　우선 ㉠과 ㉡, 즉 나카무라가 김용 일행과 김일 일행의 역할에 차이가 있음을 지적한 것에 대하여는 필자도 같은 견해이다. 그러나 앞에서 언급한 바와 같이 ㉢ 김용 일행의 귀국이 너무 지체되었다고 한 것에는 수긍하기 어렵다. 〈표 7-4〉의 ③에서 알 수 있듯이 가장 가까운 쓰시마에 파견된 사절이 귀국하는 경우에도 최소한 약 5개월이 소요되었기 때문이다.

즉, 행선지에 따라 쓰시마는 약 5개월, 다자이후는 8~11개월, 교토는 1년 3개월~1년 6개월의 시간이 걸렸음을 알 수 있다.[72]

더욱이 〈사료 17〉에서 보듯이, 김용 일행이 전달한 첩장은 교토에 가서 'ⓒ 국주(国主)를 알현하고 일본국의 답신을 받을 것'을 분명히 제시하고 있다. 따라서 파견할 당시부터 3~4개월이라는 기간은 당시의 외교관례나 일본 국내의 혼란한 정세(내란) 등을 고려할 때 불가능한 것이었다. 또한 ⑪에서 나카무라가 추측한 것과는 달리, 사절 파견의 전년도인 1365년에 원나라가 고려에 대해, 금왜(禁倭)를 취지로 하는 첩장을 보냈다고 하는 사료는 없다. 그렇지만 실제로는 그런 외교행위가 이루어졌지만 기록에서 빠져서 전해지지 않았다고 생각할 수도 있을 것이다. 그런데 이 해(1365)에는 고려와 원나라 사이에 사절이 12차례나 왕래한 기사가 남아 있는데,[73] 그 어디에도 금왜 요구 첩장에 관한 내용은

---

72) 〈표 7-4〉 ⑤의 안길상의 경우에는 일본에서 병이 나 이를 치유하느라고 약 3년 6개월간 체재했지만 결국 1377년 11월, 병사하고 말았다. 따라서 그의 경우는 적당한 체재기간으로 보기 어렵다.

73) 그 내용을 정리하면 대략 다음과 같다.
　① 밀직부사 김유를 원나라에 보내어 덕흥군을 잡아 보낼 것을 청하였다. 『고려사』 권제41, 공민왕 14년 봄 정월 무진일 조.
　② 황원군 최백과 좌부대언 김정을 원나라에 보내어 황제의 생신을 축하하였다. 『고려사』 권제41, 공민왕 14년 2월 계축일 조.
　③ 밀직부사 이자송을 요양에 보내어 은과 안장을 흑려에게 선사하였다. 『고려사』 권제41, 공민왕 14년 2월 병진일 조.
　④ 밀직부사 양백언을 원나라에 보내어 공주의 사망을 통보하게 하였다. 『고려사』 권제41, 공민왕 14년 3월 임술일 조.
　⑤ 원나라가 이부시랑 왕타례독과 이부주차 호천석을 보내어 왕을 태위로 책봉하고 겸하여 술을 주었다. 『고려사』 권제41, 공민왕 14년 3월 기사일 조.
　⑥ 밀직부사 홍사범을 원나라에 보내어 책명에 대한 사의를 표명하였다. 『고려사』 권제41, 공민왕 14년 3월 무자일 조.
　⑦ 감찰대부 전록생과 환자 부원군 방절을 원나라에 보내어 황태자에 예물을 전하게 하고 또 곽확첩목아와 심왕 등에게 선물을 보내었다. 『고려사』 권제41, 공민왕 14년 4월 신축일 조.
　⑧ 최백·양백언·홍사범 등이 원나라가 어지러워져 길이 막혔으므로 가지 못하고 돌아왔다. 『고려사』 권제41, 공민왕 14년 4월 신축일 조.
　⑨ 원나라 황태자가 첨원 성대용을 보내어 서한을 전하고 왕에게 옷과 술을 주었다. 『고려사』

보이지 않는다. 해가 바뀌어 김용 일행이 파견되는 1366년 8월 이전에도 원과 고려 사이에는 다섯 차례 정도의 사절 왕래가 있었지만74) 역시 금왜와 관련된 내용은 없다.

약 1세기 전, 원의 세조(世祖)가 고려에 일본이 복속하도록 종용하는 사신을 파견할 터이니 길 안내를 하라고 하는 내용의 첩장이 전해지자 고려 조정이 그 대책에 부심(腐心)하였음은 잘 알려진 사실이다.75) 비록 공민왕 15년 당시 고려 가 원의 쇠퇴를 충분히 깨닫고 있었다 할지라도, 원이 금왜 요구의 첩장을 고려 에 보냈다면 이는 고려로서는 중요한 외교적 사안이었음에 틀림없다. 따라서 김용 일행의 일본 파견에 앞서, 이와 관련해서 원 조정의 지시가 있었다면 그것 이 사료로 전해지지 않았다고는 생각하기 어렵다.

앞에서 고찰한 바와 같이 왜구의 빈번한 침구와 이에 대해 무방비에 가까운 대처는 고려 조정으로서는 원에 대해 적극적으로 숨기고 싶은 약점이었다. 반 대로 원의 입장에서 볼 때, 고려의 왜구 문제는 고려 조정과 공민왕의 무능함을

권제41, 공민왕 14년 9월 을축일 조.

⑩ 밀직사 상의 최백을 원나라에 보내어 황태자의 생신을 경축하였다. 『고려사』 권제41, 공민 왕 14년 10월 계해일 조.

⑪ 원나라가 대부소감 안승을 보내어 원나라 황태자가 역적 발라첩목아를 토벌 평정하였다는 조서를 전하였다. 『고려사』 권제41, 공민왕 14년 10월 갑자일 조.

⑫ 원나라가 직성사인 아동야해를 보내어 백살리를 태사우승상으로, 곽확첩목아를 태부좌승상 으로 임명하였다는 조서를 전하였다. 『고려사』 권제41, 공민왕 14년 11월 계사일 조.

74) 그 내용을 정리하면 대략 다음과 같다.

① 사신을 파견하여 황태자가 반란을 평정하고 개선한 것을 축하하였다. 『고려사』 권제41, 공 민왕 15년 봄 3월 경자일 조.

② 신년 축하 사절인 부사 임대광이 원나라로부터 돌아왔다. 『고려사』 권제41, 공민왕 15년 여 름 4월 경신일 조.

③ 신년 축하사 판 삼사사 전보문이 원나라에서 돌아왔다. 『고려사』 권제41, 공민왕 15년 여름 4월 신미일 조.

④ 왕이 전으로 개명하고 사신을 원나라에 보내어 새 이름으로 사용한다는 표문을 올렸다. 『고 려사』 권제41, 공민왕 15년 8월 임신일 조.

⑤ 8월 기묘일. 요양의 평장 고가노가 5색꿩을 바쳤다. 『고려사』 권제41, 공민왕 15년 8월 기묘 일 조.

75) 이것에 관해서는 이영, 「元寇と日本・高麗関係」, 앞의 주(18) 연구서 참조.

지적해 외교적인 공세를 취할 수 있는 좋은 명분이었다. 이 점은 명 태조 주원장이 고려가 왜구에 적절히 대처하지 못한다고 해서 고려에 여러 차례 외교적 압박을 가해 온 사례를 보더라도 잘 알 수 있다.[76] 명나라의 외교적 압박에 대해 고려는 명이 왜구 토벌을 명분으로 침공해 올지 모른다고 크게 우려했던 것이다.[77] 따라서 원 조정이 금왜사절을 일본에 파견할 의사가 있었거나 또 고려 조정에 대하여 금왜사절의 파견을 지시했다면, 1365년부터 1366년 9월 사이의 무려 17차례나 되는 양국 간의 사절 왕래에 금왜 요구 관련 기록이 남아 있지 않았으리라고 생각하기 어렵다.

그런데 1365년 당시 원나라 조정이 금왜 요구 사절의 파견을 고려에 지시할 정도로 여유가 있었을까? 당시 원나라의 국내 상황을 주요 정치·군사적 사건을 통해 살펴보면, 당시 원나라는 발라첩목아 일당이 수도를 점거하고[78] 황태자의 모친을 유폐시키고 있었으며,[79] 이에 대항하는 황태자와 곽확첩목아는 7월에 발라첩목아를 살해하는 등 병란(兵亂)이 일어나고 있었다.[80] 이 틈을 타서 전국에서 다른 반란세력들이 기세를 올리고 있었으며, 특히 명나라 군대가 점점 더 그 영역을 확장해 가는 심각한 상황에 이르고 있었다. 점령당한 수도를 반란군으로부터 회복한 것은 9월의 일이었다.[81] 이 기간 동안에 왜구가 침구하였는지 여부와, 그리고 만약 침구했다면 그 규모와 피해는 어느 정도였는지는 『원사(元史)』를 통해서는 알 수 없다. 그러나 분명한 것은 1365년 당시 원나라 조정은 왜구를, 이러한 내란 상황보다도 더 심각한 사안으로 여기지 않았다는 것이다. 따라서 사료에 남지 않았던 것으로 생각할 수 있다. 원으로서는 내부 반란이 심각한 위기 상황이었기에 왜구 문제에 신경을 쓸 여력이 없었다고 해

---

76) 예를 들어 『고려사』 권제42, 공민왕 19년 5월 갑인일 조; 『고려사』 권제44, 공민왕 22년 7월 20일 조; 『고려사』 권제135, 열전 제48, 우왕 11년 12월 조 등이 있다.
77) 『고려사』 권제113, 열전 제26, 정지 전.
78) 『원사』 권제46, 본기 제46, 順帝 9, 25년 3월 경신 조.
79) 『원사』 권제46, 본기 제46, 順帝 9, 25년 3월 병인 조.
80) 『원사』 권제46, 본기 제46, 順帝 9, 25년 가을 7월 을유 조.
81) 『원사』 권제46, 본기 제46, 順帝 9, 25년 9월 조.

야 할 것이다.

이 문제를 또 다른 시점에서 고찰하기 위해 다음의 원의 지정(至正) 23년
(1363) 8월의 기사를 살펴보자.

---

　　16. 倭人寇蓬州, 守將劉暹擊敗之, 自十八年以來, 倭人連寇瀕海郡県, 至是海隅遂
　　安, [82]

위의 인용을 보면 지정 18년(1358)에 왜구가 처음 침공한 이래로 연이어 원
의 연해지방을 침구하고 있었는데, 유섬(劉暹)이 1363년 8월에 봉주(산동성)에
서 왜인을 격파하자 마침내 평온을 되찾았다는 것이다. 그 후 왜구가 침공해 오
지 않았던 기간이 얼마 동안 지속되었는지는 알 수 없다. 그러나 그동안은 전혀
침구하지 않았든지, 침구했더라도 그다지 심각한 정도는 아니었을 것이다. 나
카무라도 지적하였듯이, 원이 고려에 왜구를 붙잡으라고 요청한 것은 왜구가
중국에 대한 침구를 개시한 지 9년 뒤, 김용 일행이 파견된 지 약 10개월 뒤인
공민왕 16년(1367) 5월의 일이었다. 그러나 그것은 왜구가 원나라로 침구해 오
는 과정에 고려를 거쳐서 온 것이기에, 고려로 하여금 왜구를 막으라고 요청한
것일 뿐이다.[83] 일본에 보낼 원의 사절단을 고려에 파견한 것도 아니고 또 그러
한 임무를 띤 사절단을 일본에 파견하라고 고려에 지시한 것도 아니었다. 원 조
정으로서는 고려가 도중에 차단하기만 하면 왜구 문제는 해결될 것이라고 생각
하지 않았을까? 이렇게 생각하면 원나라 조정이 1365년에 금왜의 요구를 내용
으로 하는 첩장을 고려에 보냈다고 생각하기는 어렵다.

원나라는 이미 패색이 짙어져 1367년 2월에 황제가 제주도로 피난을 계획할
정도로 궁지에 몰려 있었다. 이런 상황 속에서 원나라 조정이 왜구 문제의 해결
에 적극적인 자세를 취할 수 있었다고는 보기 어렵다. 결론적으로, 공민왕 15년

---

82)『원사』권제46, 본기 제9, 順帝 9, 23년 8월 정유삭 조.
83)「倭賊入寇, 必経高麗, 宜出兵捕之」,『고려사』권제41, 공민왕 16년 5월 30일 조.

의 금왜 요구 사절의 파견에 원 조정의 의사는 전혀 개입되지 않았으며, 오로지 고려 조정 단독의 의지에 의한 파견이었다고 보아야 할 것이다.

2. 금왜사절 파견의 실상

이상과 같은 문제들을 재확인하기 위해, 여기서 김용 일행이 일본에 전한 첩장의 본문 내용에 대하여 살펴보기로 하자.

———

17. ⓐ 황제의 명령에 따라서 정동행중서성(征東行中書省)은 일본과 본성이 관할하는 고려의 경계가 수로(水路)로 서로 접하고 있음을 조사하여 확인하였다. 대개 귀국의 표류민을 여러 차례 인도적인 입장에서 호송해 왔다. 그런데 생각지도 않게 지정(至正) 십년 경인년(庚寅年)부터 많은 해적선이 침구해 왔다. 이는 모두 귀국의 영토에서 나와 ⓑ 본성(本省)의 합포(合浦) 등과 같은 곳에 와 관청을 불 지르고 백성을 괴롭혔다. 극단적인 경우에는 살인까지도 서슴지 않았다.

그 뒤 십여 년 동안 선박은 바닷길을 항해하지 못하고 변경에 사는 백성들은 편안하게 살 수가 없었다. 그야말로 이는 귀국의 섬에 사는 백성들이 나라의 법을 두려워하지 않고 오로지 탐욕스러운 행동을 일삼아 땅에서는 숨고 바다로 나와 위협하고 약탈해 가는 것이다.

그런데 잘 생각해 보니 귀국은 땅이 넓어서 주변 지역의 이런 사정까지 상세하게 알 수 없으리라고 여겨진다. ⓒ 만약 군대를 일으켜 그들을 체포한다면 아마도 이웃나라와의 우호관계에 어긋날 것이다. 그래서 일본국에 문서를 보내어 알아보기로 한 것이다. 그러니 여기저기에 명령을 내려서 지면(地面)의 바다 섬(海島)들을 잘 관리하고 엄격히 침구를 금해 ⓓ 예전처럼 국경을 넘어와 난폭한 행동을 하지 않도록 해 주기 바란다. 본 성부가 지금 본 관리들을 파견하여 함께 여러 역들을 지나서 마침내 ⓔ 국주(国主)를 알현하고 이런 사실들을 아뢰고, 일본국의 답신을 받아 우리나라로 돌아가고자 하니 합하(閤下)는 판단을 내려 주길 바란다. 위의 업무를 행하여 반드시 회답을 주기 바란다. 이런 사태는 앞에서 언급한 이유로 발생하였으니 회답하여 주길 바란다.

만호 김을귀, 천호 김용 등 이에 따르다.[84]

이 첩장의 본문 내용에서 주목해야 할 것은 ⓐ 부분으로, 즉 원나라 황제의 칙선(勅宣)을 받아서 정동행중서성이 작성한 것으로 되어 있다. 만약 이 당시의 첩장이 나카무라가 추측한 대로 "김용 일행을 파견하기 전 해인 1365년도에 원나라가 고려에, 일본 정부의 금왜(禁倭)를 요구하는 취지의 첩장을 전달하였고 또 그것을 전제로 하여 정동행중서성이 일본에 보낼 첩장을 작성하였다"면 그 첩장의 내용에는 원나라의 의사가 강하게 반영되어야 마땅할 것이다. 따라서 첩장 안에 왜구의 피해지로 ⓑ 고려의 합포(현재의 마산시)만이 아니라 중국의 해안 지방, 특히 봉주(蓬州) 등과 같은 산동성 일대 지방도 피해 지방의 예로 거론되었어야 했을 것이다.[85] 그러나 당시의 첩장 본문에서는 그런 점을 전혀 발견할 수가 없다. 원나라가 왜구 문제를 가지고 고려에 최초로 언급한 것은 앞에서 본 대로 김용 일행이 파견된 지 약 9개월 뒤인, 1367년 5월이었다고 보아야 할 것이다.

또 하나 결정적인 것은 당시 김용 일행이 전한 원나라의 첩장 속에 기록되어 있는 정동행성은 반원(反元)정책이 실시되면서 공민왕 5년(1356) 4월에 폐지되고[86] 또 복귀되기도 하지만 이 무렵에는 이미 거의 유명무실한 존재가 되고 말았다는 사실이다. 즉, 다시 말하자면 김용과 김일이라고 하는 두 사절단의 파견은 원나라의 의사와는 전혀 무관하게 이루어졌다고 해야 한다.[87] 이 문제에 관

---

84) 『太平記』 卷第39, 「高麗人来朝事」.
85) 초기에 중국에 침구한 왜구는 그 침구 대상지가 주로 산동성 연해 지방(봉주와 래주 등)이었다. 이는 『명사(明史)』를 통해서도 확인된다. 그런데 『태평기』 권제39 「高麗人来朝事」에는 왜구들이 명주(明州)와 복주(福州)에 침구하였다고 되어 있는데, 이는 그 당시 일본인들이 가장 가깝게 느꼈던 중국의 지방을 의미하는, 어디까지나 작자의 상상(想像)에 기인한 것이지 고려의 사절이 전한 첩장을 토대로 한 것은 아니다.
86) 『고려사』 권제39, 세가 제39, 공민왕 5년 여름 4월 정유일 조.
87) 이 사건에 대하여 가와조에 쇼지도 '원나라의 이름을 빌린 금적(禁賊)의 요구'라고 하면서도 원나라의 의지가 작용한 것이라고 평가하고 있다. 전문(全文)을 인용하면 다음과 같다.
　"고려는 원나라의 이름하에 일본에 대하여 왜구의 금압을 요구하였던 것이다. 원나라 왕실

해서는 무라이도 다음과 같이 언급하고 있다.

> 정동행중서성(줄여서 정동행성)이라고 하는 것은 사료 2(본고의 〈사료 17〉)에 '本
> 省所轄高麗地面'이라고 되어 있는 것처럼, 원나라가 고려에 설치했던 내정(內政)
> 감독기관이다. 그렇지만 고려 왕은 정동행성의 장관을 겸하고 있었기 때문에 실
> 질상으로는 고려 정부가 보낸 것이라고 봐도 좋다.[88]

　그렇다면 나카무라도 지적한 바, 요점 ㉣ 즉 "당시의 원나라와 고려의 관계
를 생각했을 때 원의 첩장으로 고려가 왜구금압을 요구하는 것은 언뜻 보기에
이해하기 어려운 일이다"라고 한 부분도 다음과 같이 이해할 수 있다. 즉, 바로
김용 일행이 일본에 가지고 간 원나라의 첩장은 원나라 황제의 의사와는 무관
하게 고려가 독자적으로 작성한 것이라고 하는 점이다.

　이렇게 생각하면 앞에서 필자가 제시한 두 의문에 대해서도 다음과 같은 해
석이 가능할 것이다. 첫째, 김용 일행은 고려 내부적으로 본다면 원나라 황제의
가짜 첩장을 전달할 목적으로 일본에 건너갔기 때문에 『고려사』 공민왕 15년
의 기록에서 일부러 누락시킨 것이다. 둘째, 김용 일행이 출발한 지 채 4개월도
되지 않은 시점에서 김일 일행을 파견한 이유는, 고려 조정이 김용 일행이 전한
첩장을 원나라의 것으로 믿게 하기 위한 의도였다는 것이다. 다시 말하면 일본
측에게 김용은 원의 첩장을 전달하는 사절이고, 김일은 고려 국왕의 첩장을 전
달하는 사자라는 의미로 받아들이도록 하기 위함이었다고 생각할 수 있다.

　또 같은 내용의 첩장을 지닌 사절을 짧은 기간 동안에 연속적으로 파견함으
로써 강한 인상을 주는 효과를 기대한 것이 아닐까? 그럼으로써 일본 정부로 하
여금 시급한 대응을 촉구하고자 한 데에도 그 의도가 있었다고 생각할 수 있다.

　이 쇠퇴하는 정세 속에서 원나라와 고려의 국교는 반드시 원만하지 않았다. 원나라의 이름을
　빌린 금적(禁賊)의 요구가 원나라의 의지가 작용한 원과 고려의 금적(禁賊)이라고 하는 공통의
　목적에 의한 것이었을 것이라고 해석되지만, 특히 고려의 강한 요구였음은 말할 나위가 없다."
　앞의 주(7) 가와조에 쇼지 논문 참조.
88) 무라이 쇼스케(村井章介), 「倭寇と朝鮮」, 앞의 주(6) 연구서 참조.

금왜사절의 파견은 왜구의 침구를 무려 17년 동안이나 인내한 끝에 실행된 것이었다. 그리고 그것은 바로 원의 쇠망이 확실해진 뒤에 추진된 것이었다. 원의 쇠퇴와 새로운 제국 명의 건국이라고 하는 소위 원·명(元明)의 교체기에 일시적으로 나타난 고려 북방 국경 지대의 소강시기에 추진된 사절 파견이었다. 따라서 이러한 사신 파견은 무엇보다도 단번에 효과의 극대화를 기해야 하였고 따라서 고려 단독의 금왜 요구보다는 원을 이용함으로써 무게를 더하고자 했던 것이다. 고려 조정이 'ⓐ 황제의 명령에 따라서'라는 거짓 문구를 첩장에 삽입한 이유는 바로 여기에 있었다고 봐야 할 것이다.

3. 사절 파견에 대한 일본의 반응과 의의

김용과 김일이 전달한 원과 고려의 첩장에 대해 일본에서는 어떻게 반응하였을까? 이 당시 귀족의 일기를 살펴보자. 1367년(쇼헤이 22, 조지 6, 공민왕 16)의 3월 20일자, 『우관기(愚管記)』에는 다음과 같이 기록되어 있다.

18. 丙申 晴

異国或人云高麗云々使者来朝、有牒状云々、此事宜為聖断、彼牒状武家可執達然為公家可被召之被処様之間、可有計沙汰之由、去十六日武家執奏云々、被使者経廻天竜寺遷云々、[89]

여기서 "異国或人云高麗云々使者来朝", 즉 "이국(異国) (어떤 사람은 고려라고 한다) 사자가 내조(来朝)하였다"라고 한 것을 보면 당시 일본에서는 외국 사신이 몽골 사람인지 고려 사람인지를 놓고 엇갈렸던 것 같다. 또 1367년(쇼헤이 22, 조지 6, 공민왕 16) 3월 24일자 『후우매기(後愚昧記)』에는 다음과 같이 기록되어 있다.

---

89) 『愚管記』 2(『続史料大成』 2, 臨川書店, 1967, 137쪽).

19. 自去月之比、蒙古并高麗使持牒状、来朝之由、有其聞、[90] (下略)

　여기서도 "몽골과 고려의 사절이 첩장을 가지고 왔다"고 기록하고 있다. 즉, 몽골과 고려 두 나라에서 사절을 파견한 것, 즉 김용(몽골)·김일(고려)의 사절로 이해하고 있었던 것이다. 또한 『태평기』에도 다음과 같은 기록이 있다.

20. これによって高麗国の王より、元朝皇帝の勅宣をうけて、牒使十七人わが国に来朝す。

　위의 사료는 "고려 국왕이 원나라 황제의 칙명을 받고 사신 17명을 일본에 파견했다"고 서술하고 있다. 이것은 뒤에 우왕 원년(1375)에 사절로 파견된 나흥유가 전한 첩장을 둘러싸고 대책을 논하고 있었던 1376년(덴쥬 2, 에이와 2, 우왕 2) 5월 3일 당시의 『우관기(愚管記)』에서도 확인할 수 있다.

21. 丙辰 晴。俊任為勅使来、高麗国牒状豹皮五領人蔘二十斤噠嚩物目六相副之并武家犹達之申詞等如此、何樣可為沙汰乎者、余申云、此事国家重事候、輒難計申候被行殿上定、可被決群議乎、牒狀 之趣 海賊可被禁制之旨也、大概同貞治之牒状、但今度高麗一国牒狀也、[91]

　여기서 "첩장의 내용은 해적을 금제(禁制)하라는 것으로 대략의 내용은 조지(貞治) 당시의 첩장과 동일하지만 이번에는 고려 한 나라만의 첩장이다"라고 하고 있다. 김용 일행이 가지고 간 첩장을 원나라의 것으로 보이고자 한 고려 조정의 의도가 적중했음을 알 수 있다.
　그렇다면 실제로 당시 일본 사회는 김용과 김일 두 사절단의 내일(来日)을 어

---

90)『後愚昧記』1(『大日本古記錄』, 岩波書店, 1980, 109쪽).
91)『愚管記』4(『続史料大成』4, 臨川書店, 1967, 33쪽).

떻게 받아들였을까? 이를 위해서는 금왜사절이 파견되기 약 1세기 전에 있었던, 몽골과 고려 연합군의 일본 침공이 일본 사회에 미친 충격과 공포에 대해 이해할 필요가 있을 것이다. 가이즈 이치로(海津一朗)는 "몽골 침공이 당시 일본 사회에 엄청난 공포를 초래하였으며", "몽골의 일본 침공에 대하여 철저하게 항전한다고 하는 일본의 선택은 열도 사회에 예전에 볼 수 없었던 깊이와 폭의 변혁을 야기하였다", "가마쿠라 후기 이후의 사회에서는 정치·경제·문화의 모든 국면에 몽골 침공의 영향이 미치고 있었다"[92]고 설명한다.

몽골과 고려 연합군의 일본 침공이 초래한 충격과 공포는 남북조 시대의 상황을 잘 서술하고 있는 군기모노가타리(軍記物語)인 『태평기』에서도 확인된다. 『태평기』는 권제39의 「高麗人来朝の事(고려인 내조하다)」의 바로 뒤에 「太元より日本を攻むる事(원나라가 일본을 침공하다)」라는 장을 설정해 몽골과 고려 연합군과의 전투 상황에 대하여 다음과 같이 서술하고 있다.

---

22. 그 무렵, 분에(文永) 2년 8월 13일, 태원(太元) 7만여 척의 병선(兵船)이 동시에 하카타(博多)항구로 몰려들었다. 큰 함선이 선수(船首)와 선미(船尾)를 나란히 하고 선박을 서로 연결해 그 위에 걸어 다닐 수 있도록 판자를 걸쳐서 각 진영마다 비와 이슬을 막을 수 있도록 유막(油幕)을 펼치고 무기를 늘어놓으니 ⓐ 고토(五島)의 동쪽에서부터 하카타 항구에 이르기까지 해상의 사방 300리가 육지로 변하여 마치 신기루(蜃氣樓)가 만들어 내는 성(城)처럼 보였다. (중략)

뎃포(てつはう: 鉄砲)라고 하여 공같이 생긴 철환(鉄丸)이 굴러가는 것이 마치 판자 위를 굴러 내려가는 바퀴와 같고, ⓑ 큰 소리가 나는 것이 번갯불이 번쩍 하는 것 같은 것을 한번에 2천~3천 개 던지니 일본의 병사들이 많이 불타 죽고 방어 초소에 불이 붙어서 불을 끌 틈도 없었다. 가미마쓰라(上松浦)·시모마쓰라(下松浦)의 무사들도 이 군대를 보고서는 보통 방법을 써서는 이길 수 없을 것이라고 여기고 다른 길로 돌아가서 불과 1,000여 명으로 밤에 기습하기로 하였다. 그 투지는 높이 사 줄만 하지만 그야말로 구우일모(九牛一毛)요, 대창일립(大倉一粒)의 적은

---

92) 海津一朗, 「元寇, 倭寇, 日本国王」, 『日本史講座』 第4卷, 中世社会の構造, 東京大学出版会, 2004年 9月.

병력이었기에 적을 2만~3만 명 죽였지만 마침내 모두 생포되어 밧줄에 꽁꽁 묶이고 손바닥을 밧줄을 연결하는 뱃전에 꽂히고 말았다.

ⓒ 그런 뒤에는 다시금 싸울 방법도 없어서 지쿠시(筑紫) 구국(九国)의 주민들은 모두 한 사람도 남지 않고 시코쿠(四国)·주고쿠(中国) 지방으로 후퇴했다. ⓓ 일본 전국의 귀천(貴賤)과 상하(上下) 구별할 것 없이 모두 당황해 어쩔 줄 몰라 하였다. 천황은 여러 신사와 사찰에 가서 전력을 다해 기도를 올렸다.[93]

홍미 본위의 문학작품이 지닌 과장된 표현임을 고려한다 하더라도 유사(有史) 이래 경험해 보지 못하였던 엄청난 규모의 선단(船団)과 병력 그리고 뎃포(鉄砲)라고 하는 신무기의 위력 앞에서 당시 일본인들은 귀천·상하를 막론하고 어찌할 바를 몰라 우왕좌왕하며 도주하였으며, 천황을 비롯한 귀족들은 그저 기도 이외에는 방법이 없었던 것이다.

당시 이러한 공포로부터의 유일한 탈출구는 신에 의존하는 것이었다. 『태평기』는 바로 다음에 「神功皇后 新羅を攻めたまふ事(신공황후, 신라를 공격하다)」라는 장을 설정하였다. 그 내용의 일부를 살펴보자.

---

23. 스와(諏訪)·스미요시다이묘진(住吉大明神)을 부장군(副将軍)과 비장군(裨将軍)으로 삼고 다른 크고 작은 여러 신들은 누각이 있는 큰 배(樓船) 3,000여 척을 나란히 저으면서 고려국으로 몰려갔다. 이 소식을 들은 고려의 오랑캐들은 병선 1만 여 척을 나누어 타고 싸우기 위해 바다로 나왔다. ⓐ 전투의 승패가 아직 결정되기 전에 신공황후가 우선 간주(干珠)를 바다 속으로 던지자 조수가 갑자기 밀려가서 바다가 육지로 변하였다. 삼한(三韓)의 병사들은 하늘이 우리 편을 들고 있다고 기뻐하여 모두 배에서 내려서서 싸웠다.

이때 또 황후가 만주(満珠)를 잡아서 던지자 조수가 사방에서 몰려와 수만 명의 오랑캐들이 한 놈도 남지 않고 파도에 휩쓸려 죽었다. ⓑ 이것을 본 삼한 오랑캐의 왕이 스스로 사죄하기 위하여 항복하러 오자 황후는 가지고 있던 활 끝으로 "고려

---

93) 『太平記』 巻第39, 「神功皇后、新羅を攻めたまふ事(신공황후, 신라를 공격하다)」.

왕은 우리 일본의 개(犬)다"라고 석벽(石壁)에 새기고 돌아가게 하였다.

이때부터 고려는 우리나라에 복종해 오랫동안 조공을 바쳤다. 옛날에 구레하토리(吳服部)라고 하는 베 짜는 기술자, 왕인(王仁)이라고 하는 재인(才人)이 우리나라에 온 것도, 이 조공을 바치기 위하여 큰 무늬로 된 고라이베리(高麗緣)도 바로 그 증거이다.

황후의 덕을 하늘이 알고 그 덕이 멀리까지 미친 그 옛날에도 이국(異国)을 복종시키는 일은 천지신기(天地神祇)의 힘을 빌려서야 비로소 쉽게 정벌할 수 있는 것인데, ⓒ 지금 악행을 일삼는 적도(賊徒)들이 원나라와 고려를 침범해 약탈함으로써 첩사(牒使)를 보내게 하고 또 조공물을 바치게 하는 일은 전대미문의 불가사의(不可思議)한 일이다. ⓓ 그것은 오히려 우리 일본을 외국에 빼앗기는 일이 있을지도 모를, 괴상한 일이로다. 그러고 보면 복주(福州)의 오원수왕을(吳元帥王乙)이 우리 조정에 보낸 시에도 이런 내용을 읊고 있다.

일본의 미친 도적들이 절동(浙東)의 땅을 어지럽히고,
쇼군은 이 일을 알면서도 안색만 변할 뿐이다.
우리 군대는 해변에 대열을 펼치고 군대가 밝히는 봉화불은 주변을 어둡게 하는구나.
야밤이 되어 적도들을 모두 살해하니 바닷물이 붉도다.
피리 소리에 가사를 생각하고 기울어 가는 달을 뒤로 하며 노래한다.
시원한 바람이 불어오는 가운데 적도들의 해골을 가지고 술잔으로 삼는다.
언젠가 반드시 남산의 대나무를 다 베어 내어서
지금 전투의 기념으로 삼아 상세하게 옮기고자 하노라.

ⓔ 이 시의 가사에 대하여 생각해 보니 일본 전국에 최근 대나무가 모두 말라 죽어 가는 것도 어쩌면 이런 일의 전조(前兆)가 아닐까 하고 걱정이 되는구나.[94]

〈사료 23〉의 앞부분에서는 일본의 여러 신들을 장군으로 앞세워 삼한(三韓)을 침공해 삼천(일본) 대(対) 일만 척(고려)이라고 하는 병력의 열세에도 불구하

---

[94] 앞의 주(92) 사료 참조.

고 신공황후(神功皇后)의 신비로운 힘으로 승리를 거두었다는 황당한 신공황후 전설을 늘어놓으며 '고려왕은 일본의 개'라고 하는 식의 우월의식을 드러내고 있다. 이는 김용과 김일 일행이 전달한 첩장으로 놀란 가슴을 신공황후 전설을 늘어놓음으로써 애써 진정시키려는 의도를 읽을 수 있다. 그리고 ⓒ와 ⓓ, 그리고 ⓔ에서는 예기치 않았던 왜구의 소행이 일본의 멸망을 초래할 수 있다는 두려움과 불안감을 드러내고 있다.

〈사료 22〉와 〈사료 23〉에 보이는 몽골·고려 연합군 침공 당시의 공포심에 이어서, 고려에 대한 우월의식을 드러내 애써 진정하려 하지만 왜구로 인해 외국이 일본을 침략해 점령할지도 모른다는 두려움을 다시 표출하고 있으며, 그것은 대나무가 말라 죽는 것을 그 전조가 아닐까라고 생각하는 부분에서 절정에 도달하고 있다. 가이즈 이치로는 신국사상(神国思想)이 당시 사회에 널리 유포되고 있었던 실상에 대하여 다음과 같이 언급하고 있다.

당시는 지상(地上)에서의 무사들의 전투를 규정하는 천상(天上)의 여러 신들의 전투가 있다고 인식되고 있어서, 천상의 여러 신들은 자주 이류이형(異類異形)으로 변신해 현실 전투에 참가하고 승패를 좌우한다는 것이다. 이것을 '신들의 전투(神戦)'라 한다.

제3차 몽골 침공 미수(未遂) 사건이라고 불린 에이닌(永仁, 1293~1298)의 몽골 침공에 대해 가마쿠라(鎌倉)의 민중들은 침략의 공포에 떨고 있었던 것이다. '원구(元寇)' 전후(前後), 열도 각지의 장원공령(莊園公領)에서는 쓰루가오카(鶴岡)와 같은 이국항복(異国降伏)을 위한 기도와 제사가 여기저기서 행해지고 있었다.[95]

『태평기』에 보이는 신공황후의 이야기는 마치 모세가 이집트 파라오 군대의 추격을 피하기 위해 바다의 물길을 냈다고 하는 전설을 상기시킨다. 이처럼 터무니없는 방법으로 삼한의 군대를 깨트렸다고 하는 허황된 신공황후의 전설을 인용한 것에서, 몽골과 고려 연합군의 침공이 일본 사회에 초래한 공포심이 얼

---

95) 앞의 주(91) 가이즈 이치로 논문 참조.

마나 컸던 것인가를 잘 보여 주고 있다.

〈사료 17〉에서 본 것처럼, 김용이 전달한 소위 원나라의 첩장은 '원나라 황제의 명령에 따라서 정동행중서성(征東行中書省)'이 보낸 것으로 되어 있었다. 정동행중서성은 쿠빌라이(원 세조) 당시 일본을 침공하기 위하여 설치한 군사기구로, 이 기구가 어떤 역할을 하는 기관인지는 당시 일본의 지배층도 "정동(征東), 동쪽 즉 일본을 정벌한다"고 하는 자의(字意)를 통해 충분히 알 수 있었을 것이다. 더욱이 그 정동행중서성이 왜구의 폐해를 지적하면서 "만약 군대를 일으켜 그들을 체포한다면 아마도 이웃나라와의 우호관계에 어긋날 것이다"라고 한 것은 노골적인 협박이었다고 해도 좋을 것이다.

즉, 고려는 금왜 요구가 원나라 황제의 뜻인 것처럼 꾸몄으며, 또 이미 유명무실한 '정동행성'이란 기관명을 이용해, 일본이 금왜를 위해 적절한 조치를 취하지 않을 경우에는 군사행동도 불사(不辭)하겠다고 엄포를 놓았던 것이다. 그럼으로써 약 백 년 전의 몽골과 고려 연합군의 침공이 초래한, 한동안 잊고 있었던 공포심과 위기의식을 다시금 상기시킨다고 하는 교묘한 심리전술을 활용했던 것이다.

그렇다면 공민왕 15년의 금왜사절 파견의 의의는 어디에서 구해야 할 것인가? 그것은 단지 일본을 일시적으로 공포에 빠트린 것에 지나지 않았던 것일까? 당시 무로마치 막부가 고려의 사절 파견에 대해서 어떤 대응을 했는지 현재로서는 구체적으로 알 수 없다. 그렇지만 가와조에 쇼지가 사절 파견의 의의로 지적한 것 중에, "막부로 하여금 규슈(九州) 평정(平靜)을 진지하게 생각하게 하는 계기가 되었다"고 한 것과 "시부카와 요시유키(渋川義行)에서 이마가와 료슌(今川了俊)으로의 규슈탄다이(九州探題)의 개보(改補)에, 이 한 사건은 상당히 깊은 관련이 있었다"고 한 부분은 주목할 만한 견해라고 생각한다. 이하 이 문제에 대해 생각해 보기로 하자.

필자는 별고에서 '13세기의 왜구'와 '경인(년) 이후의 왜구' 사이에 약 85년간의 소위 '왜구의 공백기'가 존재함을 밝혔다. 그리고 그 배경에 몽골·고려 연합군의 두 차례에 걸친 일본 침공이 존재함을 제시한 바 있다.[96] 여기에 그 내용의 일부를 전재(転載)하면 다음과 같다.

이러한 긴박한 정세하에 (가마쿠라) 막부가 취한 이국경고책(異国警固策) 중에서도, 특히 '왜구의 공백기'와 관련해서 주목되는 것이, '해적 단속책'이다. 물론, 몽골의 일본 침공 이전에도 막부는 해적 진압령을 발포하고 있었다. 즉, 간키(寛喜) 3년(1231)에 막부가 로쿠하라(六波羅)에 내린 지령으로, 슈고닌(守護人)의 최촉(催促)하에 '병사'와 '선박'을 동원하고, 이에 응하지 않는 자에 대한 처벌을 정하고 해적을 체포하게 한 것이다. 그러나 간겐(寛元) 3년(1245) 무렵이 되자, 기쇼몬(起請文)을 제출하고 있음에도 불구하고 해적을 '보고도 숨겨 주고 듣고도 숨겨 주는' 자들이 나타난다. 이 때문에 몽골의 제2차 침공 이후의 해적 진압책은 이보다 한층 더 강화되지 않을 수 없었다. 겐지(建治) 원년(1275)부터 그다음 해에 걸쳐서 추진된 '이국(고려) 정벌'의 일환으로, 수군의 장악을 직접적인 목적으로 한 정책이 실현되는데, 그 내용은 진제이(鎮西, 규슈) 지방의 지토고케닌(地頭御家人) 및 본소 일원지(本所一円地)에 살고 있는 주민에 대해, 소령(所領) 내의 선박의 수(櫓数), 노꾼(水手)·키잡이(梶取)의 명부·연령을 보고할 것을 명령했다.

이 지령에 따라 진제이 지방에 대한 선박과 노꾼·키잡이가 전면적으로 조사· 보고되어 막부는 영주·백성을 포함한 모든 수상(水上) 군사력(부동적인 요소가 강하고 때로는 해적으로 변할 수 있는 가능성도 지닌 군사력)을 장악할 태세를 진제이 지방에서 갖추게 되었던 것이다.

이러한 해적 단속책은 쇼안(正安) 3년(1301)이 되자 진제이 지방에서 한층 더 철저하게 이루어진다. 진제이탄다이(鎮西探題) 호조 사네마사(北条実政)가 분고노구니(豊後国)의 검단(検断)에 임하게 된 시미즈 히사나가(島津久長)에게 전달한 미교쇼(御教書)에는 선박에 대한 검사와 보고를 엄격하게 하고, 해적을 끝까지 추적해서 철저하게 금압할 것을 명하고 있다. 이 지령을 이 시기에 재연된 몽골의 위협과 관련이 있다고 보는 설도 있어서 아마 분고노구니 지방만이 아니라 진제이 전 지역에 내려진 지령일 것이다.

---

96) 앞의 주(18) 이영 논문 참조.

이처럼 몽골과 고려 연합군의 외침에 대응해 막부가 대내적으로 취한 조치가 바로 수상 군사력의 장악, 즉 '해적 단속책'이었음에 주목할 필요가 있다. 이는 외민족의 침입에 거국적으로 대응하기 위해서는 우선 무엇보다도 해적 등 내부의 반막부 세력을 진압해야 했으며, 이러한 수상 군사력의 장악을 통해 막부의 수군력을 강화하는 일석이조의 효과를 노렸던 것이다. 그런데 그로부터 약 1세기가 지난 시점에서는 〈사료 23〉의 "ⓓ 그것은 오히려 우리 일본을 외국에 빼앗기는 일이 있을지도 모를, 괴상한 일이로다"와 같이, 국내의 해적(왜구)들이 외민족의 침입을 초래할 좋은 명분을 외국에 제공해 주리라고 우려하고 있었던 것이다. 막부로서는 이들 해적(왜구, 수상군사력)을 장악해 수군력을 확대하고, 또 이를 바탕으로 적의 병력과 물자 이동을 방해하고 동시에 아군의 그것을 원활하게 하고자 함은 지극히 당연한 논리적 귀결이었다. 이런 점에서 "막부가 규슈 평정을 진지하게 생각하지 않으면 안 되었다"고 하는 가와조에의 지적은 타당하다고 해야 할 것이다.

그 결과 취한 조치가 바로 이마가와 료슌의 규슈탄다이 임명이었다. 이마가와 집안은 쇼군 아시카가 집안의 일족(一族)으로, 료슌은 자기의 소령(所領)이 있는 도오도미노구니(遠江国)의 슈고(守護)였으며, 조지(貞治) 5년(1366) 41살 때에 '사무라이도코로(侍所)'로서 교토의 치안유지에 임하고 있는데, 사무라이도코로는 또한 '야마시로노구니(山城国)'의 슈고를 겸임했다. 또한 료슌은 히키스케(引付) 도닌(頭人)이기도 했다.

그가 규슈탄다이에 임명될 무렵, 일본은 규슈 지방을 제외하고 남조 세력은 거의 쇠퇴했다고도 할 수 있다. 반대로 규슈는 남조(정서부)에 의해 거의 평정된 느낌이 들 정도였다. 1355년 10월 규슈탄다이 잇시키 노리우지(一色範氏)가 규슈 체재를 포기하고 교토로 돌아간 뒤, 그 아들 잇시키 나오우지(一色直氏)도 1358년에 귀경(歸京)하고 만다.[97] 1360년 3월 막부는 시바 우지쓰네(斯波氏経)를 새로운 규슈탄다이로 임명, 1362년 9월 시바 우지쓰네의 부대가 다자이후 공략

---

97) 『木屋文書』『阿蘇文書』(『史料総覧』 卷6, '南北朝時代之一'에 의함).

을 시도하지만 정서부에 의해 조자바루(長者原)에서 격퇴당하고 그 역시 규슈를 떠나고 만다.[98] 조지(貞治) 4년(1365) 8월에 막부는 인선에 고심한 결과, 시부카와 요시유키(澁川義行)를 규슈탄다이로 삼아서 현지에 파견해 이러한 정세에 대처하고자 하였다. 그러나 그는 주고쿠(中国) 지방 근처를 쓸데없이 왕래할 뿐 마침내 규슈에 들어갈 수조차 없었다. 우왕 2년(1376) 10월, 고려 출신의 일본 승려 양유(良柔)와 함께 일본에서 귀국한 고려 사신 나흥유가 전달한 일본 승려 도쿠소 슈사(德叟周佐)의 편지에, "서해도 일로(一路)의 규슈 지역에 반란을 일으킨 신하들이 할거하여 공부(貢賦, 세금)를 바치지 않은 지 이미 20년이 지났다"[99]고 한 것처럼 규슈는 막부의 지배하에서 벗어나 방치 상태에 있었다.

이런 상황에서 김용·김일 일행이 일본에 온 것이었고 이들이 귀국한 뒤, 막부는 시부카와 요시유키를 대신해서 이마가와 료슌이라는 당대의 일급 인물을 새로운 규슈탄다이로 임명한 것이었다. 이러한 막부의 인선(人選)에 대해, 가와조에는 다음과 같이 언급하고 있다.

───

이처럼 남군 세력이 전면적으로 쇠퇴하는 가운데 오직 규슈의 남군이 위세를 떨치고 있기 때문에 단다이에 어울리는 인물을 잘 뽑아서 규슈의 남군을 제압한다면 남북 내전의 측면에서 요시미쓰의 통일정권은 확립하는 것이다. 막부 내부에서 규슈탄다이의 인선(人選)이 신중하게 시작되었다. 시부가와 요시유키가 무참히 패퇴한 뒤였기 때문에 임무는 더욱 무거웠으며 인물이나 수완에서 최고급 사람을 뽑지 않으면 안 되었던 것이다.[100]

가와조에는 규슈탄다이 인선 과정에 고려 공민왕의 사절 파견이 미친 영향에 관해서는 전혀 언급이 없다. 그러나 남북조 내란은 이미 1330년대에 북조의

98) 川添昭二, 『今川了俊』, 吉川弘文館, 1964.
99) 「其国僧周佐寄書曰, 惟我西海道一路九州乱臣割拠, 不納貢賦, 且二十余年矣, 西辺海道頑民観隙出寇, 非我所為, 是故朝廷遣将征討, 架入其地, 両陣交鋒, 日以相戦, 庶幾克復九州, 則誓天指日, 禁約海寇」 『고려사』 권제133, 열전 제46, 우왕 2년 10월.
100) 앞의 주(97) 가와조에 쇼지 연구서 참조.

우세로 승부는 판가름이 난 상태였고 1361년 7월에 다자이후를 장악한 정서부의 규슈를 제외하면 남조는 이렇다 할 세력도 없었다. 따라서 "규슈의 남군을 제압한다면 남북 내전의 측면에서 요시미쓰의 통일정권은 확립한다"고 하는 가와조에의 지적은 이미 정서부가 다자이후를 장악한, 1361년 시점에서부터 적용되는 것이다. 다시 말하자면, 무로마치 막부는 정서부의 다자이후 점령에서부터 1370년 6월, 이마가와 료슌을 규슈탄다이에 임명할 때까지 만 9년에 달하는 긴 세월 동안 규슈 지역의 회복에 전력을 기울였다고 할 수 없다. 그것은 료슌 이전의 세 명의 규슈탄다이, 즉 잇시키 노리우지·잇시키 나오우지·시바 우지쓰네·시부카와 요시유키가 모두 아시카가씨의 일족이기는 하지만 규슈탄다이에 임명될 당시의 지위는 료슌에 비교할 수 없을 정도로 낮았다고 하는 사실에서도 엿볼 수 있다.

특히 무로마치 막부의 초대 규슈탄다이(1336~1355년 재직) 잇시키 노리우지는 규슈 경영의 곤란함을 호소해 교토로 돌아갈 것을 아홉 번이나 신청하고 있으며[101] 또 쇼군의 위로에 응해서 단다이의 임무를 속행하기 위해서는 여러 가지 조건이 필요하며 그것이 갖추어지면 계속적으로 주재하겠다고 하는 내용의 편지를 여러 차례 쓰고 있다.[102] 단다이는 그 소재지조차 정하지 못하고 하카타의 쇼후쿠지(聖福寺)의 지키시안(直指庵)에 얹혀 살고(寄宿) 있는 형편이었다. 내전(內戰)을 수행할 경제적인 기반은 전무한 상태에 가까웠으며 생활조차 할 수 없는 상황으로 단다이를 수행(隨行)하는 사람도 불과 20여 명에 지나지 않았다.[103]

이에 비해 이마가와 료슌의 경우, 자신이 쓴 『난태평기(難太平記)』에 "서쪽 지방을 평정해야 한다는 명령을 받았기 때문에 친족과 부하 수백 명을 전사케 하는 결과가 되기도 한 부임의 길에 올랐다"[104]라고 한 것과 같이, 자신의 직계

---

101) 앞의 주(97) 가와조에 쇼지 연구서 참조.
102) 앞의 주(97) 가와조에 쇼지 연구서 참조.
103) 앞의 주(97) 가와조에 쇼지 연구서 참조.
104) 『난태평기(難太平記)』 19.

부하 무사들과 일족을 동반하고 현지에 임했다. 그리고 규슈탄다이에 임명되어 현지에 부임할 때까지 짧지 않은 시간을 여행으로 보냈는데 이 기간 중에 그는 주고쿠 지방의 여러 호족과 긴밀한 연계를 취해, 규슈를 경영하게 되었을 때 후방지역으로부터 공격받을 위험을 미리 차단했다. 또 규슈의 여러 무사들을 아군에 가세하게 해 규슈에 진입하면 계획이 금방 그리고 충분히 실행되게끔 만반의 준비를 갖추었다.[105] 그리고 동생 나카아키(仲秋)를 나가토(長門) 지방에 체재시켜 선박을 준비하게 하고, 주고쿠 지방의 웅족(雄族)인 오우치씨(大內氏)와 결혼시켜 규슈 경략의 배후를 굳히고 있었다.[106] 가와조에는 "료슌이 전임 단다이들의 실패를 반복하지 않고 규슈의 경영에 성공한 가장 큰 원인은 여기에 있었다"고 평가하고 있다.[107]

막부의 조치는 비단 이마가와 료슌이라는 특급 인물을 임명한 것에 그치지 않고 주고쿠 지방의 다이묘(大名)들로 하여금 그를 지원하는 체제를 갖추게 했다. 이러한 막부의 정책변화를 이끌어 낸 것이 바로 공민왕 15년의 금왜사절 파견이었다고 해야 할 것이다. 그것은 바로 규슈 남조를 방치할 경우, 통일의 문제가 아니라 100여 년 전의 몽골·고려 연합군의 침공이 재연되어 일본이 멸망할지도 모른다는 위기의식을 막부로 하여금 갖게 했기 때문이었다.

이러한 료슌의 규슈탄다이 임명이 일명(日明)관계의 변화에 어떤 영향을 미쳤을까? 여기서 당시 명과 일본의 외교 접촉에 대해 무라이 쇼스케의 연구에 의거해 정리하면 대략 다음과 같다.[108]

---

105) 료슌의 모지(門司) 도해(渡海)에서부터 다자이후에 대한 공격 이후까지 오우치 히로요(大內弘世) 및 아들 요시히로(大內義弘)를 위시해 이와미(石見, 島根県)의 스우시신(周布土心), 빈고(備後)의 야마우치 미치타다(山內通忠), 아키(安芸)의 모오리 모토하루(毛利元春), 깃카와 쓰네미(吉河経見)·나가이 사다히로(長井貞広) 등, 주고쿠(中国) 지방의 여러 호족들은 일족을 거느리고 료슌의 군대를 따라서 전전(転戦)하고 있다. 앞의 주(97) 가와조에 쇼지 연구서 96~96쪽 참조.
106) 앞의 주(97) 가와조에 쇼지 연구서 참조.
107) 앞의 주(97) 가와조에 쇼지 연구서 참조.
108) 村井章介, 「日明交渉史の序幕」, 『アジアのなかの中世日本』, 校倉書房, 1988.

명나라 태조는, 건국 후 3년 동안에 세 차례, 사자를 일본에 보내었다. ⓐ 최초의 사자 파견은 아마도 홍무 원년(1368) 11월에 이루어져, 건국을 알리는 조서(詔書)를 지참했지만, 고토(五島)에서 적에게 살해되고 조서는 훼손되었다. 이 보고를 접한 태조는 ⓑ 다음 해 2월, 곧바로 두 번째 사자로 양재를 파견했다(실록, 홍무 2년, 1369년 2월 신미 조). 사자는 규슈에 상륙했지만, 정서장군 가네요시 왕자(명나라 측의 기록에는 양회)에 의해 또 일행 7명 중 5명이 살해당하고 남은 양재·오문화 두 명은 3개월에 걸친 구류 끝에 겨우 귀국할 수 있었다.

또 다음 해 ⓒ 홍무 3년(1370) 3월, 세 번째 사자 조질이 파견되었다(실록, 홍무 3년 3월 조). 조질을 맞이한 양회는, 조질이 분에(文永) 8년(1271)과 9년의 두 차례에 도일한 원나라 사신 조양필의 먼 후손으로, "좋은 말로 속인 뒤 우리를 습격하려고 한다"고 의심, "좌우의 부하들에게 명령해 그를 살해하려고 했다". 이에 대해 조질은 자기는 몽골의 사신이 아니다라고 반박했다. ⓓ 양회(良懷)는 이에 굴복해 조공을 바칠 것을 결정, 소라이(祖来) 일행은 홍무 4년 10월 명나라 수도로 갔다.

이들을 접견한 ⓔ 태조는 답사로 중유조천(仲猷祖闡)·무일극근(無逸克勤) 등 8명에게 양회(良懷)에게 줄 '대통력(大統曆)과 문기사라(文綺紗羅)'를 맡겨서 일본에 파견했다(이상 실록, 홍무 4년 10월 계사 조). 일행은 홍무 5년 5월 20일에 옹주(明州, 즉 영파만, 주산열도의 지명)을 떠나서 3일 뒤에 고토(五島)에 도착, 5일 걸려 하카타(博多)에 도착했다.

그들이 도착했을 시점의 북규슈는 그야말로 전란 중에 있었다. 규슈탄다이 이마가와 료슌이 만전의 전략을 갖춘 위에 간몬가이쿄(関門海峽)를 건넌 것은 전년(오안 4) 말, 이어서 아소산(麻生山), 무나가타(宗像), 다카노미야(高宮, 후쿠오카시 남구)로 서진(西進)해, 다자이후 북방의 사노야마(佐野山)에 포진한 것이 그해 4월이다. ⓕ 5월 말 시점에서 하카타는 당연히 료슌의 세력하에 있어서 명나라 사신은 료슌에 의해 쇼후쿠지(聖福寺)에 감금되었다. 8월 료슌은 다자이후도 함락, 정서부를 지쿠고(筑後) 고라산(高良山)으로 도주하게 했다. 명나라 사신은 일본국왕에게 줄 대통력도 전해 주지 못한 채 그 국왕 양회가 적에 의해 처참하게 패배를 당하는 것을 눈앞에서 확인한 것이다.

명나라 사신의 당황함은 충분히 납득할 수 있다. 그러나 그런 당황함은 료슌 측도 마찬가지였을 것이다. 전략상 아주 중요한 때에 이국(異国)의 사자가 와서, 더욱이 그 목적이 가네요시와의 면회였던 것 같기에. 그리하여 명나라 사신은 쇼후쿠지에 억류된 채, '옷을 팔아서 식량을 사고 발이 묶인 채 명령을 기다린 지 100여 일'이라는 처지가 되었다. 그동안에 북조와 막부의 존재, 막부의 파견기관으로서의 규슈탄다이, 그들의 적대자로서의 정서장군 가네요시 등등의 일본 정세가 그들에게도 점차 이해되었던 것으로 보인다.

이상의 내용을 정리하면, 명나라의 사절단과 정서부의 가네요시 왕자와의 접촉이 이루어진 것은 홍무 2년(1369) 2월이고, 가네요시 왕자가 종전의 강경한 태도를 바꿔서 명 태조의 요구를 받아들여 파견한 정서부의 사신 소라이 일행이 명나라와 접촉한 것이 홍무 4년(1371) 10월의 일이다. 이러한 정서부의 태도 변화의 배경에 대해 무라이는 다음과 같이 언급하고 있다.[109]

⑧ <u>가네요시(懷良)가 소라이(祖来)를 파견하기로 결정한 것은 소라이가 남경(南京)에 도착한 것이 홍무 4년(1371) 10월 14일이라는 것에서 볼 때, 8~9월 무렵일 것이다.</u> 이 전후의 국내정세를 보면, 정서부는 쇼헤이(正平) 16(1361)에 다자이후를 함락해 거의 규슈 전역을 장악했다. 규슈탄다이 시부카와 요시유키(渋川義行)를 규슈에 들어오지 못하게 했던 1360년대 후반이 최전성기라고 해야 할 것이다. 1371년이라고 하면 그 전성기가 이제 막 끝나 가려고 할 무렵이다.

한편, 요시유키에 대신할 규슈탄다이 이마가와 료슌이 교토를 출발해 진제이(鎮西)로 향한 것이 이 해 2월 19일. 5월 19일에 아키노쿠니(安芸国) 누마다(沼田), 9월 20일에 이쓰쿠시마(厳島), 10월 8일에 나가토노고쿠후(長門国府)로 이동, 12월 29일에 바다를 건너 모지(門司)에 도착하고 있다. ⓑ <u>느긋하게 이동하고 있지만 그 위협은 확실하게 다자이후에 전달되어 가네요시 왕자에게는 과감한 상황 타개책이 요구되고 있었다.</u>

조질(趙秩)이 일본으로 출발한 것이 홍무 3년(1370) 3월이니까, 늦어도 그해 안에는 다자이후에 도착, 그다음 해에 걸쳐서 가네요시가 있는 곳에서 체재했을 것이다. 조질의 설명으로 가네요시는 명나라의 요구가 왜구금압에 있음을 알게 되

---

109) 村井章介, 「征西府権力の性格」, 앞의 주(107) 연구서 참조.

었다. 당시 그것이 가능한 유일한 권력은 왜구 세력을 군사력의 일부로 조직하고 있었던 정서부(征西府) 말고는 없다.

그리고 명나라의 또 하나의 요구인 칭신입공(稱臣入貢)을 받아들이면, 그는 명이라고 하는 거대한 군사적 배경을 얻어 무가 측에 대항할 수 있을 뿐 아니라, 조공무역을 독점함으로써 경제기반도 충실해질 수 있다. ① 료슌(了俊)의 도해(渡海)를 눈앞에 둔 시점에서 외교방침을 180도 전환하는 데에 이것은 충분한 객관적인 상황이 아닐까?

무라이는 정서부의 가네요시 왕자가 예전의 대명(対明) 강경외교에서 '칭신입공(稱臣入貢)'을 수락하는 것으로 전환한 이유로, 이마가와 료슌이 막부의 전폭적인 지원 체제하에 대거 규슈로 진공하고 있다는 상황의 변화에 위협을 느꼈던 것을 들고 있다.[110] 여기서 중요한 것은 홍무 5년(1372) 5월 말에 정서부에 파견된 명나라의 사신 중유조천(仲猷祖闡)과 무일극근(無逸克勤) 일행이 하카타에 도착해 료슌의 부하들에게 구금당할 때까지 막부와 명 사이에는 아무런 외교적 접촉이 없었던 점이다. 즉 무라이의 추정이 옳다면, 정서부의 대명 강경외교가 급변하게 된 것은 이마가와 료슌의 규슈탄다이 임명과 그 지원을 통한 막부의 규슈 정세에 대한 적극적인 개입이 그 배경에 있으며 그것은 바로 공민왕 15년의 금왜사절 파견이 초래했다는 것이 되는 것이다.

이처럼 공민왕 15년의 금왜사절 파견은 소강상태에 있었던 남북조 내란을 단숨에 급진전시키는 엄청난 효과를 가져왔던 것이다.

---

110) 무라이는 정서부의 강경 외교 방침이 급변한 이유에 대하여 "명의 금왜 요구와 칭신입공을 수락하면 얻을 수 있는 명의 군사적 배경과 아울러 조공무역의 독점을 통한 경제적 이익을 그 반사이익으로 얻을 수 있음"을 제시하고 있다[앞의 주(107) 무라이 연구서 참조]. 그러나 그 태도 변화의 배경에는 필자가 앞에서 제시한 명의 침공 위협도 있었음을 잊어서는 안 될 것이다. 즉, 일본의 공권력의 일방(一方)인 가네요시 왕자의 입장에서 볼 때, 막부의 군사적 공세가 예상되는 시점에서 명의 침공까지 받아 동서에서 협공당하는 상황을 상정한다면, 이는 가네요시 왕자에게 엄청난 위협으로 느껴졌을 것이다.

결 론

　공민왕 15년의 금왜사절 파견이 '경인년(1350)의 왜구' 발생 이후 무려 17년 동안이나 지체된 배경에 대하여 고찰한 결과, 그것은 원나라 조정에 대해서는 왜구의 심각한 침구 사실을 숨기고 또 일본에 대해서는 북쪽 국경의 동요와 이에 연계한 내부의 혼란을 숨기기 위해 자제하는 대원(対元) 및 대일(対日) 외교 정책에 입각한 것이었음을 밝혔다.

　공민왕 15년의 금왜사절 파견은 기존의 일본 연구자들의 견해와는 달리 원나라 조정은 전혀 개입하지 않았으며 오로지 고려 조정 단독 의지에 의한 것이었다. 고려 조정은 원나라의 존재를 이용함으로써 금왜사절 파견의 효과를 극대화하고자 했다. 그리고 김용 일행을 파견한 지 채 4개월도 지나지 않은 시점에서 김일을 금왜사절로 파견한 것은, 일본 측이 김용은 원나라 첩장을 전달하는 사절, 김일은 고려 국왕의 첩장을 전달하는 사절로 생각하도록 하기 위함이자, 동일한 목적을 지닌 사절을 짧은 기간에 연속적으로 파견함으로서 일본 측의 시급한 대응을 촉구하고자 한 것이었다고 생각된다.

　이러한 고려 조정의 의도는 적중해 당시 일본 지배층은 몽골과 고려의 사신이 연달아 금왜를 요구할 목적으로 온 것으로 받아들였고 또 그것은 약 1세기 전의 몽골과 고려 연합군의 두 차례에 걸친 일본 침공의 기억을 되살려 놓아, 일본 사회에 엄청난 충격을 안겨 주었다.

　그 결과, 일본 측의 반응은 막부가 규슈 평정을 진지하게 생각하게끔 했고 그래서 예전과는 달리 막부의 일급 인물이라 할 수 있는 이마가와 료슌의 규슈탄다이 임명과 그의 규슈 남조의 타도에 대한 전폭적인 지원으로 나타났다.

두 차례의 몽골 침공 당시 거국적으로 대치하기 위해 가마쿠라 막부가 국내의 해적들을 철저하게 단속하는 정책을 연이어 발포하고 이를 철저하게 시행한 바 있다. 이번에는 일본 국내의 해적들이 오히려 외침의 명분을 조성하고 있음을 알게 된 이상, 무로마치 막부로서는 적극적으로 해적(왜구)의 금압에 나서지 않을 수 없었다. 막부가 공민왕 15년의 금왜사절의 도일(渡日) 단계에서 왜구와 규슈 남조(征西府)가 어떤 상관관계에 있었는지를 파악하고 있었던 것 같지는 않다. 다만 왜구를 금압하기 위해서는 무엇보다도 규슈 지방에 그것을 가능하게 할 의지와 능력을 갖춘 공권력의 회복이 절실했던 것이고, 그래서 규슈 남조에 대한 적극적인 토벌이 추진되어야 했다.

새로운 규슈탄다이 이마가와 료슌을 중심으로 한 막부의 대대적인 규슈 남조에 대한 공세가 예상되는 가운데, 정서부의 가네요시 왕자는 예전의 명나라에 대한 태도를 바꾸어 조공을 바치고 외교관계를 맺게 된다. 이러한 그의 태도 변화의 배경에는 바로 이마가와 료슌의 규슈탄다이 임명과 그를 통한 막부의 적극적인 규슈 정세에 대한 개입이 있었고, 이러한 일본 정국의 급변은 바로 공민왕 15년의 금왜사절의 파견이 초래한 것이었다. 이렇게 볼 때 당시 금왜사절의 파견은 소강상태에 있었던 남북조 내란을 단숨에 급진전시키는 원동력이 되었다고 평가할 수 있을 것이다.

고려 말 왜구의 침구 배경에는 남북조 동란이라는 내란 상황이 있었다. 따라서 내란의 종식이 왜구를 금압하기 위한 전제 조건이었다. 그런 점에서 본다면 공민왕 15년의 사절 파견은 왜구금압을 목적으로 한 것이었지만 궁극적으로는 규슈 남조를 몰락으로 이끌고 결국에는 남북조 합일을 이루게 하는 중요한 계기가 되었다고 평가할 수 있다.

제8장

원·명(元明)의 교체와 왜구

─공민왕 15년(1366) 금왜사절에 대한

일본의 대응을 중심으로─

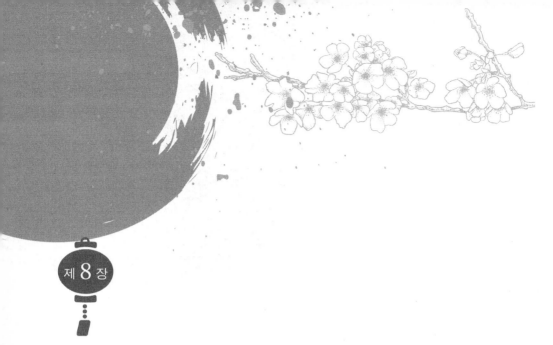

제 8 장

원·명(元明)의 교체와 왜구
—공민왕 15년(1366) 금왜사절에 대한
일본의 대응을 중심으로—

서 론

　왜구는 '몽골의 일본 침공(이하, 일본 침공)'과 더불어 전근대 동아시아의 국제질서를 규정지었던 핵심적인 역사 현상이다.[1] 근년에 이러한 왜구 문제를 둘러싸고 일본 역사학계에서는 활발한 논쟁이 전개되고 있다. 그 논쟁 중 하나가 소위 〈경인년(1350) 왜구＝쇼니씨(少弐氏) 배후〉설이다.[2] 그 내용을 간단히 설명하면 다음과 같다.

　경인년(庚寅年)에 왜구가 '13세기 왜구' 이후 80여 년 동안의 침묵을 깨고[3] 다시 침구하기 시작한 것은 가마쿠라 시대 초부터 쓰시마를 지배해 온 쇼니씨가 군사・정치적 위기에 처하게 되자 병량(兵糧)을 확보하기 위함이었다는 것이다.[4]

---

1) 이에 관해서는 본서 제9장을 참조.
2) 이 설이 최초로 제기된 것은 이영, 「〈庚寅年以降の倭寇〉と内乱期の日本社会」(『倭寇と日麗関係史』, 東京大学出版会, 1999. 2011년 도서출판 혜안에서 『왜구와 고려-일본 관계사』로 번역 출판)이다. 이에 대한 일본 측의 반응과 평가에 관해서는 가이즈 이치로(海津一朗), 「元寇・倭寇・日本国王」(『日本史講座 第4巻, 中世社会の構造』, 東京大学出版会, 2004년 9月)을 참조. 『일본사강좌』 시리즈는 대략 10년을 주기로 하여 새로운 연구 성과를 소개하고 평가하는 역사서이다. 자세한 내용은 이영, 「경인년(1350) 왜구＝쇼니씨 배후설의 재검토」(『팍스 몽골리카의 동요와 고려 말 왜구』, 도서출판 혜안, 2013)을 참조.
3) '13세기의 왜구' 이후 여몽 연합군의 일본 침공을 계기로 하여 80여 년 동안, 왜구가 침구해 오지 않는다. 이를 '왜구의 공백기'라고 한다. '왜구의 공백기'에 관해서는 앞의 주(2) 이영의 1999년 연구서 참조.
4) 그 내용을 간단히 소개하면 다음과 같다. 무로마치(室町) 막부를 세운 초대 쇼군(将軍) 아시카가 다카우지(足利尊氏)의 서자(庶子) 아시카가 다다후유(足利直冬)가 경인년(1350) 2월에 쇼니 요리히사(少弐頼尚)의 본거지인 다자이후(大宰府)를 향해 진격하기 시작한다. 그러자 이에 위기를 느낀 요리히사는 전투에 필요한 병량을 긴급히 조달하기 위해 휘하의 쓰시마 세력을 동원해 경상도와 전라도의 남해안 지방을 습격한 것이었다.
　〈경인년 왜구＝쇼니씨 배후〉설에 관해서는 앞의 주(2)의 이영 연구서 참조.

그리고 아직 일본학계에 본격적으로 소개되지는 않았지만, 왜구와 동아시아 국제관계의 변동을 연관지어 고찰한 소위 〈팍스 몽골리카의 대(対)왜구 영향〉 설이라고 할 수 있는 주장도 최근에 제기되고 있다. 그것은 원(元) 제국의 군사력에 의해 성립한 동아시아 각국의 평화와 안정, 즉 '팍스 몽골리카'와 왜구 사이에는 일정한 대응관계가 성립한다는 주장이다.[5]

즉 '경인(년) 이후 왜구'는 국제적으로는 원·명(元明) 교체기라는 중국의 정세 변동으로 인해 유발(誘発)된 동아시아 국제질서의 변화가 원인(遠因)으로, 그리고 일본 국내적으로는 쇼니씨 및 정서부의 대(対)막부 관계를 중심으로 한 규슈(九州) 지역 및 중앙의 정세변동이 근인(近因)으로 작용하고 있었다. 다시 말해 이상의 두 가지 요인이 왜구의 발생·금압(禁圧)을 상호 유기적인 관련 속에서 규정하고 있었다고 하는 것이다.

만약 왜구와 관련된 위의 두 학설이 타당하다면, ① '팍스 몽골리카'의 동요, ② 쇼니씨를 둘러싼 정세 변화, ③ 왜구의 침구 상황(침구 지역 및 시기)이라는 삼자(三者)는 상호 유기적인 대응관계에 있었음을 입증할 수 있을 것이다. 여기서는 이러한 관점에 입각해 원·명의 교체와 쇼니씨 지배하의 쓰시마 및 왜구의 침구 상황이 어떠한 상관관계를 갖고 있는지를 검토하기로 한다. 일단 지면 관계상, 공민왕 15년의 금왜사절의 파견에 대한 일본 측의 대응에 한정해 고찰하기로 한다.

---

5) 이 문제에 관해서는 본서 제9장 및 앞의 주(2) 이영 2013년도 책 참조.

금왜사절과 막부의 대응

공민왕 15년(1366), 고려는 경인년(1350)에 왜구의 침구가 재개된 이래 17년 만에 최초로 왜구금압을 요구하는 사절[이하, 금왜사절(禁倭使節)]을 일본에 파견한다. 이 사절 파견에 관한 선행 연구를 살펴보면 〈표 8-1〉과 같다.

〈표 8-1〉 공민왕 15년(1366) 금왜사절 파견의 의의에 관한 선행 연구

	연구자	내용
1	나카무라 히데다카 (中村栄孝)	일본·고려 간에 밀접한 통호무역관계를 발생시키는 동기가 됨.[6]
2	다나카 다케오 (田中健夫)	왜구의 금지에 다소 효과가 있었음.[7]
3	무라이 쇼스케 (村井章介)	왜구는 일본을 둘러싼 국제관계의 기저적(基底的) 요인이 됨.[8]
4	가와조에 쇼지 (川添昭二)	아시카가(足利) 정권의 외교 장악의 단서. 규슈 평정을 진지하게 생각하는 계기[9]
5	모리 시게아키 (森茂暁)	왜구들에게는 쇼니씨의 지령이 통하지 않았다고 보아야 함.[10]
6	이영(李領)	'일본 침공'의 공포를 상기시켜 일본의 정국 변화에 큰 계기를 부여함.[11]

---

6) 中村栄孝, 「太平記に見えた高麗人来朝の記事に就いて」, 『日鮮関係史の研究』(上), 吉川弘文館, 1965.
7) 田中健夫, 「十四, 十五世紀の倭寇と武家外交の成立」, 『日本歴史大系』 2, 中世, 山川出版社, 1985.
8) 村井章介, 「建武·室町政権と東アジア」, 『講座日本歴史 4, 中世 2』, 歴史学研究会, 日本史研究会編集, 東京大学出版会, 1985.
9) 川添昭二, 「九州探題今川了俊の対外交渉」, 『対外関係の史的展開』, 文献出版, 1997.
10) 森茂暁, 『南朝全史-大覚寺統から後南朝へ』, 講談社, 2005.
11) 본서 제7장의 내용 참조.

그런데 일본의 선행 연구는 공통적으로 공민왕 15년의 금왜사절 파견이 이후의 왜구금압 및 일본 국내정세의 변동과 어떠한 관련성이 있는가라는 문제의식이 결여되어 있다. 따라서 이후, 왜구 문제를 둘러싼 고려-일본 간의 외교 교섭에 대해서도 일본 측 선행 연구는 언제, 누가 사절로서 양국을 오갔는가라는 사실을 단순 나열하는 데 그치고 있다.[12] 금왜를 둘러싼 일본 측 연구는 오로지 명나라가 쇼군(将軍) 아시카가 요시미쓰(足利義満)를 '일본국왕'에 책봉한 문제에만 집중되어 왔다고 해도 과언이 아니다.

한편 이영(필자)은 금왜사절 파견이 당시 일본의 지배층에 큰 충격을 주고 공포심을 유발해 막부로 하여금 이마가와 료슌(今川了俊, 이하 료슌)이라는 특급 인물을 새로운 규슈탄다이(九州探題)에 임명하게 해 적극적으로 군사개입을 전개하게끔 했다고 주장했다.[13] 그런데 이영(필자)의 견해는 다음과 같은 문제점을 지니고 있다.

즉, 공민왕 15년(1366) 8월과 11월에 각각 고려를 출발한 사절(김용, 김일)들이 교토(京都)에 도착한 것은 김용의 경우 다음 해(1367) 2월 14일이었다.[14] 그런데 료슌이 새로 규슈탄다이에 임명된 것은 그로부터 무려 3년 4개월이 지난 뒤인 1370년 6월이었다.[15] 그리고 실제로 현지에 부임한 것은 임명된 이후 또 다시 1년 반이 지난, 1371년 12월 19일이었다.[16] 따라서 이러한 점에서 금왜사절 파견이 막부의 권력자들에게 큰 충격을 주었다는 이영(필자)의 평가에 쉽게 수긍하기 어렵다. 왜냐하면 막부가 무려 3년여나 지나서 이러한 조치들을 취했으니, 금왜사절의 내일(来日)을 충격으로 받아들였다는 것은 쉽게 납득하기 어렵기 때문이다. 사절 파견과 료슌의 규슈탄다이 임명이 상관관계가 있는지조차 의심스러울 정도라고 해야 할 것이다. 그런데 막부는 3년이 넘는 기간 동안 금

---

12) 공민왕 15년 이후의 고려-일본 간 외교 교섭이 이후의 역사전개에 미친 영향에 관해서는 본서 제7장 참조.

13) 본서 제7장 참조.

14) 『後愚昧記』 貞治 6年 3月 24日條.

15) 川添昭二, 『今川了俊』, 吉川弘文館, 1964, 84쪽.

16) 앞의 주(15) 가와조에 쇼지 연구서 94쪽 참조.

왜사절의 내일(来日)에 아무 특별한 대응도 하지 않은 채 허송세월만 했을까?

이상과 같은 문제의식에 입각해 지금까지 한 번도 문제시되지 않았던 금왜사절의 내일(来日)에 대하여, 무로마치 막부가 료슌의 규슈탄다이 임명 이전에 별도의 조치를 취하였음을 밝히고 또 그것이 이후의 국제질서의 변화 속에서 어떻게 변화되어 갔는지를 고찰하고자 한다.

사실, 막부가 취한 조치가 3년여 뒤에 료슌을 규슈탄다이에 임명한 것밖에 없었다고 한다면 그 조치는 너무나 느슨한 대응이었다고 할 수 있다. 물론 고려의 금왜 요구에 근본적으로 대응하기 위해서 막부가 하루빨리 정서부[17]를 소탕해 규슈 지역의 치안질서를 회복해야 했다는 것에는 이론(異論)의 여지가 없을 것이다.[18] 그러나 과거 여러 차례 실패한 경험[19]으로 비추어 볼 때, 정서부 소탕은 상당한 시일과 준비가 요구되는 과제였음을 당시 막부나 료슌은 충분히 인식하고 있었을 것이다. 따라서 그러한 지난(至難)한 과업을 완수하기 위해서 우선 인사(人事)에 신중을 기해 가장 유능하고 적합한 인물을 선정해야 했다. 그리고 임명된 인물이 일을 추진하는 데 필요한 모든 지원체제를 갖추어야 했다.[20] 따

17) 남조(정서부)에 관해서는 앞의 주(15) 가와조에 쇼지 연구서 참조.
18) 1376년 10월, 고려 출신의 일본 승려 양유(良柔)와 함께 일본에서 귀국한 고려 사신 나흥유가 전한, 일본 승려 도쿠소 슈사(德叟周佐)의 편지(『고려사』 권제133, 열전 제46, 우왕 2년 10월 조)에, "서해도 일로(一路)의 규슈(九州) 지역에 반란을 일으킨 신하들이 할거하여 공부(貢賦)를 바치지 않은 지 이미 20년이 지났다. 서변 해도의 완고한 백성들이 이 틈을 타고 (고려를) 침구하고 있는데, 이는 우리들의 소행이 아니다. 조정이 장수를 그곳(규슈 지방)에 파견해 들어가서 매일 싸우고 있으니, 바라건대 규슈만 평정된다면 해적은 금지시킬 수 있을 것임을 하늘과 태양을 두고 맹세한다"고 한 것에서 당시 막부가 규슈 지역의 난신(乱臣)만 평정하는 것이 해적을 금압할 수 있는 근본 대책임을 알리고 있다. 한편 이 사료에 관한 무라이 쇼스케의 해석 내용과 그에 대한 필자의 반론은 이영, 「여말선초 왜구의 배후 세력으로서의 쇼니씨」(『팍스 몽골리카의 동요와 고려 말 왜구』, 혜안, 2013)의 48~58쪽 참조.
19) 예를 들면 잇시키 노리우지(一色範氏) 부자(1333~1355)와 쇼니 요리히사(1359) 그리고 시바 우지쓰네(斯波氏経, 1363) 등이 실패한 것을 들 수 있다. 이에 관한 자세한 내용은 앞의 주(15) 가와조에 쇼지 연구서 및 이영, 「오호바루(大保原) 전투(1359)와 왜구―공민왕 6~8년(1357~1359)의 왜구를 중심으로―」 앞의 주(18) 이영 연구서 참조.
20) 예를 들면 주고쿠(中国) 지방의 무사들을 규슈 남조 토벌에 동원하기 위해 료슌을 아키노구니(安芸国)의 슈고(守護)에 임명하고 동생 나카아키(仲秋)를 주고쿠 지방의 호족 오우치씨(大内氏)와 혼인시켜 규슈를 경략(経略)하기 위한 배후를 굳혔다. 이에 관해서는 앞의 주(15) 가와조에

라서 상당한 시간을 요했던 것이다.

그렇지만 고려와 원나라는 당장 모종의 조치를 취하지 않는다면 직접 군사 행동에 나서겠다는 내용의 국서(国書)를 전달하였으며, 따라서 금왜(禁倭)는 시급을 요하는 일이었다. 지체하다가는 사태가 악화될 것임은 명약관화(明若観火)한 일이었다. 이에 대하여 막부는 어떻게 대응하였을까?

'13세기 왜구'의 경우, 왜구 문제로 외교적인 분쟁이 발생하면 일본의 지배층이 가장 먼저 협의선상에 두는 것은 역시 국경의 섬 쓰시마였다. 그리고 그 다음은 이키 섬(壱岐島)이었다. 그것은 이 두 지역이 지리적으로 한반도와 가장 인접해 있으며 또 13세기에도 왜구로 침구한 전례가 있었기 때문이다.[21] 이들 지역을 관할하는 것이 바로 다자이후(大宰府)였다. 그런데 공민왕 15년(1366) 당시, 다자이후는 남조(정서부)가 장악하고 있었다. 따라서 막부로서는 다자이후와 가장 관련이 깊은 쇼니 요리히사(少弐頼尚)와 후유스케(冬資) 부자(父子)와 이 문제에 대하여 협의할 수밖에 없었다.

과거 '13세기 왜구'의 사례를 보더라도 왜구를 일선에서 단속할 책임을 지닌 자는 바로 다자이후의 책임자 쇼니씨였다.[22] 따라서 고려가 공민왕 15년에 사절을 파견해 왜구 문제를 제기하자, 막부가 사태를 파악하고 해결하기 위해 우선적으로 쇼니씨의 가독(家督) 요리히사를 지목하였을 것은 틀림없다. 그것은 다음과 같은 이유 때문이다.

첫째, 쇼니씨는 쓰시마의 슈고(守護)였기 때문이다. 쇼니씨는 원래 무토씨(武藤氏)로 가마쿠라 시대 초 이래 대대로 다자이후의 쇼니직(少弐職)과 북규슈의 삼국(三国＝筑前・豊前・肥前)과 이도(二島＝対馬・壱岐)의 슈고직(守護職)을 겸해 왔다. 무토씨는 다자이후의 현지 책임자로 외교와 군사 업무를 일선에서 전담하는 역할을 자랑스럽게 여겼던 나머지, 성을 쇼니로 바꾸었을 정도였다. 1226년

쇼지 연구서 88~91쪽 참조.

21) '13세기의 왜구'에 관해서는 앞의 주(2) 이영, 「경인년 이후의 왜구와 내란기의 일본사회」(1999년 연구서) 참조.

22) 이 문제에 관해서는 앞의 주(21) 이영 논문 참조.

에 고려가 왜구의 침구에 항의하자, 다자이쇼니(大宰少弐) 무토 스케요리(武藤資賴)는 고려의 사절 앞에서 아쿠토(惡党) 90여 명의 목을 자르게 해, 고려 측의 왜구금압 요구에 적극적으로 대응했다.[23] 공민왕 15년(1366) 당시 쇼니씨의 가독 요리히사는 스케요리의 5대 후손이었다.[24] 이처럼 쇼니씨는 다자이후의 쇼니 겸 쓰시마의 슈고라는 직책상, 왜구가 외교문제가 되면 가장 우선적으로 그 금압(禁圧)을 책임지게 되어 있었던 것이다.

둘째, 요리히사는 다른 슈고들이 관할 지방에 대해 아직까지 철저한 영주적(領主的) 지배를 관철하지 못하고 있었던 것과는 달리, 쓰시마에 대하여 강력한 지배권을 행사하고 있었기 때문이다. 그는 남북조 시대 당시 쓰시마의 행정·종교·재정 문제에 대하여 배타적이고 강력한 슈고 권한을 행사하고 있었다. 그런데 그것은 쓰시마가 국경 지역에 위치한 절해고도(絶海孤島)여서 중앙이나 다른 외부 권력이 미치기 어려웠기 때문이었다.[25]

이처럼 쓰시마에 대하여 강력한 권한을 행사하고 있던 요리히사는 슈고다이(守護代) 소 쓰네시게(宗経茂)[26]와도 굳건한 관계를 유지하였다.[27] 즉, 요리히사

---

23) 앞의 주(21) 이영 논문 참조.

24) '쇼니씨(少弐氏)의 약계도(略系図)'

스케요리(資賴)—資能—経資—盛経—貞経—요리히사(賴尚)—후유스케(冬資)

　　　　　　　　　　　　　　　—요리스미(頼澄)—사다요리(貞賴)

25) 야마구치 다카마사(山口隼正)는 "슈고 쇼니 요리히사(本通)는 일단 겐무(建武) 3년(1336)부터 고안(康安) 2년(1362)이라고 하는 장기간에 걸쳐 문서를 발급하였으며, 소씨(宗氏)의 2대 즉 모리구니(盛国 : 妙意)—쓰네시게(経茂 : 宗経)를 대관(代官)으로 삼고 있었다. 또 (쓰시마에 있어서) 준행권(遵行権)을 위시한 재청직(在庁職)과 유력한 신사(神社)의 궁사직(宮司職)의 임면권(任免権)을 지니며 기바(木庭)와 구지(公事)에 관여하고 있었다. 그가 발급한 문서는, 문서의 발급자 자신이 서명하고 보내는 형식을 띠고 있다. 이것은 문서의 수취인인 부하들에 대해 약식(略式)으로 기록한, 절대적 우위의 입장에서 지시하는 것으로, (중략) 요리히사의 쓰시마 관계 문서는 이러한 발급문서밖에 없으며 오히려 막부 등 중앙계, 외래계 권력의 명령을 받은 것은 보이지 않는다. 이 또한 요리히사의 다른 관국(管国)의 경우 등과는 크게 다른 점으로, (쓰시마가) 너무나 멀리 떨어진 섬이었기에 중앙 공권력으로서는 당국(쓰시마)에 대한 지배를 쇼니씨에게 맡겼기 때문일 것이다. 이 점, 낙도(落島)라 하더라도 인근에 있는 이키노구니(壱岐国)의 경우는 달랐다"고 했다. 「対馬国守護」(『南北朝期九州守護の研究』, 文献出版, 1989).

26) 이 쓰네시게는 『고려사』에는 쓰시마 만호(萬戶) 숭종경(崇宗経)이라는 이름으로 보이는데, 고려 조정은 그에게 쌀 1천 석을 하사한다. 『고려사』 권제41, 공민왕 17년 11월 병오일 조.

27) 소씨는 쓰시마의 재청관인(在庁官人) 고레무네(惟宗)씨가 무사화(武士化)한 것이다. 고레무네

가 '북조(北朝)-다다후유(直冬)-남조(南朝)-북조(北朝)'로 변신을 거듭할 때마다 소 쓰네시게는 그와 거취를 같이하였다. 소 쓰네시게는 요리히사의 군사 부문에서 오른팔과 같은 역할을 하던 심복 부하였다. 그는 쓰시마 이외 규슈 본토의 여러 곳에서 쇼니씨의 대관(代官)으로 활약하였다.[28] 1359년의 오호바루(大保原) 전투[29]에서 요리히사가 기쿠치 다케미쓰(菊池武光)에게 패하고 1361년(쇼헤이 16, 고안 원년) 7월에 다자이후를 공격당하자 분고(豊後) 지방으로 함께 도주하였다.[30] 또 같은 해에 요리히사가 출가(出家)하자 쓰네시게도 그를 따라서 출가했을 정도였다.[31] 쇼니씨와 소씨(宗氏)의 긴밀한 관계는 전국시대(戦国時代)까지 지속된다.[32]

셋째, 금왜사절이 교토에 들어온 1367년 당시 요리히사는 다자이후를 정서부의 기쿠치씨에게 빼앗기고 고안(康安) 원년(1361) 12월에 은퇴한 뒤 교토에서

씨는 쇼니씨의 부하가 되어 쓰시마의 지토다이(地頭代)를 겸했다. 쇼니씨와는 달리 쓰시마 내부에 기반을 가지고 있었기 때문에 도정(島政)의 실권을 장악하고 무사적 활동 영역에서는 소씨를 칭하게끔 되었다. 남북조 후기-무로마치 시대는 소씨의 일족 내부에서도 소료(總領) 가문과 서자(庶子) 가문인 니이(仁位) 나카무라씨(中村氏) 사이에 슈고직과 조선 통교권을 둘러싸고 항쟁하게 된다. 쇼니씨와 소씨의 주종관계는 계속 이어져 소씨는 쇼니씨를 도와서 규슈 본토에 빈번하게 출병하고 있다. 이상의 내용은 오사 세쓰코(長節子), 『中世日朝関係と対馬』(吉川弘文館, 1987) 참조.

28) 앞의 주(25) 야마구치 다카마사 논문 참조.
29) 오호바루 전투에 관해서는 앞의 주(19) 이영 논문 참조.
30) 앞의 주(25) 야마구치 다카마사 논문 참조.
31) 「康安元年(1361) 12月 13日, '本通書下'(「代々例」に任せて対馬嶋住人家時の「公事」を免許する旨, 「存知」すべし)―宗刑部入道(経茂)」. 여기서 '本通'는 쇼니 요리히사를 의미하며, 문서를 받는 소 쓰네시게도 '入道'라고 보인다. 이 문서는 요리히사―쓰네시게 두 사람의 출가를 보여 주는 최초의 사료이며, 두 사람은 때를 같이해서 출가했다고 말할 수 있다. 요리히사는 고안(康安) 원년(1361) 말에 출가해 승려의 신분이 된 것을 기회로 정치활동을 그만 둔 것 같은데 본거지라 할 수 있는 지쿠젠노구니(筑前国)는 아들 후유스케(冬資)에게 맡기고 있다. 쓰시마의 슈고도 역시 아들 후유스케가 요리히사를 대신했다. 단 쓰시마의 슈고다이(守護代)는 쓰네시게가 출가한 뒤에도 계속 하고 있다. 요리히사는 그 뒤에도 줄곧 무가(武家, 北朝) 측의 입장을 취하고 있으며 오안(応安) 4년(1371) 12월에 80 가까운 고령의 나이에 사망하였다. 앞의 주(25) 야마구치 다카마사 논문 참조.
32) 앞의 주(25) 야마구치 다카마사 논문 참조.

은거하고 있었다.[33] 그리고 그의 뒤를 이어 가독을 계승한 아들 쇼니 후유스케(少弐冬資) 역시 세력 만회에 실패하고 교토에 체재 중이었다.[34] 금왜사절이 내일(来日)할 당시, 규슈는 쓰시마를 제외한 거의 대부분 지역이 5년 전인 1361년부터 정서부의 지배하에 있었다. 따라서 막부로서는 왜구 문제와 밀접한 관련이 있는 쓰시마 및 규슈 지역의 상황에 관해서 더더욱 쇼니씨의 자문(諮問)에 의지하지 않을 수 없었을 것이다.

넷째, 금왜사절이 가지고 온 첩장에는 "지정(至正) 십년 경인년(庚寅年)부터 많은 해적선이 침구해 왔다"[35]고 기록되어 있었다. 그런데 이 해는 바로 간노노조란(観応の擾乱)이 일어난 때(1350)로 요리히사가 막부에 대해 반기를 들었던 해였다.[36] 따라서 막부나 요리히사에게 경인년(간노 원년, 1350)은 잊을 수 없는 특별한 해였다고 할 수 있다. 바로 그 해부터 왜구가 침구를 재개하기 시작했다는 고려 측의 지적에 대해 막부가 쓰시마의 슈고 요리히사에게 일단 의혹을 품게 되는 것은 지극히 자연스러운 일이라고 할 수 있다. 왜냐하면 '쇼니'의 역할은 규슈의 행정·군사·외교 업무를 관장하는 것인데, 그가 막부에 대하여 반기를 든 것과 쇼니씨 고유의 역할에 반하는 사건(왜구)이 같은 해에 발생했기 때문이다. 더욱이 그는 당시 쓰시마의 슈고가 아니었던가?

다섯째, 비단 왜구 문제가 아니라 할지라도 외국의 사절이 도래하면 가장 먼저 이에 응하는 것이 다자이쇼니(大宰少弐), 즉 요리히사의 고유 업무였기 때문이다. 따라서 막부 내부에서 금왜사절들이 가지고 온 외국의 첩장에 대한 반첩(返牒)을 어떻게 할 것인가라는 문제가 제기되었을 때, 쇼니씨가 자연히 주목받

---

33) 쇼니 요리히사는 고안(康安) 원년(1361) 12월에는 '本通'이라고 자서(自署)하고 있다(『嶋尾成一氏所蔵文書』). 그리고 그다음 해인 고안 2년 6월, 「島津道鑑申状案」에도 「太宰筑後守頼尚, 今者出家(다자이쇼니 요리히사, 지금은 출가하다)」로 되어 있다(『島津家文書』).
34) 『花営三代記』 오안(応安) 3년(1370) 11월 26일 조에 「大宰少弐冬資下向鎮西(다자이쇼니 후유스케가 진제이(鎮西), 즉 규슈로 내려갔다)」고 기록되어 있다.
35) 『太平記』 卷第39, 「高麗人来朝事」. 자세한 내용은 본서 제3장을 참조.
36) 이에 관해서는 앞의 주(2) 이영 1999년의 논문 및 이영 「경인년(1350)-병신년(1356)의 왜구와 규슈 정세」 앞의 주(18) 연구서 참조.

게 되었음은 충분히 상상할 수 있다. 다음의 1367년(쇼헤이 22, 조지 6, 공민왕 16) 5월 8일의 『모로모리키(師守記)』의 기록을 보자.

1. 天晴 今夕自殿下二條良基以假名御書被尋問家君云、異国牒狀無禮之時□返牒之時、将軍返牒、又大宰府返牒、小弐私返遣之□例可被注進、明日忩可被注申云々、以詞忩可注進之旨、被申[37]

이 『모로모리키』[38]를 보면 모로모리가 반첩, 즉 김용과 김일 일행이 가지고 온 첩장에 대하여 어떻게 답장을 써야 할지를 놓고 선례(先例)를 조사하고 있었다. 그 결과 쇼군이나 다자이후가 답장을 써서 쇼니씨가 이를 사적(私的)인 입장에서 이국(異国=고려)으로 보낸 사례를 발견했다. 여기에 규슈 현지에서 외교 업무를 담당해 온 쇼니씨의 존재가 부각되고 있다. 다자이후가 답장을 쓰는 경우에도 실제 행동의 주체와 책임자는 바로 쇼니씨였던 것이다.

고려와의 국경에 위치한 쓰시마의 슈고 요리히사가 막부와 대립했던 해 (1350)부터 왜구가 고려를 침구하기 시작했다는 사실 때문에, 막부는 왜구의 침구에 대하여 그에게 어느 정도 혐의를 품었을 것으로 생각된다. 요리히사도 고려 사신의 내왕으로 '경인(년) 이후 왜구'가 막부와 조정 등의 중앙 정계에 최초로 알려지게 되고 또 쓰시마 슈고였던 자신이 왜구에 대한 책임 문제로 주목을 받게 되자, 심리적인 부담을 느꼈을 것이다. 어쩌면 그로서는 '마침내 올 것이 오고야 말았구나'라고 생각했을지도 모른다. 그로서는 자기 세력으로 하여금 경인년 이후 17년 동안이나 고려를, 1358년부터 1362년까지는 중국에까지 침구하게 했음에도, 고려와 원나라가 단 한 차례도 사절을 파견해 항의하지 않았던 사실을 오히려 이상하게 여겼을지도 모른다.

그런데 쇼니씨가 왜구의 침구에 대한 원의 반응을 전혀 의식하지 않았던 것

---

37) 『師守記』 9(『史料纂集』, 1975, 173쪽).
38) 남북조 시대의 명법관인(明法官人) 나카하라 모로모리(中原師守)의 일기로 64권으로 되어 있다. 1339~1374년 간의 북조를 중심으로 하는 정치·군사·사회를 전하는 사료이다.

은 아니었다. 예를 들어 1352년 고려의 중부 서해안 지역에 왜구가 침구한 직후에[39] 『원사(元史)』에 다음과 같은 사료가 보인다.

---

2. 일본국이 알리기를, 고려의 도적들이 바다를 지나다니면서 약탈행위를 일삼으면서 스스로 섬에 거주하는 백성들이라고 한다. 고려 국왕 백안첩목아가 군대를 동원해 그들을 소탕하고 있다고 해서 금구요(金口腰) 1개와 초(鈔) 이천 정(錠)을 하사했다.[40]

이 〈사료 2〉는 별고[41]에서 구체적으로 분석하였으므로 그 내용을 간단히 정리하면 다음과 같다. 이 사료는 원래 다음과 같은 문장이 된다.

일본국이 고하기를, 고려의 도적들이 바다를 건너 약탈을 행하고 있는데 스스로 칭하기를, 섬에 거주하는 백성이라고 한다. (고려국의 보고에 의하면) 고려 국왕 백안첩목아(공민왕)가 군대를 동원해 이들을 소탕하고 있다고 한다. (그래서 황제 또는 조정이) 금구요 한 개와 초 이천 정을 하사했다.

---

39) 〈표〉 임진년(1352) 왜구의 침구

	시기	침구 지점	규모	비고
1	3월 9일	풍도(충남 아산)	20척	교동까지 퇴각
2	3월 11일	착량(김포)·안흥(서산)·장암(서천)	불명	
3	3월 11일	파음도	불명	사람들을 살육(적선 1척 포획)
4	3월 12일	서주(충남 서천) 방호소	불명	왜선 1척 포획, 적 살상, 2명 포로
5	3월 15일	중부 서해안	대규모	서강·갑산·교동을 수비
6	3월 16일	교동도(경기도)	불명	갑산창에 방화. 왜선 2척 노획
7	6월 25일	전라도 모두량(무안군)	불명	적을 공격했으나 이기지 못함.
8	6월 25일	강릉도	불명	
9	7월 2일	전라도	불명	도순문사가 왜선 2척을 포획
10	9월 2일	합포(마산)	50여 척	

＊이상의 내용은 『고려사』의 기록에 의거함.

40) 「日本国白, 高麗賊過海剽掠, 身称島居民, 高麗国王伯顔帖木児調兵勦捕之, 賜金擎腰一, 鈔二千錠」 『원사(元史)』 권42, 지정(至正) 12년 8월 정미(7일) 조.

41) 이영, 「왜구 다민족·복합적 해적설의 허구와 문제점-식민사관과 관련하여」 앞의 주(18) 2013년도 연구서 참조.

여기서 '일본국'은 '다자이후'를 지칭하며 실제로는 다자이후의 현지 최고 책임자 '다자이쇼니(大宰少弐)' 요리히사였다.[42] 『원사(元史)』의 '일본국'이 보고한 내용, 즉 "고려의 도적들이 바다를 건너 약탈을 행하고 있는데 스스로 칭하기를, 섬에 거주하는 백성이라고 한다"고 한 것은, 실제로는 왜구의 배후 조종자 요리히사가 왜구에 대한 거짓 정보를 흘리면서 원나라 조정의 반응을 살피고,[43] 또 만일의 경우에 있을 수 있는 일본에 대한 책임 추궁을 회피하기 위해 꾸며 낸 것이었다.[44]

그러나 당시 원나라 조정이 내부의 긴박한 정세[45] 때문에 왜구에 대하여 신경을 쓸 여유가 없어 별다른 대응을 하지 못하자, 요리히사의 위구심(危懼心)도 경감(輕減)되었다. 그리고 그가 자신의 주도로 오호바루 전투를 일으키기 바로 1년 전인, 1358년에 마침내 원에 최초로 왜구가 침구한다.[46] 요리히사는 1361년 12월에 일선에서 은퇴하였다. 그리고 1363년 8월을 마지막으로, 1369년 1월에 다시 왜구들이 산동성에 침구해 오기까지 중국에 대한 침구는 소강상태였던

---

42) 앞의 주(41) 논문 참조.

43) 쇼니씨의 정보 수집 및 분석 능력에 관해서는 1333년 3월의 하카타(博多) 전투를 전후한 무렵의 쇼니씨의 동태에 관해 서술한 「기쿠치 뉴도 자쿠가의 전사(菊池入道寂阿打死の事)」(『태평기(太平記)』권11)를 보면 잘 알 수 있다. 당시 쇼니씨는 중앙 정계의 정세변화에 관한 정보를 규슈 지역의 어떤 무사들보다도 빨리 입수해 신속하게 대응하고 있었다. 그리고 그 정보에 입각해 가장 먼저 음모를 기획하고 다른 호족에 제안하였다. 그러나 중앙의 정세가 예상과 달리 불리하게 전개된다는 정보를 입수하자 곧바로 자신이 끌어들인 기쿠치씨를 배반하는 등, 카멜레온과 같은 변신을 거듭하고 있다.

44) 앞의 주(41) 논문 참조.

45) 중국에서는 1348년부터 소위 한인군웅(漢人群雄)의 반란이 거세게 일어난다. 예를 들면, 절강성 대주(台州)에서 일어난 방국진의 봉기를 시작으로 하여 1351년 백련교 조직을 기반으로 한 한산동(韓山童)의 영주(潁州) 봉기로 본격화된다. 원나라 조정은 이들 한인군웅의 반란을 진압하기 위해 왜구에 적극적으로 대응할 여유가 없었다고 할 수 있다. 이 문제에 관해서는 김성준, 「고려와 원명관계」(『한국사』8, 국사편찬위원회, 1974). 김혜원, 「고려 공민왕 대 대외정책과 한인군웅」(『백산학보』51, 1998). 김순자, 「원명의 교체와 중국과의 관계변화」(『한국 중세 한중관계사』, 혜안, 2007) 등을 참조.

46) 「八月丁酉朔, 倭人寇蓬州, 守将劉暹擊敗之. 自十八年以来, 倭人連寇瀕海郡県, 至是海隅遂安」(『元史』卷第46, 本紀 第44, 至正 23年 8月). 여기서 "지정(至正) 18년부터 왜구가 연해주군에 침구해 오기 시작했다"고 하는데, 지정 18년은 1358년, 지정 23년은 1363년에 해당한다.

것으로 보인다.[47]

이처럼 경인년(1350) 이후 요리히사의 은퇴(1361)까지 왜구가 침구해 온 상황은 그의 정치·군사적 행보와 거의 일치하는 것이었다.[48] 그런데 공민왕 15년의 금왜사절 김용이 전달한 소위 원나라의 첩장은 '원나라 황제의 명령에 따라서 정동행중서성(征東行中書省)'이 보낸 것으로 되어 있었다.[49] 7장에서 언급했듯이 정동행중서성은 쿠빌라이(원 세조) 당시 일본을 침공하기 위하여 설치한 군사기구로, 이 기구가 어떤 역할을 하는지는 당시 일본의 지배층도 "정동(征東), 동쪽 즉 일본을 정벌한다"는 자의(字意)를 통해 충분히 알 수 있었을 것이다. 더욱이 그 정동행중서성이 왜구의 폐해를 지적하면서 "만약 군대를 일으켜 그들을 체포한다면 아마도 이웃나라와의 우호관계가 어긋날 것이다"고 한 것은 일본의 막부에 대한 노골적인 협박이었다고 할 수 있다.

금왜사절의 내왕은 일본의 지배계층에 대하여 약 백 년 전 여몽 연합군의 침공이 초래했던, 한동안 잊고 있었던 공포심과 위기의식을 상기시키기에 충분한 것이었다.[50] 그러한 공포와 위기의식은 실제로 고려와 가장 가까운 국경에 위치한 섬 쓰시마의 슈고 요리히사에게는 더 증폭되어 느껴졌을 것이다. 이러한 요리히사의 위기감은 그대로 쓰시마에 전달되었던 것으로 볼 수 있다.

이런 상황에 처해 쇼니씨와 쓰시마는 어떻게 대응하였을까? 모리 시게아키(森茂曉)는 공민왕 15년 당시 파견된 금왜요구 사절에 대한 일본 측의 반응에 대하여 다음과 같이 언급했다.

---

47) 1363년 8월 이후 1369년 1월까지 왜구가 고려에는 침구했지만 중국에 침구해 오지 않았던 이유로 『원사(元史)』는 유섬(劉暹)이 왜구를 격퇴했기 때문이라고 했지만, 그것은 쇼니 요리히사의 일선 은퇴(1361)로 규슈 본토에서 쇼니씨가 중심이 된 군사활동은 중단되었고, 그러자 왜구들이 다량의 병량미를 확보하기 위해 중국까지 침구할 필요가 없었기 때문이었다고 생각한다.
48) 이에 관해서는 앞의 주(4)의 내용 및 이영, 「경인년(1350)~병신년(1356)의 왜구와 규슈 정세」 앞의 주(18) 연구서 참조.
49) 이에 관해서는 본서 제7장 참조.
50) 이에 관해서는 앞의 주(2) 가이즈 이치로(海津一朗) 논문 참조.

조지(貞治) 6년(1367, 역자 주)의 단계에서, 막부는 규슈(九州) 해상에서 일어난 문제에 대하여 손을 쓸 수 없었다고 하더라도, 만약 왜구가 쇼니씨 휘하 세력이었다면 쇼니씨는 막부의 휘하에 있었기 때문에 막부는 쇼니씨에게 명령해 그 어떤 조치를 취하게 할 수 있었을 것이다. 그러한 조치도 취하지 못하고 북조=막부는 그야말로 수수방관할 수밖에 없었던 것을 보면, 역시 왜구들에게는 쇼니씨의 지령이 통하지 않았다고 봐야 할 것이다.[51]

모리는 막부가 쇼니씨에게 왜구에 대하여 어떤 조치를 취하게 했었을 것인데, 아무런 조치도 취하지 못하고 수수방관했다고 했다. 그래서 모리는 쇼니씨의 지령이 왜구들에게는 전혀 통하지 않았다고 보았고 그것을 결국 〈경인년 왜구=쇼니씨 배후〉설을 부정하는 근거로 제시한 것이다. 과연 그러할까? 이하, 모리가 제기한 문제에 대하여 생각해 보기로 하자.

금왜사절과 쇼니씨 및 쓰시마의 대응

필자는 공민왕 15년 당시, 막부가 요리히사에게 왜구금압을 위한 모종의 즉각적인 조치를 취할 것을 지시한 것으로 생각한다. 이를 다음의 〈사료 3〉~〈사료 6〉을 통해서 엿볼 수 있다. 이들 사료는 공민왕 17년(1368) 7월 이후 11월까지, 약 5달 동안에 걸친 고려와 쓰시마 사이의 교류를 보여 주는 것으로, 이

---

51) 森茂暁, 『南朝全史―大覚寺統から後南朝へ』, 講談社, 2005, 179~180쪽.

기간 중에 막부-쇼니 요리히사-쓰시마의 소 쓰네시게가 고려에 대해 취한 외교적 행동이, 일련의 연속적인 인과관계에 있었음을 보여 준다. 다음 〈사료 3〉을 보자.

---

    3. (1368년 가을 7월) 을해일(7일)에 일본이 사자를 보내 예방하였다.[52]

〈사료 3〉에서 고려에 사자를 파견한 주체인 '일본'은 구체적으로 무엇을 지칭하는 것일까? 『고려사』에 '일본'으로 기록된 것은 쓰시마·다자이후·쇼니씨·막부의 네 가지 경우를 생각할 수 있다. 그런데 다음 〈사료 4〉에서 '쓰시마 만호'가 바로 4일 뒤에 나온다.

---

    4. (1368년 가을 7월) 기묘일(11일)에 쓰시마 만호가 사자를 보내어 토산물을 바쳤다.[53]

따라서 〈사료 3〉의 '일본'을 쓰시마라고 보기는 어렵다. 그러면 '다자이후'였을까? 1362년부터 1371년까지, 다자이후는 정서부가 장악하고 있었다. 따라서 '일본'이 다자이후를 가리킨다고도 볼 수 없다. 왜냐하면 고려가 사자를 파견해 통교한 것은 북조(막부)였기 때문이다. '일본'이 '다자이후'가 아니라면 '다자이후 쇼니', 즉 요리히사가 보냈을 가능성이 있다. 앞의 〈사료 1〉에서 언급하였듯이, 다자이후가 답장을 쓰는 경우에도 실제 행동의 주체와 책임자는 쇼니씨였기 때문이다. 그런데 〈사료 3〉의 '일본'이 요리히사였다고 하더라도 그것은 막부의 명령에 따른 것으로 보아야 한다.

만약 요리히사도 아니었다면, 남은 것은 '막부'뿐이다. 물론 실질적인 주체는 막부였다 할지라도 형식상으로는 당시 외교를 담당하고 있던 오산(五山) 선승(禪僧)의 명의를 빌려 작성한 것이었거나 또는 쇼니 요리히사의 손을 거쳤을

---

52) 『고려사』 권제41, 공민왕 17년 가을 7월 을해일 조.
53) 『고려사』 권제41, 공민왕 17년 가을 7월 기묘일 조.

것이다. 어쨌든 '일본'의 실체였을 가능성이 있는 것은 요리히사 또는 막부였다고 할 수 있다.

또 〈사료 4〉의 내용은 고려와 쓰시마의 '진봉관계'가 몽골의 일본 초유(招諭)로 인해 두절된 이후[54] 실로 100여 년 만에 쓰시마의 만호 숭종경(崇宗経, =소쓰네시게(宗経茂)]이 사자를 보내 온 것이다. 요리히사와 쓰네시게의 밀접한 관계를 고려할 때, 〈사료 4〉의 '사자 파견'을 요리히사의 허락 없이 쓰네시게가 독단적으로 했다고는 생각하기 어렵다. 그리고 그것은 요리히사의 상부(上部), 즉 막부의 명령 내지는 압력에 의한 것으로 생각된다. 〈사료 3〉과 〈사료 4〉가 불과 4일의 시차밖에 없는 것, 그리고 '일본의 사자'가 쓰시마를 거쳐서 고려로 건너갔을 것을 생각하면, 쓰시마 만호의 사자 파견은 막부 또는 쇼니씨가 사자를 고려에 파견한 것에 이끌려 이루어진 것이라고 할 수 있다. 이러한 일본과 쓰시마의 사자 파견에 다음과 같이 고려도 적극적으로 대응하였다.

5. (1368년 가을 7월) 갑오일. 강구사 이하생을 쓰시마에 파견하였다.[55]
6. (1368년) 11월 병오일. 쓰시마 만호 숭종경(崇宗慶)이 사자를 파견하여 입조하였으므로 숭종경에게 쌀 1천 석을 주었다.[56]

그런데 주목해야 할 것은 이처럼 고려와 쓰시마 사이에 사자가 왕래하는 기간 중에는 왜구가 일절 발생하지 않았다는 점이다. 즉, 공민왕 16년(1367) 3월에 강화부를 침구한 이래 공민왕 18년(1369) 11월에 다시 아주(牙州, 충남 아산)에 침구할 때까지 약 2년 9개월 동안 단 1건의 왜구도 발생하지 않았다.[57] 이처

---

54) 진봉관계의 파탄 및 그 원인에 관해서는 이영, 「中世前期の日本と高麗」(『倭寇と日麗関係史』, 東京大学出版会, 1999)을 참조.
55) 『고려사』 권제41, 공민왕 17년 윤7월 조.
56) 『고려사』 권제41, 공민왕 17년 11월 병오일 조.
57) 앞에서 언급한 것처럼 김용 일행이 교토에 들어간 것이 1367년 2월 14일이었고, 같은 해 3월에 강화도에 왜구가 침구한 것을 볼 때, 이들은 김용 일행이 일본에 온 사실을 알지 못하고 출발한 것이었을 것이다.

럼 왜구가 일절 발생하지 않았던 것은 경인년 이후 거의 매년 왜구가 침구해 오던 당시 상황을 고려할 때,[58] 특별히 주목해야 할 사안이다. 즉, 이는 당시 왜구의 배후 조종인물이 요리히사 또는 쓰네시게(宗経茂, 崇宗慶)였거나 아니면 적어도 그가 왜구를 통제할 수 있는 위치에 있었음을 보여 주는 것이다.[59]

따라서 앞에서 제시한 모리 시게아키의 언급은 오류임을 알 수 있다. 막부는 결코 수수방관한 것이 아니라, 요리히사에게 금왜(禁倭)를 위한 조치를 취할 것을 지시했으며 그에 따라 요리히사는 쓰시마에 대하여 금왜를 명령한 것이다. 그 결과 2년 9개월 동안에 단 1건도 왜구가 발생하지 않게 된 것이었다.

그런데 다음 해(1369) 7월 5일이 되자, 고려-쓰시마 사이에 변화의 조짐이 보인다. 다음의 〈사료 7〉을 보자.

    7. かうらいわたりの大山ふね二そうのくうしの事、さしをき申

      所如件、

      正平二十四

      七月五日

                （宗経茂）

               宗慶（花押）

          大山宮内さへもん殿 [60]

이 〈사료 7〉은 1369년(쇼헤이 24) 7월 5일에 소 쓰네시게가 발급한 문서로, "고려(かうらい)로 건너가는 오야마구나이사에몬(大山宮内さへもん)의 배 2척에

---

58) 경인년(1350) 이후 고려 멸망 당시까지 왜구가 단 한 차례도 침구해 오지 않았던 것은 1355년 · 1368년 · 1386년의 세 차례밖에 없었다. '〈표 6-1〉 경인(년) 이후의 왜구 침구표'. 본서 제6장 참조.

59) 다음에 제시하는 〈사료 7〉은 당시 쓰시마의 슈고다이(守護代)였던 소 쓰네시게가 슈고(守護, 쇼니 요리히사의 아들, 冬資＝후유스케)의 뜻을 받들어 오야마구나이사에몬에게 전하는 문서, 즉 '가키구다시(書下)'의 형식을 취하고 있다. 여기서 알 수 있듯이, 소 쓰네시게는 어디까지나 슈고 후유스케의 지시를 대행하는 입장에 있었다.

60) 「宗慶書下」, 『対馬庄司文書』(南北朝遺文九州編, 4779号).

대해 징수할 세금(くうし)을 면제한다"고 하는 내용이다. 쓰네시게가 남조의 연호인 쇼헤이(正平)를 사용하고 있는 것으로 볼 때, 그 이전 어느 시점에 이미 북조에서 남조로 정치적 변신을 하였음을 알 수 있다. 그리고 이 문서가 발급된 1369년 7월 5일 이후 어느 시점에 쓰시마에서 배 2척이 고려로 건너 간 것임을 알 수 있다.

이 '오야마구나이사에몬'의 배 2척은 왜구가 다시 침구하기 시작한 쇼헤이 24년(1369) 11월부터 약 4개월 전인 7월 5일에 세금(かうらいくうし)을 면제받았음을 알 수 있다.[61] 가마쿠라 시대 말, 쇼니씨는 오야마씨(大山氏)에 대하여 연공(塩)·그물 사용료(錢)·특별세금의 세 가지를 부과하고 있었다.[62] 이것은 오야마씨가 장악하고 있었던 백성이 제염·어업·교역을 생업으로 하고 있던 해민(海民)이었음을 보여 주고 있다.[63] 그런데 오야마씨의 배 2척이 '언제쯤' 고려로 건너갔는지를 확인할 수는 없다. 이 〈사료 7〉과 관련이 있는 것으로 보이는 기술이 『고려사』에 보인다.

---

8. (가을 7월) 신축일(9일). 거제·남해현에 있는 투화(投化)한 왜인들이 배반해 자기 나라로 돌아갔다.[64]

〈사료 8〉은 공민왕 18년(1369), 즉 쇼헤이 24년 7월 9일에 있었던 일이다. 이를 통해, 이미 이전에 거제와 남해현에 투화한 왜인들이 있었음을 알 수 있다. 그런데 〈사료 7〉과 〈사료 8〉은 불과 4일의 시차밖에 없다. 즉 〈사료 7〉의 7월 5일부터 불과 4일 뒤에 거제와 남해현에 투화해 거주하고 있던 왜인들이 돌아간

---

61) 이 오야마구나이사에몬이라는 인물은 현재의 쓰시마시(対馬市) 미쓰시마초(美津島町) 오야마(大山) 마을에 거주하던 사람으로 생각된다. 이처럼 쓰시마 슈고다이 소 쓰네시게는 주군인 슈고 쇼니씨의 허락하에 고려로 도항하는 선박과 사람들에게 부과했던 '고라이구지(高麗公事)'를 면제해 주고 있었다.

62) 関周一, 「中世対馬の課役と所領」, 『海のクロスロード対馬, 21世紀COEプログラム研究集成』, 早稲田大学水稲文化研究所 編. 2008.

63) 앞의 주(62) 세키 슈이치(関周一) 논문.

64) 『고려사』 권제41, 공민왕 18년 가을 7월 신축일 조.

것이다. 쓰시마와 거제·남해도의 지리적 근접성 및 7월 5일과 9일이라는 시간적 근접성을 생각할 때, 〈사료 7〉은 〈사료 8〉과 관련이 있는 것으로 생각하지 않을 수 없다. 그런데 이 투화왜인과 관련이 있는 것으로 보이는 사료가 같은 해 11월 1일과 27일의 다음의 『고려사』의 기록이다.

―――

9. 11월 1일(임진). 아주(牙州, 충남 아산)에서 왜적의 배 3척을 포획하고 포로 2명을 바쳤다.[65]

10. 11월 27일(무오). 왜적이 영주(寧州)·온수(溫水)·예산(禮山)·면주(沔州)의 양곡 운송선을 약탈했던 것이다. 이에 앞서 왜인들이 거제도에 거주하면서 영원히 화친관계를 맺고자 하므로 조정에서 그것을 믿고 허락하였었는데 이때에 와서 도적이 되어 침입한 것이다.[66]

이 〈사료 10〉의 내용으로 볼 때, 〈사료 8〉의 거제·남해현에 투화하였던 왜인들은 전년도에 있었던 쓰시마와 고려의 교류(영원히 화친관계를 맺고자 한) 결과에 의한 것, 즉 쓰시마의 왜인들이었음을 알 수 있다.[67] 즉, 고려와 쓰시마가 서로 사절을 파견한 후, 고려가 쓰네시게에게 쌀 1천 석을 주고 또 거제·남해현에 쓰시마 사람들을 거주(投化)하게 하는 조건으로[68] 고려에 대한 왜구 행위를

―――――

65) 『고려사』 권제41, 공민왕 18년 11월 임진일 조.
66) 『고려사』 권제41, 공민왕 18년 11월 무오일 조.
67) 거제도가 쓰시마에서 가장 가까운 곳에 위치한 섬이라고 하는 점에서도 거제·남해현에 투화한 왜인들이 쓰시마 사람들이었으며, 아울러 경인년(1350) 이후 왜구의 주역들 역시 쓰시마 사람들이었음을 보여 준다.
68) 이 중 거제도에 쓰시마 왜인들이 거주했을 것으로 추정되는 곳이 와현리 예구(曳龜) 마을이다. 『거제시지(巨濟市誌)』에 다음과 같이 기술하고 있다.

"1769년에 왜구미방(倭仇味坊)이었고 1889년 왜구, 미조, 와현 3개 리로 분리되었다. (중략) 1942년 5월 1일 왜구를 예구로 개칭하여 와현과 분리되었다. 1961년 10월 1일 행정리로 되었다. 예구 마을: 왜구미라 하였다. 왜구미는 왜선이 드나들었다는 뜻인데 일제 강점기 후리어업으로 예구라고 고쳤다."[『거제시지(巨濟市誌)』 상권, 거제시지 편찬위원회, 2002, 905쪽]

물론 이 기록만 가지고 고려 공민왕 대에 쓰시마 인들이 일시적으로 거주하였던 곳이라고 추정하는 것은 아니다. 우선 예구 마을의 지리적인 조건을 보자. 그림 8-1에서 보듯이 예구 마을은 쓰시마와 마주보고 있는 한반도에서 가장 가까운 섬인 거제도의 동쪽 끝에 위치하고 있다.

하지 않는다고 하는 일종의 화친조약이 체결되었음을 짐작할 수 있다.[69]

　　그런데 〈사료 7〉과 〈사료 8〉은 둘 다 공민왕 18년(쇼헤이 24, 1369) 7월의 사료이다. 같은 해 7월의 『고려사』에는 왜구가 침구했다는 기사가 보이지 않으며 또 사절 파견이나 교역 등의 목적으로 쓰시마에서 선박이 왔다고 하는 기록도 없다. 〈사료 7〉이 7월 5일에 작성되었고, 〈사료 8〉은 7월 9일의 기록으로 불과 4일의 차이밖에 없다. 따라서 〈사료 7〉과 〈사료 8〉을 더해서 상황을 추정하면 다음과 같이 해석할 수 있다.

　　〈사료 7〉의 오야마구나이사에몬이, 쓰시마 슈고의 지시를 받은 슈고다이 쓰네시게로부터 고려에 건너갈 때 내야 하는 도항료(渡航料, 高麗公事)를 면제받은 배 두 척은, 〈사료 8〉의 남해와 거제도에서 각각 거주하고 있었던 쓰시마인들을 쓰시마로 송환하기 위해 파견한 배였다. 도항료를 면제해 준 이유는 그것이 약탈을 해서 수익을 올리기 위한 항해가 아니라 쓰시마 사람들을 철수시키기 위한 것이었기 때문이었다.

　　혹자(或者)는 이 〈사료 7〉이 〈사료 8〉과는 직접적인 관련이 없으며 그것은 '단

　　그리고 〈그림 8-2〉에서 보듯이 예구 마을은 맞은편의 구조라 항이 있는 곳과 공고지라고 불리는 예구 마을의 남쪽에 툭 튀어나온 곳으로 이루어진 구조라 만 내에 위치하고 있다. 그리고 구조라 만 외곽의 남쪽에 쓰시마로 향하는 항로상에는 내도와 외도가 위치하고 있다.
　　예구 마을의 지형적인 조건을 보면 서쪽의 바다를 제외한 삼면은 급경사의 산악 지형으로 둘러싸여 있어서 마치 산도(山島)라는 별명을 지닌 쓰시마의 지형을 연상하게 한다. 그 산 정상에는 와현 봉수대가 있다. 이러한 지형적인 조건은 천마산(서쪽)과 구덕산(북쪽) 그리고 구봉산 줄기인 복병산(동쪽)의 3면이 산으로 에워싸여 있으며 남쪽에 영도가 가로막고 있는 조선 시대의 초량 왜관 터와도 지형적인 공통점을 발견할 수 있다.
　　이러한 지리적 지형적 조건에서 고려할 때, 이 예구 마을이 공민왕 당시 쓰시마 인들이 일시적으로 체류했던 곳으로 가장 적합한 지역으로 생각된다.
69) 김광철은 "언제부터 투화왜인들이 거제 지역을 거처로 삼았는지 확실하지 않다"고 하면서 공민왕 7년 이전으로 거슬러 올라가지 않을 것이라고 했다. 「고려 후기 거제 지역사회의 변동과 '폐왕성'」(『거제 폐왕성과 동아시아의 고대 성곽』, 동아세아문화재 연구원, 2009). 필자는 쓰시마 왜인이 거제도와 남해도에 거주할 수 있게 된 것은 공민왕 17년(1368) 7월 또는 11월의, 쓰시마의 사자가 고려에 내왕한 이후부터로 생각한다.

[그림 8-1] 쓰시마와 거제도 예구 마을의 위치

지 고려에 건너가 무역을 행하려고 하는 배 두 척에 대한 도항료를 면제하는 사료일 뿐이다'라고 주장할 수도 있을 것이다. 이에 대해 필자는 다음과 같이 반론을 제기하고자 한다.

첫째, 만약 〈사료 7〉과 〈사료 8〉이 직접적인 관련이 없다면, 배 두 척이 7월 5일에서 멀지 않은 시일 내에 고려에 무역이나 '왜구'로 침구해 왔어야 한다. 왜냐하면 당장 무역 또는 침구할 필요가 없는데도 특별히 이때에 '고라이구지'를 면제해 줄 필요가 없기 때문이다. 그러나 7월 5일부터 4개월여가 지난 11월, 왜구가 재침한 것(〈사료 9〉)을 제외하고 무역 등 평화로운 목적으로 일본의 선박이 고려에 왔다는 기록은 찾아볼 수 없다.

둘째, '고라이구지'는 무역 또는 약탈을 목적으로 고려로 건너가던 선박과 사람(왜구)에게 소씨(宗氏)가 부과하던 일종의 특별 세금이다.[70] 〈사료 7〉은 배

---

70) 고라이구지(高麗公事)에 대하여, 세키 슈이치는 다음과 같이 언급했다.

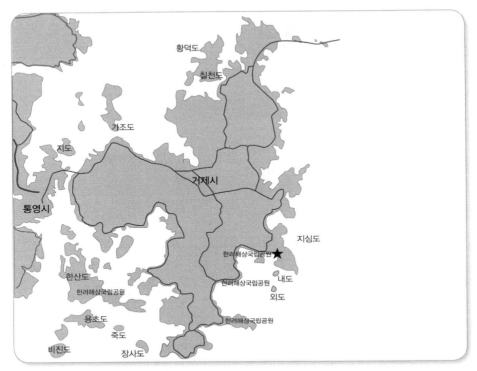

[그림 8-2] 거제도의 예구 마을 위치

두 척이 고려로 건너가는 사실(그 시점이 언제가 되든지 관계없이)을, 쓰네시게가 인지(認知)하고 있으며 또 그 도항을 허락하고 있음을 보여 준다. 아울러 도항료까지 면제해 주고 있는 것은 7월 5일 이후 오야마의 배 두 척의 (그 목적이 왜

---

① 소씨가 왜구로부터 징수한 세금으로 보는 견해(中村栄孝·李領), ② 소씨가 도민(島民)의 고려 무역에 대하여 부과한 과세로 보는 견해(田中健夫·長節子), ③ 전기 왜구가 융성한 시기였기 때문에 해석을 유보하는 입장(佐伯·有川)이 있다. 그렇지만 이 시기에도 소씨의 사자 파견이 이루어져, 공민왕 17년(1368) 11월, 소 쓰네시게(宗経茂)는 사절을 고려에 파견해 쌀 1천 석을 지급받고 있다. 또 거제현과 남해현에서 왜인(쓰시마인?)의 거주가 인정되어, 향화왜(向化倭)의 취급을 받고 있다. 고라이구지는 왜구가 진정된 15세기에도 부과되고 있다. 따라서 고라이구지는 ②설로 이해해야 하며, 쓰시마에서 조선으로 도해(渡海)해 교역하는 선박에 부과한 것으로 생각된다는 것이다. 앞의 주(62) 세키 슈이치 논문 참조.

그러나 본고에서 고찰한 것처럼, 세키 슈이치가 인용한 오야마구나이사에몬의 배 2척은, 무역을 행하기 위해 고려로 건너간 것이 아니었다. 따라서 세키 슈이치의 고라이구지에 대한 해석은 잘못된 것이라고 할 수 있다.

[그림 8-3] 바다로 난 방파제에서 바라본 예구 마을

구든 무역이든 송환이든 관계없이) 고려 도항을 쓰네시게가 적극적으로 '권장', 더 나아가 '명령'하고 있었음을 보여 준다고 할 수 있다.[71]

셋째, 당시 남해도와 거제도에 와 있었던 왜인들은 어디까지나 쓰네시게가 고려 조정에 대하여 왜구를 금압할 것을 맹세하고 파견한 것이었다. 다시 말하자면 그들의 거제·남해 거주는 쓰네시게와의 화친조약의 결과였기에 그의 허가가 있어야 그들의 귀환도 가능했다고 볼 수 있다. 이는 〈사료 8〉에서 고려가 왜구의 재침 이전이었음에도 그들의 귀환을 '쓰시마가 고려를 배반한 것'으로 이해하고 있었던 것을 보아도 알 수 있다. 이렇게 생각할 때, 왜인들의 귀환은 쓰네시게의 명령에 의한 것이었다고 보아야 한다.

넷째, 도항료를 면제해 주는 것은 왜구든 무역이든 경제적 이익이 발생할 때와 발생하지 않은 때의 두 가지 경우를 생각할 수 있다. 즉, 전자는 이익이 발생

---

71) 오야마구나이사에몬은 제염·어업(˙교역)을 생업으로 하는 해민을 거느리고 있었다. 왜구와의 해전에서 고려가 거의 매번 패했던 것도, 그들이 바다에 익숙한 사람들이기 때문이었다고 할 수 있다.

[그림 8-4] 산의 경사면(북쪽)에서 바라본 예구 마을 전경

하였음에도 불구하고 세금을 징수하지 않는 '포상(褒賞)'의 의미가 있고, 후자는 '세금 감면'의 의미이다. 이미 언급한 것처럼, 7월 5일 이후 4개월여 동안에 왜구가 침구했다거나 무역을 목적으로 쓰시마 왜인의 배가 고려에 왔다는 기록은 없다. 즉, 수익을 목적으로는 고려에 왜인들의 배가 오지 않았던 것이다. 그렇다면 남은 것은 이익이 발생하지 않기 때문에 도항료를 받지 않은 '세금 감면'의 경우에 해당된다. 그것은 바로 〈사료 8〉의 '쓰시마인의 송환'과 같은 경우이다. 이렇게 생각하면 〈사료 7〉과 〈사료 8〉에 관한 필자의 해석은 충분한 타당성을 지닌다고 할 수 있을 것이다.

또한 〈사료 7〉을 통해 우리는 남해도와 거제도에 거주하던 쓰시마인들의 철수가 단지 배 2척만으로 이루어졌음을 알 수 있다. 아마도 거제도와 남해도에 각각 1척씩 할당된 것으로 생각된다.

마지막으로 정리하면 〈사료 7〉에 보이는 오야마구나이사에몬이 쓰시마의 슈고 쇼니 후유스케(少弐冬資, 요리히사의 아들)의 지시를 받은 슈고다이 쓰네시게로부터 '고라이구지'를 면제받은 배 두 척은, 바로 〈사료 8〉의 남해와 거제도에서 각각 거주하고 있었던 쓰시마인들을 송환시키기 위해 파견한 배였던 것이다. 도항료를 면제해 준 이유도, 그것이 약탈을 해서 수익을 올리기 위한 항해

[그림 8-5] 방파제에서 바라본 예구 마을 진입로−근년에 건설된 도로

가 아니라 남해와 거제도에 거주하던 쓰시마 사람들을 철수시키기 위한 것이기 때문이었다.

그런데 이 〈사료 7〉에서 우리는 남해도와 거제도에 거주하던 쓰시마인들의 철수가 쇼니씨의 지시를 받은 쓰네시게의 명령으로 이루어졌음을 알 수 있다. 그리고 〈사료 9〉와 〈사료 10〉에서는 4개월여 뒤인 11월에 왜구는 다시 재개된다. 이렇게 볼 때 7월의 철수는 왜구를 재개하기에 앞서 우선 남해와 거제도에 거주하던 쓰시마인들을 귀환시킨 것으로 볼 수 있다. 만약 철수에 앞서서 고려에 대한 침구가 자행되었다면 당연히 두 섬에 거주하던 쓰시마인들은 고려에 의해 살해 내지는 감금되었을 것이다. 이 사례를 통해서도 당시 왜구가 결코 산발적·무계획적으로 침구했던 것이 아니라, 쇼니씨의 지시하에 쓰네시게가 조직적·계획적으로 그리고 신중하게 실행에 옮기고 있었음을 알 수 있다.

고려가 쓰시마 만호 쓰네시게에게 쌀 1천 석을 주었던 것이 일시적인 것이었는지 아니면 매년 정기적으로 주기로 한 것이었는지는 알 수 없다. 그렇지만 "처음에 거제도에서 거주할 것을 원하고 영원히 화친관계를 맺고자 하자, 국가가 이를 믿고 허락하였다(初倭人願居巨濟永結和親, 国家信而許之)"고 한 것을 볼 때, 고려는 과거 쓰시마와의 '진봉관계'로 복귀할 것을 염두에 두고 추진한 것이라고 할 수 있다. 또한 남해와 거제에 쓰시마인들의 거주를 허락한 것은 뒷날의 소위 '왜관의 설치'와 같은 정책의 선구(先驅)였다고 보인다.

원(元)의 붕괴와 쇼니씨 및 쓰시마의 대응

왜구들은 1369년 11월 1일부터 다시 고려를 침구하게 된다(〈사료 9〉). 그 이유는 무엇일까? 이 문제와 관련해서 주목하고 싶은 것은 쓰시마의 왜인들이 고려와의 화친 약속을 어기고 다시 왜구의 길을 선택한 것과 거의 같은 시기에, 쓰시마의 슈고다이 쓰네시게가 북조에서 남조로 정치적 변신을 하고 있다는 사실이다. 그가 북조의 일원으로서 발급한 문서 중 시기적으로 가장 최후의 것은 오안(応安) 원년(1368, 공민왕 17) 8월 13일자 '소케이가키구다시(宗慶書下)'이다.[72] (〈표 8-2〉의 7) 그리고 쓰네시게가 남조로 전환했음을 보여 주는 현존하는 최초의 문서는 쇼헤이(正平) 24년(1369, 공민왕 18) 4월 6일자 「소케이가키구다시(そう慶書下)」이다.[73] (〈표 8-2〉의 11)

즉, 쓰네시게는 오안(応安) 원년(1368) 8월 13일 이후, 그다음 해 4월 6일까지 약 8개월 기간 중 어느 시점에 북조에서 남조로 변신한 것이다. 그러면 이 기간 중에 쓰시마를 둘러싸고 어떤 변화가 있었을까? 이 시기의 왜구 관련 사항을

---

72) 앞의 주(25) 야마구치 다카마사 논문 참조.
73) 正平二十四年、四月六日「そう慶」書下. 여기서 '正平(쇼헤이)'은 남조의 연호이다.

시대 순에 따라서 나타내면 〈표 8-2〉와 같다.

〈표 8-2〉 1368년 1월~1969년 11월의 삼국 정세와 왜구 침구

	시기	고려	중국	쓰시마
1	1368년 1월 17일	일본에서 김일 일행이 귀국[74]		
2	동년 7월 7일	일본이 사자를 보내어 예방[75]		
3	동년 7월 11일	쓰시마 만호가 사자를 파견[76]		
4	동년 윤7월		원 황제, 북으로 도주[77]	
5	동년 윤7월	강구사를 쓰시마에 파견[78]		
6	동년 8월 2일		명군, 경성(京城)에 입성[79]	
7	동년 8월 13일			북조[80]
8	동년 9월 18일	원의 도주 소식이 전해짐.[81]		
9	동년 11월 9일	쓰시마 만호, 사자 파견. 쌀 1천 석을 하사[82]		
10	1369년 1월		산동 해안가 군현에 왜구[83]	
11	동년 4월 6일			남조[84]
12	동년 4월		소주(蘇州) 숭명(崇明) 침구[85]	
13	동년 7월 5일			고라이구지(高麗公事)
14	동년 7월 9일	거제·남해의 왜인들 귀국[86]		
15	동년 8월 13일		회안(淮安)에 왜 침구[87]	
16	동년 11월 1일	아주(충남 아산)에서 왜선 3척, 포로 2명을 노획[88]		
17	동년 11월 27일	영주·온수·예산·면주의 운송 선을 약탈[89]		

---

74) 『고려사』 권제41, 공민왕 17년 봄 정월 무자일 조.

75) 『고려사』 권제41, 공민왕 17년 가을 7월 을해일 조.

76) 『고려사』 권제41, 공민왕 17년 가을 7월 기해일 조.

77) 「大明兵至通州. (中略) 丙寅, 帝御淸寧殿, 集三宮后妃, 皇太子, 皇太子妃, 同議避兵北行. (中略) 卒不聽, 至夜半, 開健德門北奔」 『원사(元史)』 권제47, 순제 10, 28년 7월 윤달 조.

78) 『고려사』 권제41, 공민왕 17년 가을 윤7월 조.

79) 「大明兵入京城, 国亡」 『원사(元史)』 권제47, 순제 10, 28년 8월 조.

앞의 〈표 8-2〉를 통하여 다음과 같은 특징을 발견할 수 있다.

첫째, 고려와 중국의 정세 및 쓰시마의 정치적 입장, 그리고 왜구의 침구 상황 등에 관한 여러 사료들이 시기나 내용 면에서 조금도 상호 모순되지 않고 정합적(整合的)이다. 예를 들면, 쓰시마 만호가 막부의 압력을 받고 고려에 사자를 파견해 화친을 맺은 1368년 7월 당시, 쓰네시게는 북조(막부)에 속해 있었고, 같은 해 8월 13일까지 북조에 속해 있었음이 확인된다(7). 그런데 약 8개월 뒤인 다음 해(1369) 4월 6일에는 남조로 전환한 것이 확인되고(11), 이어서 배 2척에 대하여 '고라이구지'를 면제해 준 뒤(13), 거제도와 남해도에 투화했던 왜인들이 쓰시마로 돌아간 뒤(14)에, 고려에 왜구가 침구한다(16과 17). 이러한 일련의 행동들이 모두 납득이 되는, 논리적 순서대로 이루어지고 있다. 만약 이 순서대로가 아니라, 거제와 남해현의 투화왜인들이 쓰시마로 돌아가기(14) 전에 왜구의 재침(再侵)이 이루어졌다면(16), 거제도와 남해현에 있었던 쓰시마의 왜인들은 고려에 의해 처형되었을 위험성도 있었을 것이다.

또한 쓰네시게가 남조로 전환한 뒤에 왜구의 침구가 재개되고 있는 점도 합리적이다. 즉, 쓰시마가 북조에 속하고 있었을 때에는 왜구를 금압하라는 막부의 명령을 뿌리치기 어려웠지만, 남조로 귀순한다면 그러한 구속에서 벗어나게 된다. 이런 점에서도 위의 〈표 8-2〉에서 인용한 사료들을 신뢰해도 될 것이다.

---

80) 「応安元年(1368) 八月十三日宗慶書下」. 앞의 주(25) 야마구치 다카마사 연구서 581쪽 참조.

81) 『고려사』 권제41, 세가 제41, 공민왕 17년 9월 을묘일 조.

82) 『고려사』 권제41, 세가 제41, 공민왕 17년 11월 병오일 조.

83) 「是月, 倭寇山東瀕海郡県」 『명사(明史)』 권제2, 본기 제2, 태조 2, 홍무 2년 정월 조.

84) 「正平廿四年(1369) 四月六日そう慶書下」 앞의 주(25) 야마구치 다카마사 연구서 582쪽 참조.

85) 「陞太倉衛指揮僉事翁德為指揮副使, 先時, 倭寇出沒海島中, 数侵掠蘇州, 崇明, 殺傷居民. …德時守太倉, 率官軍出海捕之, 遂敗其衆, 獲倭寇九十二人, 得其兵器海艘, 奏之, 詔以德有功, 故陞之…仍命德領兵往捕未盡倭寇」, 『明太祖実録』 권41, 홍무 2년 4월 기축삭 무자 조. 여기서 '先時'가 정확하게 언제인지 확정할 수 없기 때문에, 여기서는 같은 4월로 간주했다.

86) 『고려사』 권제41, 공민왕 18년 가을 7월 신축일 조.

87) 『明太祖実録』 권제44, 태조 2년 8월 13일 조.

88) 『고려사』 권제41, 공민왕 18년 11월 임진일 조.

89) 『고려사』 권제41, 공민왕 18년 11월 무오일 조.

둘째, 쓰네시게가 북조에서 남조로 전환한 것, 그리고 산동의 해안가 군현에 대한 침구 등이 당시의 중국 국내 사정과 상응(相応)하는 사안(事案)이라는 점이다. 즉, 1368년 7월의 원나라 황제의 상도(上都)로의 도주(4)가 1368년 9월에 고려에 전해지고(8), 1368년 11월에 쓰시마 만호 숭종경(쓰네시게)의 사자가 고려에 입조한 뒤(9), 그다음 해 1월에 산동 지방에 왜구가 침구했다(10)는 기사가 확인된다. 이는 원나라 조정이 도주했다는 정보가 쓰네시게의 사자(使者)의 고려 입조(入朝)를 통하여 쓰시마에 전해졌음을 추정하게 한다. 외국의 사자가 상대국의 정보를 염탐하는 역할을 띠고 있었던 사실에 관해서는 별고에서 검토한 바와 같다.[90] 경인년(1350) 이후 17년 동안 고려가 금왜사절을 파견하지 않은 것도 일본과의 사절 왕래로 인해 고려 내부의 약점이 노출될 것을 우려했기 때문이었다.[91]

원나라 조정이 북쪽으로 도주했다는 큰 사건을 당시 고려 국내에 들어온 쓰네시게의 사자에게 비밀로 하기는 어려웠을 것이다. 이 정보는 1368년 11월에 고려에 온 사자를 통해 쓰네시게에게 전달되었다고 생각하는 것이 자연스럽다. 〈사료 10〉에서 알 수 있듯이, 당시 고려는 쓰시마와 영원히 화친을 맺었다고 믿었기 때문에 원의 도주와 같은 중요한 정보가 쓰시마로 전해지는 것에도 그다지 경계하지 않았을 것이다.

셋째, 원의 황제·황후·황태자가 상도(上都)로 도주했다는 소식이 고려에 전해진 것(8)과 쓰네시게가 사자를 파견해 입조(入朝)한 것(9), 그리고 산동의 해안가 군현에 왜구가 침구한 것(10) 등 그 발생의 시기 및 순서가 논리적으로 전개되고 있다는 점이 주목된다. 만약 쓰네시게의 사자가 고려를 다녀간 뒤에 (8)과 (9)가 일어났다면 이 세 가지 사건에서부터 상호 인과관계(因果関係)를 발견하기 어려울 것이다.

넷째, 쓰시마가 북조에서 남조로 변신하는 약 8개월 동안에 원의 도주 소식

---

90) 본서 제7장 참조.
91) 본서 제7장 참조.

이 고려에 전해지고(8), 쓰네시게의 사자가 고려에 오고(9), 산동성의 해안가 군현에 왜구가 침구(10)하는 사건이 일어나고 있다. 즉, 이러한 일련의 사건이 쓰네시게의 정치적 변신의 동기가 되었을 것으로 생각된다.

다섯째, 이상의 네 가지 특징들이 1개국의 사료가 아니라 각각 그 성립사정을 달리하는, 고려·중국·일본(쓰시마)의 문헌사료에 근거하고 있다는 점이 중요하다. 즉, 당시 삼자(三者)가 각각 군사·외교적 냉전(冷戰) 상태를 유지하고 있었기에, 상대방의 사료를 참고로 할 수 없었던 상황이었음에도 위의 사료들은 이처럼 삼국의 정세변화를 논리적 모순 없이 정합적(整合的)으로 전하고 있는 것이다.

이상 일련의 사태 변화의 핵심에 중국 정세의 변동(4와 6)이 있다. 그리고 고려(8과 9)에서 그 소식이 쓰시마에 전해진 다음, 1369년 1월의 "산동의 해안가 군현에 왜구가 침구했다(10)"라는 상황으로 나타나게 되었다.

이 왜구의 침구는, 고려·명(明)·일본(무로마치 막부와 정서부)의 다자간(多者間) 관계가 왜구 문제와 관련해 크게 재편되는 계기가 되는 사건이었다. 즉, 홍무(洪武) 2년(1369) 2월 6일, 명은 일본에 양재(楊載)를 사신으로 파견해, 새 왕조의 성립을 알리며 조공을 바칠 것을 재촉했다. 또 동시에 왜구를 계속할 생각이면 수군에 토벌을 명령해, 왜구들을 공격하고 일본에까지 가서 그 왕을 포박하겠다고 하는 위협적인 내용의 외교문서를 최초로 보냈다.[92] 이러한 명의 위협에 정면으로 대응할 자세를 보였던 정서부도 막부 측의 규슈 공세를 앞두고 대명(対明) 유화정책으로 전환,[93] 정서부의 가네요시 왕자는 홍무제에 의해 '일본국왕'으로 인정받게 된다.

이처럼 1369년 1월의 산동성에 대한 침구로 시작되는 왜구는 이후 명과 일본이 외교관계를 갖게 되고 또 뒤이어 명의 해금정책(海禁政策)이 추진되는 계기가 되었다.[94] 그러나 정작 당시 산동성을 침구한 왜구의 실체와 침구의 목적이

---

92) 『明太祖実録』 권제39, 태조 2년 2월 6일 조.

93) 村井章介, 「日明交渉史の序幕」, 『アジアのなかの中世日本』, 校倉書房. 1988 참조.

94) 예를 들어 대만의 왜구 연구자 정량생(鄭梁生)은 "왜구가 이처럼 명나라 초기부터 마음대로 침

무엇이었는가에 대한 구체적인 고찰은 한 번도 시도된 적이 없다. 이 문제를 고찰하기에 앞서, 요리히사와 쓰네시게의 정치적 변신과 왜구 침구 양상의 상호 관련성에 관해 생각해 보자.

앞의 〈표 8-2〉의 10~17을 보면, '왜구의 산동성 침구-쓰네시게의 남조 변신-왜구의 소주 숭명 침구-고라이구지의 면제-거제·남해의 투화왜인들의 귀국-충남 아산에서 왜적의 배 노획-왜적이 고려의 양곡 운수선 약탈'이 논리적으로나 시기적으로 별다른 모순 없이 전개되고 있다. 그런데 과거의 사례를 볼 때, 요리히사와 쓰네시게의 정치적 변신과 왜구의 침구 양상 간에는 일정한 상관관계가 확인된다. 다음의 〈표 8-3〉을 보자.

남조에서 북조로, 또 북조에서 남조로 변신을 일삼던 것이 당시 무사들의 일반적인 실태였다. 그런데 쓰시마의 정치적 변신에는 특별한 동기가 확인된다. 그리고 정치적 변신을 전후해서 왜구의 침구 양상도 예전의 침구 형태와 구별되는 특징을 보였다. 예를 들어, 1350년 9월 28일에 쇼니 요리히사가 쇼군 다카

〈표 8-3〉 남북조 시대 쇼니 요리히사와 쓰네시게의 정치적 변신과 왜구의 침구 양상

	시기	쇼니 요리히사(少貳頼尚)와 소 쓰네시게(宗経茂)의 변신	군사·정치적 동기	왜구의 침구 상황
1	1350년 9월	다카우지(尊氏)파 → 다다요시(直義)파	다다요시 우세	일시적 침구 중단
2	1352년 12월	다다요시파 → 남조	다다요시 피살	중부 서해안 침구
3	1359년 8월	남조 → 북조	다카우지 사망과 오호바루(大保原) 전투	원(元)에 최초 침구[95]

*요리히사의 정치적 변신 시기에 관해서는 앞의 주(25) 야마구치 다카마사의 논문을 참조하였음.

구하고 있었기 때문에, 명나라 조정은 홍무 4년 이래로, 소위 '片板不許入海'라고 일컫는 해금령(海禁令)을 강화해 철저하게 해상을 숙청함과 동시에 해외 무역권을 조정이 장악하고 엄중한 무역 통제책으로 여러 나라를 상대했던 것이다"라고 언급하면서 명나라 해금정책의 출발을 이 사료에서 구하고 있다. 「明代倭寇」, 『明日関係史の研究』(雄山閣, 1985). 또 사쿠마 시게오(佐久間重男), 「明初の日中関係をめぐる二, 三の問題-洪武帝の対外政策を中心に」(『日明関係史の研究』, 吉川弘文館, 1992)도 참조할 것.
95) 앞의 주(46) 사료 참조.

우지(尊氏)파에서 후쿠쇼군(副將軍) 다다요시(直義)파로 변신한 것은 다음과 같은 이유 때문이었다. 즉, 그해 7월부터 규슈 지역의 상황은, 두 파의 세력 다툼과 주고쿠(中國) 지방에서의 상황 전개를 지켜보는 가운데 일시적인 관망상태·소강상태에 들어간다. 8월 말경에는 다다요시의 양자(養子)인 다다후유(直冬) 세력이 규슈 지역에서 우세함이 확인되었다.[96] 그러자 요리히사는 곧바로 다다요시파로 변신한다. 그런데 그해(경인년) 2월부터 시작해 3월을 제외하고 2월·4월·5월·6월에 연속적으로 침구해 오던 왜구가 규슈 정세가 소강국면에 진입하게 된 7월에서 10월까지 4달 동안, 즉 요리히사가 다다요시파로 변신하는 9월을 전후한 시기에 규슈에서 일시적으로 전투가 중단되었고, 같은 기간 동안 왜구는 침구해 오지 않았다.[97]

두 번째 변신인 1352년 12월의 경우, 그해 1월에 다다요시가 형 다카우지에 의해 독살당하면서 수세로 몰리게 된다. 그리고 다다요시의 양자인 다다후유-요리히사 측은 11월 12일부터 다카우지파의 군사 공격 앞에서 최대의 위기를 맞는다. 이러한 위기 상황 속에서 다다후유가 요리히사를 남겨두고 규슈를 탈출하자, 궁여지책으로 요리히사는 남조로 변신한다. 이와 같이 1월에 가마쿠라에서 다다요시가 암살당한 뒤, 요리히사 측의 절대적인 위기 상황이 예상되던 1352년 3월 9일에서 16일까지 왜구는 중부 서해안 지역을 집중적으로 침구한다.[98] 앞으로 일어날 대규모의 장기전에 대비해 보다 많은 병량미를 확보하기 위해, 종전에 남해안 일대를 침구하던 것과 달리 전국의 조운선이 집결하는 중부 서해안 지역을 침구한 것이다.[99]

세 번째 변신인 1359년 8월의 경우, 전년도 4월 30일에 쇼군 아시카가 다카우지가 54세의 나이로 사망한 뒤, 아들 요시아키라(義銓)가 2대 쇼군이 되면서 적극적으로 요리히사의 북조 복귀를 권한다. 이에 요리히사는 1358년에 또 다

---

96) 앞의 주(48) 이영 논문 참조.
97) 앞의 주(48) 이영 논문 참조.
98) 앞의 주(48) 이영 논문 참조.
99) 앞의 주(48) 이영 논문 참조.

시 변신하기로 결정하고 다음 해의 남조와의 결전[오호바루 전투(大保原の戦い)]에 대비해 원나라에까지 최초로 침구한다.[100]

이처럼 쓰시마의 슈고 쇼니씨의 정치적 변신은 중앙 정계의 변화와 밀접한 관련이 있으며, 또 그가 정치적 변신을 할 때를 전후해 왜구의 침구 양상에도 일정한 변화가 발생하고 있었음을 확인할 수 있다. 그렇다면 1369년 1월에서 4월 사이에 쓰시마가 또 다시 북조에서 남조로 변신할 때에도, 과거의 다다요시의 암살이나 다카우지의 사망, 그리고 오호바루 전투 등과 같은 상황 변화가 그 배경에 있었다고 생각할 수 있을 것이다. 만약 그렇다면 그것은 무엇이었을까?

왜구사(倭寇史)는 '해적의 역사'이다. '해적사(海賊史)'는 '해양사(海洋史)'의 범주에 들어간다. 해양사는 인간이 바다를 무대로 하여 행한 활동에 관한 연구이다. 인간의 해양활동에는 해운·수산·해양개발·해양탐험 등이 있고, 항해는 이러한 행위를 원활하게 수행하기 위한 기본 전제라고 할 수 있다.[101] 그러나 위와 같은 행위들은 그 자체가 목적이라기보다는 육지를 주 무대로 생활하는 인간들의 행위와 밀접하게 연관된다.[102] 그래서 해양사는 그 자체 논리로 성립된다기보다는 내륙을 무대로 전개되는 여타 역사와 관련해서 파악되어야 한다. 따라서 해양사는 '해양과 내륙 역사의 상호관계'에 초점을 맞춘 역사학의 한 분야라고 정의할 수 있다.[103]

호스(Haws)와 허스트(Hurst)는 "해양에서 발생한 사건과 육지에서 발생한 경향이나 사건들은 깊이 연관되어 있으며, 둘 가운데 어느 하나를 언급하지 않고서는 나머지를 제대로 이해할 수 없다"고 했다.[104] 왜구 연구도 그 침구 상황, 즉 침구 시기와 침구 지역을 일본의 국내정세, 특히 쓰시마의 슈고 쇼니씨를 둘

---

100) 이에 관해서는 앞의 주(19) 이영 논문 참조.
101) 김성준, 「알프레드 마한의 해양력과 해양사에 관한 인식－그 의의와 한계를 중심으로－」(『한국해운학회지』 26호, 1998년 7월)을 참조.
102) 앞의 주(101) 김성준 논문 참조.
103) 앞의 주(101) 김성준 논문 참조.
104) Duncan Haws & Alex Hurst, *Maritime History of the World*, VOL. 1 P.I.X 앞의 주(101) 김성준 논문 참조.

러싼 규슈 및 중앙 정세의 변동과 관련지어 고찰하고 해석하는 노력이 시도되었어야 했다. 그러나 지금까지의 왜구 연구는 이러한 노력이 구체적이고 본격적으로 시도된 적이 없었다.

1369년 1월에 산동성을 침구한 왜구를 당시 규슈 정세와 관련지어 고찰한다면 어떤 해석이 가능할까? 여기서 주목해야 할 중요한 특징이 있다. 바로 침구 시기가 1월, 즉 양력 2월로 겨울이라는 사실이다. 일반적으로 겨울에는 왜구들이 침구하지 않았다. 그것은 경인년(1350) 이후, 왜구 때문에 바닷길이 막히게 되는 1376년[105] 이전까지 왜구들의 침구 시기를 보면 잘 알 수 있다.

〈표 8-4〉를 보면 경인년(1350) 이후 1375년까지 26년 동안, 계절적으로 겨울에 해당하는 10월~이듬해 1월(양력으로 11월~이듬해 2월)의 약 4개월 동안, 왜구는 총 10회밖에 침구하지 않았다. 즉, 1년의 약 3분의 1에 해당하는 겨울에 침구한 경우는 전체 152회 중 10회로, 전체의 6.6%에 불과하다.

이처럼 겨울에 침구 횟수가 극도로 적은 까닭은, 일본에서 고려로 항해할 경우 역풍(逆風)에 해당하는 북서풍(北西風)이 불어서 대한해협을 건너기에 많은 위험이 수반되었기 때문이다. 특히 주목되는 것은 겨울이 시작되어 바람이 바뀌기 시작하는 10월(11월)과 한겨울인 1월(2월)에는 26년 동안 단 한 번도 침구하지 않았다는 사실이다. 겨울이 되면 왜구의 공포에서 해방되었던 것은 목은(牧隱) 이색(李穡)이 「암관음(巖串吟)」[106]이라는 시(詩)에서 "어이해 해적이 가끔

---

105) "왜적의 침입으로 인하여 뱃길이 막혔으므로 조운을 중지하고 전라도 양광도의 해변 고을들에 대해서는 요역을 차등 있게 감면해 주었다"라고 하는 기사가 보인다『고려사』 권제133, 열전 제46, 우왕 2년(1376) 윤9월 조). 왜구들은 이 해(1376)부터 내륙 깊숙이 침구하기 시작한다. 또 "교동현 백성들을 근방 다른 곳으로 옮겨 왜구의 난을 피하게 하였다"(『고려사』 권제133, 열전 제46, 우왕 2년). 그리고 "각 도의 요충지대에 모두 방호사를 두어 유랑민을 방지하고 바다 연변 주와 군들에 산성을 수축하게 하였다"[『고려사』 권제133, 열전 제46, 우왕 3년(1377)]고 하는 기사에서 알 수 있듯이 우왕 2~3년(1376~1377)부터 연해 주군에 거주하는 백성들이 왜구를 피해 유랑하기 시작하는 시기였음을 알 수 있다.

106) "병중에 우연히 예전의 놀이가 생각났는데, 이제는 늙었으니 어떻게 다시 체험할 수 있겠는가. 애오라지 3편의 시를 짓노니, 대체로 세월의 무상함을 몹시 가슴 아프게 여긴 것이다"『목은시고』 제10권.

〈표 8-4〉 1350(경인년)∼1375년의 왜구의 대(対)고려 침구

년＼월	1	2	3	4	5	6	7	8	9	10	11	12	총 횟수
1350		●		●		●2					●		5
1351				●				★2			●		4
1352			★6			●2	●		●				10
1353									●				1
1354				●		●							2
1355			●	●									2
1356													0
1357				★					★2				3
1358			●	★2	★4	●	●★	★2					12
1359		●			★2.●								4
1360				●	★6.☆2								9
1361		●	●	●3				●5					10
1362		●	●										2
1363				★2									2
1364			●7	★	●	★2					★		12
1365			★3	★3									6
1366					★2				★				3
1367			★										1
1368													0
1369											★5		5
1370		★2											2
1371			★				★	★	●				4
1372			●4	◆		◆8★	★	★	★2				18
1373		●	●	●★		★2	★2		★				9
1374			★2●	●.★2	◆4	◆		◆	★2			●	15
1375			★					●3	★6			★	11
총 횟수	0	7	31	23	22	20	7	15	17	0	7	3	152
비율 (%)	0	4.6	20	15	14	13	4.6	10	11	0	4.6	2	

＊●은 남해안 지역, ★은 중부 서해안 지역, ◆은 동해안 지역에 대한 침구. ○과 ☆, ◇은 각각 윤달을 의미
 함. 숫자는 침구 횟수를, 숫자가 없는 경우는 1회 침공을 의미.
＊이상의 내용은 『고려사』의 기록에 의거함.

묻에 올라서 노약자들이 깊은 산중으로 숨게 되었는고, 다행히 지금은 긴 얼음이 강어귀를 막아서 해가 창문에 오르도록 코 골며 편히 잔다오"라고 읊고 있는 것에서도 확인된다.[107]

그런데 1363년 8월 이후 한동안 중국에 침구하지 않았던 왜구[108]가 이 해 (1369)에, 그것도 항해하기에 가장 위험한 1월에 침구한 것이다. 따라서 1월에 일본에서 산동성으로 항해한 데에는 무엇인가 시급하고 중요한 목적이 있었다고 생각하지 않을 수 없다. 그 목적은 무엇이었을까?

또 하나 주목하고 싶은 것은 당시 왜구들이 고려 해안 지역을 거쳐서 산동성에 침구해 간 점이다.[109] 그럼에도 고려의 도서 연해지역에는 일절 상륙하거나 침구하지 않고 곧장 산동성으로 침구해 갔다. 이 점이 특히 주목된다. 일본에서 산동 지방까지 항해하기 위해서는 고려의 남해안과 서해안을 통과해야 한다. 그런데 1369년 1월에 산동 지방을 침구한 왜구들이 고려 연안을 통과하면서 고려에는 침구하지 않았다. 그뿐 아니라, 일본으로 돌아올 때에도 고려를 침구하지 않았다. 고려에 침구하지 않으면서 일본에서 산동 지방을 왕래할 수 있는 항해 능력을 지닌 존재를 상정하자면, 역시 쓰시마 인들을 제1순위로 지목하지 않을 수 없다. 왜냐하면 조수(潮水) 간만(干滿)의 차가 세계에서 가장 심한 한국의 서해안의 물길을 따라, 더욱이 역풍인 북서풍을 뚫고 도중에 고려에 상륙하지 않은 채 산동 지방까지 안전하게 항해할 수 있는 능력을 갖춘 일본의 해적은,[110] 고려 연안에 대한 풍부한 항해 경험을 토대로 항로와 지리에 가장 밝

---

107) 일본의 소위 〈고려 말-조선 초 왜구의 실체=고려·조선인 주체〉설 또는 〈고려·일본인 연합〉설이 타당하다면 계절에 관계없이 왜구가 침구해야 할 것이다. 이처럼 겨울에 왜구가 침구해 오지 않았다고 하는 것 또한 위의 설이 허구임을 증명해 주는 사례라고 할 수 있다. 위의 두 설에 관해서는 이영, 「고려 말기 왜구 구성원에 관한 고찰—고려·일본인 연합설 또는 고려·조선인 주체론의 비판적 검토—」(『한일관계사연구』 제5집, 1996) 참조.

108) 앞의 주(46) 사료 참조.

109) 일반적으로 산동성을 침구한 왜구는 고려 연안, 즉 한반도 서해안을 북상해 최단거리에 해당하는 황해도 일대에서 황해를 건너가는, 가장 안전한 항로를 이용한 것으로 생각된다.

110) 보통 중국 북부 지역을 침구할 경우, 식수나 식량 보급을 위해 한반도 서해안 도서 연해 지역에 1~2번 기항하는 것이 일반적이다. 예를 들면 세종 원년(1419)에 서천군 비인면 도둔곶과

았고 또 경인년(1350) 이후 20년이라는 장기간의 침구 경험을 지니고 있었던 쓰시마 세력을 배제하고 다른 존재를 생각하기 어렵기 때문이다.

물론 그들이 실제로는 고려의 도서 연해 지역에 식수를 구하기 위해 상륙했었는데 기록에 누락되었을 가능성도 있다. 그러나 중요한 것은 그들이 왜구 행위를 하지 않았다는 사실이다.[111] 즉, 그들은 한반도 연안 항로에 밝은 쓰시마 사람들이었기 때문에 고려에 상륙하지 않은 채 산동성으로 항행(航行)해 갈 수 있었고, 또 설사 상륙했을지 모르지만 왜구 행위를 하지는 않았다. 그래서 더더욱 쓰시마 사람으로 생각되는 것이다. 왜냐하면, 전년도(1368) 7월에 쓰시마가 고려와 우호관계를 맺었기 때문이다.

위 사실을 정리하자면 다음과 같다. 당시 왜구들은 쓰시마에서 출발한 것으로, 그들은 고려의 남해안과 서해안을 거쳐서 산동 지방으로 가면서 고려에는 침공하지 않았다. 그 이유는 첫째 고려와 쓰시마의 통교, 특히 〈표 8-2〉의 9, 쓰네시게에게 쌀 1천 석을 준 것이 효과를 발휘하였기 때문이다.

둘째, 당시 거제도와 남해도에 거주하고 있었던 쓰시마인들의 안전 문제 때문이었다. 이는 앞에서 언급한 것과 같이, 1369년 7월에 거제도와 남해도의 왜인들을 귀국시킨 뒤에 그해 11월에 다시 침구를 재개하고 있는 것과 같은 맥락에서 생각할 수 있다.

그런데 또 하나 풀리지 않는 중요한 의문이 있다. 1369년 1월에 산동지방을 침구한 왜구들이 쓰시마 왜인이라면, 그들은 왜 항해에 적합하지 않은 겨울(1월)에 멀리 산동 지방까지 가서 침구하였을까 하는 점이다. 단순히 물자와 식량을 약탈하기 위한 것이었다면 가까운 고려의 남해안이 더 적당하지 않았을까? 또 필자의 추정대로 고려와의 우호관계 때문에 고려에 침구하지 않았지만, 그들의 침구 목적이 단순히 물자를 약탈하기 위한 것이었다면, 구태여 산동 지방까지 갈 필요가 있었을까? 항해에 중요한 풍향(風向)과 항해 거리, 그리고 산동

황해도에 침구한 왜구의 사례를 들 수 있다.
111) 어쩌면 상륙은 했지만 왜구 행위를 하지 않았기 때문에 사료로 기록되지 않았다고 생각할 수도 있을 것이다.

지방과는 비교되지 않은 정도로 풍요한 강남 지방의 사정 등을 고려한다면,[112] 역풍인 북서풍을 마주하며 산동성으로 가는 것보다 규슈의 남서쪽 방향에 위치한 소주(蘇州) 숭명(崇明)과 같은,[113] 중국 강남 지역이 항해하기에 더 적합한 지역이었을 것이다.

즉, 1369년 1월에 왜구들이 산동 지방을 침구한 데에는 단순히 약탈이 아니라 시급한 구체적인 목적이 있었다고 생각할 수 있다. 필자는 '원나라 황제의 도주'라는 정보의 사실 여부를 확인하기 위한 것이 아니었을까 생각한다.

산동 지방은 1374년 이후 원의 지배하에 들어온 남송(南宋) 지역과는 달리, 1211~1223년이라는 이른 시기에 원이 점령한 금(金)의 고지(故地)였다. 산동은 하북(河北)·산서(山西)와 더불어 '도성복리(都省腹裏)'로 중앙에 직속되었다.[114] 산동은 다른 지방에 비해, 비교적 원의 지배가 안정적으로 관철되고 있었고 따라서 한인군웅(漢人群雄)들이 할거하던 남쪽 지방과는 달리, 원의 조정이 상도(上都)로 도주하기 직전까지 원의 관할하에 있었다. 또한 산동 지방은 남방의 한인군웅들의 세력이 북상하는 것으로부터 원의 대도(大都, 북경)를 지키는 방어선과 같은 성격을 지닌 지역이기도 했다.

실제로 당시 왜구들은 '산동의 해변 군현을 침구해 남녀 백성을 납치'[115]하였음이 확인된다. 납치한 이들 산동 지역 백성들을 통해 쓰시마의 쓰네시게는

---

112) 예로부터 중국에는 "강절(江浙)의 농사가 잘 되면 천하가 충분하다"고 하는 속담이 있었다. 강절은 강소의 남부, 절강의 북부, 소위 장강 삼각주 지대를 가리킨다. 이 지방이 풍년이 들면, 우선 천하의 식량 사정에 불안은 없다고 하는 것이다. 그런데, 강남의 부는, 단순히 쌀만이 아니다. 강소와 절강은 또한 소금의 일대 생산지이며, 생사·솜·견직물의 주산지이기도 했다. 다시 말하자면, 강남은 중국 경제의 대동맥이었다. 원나라 말기에 해당하는 원통, 지원 연간의 중앙 재정의 강소, 절강에 대한 의존 상황을 보기로 하자. 전국에서 대도(大都)로 오는 조미(租米)의 일년 총액은 약 130만 석(명나라 때의 한 석은, 일본의 거의 6두에 해당한다)인데, 강절은 그 40% 이상을 점하고 있다. 조미(쌀) 이외에는 금이 300정(錠), 은이 1,000정 등, 강절에서 그 총액의 반을 부담했다. 강절 지방은 그야말로 원나라의 명맥이었던 것이다. 三田村泰助, 『中国文明の歴史8, 明帝国と倭寇』, 中公文庫, 2000.

113) 『명실록(明実錄)』 권44, 홍무 2년(1369) 8월 을해 조.

114) 斯波義信, 「元の社会経済」, 『世界歴史大系 中国史3(五代·元)』, 山川出版社, 1997 참조.

115) 앞의 주(82) 사료.

'원나라 황제의 북으로의 도주'를 확인할 수 있었을 것이다. 그렇다면 쓰시마는 왜 '원의 도주'를 확인해야 했을까? 그 이유는 다음과 같은 것으로 생각된다. 즉, 쓰시마가 고려와 우호관계를 맺고 더 이상 침구하지 않기로 한 이유는, 왜구를 빌미로 해서 원이 일본을 침공할지 모른다고 우려했기 때문이었다. 그런데 고려에서 들은 대로 만약 원이 도주했다면 원의 침공은 실현 가능성이 사라지고 따라서 쓰시마로서는 구태여 왜구를 자제해야 할 이유도 약해지게 된다.[116]

규슈 본토의 고지(故地) 다자이후를 정서부로부터 되찾아야 하는 쇼니씨와 소씨에게 장기전(長期戰)에 대비한 병량(兵糧) 및 전쟁 수행 물자의 확보 및 지속적인 보급은 필수적이었다. 그런데 당시 그들 수중(手中)에 있는 영지는 평시(平時)에도 식량 자급이 어려운 쓰시마밖에 없었다. 〈사료 6〉에서처럼 고려가 쌀 1천 석을 하사한 것이 매년 정기적인 것이었는지 여부는 알 수 없다. 그러나 왜구가 전라도의 조운선 200여 척을 약탈했다든가,[117] 강화도에 침구해 쌀 4만 석을 약탈해 갔다[118]고 하는 사례에서 본다면, 설사 매년 쌀 1천 석을 주기로 약속했다고 하더라도 오랫동안 맛보았던 약탈의 달콤함을 자제하기가 쉽지 않았을 것이다. 또 실제로 쌀 1천 석만으로는 규슈 본토에서의 군사계획의 중심에 서서 여타 무사단을 끌어모으고 군사작전을 수행하기에 충분하지 않았을 것이다. 더욱이 쓰시마의 입장에서 볼 때, 고려의 배후에 '원'이라는 위협적인 존재가 사라진 상황에서 고려의 수군력(水軍力)을 위협적인 것으로 여겼을 가능성은 크지 않다. 경인년 이후 왜구들은 해전에서 고려군에 대하여 압도적 우위를

---

116) 한편 막부는 이 시점에서는 아직 '원의 도주'를 깨닫지 못했을 것이다. 막부가 정확하게 어느 시점에 알게 되었는지는 확인하기 어렵지만, 1372년 5월 규슈탄다이 료슌은 명나라 사신을 하카타(博多)에서 접촉하면서 정서부의 가네요시 왕자가 명의 주원장으로부터 '일본국왕'으로 인정받은 사실을 알고 큰 충격에 빠진다. 이후 무로마치 막부의 중국에 대한 경계와 긴장감은 극도에 도달하게 된다. 이러한 대명(對明) 긴장이 막부로 하여금 고려와의 우호관계 회복에 나서게 한 이유 중 하나로 생각한다. 이에 관해서는 본서 제9장 참조.

117) 『고려사』 권제38, 세가 제38, 공민왕 4년 4월 신사일 조.

118) 『고려사』 권제39, 세가 제39, 공민왕 9년 윤5월 병진일 조.

지켜 왔다.[119]

따라서 다음과 같이 추정할 수 있다. 산동 지방을 침구했다가 쓰시마로 귀환한 부하들로부터 원이 북으로 도주했다고 하는 사실을 확인한 쓰네시게는, 1369년 4월 6일 이전의 어느 시점에 다시 북조에서 남조로 전향한다(〈표 8-2〉의 11). 그것은 막부의 금왜 명령에서 자유로워지기 위한 것이었다. 그리고 앞에서 검토했듯이 쓰네시게는 1369년 7월에 슈고 후유스케의 뜻을 받들어 오야마구나이사에몬으로 하여금 1369년 7월에 거제도와 남해도에 거주하고 있던 왜인들을 송환하게 한다. 그리고 그로부터 약 4개월 뒤 왜구는 고려에 대한 침구를 재개한다.

이처럼 1369년 1월에 산동 지방에 침구한 왜구의 주요 목적은 바로 '원의 패주'라는, 고려에서 입수한 정보의 사실 여부를 확인하는 것이었다고 생각한다. 왜냐하면 쓰시마가 확실한 정보에 근거를 둔, 분명하고 구체적인 동기도 없이 북조에서 남조로 귀순한다고 하는 중대한 정치적 결단을 내렸을 것이라고는 생각하기 어렵기 때문이다.

과거의 사례로 볼 때, 쓰시마의 소씨의 정치적 변신은 슈고 쇼니씨의 정치적 입장과 일치했다. 앞의 〈표 8-3〉과 같이, 쇼니씨와 쓰네시게는 거의 같은 정치적 행보를 취해 왔으며 그때마다 구체적인 동기가 있었음이 확인된다.[120] 그런데 1369년의 경우에는 쓰시마가 왜 북조에서 또 다시 남조로 변신하였는지 잘 알 수 없었다. 그러나 지금까지의 검토를 통해, 1369년 11월부터 쇼니씨-쓰네시게가 북조에서 남조로 전환한 이유 중 하나로, 원의 도주를 확인한 이상 막부의 금왜압력을 수용해야 할 필요가 없어졌기 때문이었음을 알 수 있었다.

---

119) 경인년(1350) 2월 왜구의 침공이 시작된 이래, 화포를 사용하기 전인 우왕 3년(1377) 11월까지 약 28년 동안의 해전 결과, 고려와 왜구의 전과를 비교하면, 선박의 손실(왜구 : 고려=17 : 650+α), 인명의 손실(왜구 : 고려=115 : 5000+α)이라는 통계를 얻을 수 있다. 고려군은 왜구와의 해상 충돌에서 일방적인 패배를 당하고 있었던 것이다. 그러던 것이 화포를 사용하면서부터는 해전에서 왜구를 압도하게 된다. 이에 관한 구체적인 근거 제시 및 고찰은 별도의 기회를 빌리고자 한다.

120) 앞의 주(25) 야마구치 다카마사 논문 참조.

또 하나의 이유로는 무로마치 막부의 2대 쇼군 아시카가 요시아키라(足利義詮)가 1367년 12월 7일에 사망하고 다음 해 12월 30일에 10살의 어린 요시미쓰(義満)가 3대 쇼군이 된 것을 들 수 있다. 요시아키라의 사망 이후 10여 년 동안 간레이(管領) 호소카와 요리유키(細川賴之)가 실제 정무를 맡아 보게 된다. 앞의 〈표 8-3〉에서 보았듯이, 쇼니씨가 후쿠쇼군(副将軍) 아시카가 다다요시 또는 쇼군(将軍) 다카우지의 사망과 같은 중앙 정계에 중요한 변화가 일어났을 때마다 정치적 변신을 통해 재기를 꾀하였던 사례를 생각한다면, 2대 쇼군 요시아키라의 사망 또한 그들이 북조에서 남조로 변신하는 데 하나의 동기가 되었을 것으로 생각된다.

원의 도주와 2대 쇼군의 사망, 그리고 그 뒤를 어린 요시미쓰가 계승해 3대 쇼군의 지위에 오르는 등, 국내외 정세는 또 한 번 크게 동요(動搖)의 조짐을 보이고 있었다. 그런 가운데, 쇼니씨-쓰네시게는 북조의 일원임을 고수하기보다는 또 한 차례 변신을 통해 재기를 꾀하고자 하였을 것이다.[121]

쇼니씨와 쓰네시게가 재기하여 규슈 본토의 고지(故地)를 회복하고 과거의 영광을 되찾기 위해서는 앞으로 대규모 군사작전이 당연히 예상되었고 그런 그들에게 다량의 군수물자를 지속적·안정적으로 보급하는 것은 필수불가결한 조건이었다. 더욱이 원의 도주로 인해 재침 위협이 완전히 사라진 이상, 그들에게 막부의 금왜압력은 더 이상 불편한 족쇄 이외에 아무것도 아니게 되었다. 오히려 왜구의 침구를 통해, 고려는 물론 더 멀리 중국까지 가서 마음껏 군수물자를 확보하는 것이 더 이롭다고 판단했을 것이다. 이후 왜구가 중국의 강남 지방에 침구하기 시작하는 것도 이런 맥락에서 이해해야 할 것이다.

---

121) 이마가와 료슌이 1375년 정서부의 본거지 기쿠치까지 진격한 상태에서 쇼니 후유스케를 유인해 살해했고 그러자 이에 반발한 시마즈 우지히사(島津氏久)가 진영에서 이탈함으로써 북조군은 총퇴각해야 했다. 료슌이 후유스케를 살해한 것은 그의 이러한 기회주의적인 태도 때문이었다고 할 수 있다.

결 론

　'팍스 몽골리카'의 동요, 쇼니씨를 둘러싼 정세 변화, 왜구의 침구 상황 등의 상호관계를 공민왕 15년 금왜사절 파견에 대한 일본 측의 대응을 중심으로 고찰한 결과, 다음과 같은 결론에 도달했다. 즉, 금왜사절의 파견에 자극받은 무로마치 막부는, 고려 및 원의 금왜요구에 시급히 대응하기 위해 우선 교토에 체재(滯在) 중이던 쇼니 요리히사를 통해 쓰시마에 금왜압력을 가했다. 이에 대응해 쓰시마 만호 소 쓰네시게는 1368년 7월 11일 고려에 사자를 파견했고, 이에 고려도 호응해 쌀 1천 석과 거제도와 남해도에 왜인들의 거주를 허락하는 등, 양자 사이에 '화친조약'이 체결된 것이다.

　그런데 바로 다음 달에 원은 대도(大都＝북경)를 버리고 도주했고, 8월에는 명의 군대가 이에 대신해 입성한다고 하는, 중국 대륙정세에 큰 변화가 발생한다. 1368년 7월 18일 원의 도주 소식이 고려에 전해졌고 그로부터 두 달 뒤인 11월 9일, 쓰네시게가 파견한 사자는 고려에 와서 원의 도주라는 충격적인 소식을 접하게 된다.

　다음 해 1월, 역풍을 무릅쓰고 항해해, 산동성의 해안가 군현에 침구한 왜구는 수십 명의 중국인 남녀를 납치해 간다. 명의 중원회복 이후 최초의 왜구 침구였다. 침구의 주요한 목적은 원의 도주 사실을 확인하기 위한 것이었다. 산동성에 침구해 원의 도주 사실을 확인한 쓰시마는 4월, 막부의 금왜압력을 뿌리치기 위해 남조로 정치적 변신을 시도한다. 그리고 곧바로 같은 4월 6일 이후에 강남 지방에 최초로 왜구가 침구하고, 7월 9일에는 거제·남해도에 투화해 있던 왜인들이 귀국하고 뒤이어 11월에는 왜구가 2년여 만에 재개된다.

'여몽 연합군의 일본 침공'과 왜구는 각각 '팍스 몽골리카의 성립'과 해금 (海禁)이라는, 전근대 동아시아 국제질서를 규정한 양대(兩大) 역사적 사건이다. '일본 침공'이 일본 중세사의 주요 연구 영역이었던 데 반해, '왜구'는 그동안 일본사의 범주에 확실하게 속하는 것도 아니며, 그렇지 않은 것도 아닌, 애매모호한 취급을 받아 왔다. 거기에는 여러 가지 이유가 있지만 그중 하나는 '왜구'라는 용어를 일본 측 문헌사료에서는 발견할 수 없기 때문이었다.

'일본 침공'이나 임진왜란처럼 정치적 목적 또는 영토적 야심을 달성하기 위한 침공의 경우와 달리, 왜구는 약탈과 납치를 목적으로 한 일시적 침공이었다. 따라서 가해자의 입장인 일본의 문헌사료에 남을 수 없었다. 더욱이 '왜'는 '일본의 멸칭(蔑稱)'이고 '구(寇)'는 '노략질하다'라는 부정적인 의미를 지니고 있기에 더더욱 그러하다.

이러한 사료의 잔존 상태의 문제만이 아니라 일본인들이 왜구 연구를 주도해 왔던 것도 왜구 왜곡의 이유 중 하나로 생각된다. 나카무라 히데다카를 비롯한 일본의 대외관계사 연구자들은 왜구 발생의 근본적 원인을 남북조 내란이라는 일본의 국내정세가 아니라 고려 조정의 무능력과 몰락 때문이라고 했다. 1세기 이상의 연구사(研究史)에도 불구하고 지금까지 왜구의 실체 및 침구 동기가 애매모호한 상태로 남겨져 있었던 이유는 이러한 의도적 왜곡이 가장 큰 이유였다고 할 수 있다.

지금까지 일본의 대외관계사 연구자들은 〈왜구=삼도(쓰시마·이키·마쓰우라) 지역 해민〉설,[122] 〈왜구=고려·조선인 주체〉설, 〈왜구=고려·일본인 연합〉설, 〈왜구=다민족·복합적 해적〉설[123] 등과 같은 제(諸) 학설을 제기해 왜구상 (倭寇像)에 혼란만 초래했을 뿐, '왜구의 발생 배경' 및 '그 실체'가 무엇인가라

122) 이 설을 비판적으로 검토한 연구로 이영, 「고려 말-조선 초 왜구의 실체=삼도(쓰시마, 이키, 마쓰우라) 해민설의 비판적 검토」 앞의 주(4) 이영 2013년도 연구서 참조.
123) 이에 관해서는 이영, 「고려 말 왜구='다민족 복합적 해적'설에 관한 재검토—후지타 아키요시의 〈난수산의 난과 동아시아 해역세계〉를 중심으로—」; 동, 「'여말-선초의 한반도 연해도서 =다민족 잡거지역'설의 비판적 검토」 두 논문 모두 앞의 주(4) 이영 2013년도 연구서.

는 기초적인 문제조차 해명하지 못하고 있었다. 그 결과 왜구 현상을 원·명의 교체라고 하는, 동아시아 국제질서의 대변동과 유기적인 관련 위에서 고찰한다는 중요한 연구과제는 생각도 하지 못했다.

이러한 일본의 왜구 연구는 중세의 동아시아 국제질서 및 한·중·일 삼국의 다자간 관계를 구조적으로 이해하는 길을 차단시켜 왔다. 일본의 왜구 연구는 "동 시대에 발생한 국내 및 국외의 역사 현상을, 양자 간의 상호관련 및 상호작용이라는 관점에서 고찰하고 조망한다"고 하는 대외관계사 연구의 본연의 역할에 부응하지도 못한 채 오히려 역기능만 해 왔다.

본 장에서는 이처럼 중세 동아시아 국제관계를 규정지은 몽골의 일본 침공과 왜구라고 하는 주요한 두 사건 상호 간의, 역사적 인과관계를 이해하기 위한 하나의 실마리를 제시할 수 있었다고 생각한다.

제 9 장

동아시아 국제질서의 변동과 왜구

─14세기 후반에서 15세기 초를 중심으로─

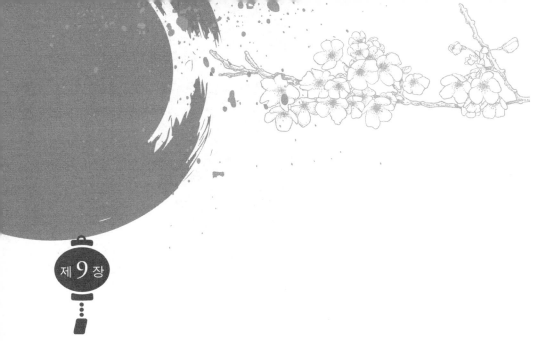

제 9 장

동아시아 국제질서의 변동과 왜구
―14세기 후반에서 15세기 초를 중심으로―

서 론

　한일 양국 학계의 고려 말 왜구에 관한 선행 연구 경향은 다음과 같은 중요한 문제점들을 지니고 있었다. 즉, 한국 학계는 해당 시기의 일본 국내정세에 대한 이해 부족 탓으로 고려 말 왜구의 침구 배경과 동기에 관한 일본인 연구자들의 주장을 수용하는 경향을 보여 왔다. 즉, 한국의 연구자들이 나카무라 히데다카(中村栄孝)와 같은 황국사관론자와 그의 주장을 계승한 다나카 다케오(田中健夫) 및 다무라 히로유키(田村洋幸) 등이, 고려 말에 왜구가 창궐(猖獗)하게 된 주요 원인으로 제시한 〈고려 토지제도의 문란과 거기에 기인하는 군사제도의 이완〉설 등에 수긍하는 입장을 취하였던 것이다.

　그런데 나카무라의 주장은 다음과 같은 논리적 전개 과정을 거치고 있다.

(1) 고려의 지배층은 사대주의에 빠져 있던 문약하고 무능하며 부패한 사람들이었다.

(2) 그들은 왜구가 쓰시마와 이키 섬 등 소위 삼도와 같은 변경의 어민 집단의 비(非)전문적이며 숙련되지 못한 무력 집단임에도 제대로 대응하지 못했다.

(3) 또 우왕 대 왜구의 실체는 사실 화척·양수척·제주도 인 등 자국민들이었음에도 불구하고 고려 조정은 이러한 사실조차 깨닫지 못할 정도였다.

(4) 그러므로 고려의 멸망은 당연한 역사적 귀결이었다.

(5) 고려 왕조는 왜구 때문에 멸망할 정도로 무능하고 부패한 정권이었다.

　그리고 (1)에서 (5)로, 다시 (1)로 계속 순환하면서 왜구 발생의 배경에 대한 근본적인 원인인 남북조 내란과 왜구의 침구 상황 및 그 배경과의 관련에 관한 이해를 심화시키지 못했다.

일본의 남북조 시대사 연구도 나카무라 등 대외관계사 연구자들의 이러한 왜곡된 왜구 학설에 의존해 왔기 때문에 '일본 민족사(民族史)의 대변동'이라고 평가되는 남북조 시대를 '동아시아 역사'라는 보다 더 넓은 시야에서 고찰할 수 있는 기회를 포착하지 못했다.

아울러 이 시대를 일본의 국내정세에만 시선을 집중시킨 좁은 틀 속에서 주로 조망해 왔다. 그러나 생각해 보면, 14세기 후반~15세기 초의 한반도의 왕조 교체와 일본 열도의 남북조 동란이라고 하는 거대한 정치사회적 지각 변동을 일으킨 진원(震源)은 '팍스 몽골리카의 동요와 붕괴'라는 중국 대륙의 격변이었다.

마치 당(唐)의 멸망(907년)을 전후한 중국 국내의 혼란이 후삼국 시대의 도래와 고려의 건국(918) 및 후삼국 통일(936), 그리고 일본의 간토(関東)와 사이고쿠(西国)에서 각각 발생한 다이라노 마사카도(平将門)의 난(935~940)과 후지와라노 스미토모(藤原純友)의 난(939~941)과 무관하지 않은 것처럼, 1320년대에 들어와 몽골(元) 제국 내부에서 동요가 시작되자 팍스 몽골리카의 중심에서 멀리 떨어진 일본에서 가장 먼저 가마쿠라 막부의 멸망(1333)·겐무신정의 몰락(1335)과 남북조 내란이 일어난다. 그리고 이어서 홍건적의 난(1349)이 시작되자 간노노 조란(観応の擾亂: 1350)과 경인년 왜구의 재침으로 이어지고, 뒤늦게 고려에서도 공민왕 5년(1356)부터 왕이 직접 이끄는 반원자주개혁(反元自主改革)이 시작된다.

왜구의 침구 및 이를 둘러싼 한·중·일 삼국의 외교 교섭은 이처럼 팍스 몽골리카의 동요와 붕괴로 유발된 동아시아 삼국 사회의 격변을 상호 유기적으로, 그리고 종합적으로 고찰할 수 있는 매개자 같은 존재이다. 그럼에도 일본의 왜구 연구는 이와 같은 접근을 원천적으로 차단해 왔던 것이다.

따라서 본 장에서는 일본의 왜구 연구가 간과해 온 다음과 같은 문제들에 대하여 거시적인 틀 속에서 논하고자 한다.

첫째, 팍스 몽골리카의 성립·동요·붕괴와 왜구는 어떠한 상관관계(역사적 인과관계)를 가지고 있는가?

둘째, 원(元)을 대신해 중원(中原)의 새로운 지배자로 명 제국이 등장함으로써 동아시아의 국제질서는 어떻게 재편되어 갔는가?

셋째, 명의 왜구금압을 위한 외교적 압력에 고려와 일본은 어떻게 대응해 갔는가?

넷째, 왜구 문제 해결을 위한 고려와 일본 양국의 대응은 각각 자국의 국내 정치 질서 재편에 어떠한 영향을 미쳤는가?

이상과 같은 새로운 문제 제기와 그 해법의 제시는 전환기 동아시아 국제질서의 변동을 역동적으로 이해할 수 있는 새로운 패러다임을 제시할 수 있을 것이다.

왜구 관련 기존 학설의 문제점

본론으로 들어가기 전에, 기존 연구는 왜구 발생 및 발호(跋扈)의 시대적 배경 및 그 금압을 위해 진행된 삼국 간 외교에 대하여 어떻게 인식하고 있는지, 그리고 문제점은 무엇인지를 살펴보기로 하자. 다무라 히로유키(田村洋幸)는 다음과 같이 언급하였다.

(왜구의 창궐은) 고려의 전제(田制) 문란과 거기에 기인하는 군제(軍制)의 이완(弛緩)에 있다고 해도 과언이 아니다. 이 혼란을 틈타 일본 변경 지역에 사는 백성들이 계속해서 침구한 것이다. 따라서 <u>고려 내부의 사회경제적 혼란과 일본의 동란기(動乱期)라고 하는 두 가지 요소가 상호작용을 일으켜 역사상 보기 드문 침구 시</u>

대가 나타난 것인데….[1)]

다무라는 고려 사회의 내부적 혼란과 일본의 내란을 왜구가 발호하게 된 원인으로 간주하고 있다. 이에 관해 전후(戰後) 일본 중세 대외관계사 연구의 개척자라고 할 수 있는 다나카 다케오도 "왜구가 맹위를 떨칠 수 있었던 큰 원인은 고려의 국내 정치가 혼란스러워, 왜구에 대항할 힘을 가질 수 없었기 때문이다. 즉, 고려 토지제도의 문란과 그에 따라 발생한 군제(軍制)의 동요가 장기간에 걸친 왜구활동을 허락하게 한 것이다"[2)]라고 해, 다무라와 같은 견해를 제시하고 있다. 그런데 두 사람은 '고려의 혼란'을 먼저 내세워 일본의 내란보다도 고려의 내부 혼란이 마치 왜구의 발호를 유발시킨 듯한 서술을 하고 있다.

물론, 이 두 사람이 지적한 문제가 왜구 발호와 전혀 무관하다고는 할 수 없다. 그러나 이러한 주장은 지나치게 미시적이며 본질적인 원인이라고는 할 수 없다. 왜냐하면 '고려의 전제(田制) 문란과 군제 이완'은 왜구가 침구하기 이전, '원 간섭기'부터 존재해 왔다. 또 전제 문란이나 군제 이완의 문제가 없고 일본의 동란기에 해당되지 않았던 조선 시대 초기에도, 그리고 조선보다 나라가 크고 군사력이 강한 명나라에도 왜구는 빈번하게 침구해 왔다. 또한 일본의 남북조 내란은 1335년부터 시작되었는데도 이후 약 15년 동안 왜구가 침구하지 않았다. 따라서 왜구가 발호하게 된, 보다 직접적이고 구체적인 원인은 이미 지적한 바와 같이 직접적으로는 일본의 내란 상황에서 찾아보아야 한다.

고려 말에 왜구가 발호한 원인에 관한 일본 측 선행 연구의 잘못된 인식은, 고려 말 조선 초의 왜구가 진정된 원인에 대한 오해로 이어진다. 예를 들면 다나카는 왜구 문제가 해결된 배경으로 ① 고려(조선)와 일본의 정치 절충, ② 고려(조선)의 군비 확충, ③ 왜구에 대한 회유책(항복권고), ④ 경제적인 혜택(통상허가), ⑤ 왜구의 자멸 등을 들고 있다.[3)]

---

1) 田村洋幸,「倭寇猖獗の基本的原因」,『中世日朝貿易の研究』, 三和書房, 1967.
2) 田中健夫,「土地制度の整備と軍制の拡充」,『海の歴史, 倭寇』, 教育社, 1982.
3) 다나카 다케오는 "고려에서 조선으로 이어진 정치 절충과 군비 확충, 왜구 수령에 대한 항복 권

다나카는 '왜구의 발호와 진정의 원인'을 고려의 내부 문제(군제 이완과 군비 확충)와 조선의 왜구 정책(왜구에 대한 회유와 경제적 혜택), 일본의 문제(남북조 동란의 발발과 종식)로만 인식하고 있다. 그 결과 왜구 문제가 해결된 것도 '고려(조선)와 일본의 정치 절충'(외교)의 덕분이라고 주장하는 것이다.

이는 다나카가, 왜구를 고려-일본 양국 간의 외교적인 문제로만 인식하고 있음을 보여 준다. 다시 말해서, 왜구의 발호를 '원(元)과 명(明)의 교체'라는 동아시아 국제질서의 재편 과정에서 전개된 역사 현상으로 이해하고자 하는 보다 폭넓은 시야를 찾아볼 수 없다.

이와 같은 인식은 다음과 같은 다나카(田中)·아오야마(青山)·가와조에(川添)의 언급에서 보다 뚜렷하게 확인할 수 있다. 즉, 다나카가 언급한 ① 정치 절충은 구체적으로 고려(조선) 조정과 무로마치 막부 사이에 이루어진 외교 교섭을 가리킨다.[4] 그는 양국 정부의 '정치 절충' 일환으로 고려가 왜구에게 붙잡혀간 사람(피로인)들의 송환을 요구한 것에 무로마치 막부가 응한 이유는, 경제적인 이익을 노린 것 내지는 대장경(大藏経)을 받기 위한 것이라고 했다.[5]

아오야마 고료(青山公亮)도 왜구에게 납치되어 간 사람(피로인)의 송환을 "실은 대가를 목적으로 한 상행위(商行為)와 같은 사업이었다"[6]고 평가했다. 아오야마는 다음과 같이 언급했다.

―――

문제의 중점은 단다이[九州探題, 이마가와 료슌(今川了俊)]의 협력이 대가를 받고 피로인을 송환시키는 것에 약간 기여했을 뿐이라는 것, 아니 그 이상의 여력(余力)은 거의 없었던 것이다. 이마가와 료슌의 태도는 가능한 범위 내에서 우호(友好)의 뜻을 표시하는 것에 시종일관하고 있었던 점에 약간의 의의가 있다.[7]

―――――

고, 통상 허가, 왜구들 스스로가 고려의 오지(奧地)에 너무 깊숙이 들어가 자멸한 것 등의 여러 요인이 겹쳐서 왜구는 변질, 분해되어 갔다"라고 했다. 앞의 주(2) 책 참조.
4) 앞의 주(2) 책 참조.
5) 앞의 주(2) 책 참조.
6) 青山公亮, 『日麗交渉史の研究』, 明治大学出版部, 1955.
7) 앞의 주(6) 아오야마 고료 연구서 참조.

여기서 그는 료슌의 대(対)고려 외교의 의의에 주목하지 않았으며 따라서 특별한 의의를 발견하지도 못했음을 알 수 있다. 또한 가와조에 쇼지(川添昭二)도 료슌이 고려의 금왜(禁倭)를 수용한 이유로, "왜구 진압을 계기로 하여 피아간(彼我間)의 교통 무역을 통해 얻을 수 있는 이익에 대하여 료슌은 확실한 예상을 하고 있었다고 생각한다"[8]고 했다. 이처럼, 일본의 연구자들은 한결같이 규슈 현지에서 군사·행정 및 외교업무를 담당하는 최고 직책 규슈탄다이(九州探題)의, 대고려 외교 교섭을 단지 사적이며 '경제적 이익 획득을 위한 것' 정도로만 평가하고 있는 것이다.

기존의 동아시아 국제질서가 붕괴되면서 동시에 새로운 질서가 재편되어 가던 때, 일본의 공권력을 대변하던 규슈탄다이 료슌은 문무(文武)를 겸비한 당대 일본의 특급 인물이었다.[9] 그러한 그의 외교 행위를 당시의 국제정세에 대한 구체적인 분석도 없이 단지 사적인 이익을 목적으로 한 경제적 행위로 평가하는 것은 너무나 단순하고 성급한 결론으로 생각된다. 또 설사 이러한 평가가 틀리지 않다 하더라도 료슌의 고려에 대하여 취했던 외교 자세가, 고려 국내 및 동아시아 국제질서에 미친 영향은 별도로 고찰의 대상이 되었어야 했다.[10]

료슌의 대고려 외교 행위를 '사적인 경제 행위'로 규정하는 일본 연구자들의 이 같은 인식은, 남북조 내란을 통일한 쇼군(将軍) 아시카가 요시미쓰(足利義満)의 대명외교(対明外交)에 대한 평가에서도 볼 수 있다. 즉, 스스로 '일본국왕'임을 자처하고 명 태조(太祖) 주원장(朱元璋)에게 조공외교를 행한 이유에 대하여, '중국 무역에서 얻을 수 있는 막대한 이익을 노리고 한 것'이라고 평가한다. 예를 들면, 사토 신이치(佐藤進一)는 요시미쓰의 규슈 통치와 대명외교의 관계에 대해 다음과 같이 논하고 있다.

---

8) 川添昭二, 『今川了俊』, 吉川弘文館, 1964, 162쪽.

9) 앞의 주(8) 가와조에 쇼지 연구서 참조.

10) 이에 관해서는 한윤희, 「여말선초 피로인 송환에 관한 한 고찰―〈今川了俊의 송환배경 = '경제적 수익 목적'설〉에 대한 비판적 검토」(『일본연구』 36집, 중앙대학교 일본연구소, 2014)를 참조.

막부의 최종 과제로 남게 된 규슈의 통일이, 대외문제와 불가분의 관계였음은 누구의 눈에도 확실할 것이다. 일본의 명나라에 대한 정식복속이라고 하는 명 측의 조건을 받아들이지 않는 한, 요시미쓰도 시마즈(島津)도 료슌(了俊)도 오우치(大內)도 모두 다 열망하는 대명 무역을 실현할 수 없다. 그런데 이 조건을 수용할 수 있는 자격은 북조 왕권을 접수한 요시미쓰만이 장악하고 있었던 것으로, 요시미쓰는 이것을 받아들임으로써 무역과 규슈 통일을 동시에 실현할 수 있었던 것이기도 하다."11)

또한 다나카 다케오도 다음과 같이 서술하고 있다.

　　국제적 환경과 관습 등을 넓게 생각한다면, 명나라 황제의 책봉을 받는다고 하는 것은, 요시미쓰에게는 경제적인 이익과도 관련해서 가장 손쉽게 자기의 권위를 높일 수 있었던 것은 틀림없었다. 그 때문에 조공을 바치는 길을 선택했을 것이다.12)

　　이처럼 일본 측 연구자들이 료슌과 쇼군 요시미쓰의 대외 교섭의 목적을 한결같이, '상행위' 또는 '중국 무역의 이익 획득'으로 규정하고 있음을 알 수 있다.13)

　　이러한 일본 연구자들의 왜구에 대한 곡해(曲解)는 또 다시 왜구 문제에 관한 다양한 오류를 재생산해 내고 있다. 예를 들어, 왜구가 진정되어 간 요인으로 다나카는 ② 고려(조선)의 군비 확충을 들면서 다음과 같이 언급하고 있다.

11) 佐藤進一, 「室町幕府論」, 『岩波講座日本歷史』 七, 일본중세 3, 1963.
12) 田中健夫, 「冊封関係の成立」, 『中世対外関係史』, 東京大学出版会, 1975.
13) 필자는 그 이유로, 근대에 들어와 일본의 식민지였던 한반도와, 멸시와 침략의 대상이었던 중국에 대해 료슌과 요시미쓰가 외교적으로 저자세를 취했다고 하는 엄연한 역사적 사실(史實)을 일본의 연구자들이 심정적(心情的)으로 받아들이기 어려웠기 때문이 아닌가라고 생각한다.

전제(田制)의 문란과 더불어 군제(軍制)가 이완되어 부병(府兵)은 가난한 사람들로 채워졌고, 의식(衣食)도 휴식도 없어서 도망하는 사람들이 끊이지 않았다. (중략) 고려가 멸망하기 직전에 이성계는 전제 개혁을 단행, 농장을 몰수해 관료층에 과전(科田)으로 배분했다. 과전은 전시과(田柴科)와는 달라서 사유(私有)가 허락되어, 과전을 경작하는 전호(佃戶)는 지위를 보장받는 대신에 토지에 결박당하게 되었다. 이성계는 관료층의 지주적·농노지배자적인 성격을 강화하는 방침을 취하였는데, 이것은 왜구 행동의 근원을 차단하게 되어 조선왕조 건국의 기초가 되었던 것이다.[14]

위에서 다나카는, 마치 이성계가 집권하기 전까지 고려 조정은 군제개혁을 전혀 시도하지 않았으며 따라서 고려는 멸망할 때까지 이렇다 할 군사력이 없었던 것으로 잘못 이해하고 있음을 알 수 있다. 공민왕 5년(1356) 이후 반원자주정책을 추진하기 시작하자 원나라와 군사·외교적 긴장관계가 발생하고, 이에 대한 부원세력(付元勢力)의 동조(同調) 움직임 그리고 왜구의 빈번한 침구 등 국내외의 어려운 여건 속에서도, 고려는 군제는 물론 국정 전반에 걸쳐서 끊임없이 개혁을 추진해 왔다.[15]

다나카의 고려 시대 역사에 대한 오해가 그의 왜구 인식에 결정적인 영향을 미쳤음을 보여 주는 것이 밑줄 그은 부분의 서술이다. 이러한 서술은 왜구들이 고려의 천민들과 결합해서 활동했다고 하는 그의 소위 〈왜구=고려·일본인 연합〉설 또는 〈왜구=고려·조선인 주체〉설을 의미한다. 즉, 유동적인 고려 천민들을 토지에 결박시키자, 그들이 바다를 건너온 일본인들과 더 이상 연합하지

---

14) 앞의 주(12) 다나카 다케오 책 참조.
15) 고려 말의 군제 개혁에 관한 대표적인 연구 몇 개를 들자면 오종록, 「고려 말의 도순문사」(『진단학보』 62, 1986); 동, 「고려 후기의 군사지휘체계」(『국사관논총』 24, 1991); 권영국, 「고려 말 중앙군제의 변화」(『사학연구』 47, 1994; 동, 「고려 말 지방군제의 변화」(『한국중세사연구』 1, 1994); 윤훈표, 『여말선초 군제개혁 연구』 혜안, 2000) 등을 들 수 있다. 그리고 고려의 다양한 왜구 대책에 관해서는 본서 제6장 참조.

못하게 되었고 그 결과, 왜구가 진정되었다고 하는 것이 그의 주장이다. 이런 주장의 허구성에 관해서는 이미 필자가 여러 차례 그 오류를 지적한 바 있다.[16]

왜구의 실체에 관한 다나카의 잘못된 인식은 앞서 지적한 고려의 내부 혼란이 마치 왜구를 유발시킨 듯한 서술과 동일한 논리의 연장선상에 있다. 그리고 그것은 좀 더 깊이 파고들면, 소위 '식민사관' 그리고 그 상위 개념이라 할 수 있는 황국사관과 닿아 있다.[17]

지금까지 살펴본 것처럼 메이지 시대 이후 100년 이상의 역사를 지니며, 연구를 주도해 온 일본의 왜구 연구는 다음과 같은 중요한 문제가 있음을 지적할 수 있다. 즉, 왜구 문제가 고려-일본 양국 간의 문제, 그리고 경제적인 측면이라고 하는 편협한 시야에 사로잡혀 고찰되어 왔다는 것이다. 지금부터는 이 문제를 중심으로 고찰해 가고자 한다.

팍스 몽골리카와 왜구

1. 팍스 몽골리카의 성립과 왜구의 공백기

팍스 몽골리카란 '원 제국의 군사력을 바탕으로 성립·유지되어 온 국제사회의 평화와 안정'이라고 간단히 정의할 수 있다. 이미 살펴본 바와 같이 선행 연구에는 이 팍스 몽골리카와 왜구가 어떠한 상관관계가 있는지에 대한 문제의식

---

16) 본서의 제4장 참조.
17) 본서의 제1장~제4장 참조.

이 전혀 없었다. 여기서는 팍스 몽골리카가 언제, 어떻게 성립하였는지를 살펴보기로 하자.

왜구라고 하는 해적 개념의 사료 용어가 최초로 등장하는 것은 『고려사』의 고종(高宗) 10년(1223) 조로 "왜가 금주(金州)에 침구하다"라고 기록되어 있다. 이후 '몽골의 일본 침공'(이하 '일본 침공')이 이루어지기 직전인 원종(元宗) 6년(1265)까지 소규모의 왜구가 단속적(斷續的)으로 발생하는데 이 기간 중에 발생한 왜구를 고려 말 왜구, 즉 '경인년 이후의 왜구'와 구별하여 '13세기 왜구'라고 한다. 이는 여몽 연합군이 일본을 침공하기 전에 발생한 왜구라는 점에서 주목된다. 즉, 왜구는 일본의 일부 연구자들의 주장인 '일본 침공'에 대한 복수가 근본적인 원인이 아니라 일본 사회 내부의 모순이 국경을 넘어 표출된 것이었음을 보여 준다.

그리고 두 차례에 걸친 '일본 침공'을 경계로 하여, 14세기 중엽까지 80여 년 동안 왜구는 사료에 거의 등장하지 않는 '왜구의 공백기'가 존재한다. 그러다가 경인년(1350) 2월에 갑자기 다시 침구하기 시작한 왜구는, 13세기 때와는 비교가 안 될 정도로 대규모화된 것이었다. 또 매년 수회 이상의 빈도로 고려 연안을 습격해 왔다.

1223년에서 1265년까지의 40여 년 동안 발생한 '13세기의 왜구'는 겨우 11건에 불과하다.[18] 이에 비해, '경인(년) 이후의 왜구'의 경우, 거의 같은 기간(1350~1391) 동안 필자의 조사에 의하면, 침구 지역 578곳, 침구 횟수 297회, 침구 집단 136개에 이르고 있다.[19] 양자 사이에는 왜구의 규모·빈도·활동 지역·행동 양식 등에서 큰 차이가 존재한다.[20]

그런데 이처럼 이질적인 두 왜구 사이에 바로 왜구의 공백기가 존재한다. 이러한 왜구의 공백기가 있었기 때문에 『고려사』의 편자(編者)도 고종 10년(1223)

---

18) 이영, 「內亂期の日本社会と倭寇」, 『倭寇と日麗関係史』, 東京大学出版会, 1999年 11月(2011년 11월에 혜안에서 『왜구와 고려―일본 관계사』로 번역 출판).
19) 뒤의 〈표 9-1〉, 경인(년) 이후의 왜구 침구표'를 참조.
20) 앞의 주(18) 이영 논문 참조.

이 아닌, 경인년(1350)을 '왜구가 시작된 해' [21]로 기술하게 한 요인이 되었다. 그러면 이러한 왜구의 공백기가 출현하게 된 이유는 무엇이었을까?

13세기 중엽의 '일본 침공' 이전까지, 고려는 왜구가 발생할 때마다 무력으로 쫓아내고, 또 세 차례나 사절을 파견해 해결을 시도하였지만 이를 완전히 금압할 수는 없었다. 그런데 어떻게 된 것인지 일본 침공 직전인 1265년 이후, 경인년에 이르기까지 85년 동안은 사실상 1건밖에 발생하지 않았다. [22]

그 이유는 바로 일본 침공으로 인한 '몽골·고려와 일본' 간의 군사적 긴장관계가 고조되었기 때문이었다. [23] 두 차례에 걸친 일본 침공이 고려와 원, 그리고 일본, 세 나라에 미친 인적 및 물적 희생과 충격 그리고 긴장이 얼마나 심각한 것이었던가라는 것은 잘 알려져 있다. 그리고 그 영향은 아주 오랫동안 지속되었다. [24] 이러한 군사적인 긴장이 바로 '13세기 왜구'를 금압하는 역할을 하였다. 다시 말하자면 '왜구의 공백기'의 출현은 '팍스 몽골리카'의 성립을 의미하는 것이었다.

2. 팍스 몽골리카의 동요와 경인(년) 이후의 왜구

팍스 몽골리카의 동요란, 몽골 제국의 군사력에 바탕을 둔 동아시아 국제 사회의 평화와 안정이 흔들리기 시작하는 것을 의미한다. 그 기간은 대략 1348년부터 시작되는 소위 '한인군웅(漢人群雄)'들의 거병과 1369년의 원의 도주(逃走)까지로 볼 수 있다. 즉 한인군웅의 난은, 1348년(충목왕 4) 절강성 대주(台州)에서 방국진(方国珍)이 봉기한 것을 시작으로 공민왕 즉위년(1351) 백련교(白蓮教) 조직을 기반으로 한 한산동(韓山童)의 영주(穎州) 거병으로 본격화되어 간다. [25]

---

21) 앞의 주(18) 이영 논문 참조.
22) 앞의 주(18) 이영 논문 참조.
23) 앞의 주(18) 이영 논문 참조.
24) 앞의 주(18) 이영 논문 참조.
25) 그 외에 유복통, 포목상 출신의 서수휘와 같은 계열의 명옥진, 진우량, 안휘성에서 거병한 곽자흥, 이듬해에 강소성의 염정(塩丁)을 규합하여 일어난 장사성 등이 있었다. 미타무라 다이스케

이들의 출현으로 원나라 말기의 중국 대륙은 바야흐로 군웅들이 할거하는 무대가 되어 갔다. 공민왕 3년(1354)에 고려는, 원이 고우성(高郵城)에서 전개한 장사성 공략전에 참가해 '원의 쇠락'이라는 대륙정세의 현실을 확인한다.[26] 그리고 공민왕 5년(1356) 마침내 1세기에 달하는 원의 간섭과 수탈에서 벗어나기 위한 반원(反元)자주개혁을 단행하기 시작한다.

이러한 고려 공민왕의 반원개혁에 대하여, 원의 조정은 자국 내의 한인군웅들의 반란 때문에 적극적으로 대응할 여유가 없었다. 왜구에 대해서도 마찬가지였다. 1358년에 최초로 왜구가 원에 침구한 이래[27] 소규모 침구가 이어지는 가운데, 원나라 조정은 1367년 5월 30일이 되어서야 겨우 반응을 보였는데, 그것도 고려에 사신을 파견해 왜구를 막으라고 지시했을 뿐이었다.[28]

이러한 사정은 다음 〈사료 1〉에 잘 나타나 있다. 홍무(洪武) 2년(1369) 2월 명태조 주원장(朱元璋)은 일본에 양재(楊載)를 사신으로 파견해 다음과 같은 조서(詔書)를 전달하게 했다.

---

　　1. 신묘(1351년, 홍건적의 거병) 이래, 중원(中原)이 소란스러운 가운데, 왜인들이 산동(山東)을 침구하는 것은 호원(胡元)의 세력이 쇠퇴한 틈을 노린 것에 지나지 않다.[29]

(三田村泰助), 『中国文明の歴史 8, 明帝国と倭寇』(中公文庫, 2000)과 김순자 「원명의 교체와 중국과의 관계 변화」(『한국 중세 한중 관계사』, 혜안, 2007)를 참조.

26) 공민왕 3년, 원(元)의 남정군(南征軍)이 고우성(高郵城)을 공격할 때 원의 요청으로 고려는 장수들과 병력 2,000여 명을 파견하였다. 이들은 재원(在元) 고려인 2만 1,000명과 함께 원나라 승상 탈탈(脫脫)이 이끄는 토벌대에 편성되어 고우성 전투에 참전하였다. 『고려사』 권제38, 공민왕 3년 7월 계해 조.

27) 『원사(元史)』 권제46, 본기(本紀) 9, 순제(順帝) 9, 23년 8월 정유삭 조. 이 해에 왜구들이 원에 최초로 침구한 이유에 관해서는 이영, 「오호바루(大保原) 전투(1359)와 왜구—공민왕 6~8년(1357~1359)의 왜구를 중심으로—」(『팍스 몽골리카의 동요와 고려 말 왜구』, 혜안, 2013) 참조.

28) "원나라 중서성이 직성사인 걸철첩을 파견하여 말하기를, '왜적이 침입할 때에는 반드시 고려를 경유할 것이니 출병하여 잡아야 할 것이다'라고 하였다." 『고려사』 권제41, 공민왕 16년 5월 을사(30)일 조.

29) 「自辛卯以来中原擾擾, 彼倭来寇山東, 不過乗胡元之衰耳. 朕本中国之旧家. 耻前王之辱. 興師振旅」 『명태조실록』 홍무 2년 2월 6일 조.

주원장 자신도 당시 왜구의 침구 원인을 '호원(胡元) 세력이 쇠퇴한 틈', 즉 팍스 몽골리카의 동요에서 구하고 있었음을 알 수 있다. 한편 고려 또한 공민왕의 반원개혁이 초래한, 원과의 긴장관계 때문에 왜구 문제에 대하여 처음부터 적극적으로 대응해 나갈 수 없었다. 다음의 〈사료 2〉를 보자.

———

2. 이 달에 다음과 같은 자문(咨文)을 명나라 중서성에 보내어 화약 공급을 요청하였다.

"왜적이 무시(無時)로 왕래하면서 침범한 지가 이미 20여 년이다. 그동안 우리나라 연해의 주와 군, 그리고 수비 지점들에서는 어디에서나 군사를 동원하여 수비하였을 뿐이요, 바다에 나가서 그들을 추적해 잡지 않았다."[30] (중략)

위의 내용은 공민왕 22년(1373)의 일로, 경인년(1350)으로부터 24년째 되는 해이다. 이때까지도 고려의 왜구 대책은 수비를 위주로 한 소극적인 것이었음을 알 수 있다. 왜 고려는 왜구에 대하여 이처럼 소극적이었을까? 다음의 〈사료 3〉을 보자.

———

3. 전(前) 대사성(前大司成) 정몽주를 답례사로 임명하여 일본에 보내어 또 다시 해적 금지를 요구하는 국서를 전하였다. 그 글에 이르기를 "생각하건대 우리나라는 북쪽으로 원나라에 닿아 있고 서쪽으로 명나라와 접하고 있어 항상 군관들을 훈련하여 수비 방어를 담당시키고 있으며 해적에 대하여는 다만 연해주군에 명령하여 방어하게 하였다. 그런데 해적들이 이 기미를 정찰하고 틈을 타 침입하여 민가를 불사르며 사람을 노략질하다가도 관군만 보면 곧 배를 타고 도망쳐 숨어 버리므로 그 피해가 적지 않다. 이제 대장군의 순순한 말을 들었으며 또 홍장로에게서 귀국의 후의를 잘 들어 알았다. 앞으로 더욱 잘 조처해 주기를 희망한다"고 하였다.[31]

———

30) 『고려사』 권제44, 공민왕 22년 11월 을축일 조.
31) 『고려사』 권제133, 열전 제46, 우왕 3년 9월 조.

〈사료 3〉에서 보듯이 고려는 정몽주를 일본에 파견해 원·명과 각각 국경이 닿아 있어서 왜구에 대한 근본적인 조치를 취하지 못하고 있었음을 일본의 규슈탄다이 이마가와 료슌에게 알리고 있다. 이와 관련된 것이 다음의 〈사료 4〉로, 명의 홍무제가 고려 조정에 보낸 조서의 내용 중 일부이다.

_____

4. 내가 들으니 왜적은 2백~3백 리나 농토를 침입해 들어가도 방임해 두고 다 부서진 성은 버려둔 채 성벽과 성지를 수축하지 않는다. 그러고도 나를 의심한다 하니 나는 너희를 정벌하려면 공공연하게 정벌할 것이다. 오랑캐를 멀리 쫓아 버리고도 5년 안에는 정벌 못 할 것이다. 그러나 10년이면 너희를 정벌할 수 있다. 올 의사가 있으면 오고 올 의사가 없으면 그만두어라.[32]

여기서 '나(홍무제)'는, 내륙 깊숙이 침구하는 왜적은 내버려 두고 자신의 의도에 대하여 의심하고 있다고 고려 조정에 대하여 힐문(詰問)하고 있다. 여기서 볼 수 있듯이, 당시 고려의 가장 중차대한 국가적 과제는 바로 원(元)의 쇠퇴와 명(明)의 홍기(興起)에 어떻게 대응해 왕조 사직을 보전해 나갈 것인가라는 소위 '북방(北方) 정책'이었다. 이를 위해 고려는 모든 국력을 집중시켜 북쪽 국경을 지켜야 했고 수시로 침구해 오는 왜구에 대해서는 근본적인 대책을 강구하지 못하고 임시방편의 미봉책으로 일관하기만 했다.

따라서 경인년(1350) 이후의 왜구에 항의하는 외교사절을 파견한 것도 공민왕 15년(1366)이 처음이었다. 이는 왜구의 침구가 시작된 지 무려 17년 만의 일이었다. 이처럼 금왜사절(禁倭使節)의 파견이 지체된 이유 또한 고려가 안고 있던 내부의 약점(북방 국경 문제, 부원세력의 존재 등)을, '여몽군의 일본 침공'이후 적대적인 관계를 유지해 오고 있던 일본에게 노출되는 것을 꺼려 했기 때문이었다고 생각한다.[33]

그러는 사이에 왜구의 침구 지역과 규모 그리고 빈도는 점점 더 확대되어

_____

32) 『고려사』 권제44, 공민왕 22년 7월 20일 조.
33) 이에 관해서는 본서 제7장 참조.

1370년대에 들어오면서부터는 단순한 물적·인적 피해를 넘어서 고려의 존립을 좌우하는 문제가 되어 가고 있었다.

그런데 앞에서 이미 언급하였듯이 '13세기 왜구'와 '경인년 이후의 왜구' 사이에는 왜구의 침구 빈도와 규모에서 큰 차이가 있었다. 이처럼 경인(년) 이후의 왜구가 그 침구 빈도와 규모에서 13세기의 왜구에 비해 폭발적으로 증가하게 된 배경에는, 두 차례의 일본 침공이 일본 사회에 미친 악영향이 있었다. 다시 말하자면 일본 침공이 13세기 왜구를 금압해 '왜구의 공백기'를 불러왔지만, 침공이 일본 사회에 초래한 대외 긴장은 국내정치의 전제화(專制化)를 초래했다.[34] 그리고 이 때문에 일본 사회의 모순은 더욱 심화되어 갔다. 그런 가운데 원 제국 내부의 정치적 동요가 진전되어 일본에까지 전해지게 되었다. 그 결과 일본은 '원의 재침 가능성'을 더 이상 실현 가능성이 있는 위협으로 느끼지 않게 되었다.

이런 상황이 되자, 그동안 호조씨(北條氏) 정권이 원의 재침 위협을 명분으로 내세워 억압해 왔던 국내의 여러 가지 모순들이 더 이상 억제되지 않고 일거에 분출해 이른바 '아쿠토(惡党)' 현상으로 표출되었고, 그것은 가마쿠라 막부의 몰락과 이어서 '남북조 내란'으로 폭발하였다. 그리고 또 원 제국의 정치 사회적 동요가 점점 더 심화되자, 일본의 내부 모순은 국경을 넘어 '왜구'가 되어 처음에는 고려로, 이어서 중국으로 확산되어 갔던 것이다.

이처럼 팍스 몽골리카의 동요는 왜구의 재개(再開), 즉 경인(년) 이후의 왜구를 발생하게 하고 더욱 확대시키는 외부적 요인이 되었다고 할 수 있다.

3. 팍스 몽골리카의 붕괴와 왜구의 발호

팍스 몽골리카는, 주원장이 원의 대도(大都, 北京)를 점령한 1369년부터 북으

---

34) 이 문제에 관해서는 아미노 요시히코(網野善彦), 「鎌倉末期の諸矛盾」(『惡党と海賊―日本中世の社会と政治』, 法政大学出版局, 1995)을 참조.

로 도주한 원의 조정(北元)을 완전히 멸망시킨 1388년까지의 약 20년 동안 붕괴되었다.[35] 물론 팍스 몽골리카의 붕괴가 일본의 국내정세에 직접적인 영향을 미치기 시작하는 것은 대도가 함락된 지 약 3년 뒤(1372)의 일이다. 이는 규슈 탄다이(九州探題) 이마가와 료슌(今川了俊)이 정서부에 대한 공격을 가하기 시작한 해이기도 하다. 이 기간 동안의 명 제국은 건국 직후였기 때문에 국가 체제가 아직 확립되지 않았음에도 불구하고 남북 양면의 적과 대결해야 하는 심각한 정세에 처해 있었다. 즉, 명은 아직까지 운남(雲南) 지방, 그리고 고려와의 사이에 위치한 요동 지방을 장악하지 못하고 있었다. 대도를 점령한 뒤에도 한참 동안 명은 북원(北元)을 타도하기 위한 노력에 국력을 기울여야 했다. 따라서 명은 이 기간 중에 고려와 일본에 대하여 왜구금압을 요구하는 외교적인 압력을 가하기는 했지만, 왜구에 대하여 강력하고 직접적인 군사 조치를 취하기는 어려웠다.

그런데 왜구에 의한 피해는 중국보다 지리적으로 일본과 더 가까운 고려가 훨씬 심각했다. 그럼에도 불구하고 일본에 대한 금왜사절을 단 한 차례도 파견하지 않았던 고려의 대일외교 방침에 변화의 계기가 찾아온다. 공민왕 5년(1356) 이래로 반원자주정책을 추진하던 공민왕을 제거하려는 원의 노력은 공민왕 13년(1364) 1월에 최유와 덕흥군의 군사적 시도가 실패하고,[36] 이어서 그해 10월에는 원이 최유를 잡아서 고려로 송환한다.[37] 이에 고려는 다음 해(1365) 1월에 원에 사신을 보내 덕흥군의 압송을 요구한다. 이로써 공민왕의 지위는 굳건해졌다. 원의 고려에 대한 압박은 더 이상 효력을 지니지 못하게 되었다.

---

35) 명의 북벌군에 쫓긴 원의 순제(順帝)는 상도(上都)로 도망갔다가 다시 응창(応昌)까지 쫓겨갔다. 순제는 그곳에서 사망하고 태자인 애유식리달랍(愛猷識理達臘 : 奇皇后 소생)이 즉위하였다. 북원의 소종이다. 응창도 명군에 함락되자 소종은 몽골 초기의 도읍인 화림으로 피하여 남은 명맥을 잇고 있었다. 명은 중국의 새 주인이 되었으며, 운남과 요동을 제외한 전 중국을 장악할 수 있었다. 앞의 주(25) 김순자 연구서.

36) 『고려사』 권제40, 세가 제40, 공민왕 13년 봄 정월 초하루 병인일 조.

37) 『고려사』 권제40, 세가 제40, 공민왕 13년 10월 임인일 조.

원나라의 치안은 이미 문란해져서 고려의 사절이 길이 막혀서 대도까지 도착하지 못하고 돌아올 정도였기에,[38] 원의 쇠망은 숨길 수 없게 되었다. 고려는 마침내 원의 군사적 위협에서부터 자유로울 수 있었다. 그러자 고려는 드디어 경인년(1350) 이후 17년 만인 공민왕 15년(1366) 11월에 일본에 금왜사절을 파견한다. 원의 대도가 명나라에 의해 함락되기 전에 고려는 명에 앞서 대일 외교적 조치를 취한 것이다.

이러한 고려 조정의 대 일본 외교는 주효했다.[39] 무로마치 막부는 이마가와 료슌이라는 막부의 특급 인물을 1371년에 새로운 규슈탄다이에 임명한다. 그는 다음 해(1372)부터 현지에 부임해 정서부와 격전을 치르기 시작했다. 〈표 9-1〉을 통해서도 보듯이, 1372년 료슌이 정서부가 11년 동안이나 장악하고 있던 다자이후(大宰府)에 대한 공격을 개시하면서 전투가 시작되었는데, 바로 그해에 왜구의 고려에 대한 침구가 전 해에 비해 지역은 4→18로, 횟수는 4→11로, 집단은 3→5로 급증하고 있음을 알 수 있다.

이 〈표 9-1〉을 료슌의 대(対)정서부 전쟁이 시작된 1372년을 기준으로 하여 전후 각 10년씩 기간을 나누어 왜구가 침구한 지역·침구 횟수·침구 집단의 수를 나타내면 〈표 9-2〉와 같다.

〈표 9-2〉를 살펴보면 소위 정서부의 황금시대(1362~1371), 즉 규슈 지역에 이렇다 할 내전이 발생하지 않고 정서부의 지배로 비교적 안정적이었던 기간에, 왜구가 침구한 지역은 전체의 약 6.3%, 침구 횟수는 9%, 그리고 침구한 집단의 숫자는 13.8%에 지나지 않았다.

반면에 막부의 새로운 규슈탄다이 료슌이 규슈 현지에 부임함으로써 남조와 북조 간의 전투가 격렬해지는 1372년 이후부터 내전이 절정에 도달하는 1381년까지의 기간 동안 왜구의 침구 지역이 무려 54.6%, 침구 횟수는 54%, 그리고 침구한 집단은 42.3%에 달했다. 이는 40여 년 동안의 왜구 침구 기간 중, 4분의 1에

---

38) 『고려사』 권제41, 세가 제41, 공민왕 14년 4월 신축일 조.
39) 이에 관해서는 본서 제7장 참조.

	연도(년)	지역	횟수	집단		연도(년)	지역	횟수	집단
1	1350	8	6	5	22	1371	4	4	3
2	1351	5	4	3	23	1372	18	11	5
3	1352	13	10	7	24	1373	10	6	4
4	1353	1	1	1	25	1374	15	13	7
5	1354	1	1	1	26	1375	13	5	3
6	1355	2	2	1	27	1376	50	15	6
7	1356	0	0	0	28	1377	58	32	7
8	1357	3	3	2	29	1378	51	23	7
9	1358	12	10	2	30	1379	31	22	5
10	1359	4	4	2	31	1380	40	14	5
11	1360	19	5	1	32	1381	33	14	6
12	1361	11	4	2	33	1382	25	8	5
13	1362	2	2	1	34	1383	55	13	6
14	1363	2	1	1	35	1384	19	12	8
15	1364	12	8	5	36	1385	17	11	5
16	1365	6	3	1	37	1386	0	0	0
17	1366	3	3	2	38	1387	7	4	3
18	1367	1	1	1	39	1388	23	9	4
19	1368	0	0	0	40	1389	9	5	3
20	1369	5	2	3	41	1390	7	3	3
21	1370	2	2	1	42	1391	1	1	1

＊〈표 9-1〉은 『고려사』와 『고려사절요』의 왜구 침구 기사를 토대로 하여 작성한 것임.

해당하는 10년 동안에 전체의 절반에 해당하는 왜구가 집중적으로 침구해 왔음을 보여 준다. 이 시기는 그야말로 왜구의 침구가 극에 도달한 시기였던 것이다.

이것은 경인(년) 이후의 왜구의 침구가 북규슈 지역의 군사정세와 불가분의 관계에 있었음을 보여 준다. 팍스 몽골리카의 붕괴기(1369~1388) 동안, 무로마치 막부는 명과 고려가 왜구금압을 명분으로 내세워 일본으로 침공해 오지는 않을까 하는 위구심 속에서 정서부에 대하여 군사 공격을 강화한다. 그러자 정

〈표 9-2〉 10년을 단위로 한 각 기간별 왜구의 침구 상황(1352~1391)

	기간(년)	지역(%)	횟수(%)	집단(%)
1	1352~1361	66(11.3%)	40(13.9%)	19(14.6%)
2	1362~1371	37(6.3%)	26(9%)	18(13.8%)
3	1372~1381	319(54.6%)	155(54%)	55(42.3%)
4	1382~1391	163(27.9%)	66(22.9%)	38(29.2%)

서부의 군세(軍勢)도 이에 대응해 결전을 앞두고 '병량미를 확보'하기 위해, 그리고 '전투가 끝난 뒤 일시적으로 도피'해, 다음 전투에 대비한 전략물자를 확보하기 위해 고려에 침구해 갔다.

이 사실은 팍스 몽골리카의 동요기(1350~1368)의 19년 동안을 붕괴기(1369~1388)의 20년 동안과 비교해 보면 더욱 확연해진다. 즉, 왜구 침구 지역이 동요기 105곳, 붕괴기 476곳으로 붕괴기가 동요기에 비해 4배 이상이나 많다고 하는 점이다. 원이 멸망해 아직 명의 중원 통치가 확고하게 기초를 내리기 전인 붕괴기에 명과 고려의, 일본에 대한 왜구금압 요구는 한층 더 거세졌고 이에 따라 막부가 규슈 남조에 대한 군사 작전을 강화하자, 왜구의 침구도 격증하였음을 〈표 9-2〉가 잘 보여 주고 있다.

명의 중국 통일과 왜구

국제관계는 자국과 타국이 상호 유기적인 관계 속에서 서로 영향을 주고받으며 변해 가는 것이다. 팍스 몽골리카의 붕괴 이후, 명이 중원의 새로운 지배자로 등장하면서 동아시아의 국제질서는 명을 중심으로 명-고려, 명-일본, 고려-일본 관계가 상호 영향을 미치면서 재편되어 간다. 따라서 먼저 이 시기 중국 대륙정세의 변화에 대하여 개관하기로 하자.

주원장은 1364년에 응천부(応天府, 현재의 남경)에서 오왕(呉王)을 칭하며 국가체제를 갖추었고, 1367년에는 유력한 한인군웅(漢人群雄) 방국진(方国珍)과 장사성(張士誠)까지 평정하는 데 성공한다. 그리고 다음 해(1368) 명을 건국하고 북벌을 시작하여 산동, 하남을 거쳐 원의 대도(大都)를 함락시켰다. 중국 본토 장악에 성공한 명은 그 여세를 몰아 요동 지방으로 나아가려고 했다. 그렇지만 요동에는 나하추, 기새인첩목아, 홍보보와 고가노 등 같은, 명에 적대적인 북원(北元)의 잔여세력이 할거하고 있어서 명의 영향력이 쉽게 미치지 못하고 있었다.[40]

건국 초, 명은 소종(昭宗)이 이끄는 북원의 본거지와 운남 등지를 공략하는 데 치중하였으므로 요동은 주된 공격 목표에서 벗어나 있었다. 이런 가운데 북원의 잔여세력인 나하추는, 공민왕 22년(1373)에는 명의 요동 경략의 전진기지 우가장(牛家荘)을 공격하여 군량미 10만여 석을 불태우고 명군 5천여 명을 살육하는 등 큰 타격을 가했다.[41]

명의 요동 경략은 건국한 지 4년째인 홍무 4년(1371)부터 시작되었으나, 나하추 등의 세력에 비해 열세에 있었다.[42] 명이 요동 공략에 본격적으로 나서는 것은 홍무 18년(우왕 11, 1385)부터이다. 2년 뒤인 홍무 20년(우왕 13, 1387)에 20만 군을 동원하여 나하추를 공격하여 항복을 받았으며, 그 여세를 타고 이듬해(1388)에는 소종의 아들이 이끄는 북원의 본거지를 토벌하여 10만여 명을 포로로 잡는 데 성공하였다. 이로써 요동의 북원 잔여세력이 철저히 무너졌을 뿐 아니라 북원까지 제압하고 명은 중국 통일을 완수할 수 있었다.[43]

---

40) 앞의 주(25) 김순자 연구서.
41) 『고려사』 권제44, 공민왕 22년 7월 20일 조.
42) 앞의 주(25) 김순자 연구서.
43) 박원호, 「명과의 관계」, 『한국사』 22, 국사편찬위원회, 1995.

이처럼 명이 원의 잔재세력을 완전히 제압하고 중국을 통일하기까지는, 1368년에 대도를 점령한 이후 20년이 더 소요되었다. 따라서 명이 왜구금압에 본격적으로 나서게 되는 것은 1385년 이후부터라고 할 수 있다.

그러나 원 제국이 내부 혼란으로 인해 왜구에 아무런 대책도 세우지 못하고 멸망한 것과 달리, 명은 아직 통일 전쟁의 혼란에서 벗어나지 못한 건국 초부터 일본에 대해서는 물론 고려에게까지 왜구금압을 위해 외교적 압력을 가하기 시작했다. 그 최초의 계기가 되었던 것이, 대도를 점령한 다음 해(1369) 1월에 산동성에 침구한 왜구였다.[44]

앞에서 제시한 〈사료 1〉에서 보듯이, 바로 다음 달(2월)에 홍무제는 일본에 사자를 파견해 금왜를 요구했다. 이처럼 중원의 새로운 지배자로 명 제국이 등장하면서, 동아시아 국제질서는 왜구금압을 매개로 재편되어 갔다. 우선 고려와 일본의 관계부터 살펴보기로 하자.

1. 고려의 대일 외교와 일본의 대응

고려는 왜구로 인해 이미 경인년(1350) 이래로 심각한 피해를 입고 있었다. 따라서 명이 일본에 금왜사절을 최초로 파견한 1369년 2월보다 이미 2년여 전인 공민왕 15년(1366)에 고려는 금왜사절을 통해 외교적 압력을 가한다. 당시 고려는 금왜 요구가 마치 원나라 황제의 뜻인 것처럼 꾸몄다.[45] 또 '정동행성(征東行省)'이란 기구명(機構名)을 이용했다.[46] 일본 침공 당시 설치된 이래 고려의 내정을 간섭해 왔지만, 공민왕의 반원자주개혁이 시작된 이후 더 이상 기능하지 않았던 기구였다. '동쪽', 즉 '일본'을 정벌하기 위해 설치된 기구임을 의미하는 정동행성의 장관직을, '원의 간섭기'에는 고려 국왕이 겸임하고 있었다. 그런데 공민왕은 이미 유명무실한 정동행성의 장관 명의를 이용한 것이다.

---

44) 『명태조실록』 권38, 「태조본기」 2, 홍무 2년 1월 조.
45) 본서 제7장 참조.
46) 본서 제7장 참조.

그리고 원나라 황제의 의사인 것처럼 꾸미, 일본이 금왜를 위해 적절한 조치를 취하지 않을 경우에는 군사행동도 불사하겠다고 엄포를 놓았다. 그럼으로써 약 100년 전의 일본 침공이 초래한 공포와 위기의식을 다시 상기시킨다고 하는 교묘한 심리전술을 활용했던 것이다.[47]

이러한 고려의 금왜 요구에 대하여 막부는 1371년에 막부의 특급 인물인 료순을 새로운 규슈탄다이로 임명해 현지로 파견한다. 그에게는 과거 약 30여 년 동안 여러 전임(前任) 단다이들이 실패했던 규슈 장악이라는 임무와 함께 아울러 왜구까지 금압해야 하는 지난(至難)한 임무가 맡겨졌다. 막부가 이미 내정되어 있던 규슈탄다이를 교체하고 특별히 료순을 임명한 것은 '여몽 연합군의 재침'에 대한 두려움 때문이었다.[48] 일본은 왜구를 방치했다가는 과거의 일본 침공이 재현될지도 모른다는 공포를 느끼지 않을 수 없었다. 그래서 11년 동안 남조가 장악해 온 규슈 지역을 탈환해 치안과 질서를 회복하고 왜구의 침구를 저지(沮止)해, 일본 침공의 명분을 없애야 했다. 1372년, 규슈로 내려간 료순이 다자이후 탈환 작전을 전개하기 시작하면서 규슈 지역의 내전은 11년 만에 다시 불붙기 시작한다.

료순의 용의주도한 군사작전으로 인해 다자이후와 규슈 최대의 곡창지대인 지쿠고(筑後) 평야를 빼앗기고 후퇴를 거듭하던 정서부 휘하 무장 세력은 '병량미의 확보'와 '패전 후 일시적 도피'를 위해 쓰시마를 거쳐서 고려로 침구해 간다.[49] 『고려사』[50], 『조선왕조실록』[51]은 물론, 중국(명)과 일본의 사료(『선린국보기』)[52]등에서 공통적으로 확인되는 '(막부의) 체포를 피해 도망친 무리(逋逃之

---

47) 본서 제7장 참조.
48) 본서 제7장 참조.
49) 이와 관련해서는 본서 제5장 참조.
50) 「日本国遣僧信弘来報聘書云, 草窃之賊是逋逃輩, 不遵我令, 未易禁焉」『고려사』 권제133, 열전 제46, 우왕 3년 8월 조.
51) "간사한 백성들이 주토(誅討)를 피하여 외딴 섬에 도망가 숨어 있으면서 해상에 자주 나와 장삿배를 표략(剽掠)하는 지가 오래 되었는데, 지금 또 다시 이 같은 잘못을 저질렀습니다"『태종실록』11년 1월 26일 조.
52) 「明建文帝詔書 源道義(足利義満)充」다나카 다케오(田中健夫) 編, 『善隣国宝記』 巻中 建文 4年

輩)'라는 사료 용어는 14세기 후반, 무로마치 막부가 외교 문서에서 밝힌 고려와 명에 침구해 간 왜구의 실체였다.

료슌의 입장에서는 정서부를 하루 빨리 제압하기 위해서라도 정서부 휘하의 무장 세력이 왜구가 되어 고려로 건너가 병량미를 조달하지 못하게끔 해야 했다.[53] 그러나 정서부에 대한 공격은, 소위 '풍선 효과'로 나타나 왜구의 한반도 침구가 격증되는 결과를 낳았다.[54] 료슌에게 정서부에 대한 공격과 왜구금압은 동시에 해결해야 하는 어려운 과제였다.

그런데 료슌이 다자이후 진공작전을 전개하기 직전인 1372년 5월에, 명의 홍무제가 정서부에 파견한 사신 중유(仲猷)와 무일(無逸) 일행이 하카타(博多)에 도착했다.[55] 이들과 접촉한 료슌은 정서부의 가네요시(懷良) 왕자가 명의 책봉을 받았음을 알게 된다.[56] 이 사실은 상황 전개에 따라서는 정서부가 '왜구금압'을 명분으로 삼아 외세(명)를 끌어들여 막부에 대항할 수도 있음을 의미하는 것이었다. 약 100년 전, 일본 침공 당시 일치단결해 거국적으로 대항하였음에도 불구하고 실제 육상 전투에서는 패배한 것과 다름없었다. 여몽군의 압도적인 군사력 앞에서 일본이 믿고 의지할 수 있는 것은 신(神)밖에 없었다.[57] 때마침 폭풍과 태풍이 불지 않았더라면 일본은 몽골군의 말발굽 아래에 고려가 겪어야만 했던 비운을 경험하게 되었을지도 모른다.

그런데 일본 침공 당시와는 달리, 14세기 후반의 일본은 남조와 북조로 분열되어 30년 이상이나 싸우고 있었다. 더욱이 그중 일방(一方)인 정서부는 명과

(1402) 2月 初六日付;「足利義持書 元容周頌充」『善隣国宝記』卷中 応永 26年(1419) 7月 20日付;「足利義持書 元容周頌充」『善隣国宝記』卷中 応永 26年(1419) 7月 23日付.

53) 이 문제에 관해서는 이영, 「고려 말의 왜구와 남조―경신년(1380) 왜구를 중심으로―」(『한일관계사연구』 30집, 2008년 12월)을 참조.

54) 이영, 「왜구와 마산」, 『잊혀진 전쟁 왜구』, 에피스테메, 2007을 참조.

55) 村井章介,「日明交渉史の序幕―幕府最初の遣使にいたるまで―」,『アジアのなかの中世日本』, 校倉書房, 1988 참조.

56) 앞의 주(55) 무라이 쇼스케 논문 참조.

57) 海津一朗,「元寇, 倭寇, 日本国王」,『日本史講座』 卷4. 中世社会の構造, 東京大学出版会, 2004년 9月 참조.

책봉관계를 맺고 있었음이 드러났다. 만약 정서부가 왜구금압을 명분으로 명의 군대를 끌어들일 경우, 남북조 내란의 승패를 초월해 일본 전체가 멸망할지도 모른다고 하는 우려를 막부의 요인들이 갖게 되는 것은 자연스러운 일이었다.

따라서 막부는 적극적으로 대명관계의 개선에 나서야 했다. 그러나 막부의 적극적인 의지에도 불구하고, 정서부의 가네요시 왕자를 일본국왕으로 인정한 홍무제는 막부의 외교적 노력을 계속해서 물리친다.[58] 이런 상황이었기 때문에 막부로서는 고려와의 관계 회복이 더욱 중요성을 띠게 되었다. 그래서 료슌은 우왕 2년(1376) 10월, 일본에서 귀국하는 고려 사신 나홍유(羅興儒)를 통해 덴류지(天竜寺) 승려 도쿠소 슈사(德叟周佐)의 편지를 전달, 당시 내전을 벌이고 있던 일본의 국내 사정을 솔직하게 고백하고, 아울러 왜구금압에 최선을 다하겠다[59]는 뜻을 전한다.

한편, 도쿠소 슈사의 서신을 통해 '남북조 내란'이라는 왜구의 침구 배경을 이해하게 된 고려는 거듭되는 왜구의 침구가 일본의 국가 공권력의 소행이 아닌 것을 확인하고 안도한다. 그리고 무인(武人)이면서 당대 일본을 대표하는 가인(歌人)이기도 한 단다이(探題) 료슌[60]의 상대역에 어울리는 인물로, 고려는 우왕 3년(1377) 9월, 전(前) 대사성(大司成) 정몽주를 사절로 파견한다. 료슌이 히고(肥後, 현재의 구마모토현 일대)의 진영에서 서둘러 하카타(博多)로 돌아간 것은 막부의 파견 기관의 수장으로서 정몽주의 내일(來日)에 대응하기 위한 것이었다.[61] 정몽주와 료슌의 만남으로 고려와 일본 양국은 일본 침공 이후 약 1세기 동안 지속되어 왔던 냉전 상태에 마침내 종지부를 찍고 예전의 우호적인 관계를 회복하게 된다.

---

58) 앞의 주(55) 무라이 쇼스케 논문 참조.
59) 관련 사료로, 『고려사』 권제133, 열전 제46 신우 1, 우왕 2년 10월 조와 우왕 3년 6월 을미일 조를 들 수 있다. 구체적인 내용에 관해서는 본서의 제7장 참조.
60) 이마가와 료슌에 관해서는 가와조에 쇼지(川添昭二), 『今川了俊』(吉川弘文館, 1961)을 참조.
61) 앞의 주(60) 가와조에 쇼지 연구서, 161쪽.

양국으로 하여금 관계 회복으로 나아가게 한 배경은 무엇일까? 고려의 경우 원이 북으로 도주한 이후, 원의 군사적 위협은 사라졌다. 그러나 그 대신 새로 등장한 명이 고려에 무리한 요구를 해 오면서 압력을 가하고 있었다. 명은 중국을 장악해 감에 따라 동북아시아에서 원대(元代)의 질서를 회복하려고 하였다.[62] 이러한 명의 의도는 공물(貢物) 증액 요구와 고려 국왕에 대한 책봉권(冊封權) 행사, 고려의 동북면(東北面)에 대한 귀속권 주장으로 나타났다.[63] 고려에 대한 명의 정책은, 고려가 반원개혁 이후 추진한 대중국 외교정책과 정면으로 충돌하는 것이었다.[64]

이에 대하여 고려 조정 내부에서는 친원파와 친명파로 나뉘어 국론이 분열되어 싸움이 전개되고 있었다. 이처럼 고려로서는 북방 국경이 여전히 불안정한 상태였기에 일본과 관계를 회복하고 이를 지속적으로 유지함으로써 막부로 하여금 왜구를 금압하도록 해 남쪽 국경을 안정시켜야 했다.

한편 막부도 왜구를 금하지 않으면 침공하겠다는 명의 압력을 여러 차례 받고 있었다.[65] 일본 침공 전의 일본은 '13세기의 왜구'의 금압에 적극적으로 응하는 등, 고려와 전반적으로 우호적인 관계를 유지하고 있었다.[66] 그러던 고려가 원에 항복하자, 원과 연합해 일본으로 침공해 왔던 것이다. 그러므로 국내에서는 남조와 대치하고, 대외적으로는 왜구 문제로 명의 침공 위협을 받고 있던 막부로서는, 지리적으로 인접한 고려와 우호적인 관계를 유지하는 일은 외교적 고립 상태에서 벗어나기 위한 주요한 과제였다고 할 수 있다.

이처럼 명 제국이 새로운 중원의 지배자로 등장해 고려와 일본에 대하여 외교적 압박을 가해 오던 상황 속에서 고려와 일본은 서로 협력해 이에 대응해야 하는 절실한 필요성을 느끼게 되었다. 따라서 두 나라는 양국 간 최대 현안(懸

---

62) 앞의 주(25) 김순자 논문 참조.
63) 앞의 주(25) 김순자 논문 참조.
64) 앞의 주(25) 김순자 논문 참조.
65) 앞의 주(55) 무라이 쇼스케 논문 참조.
66) 이에 관해서는 이영, 「고려 전기의 여일관계―진봉관계를 중심으로」 앞의 주(18) 책 참조.

案)인 왜구의 금압에 상호 협조함으로써 신뢰관계를 쌓아 가야 했다. 그리고 앞에서 이미 언급한 것처럼, 막부에게 왜구금압은 곧 '정서부에 대한 군사적 제압'과도 같은 의미였다. 이런 점에서 고려 조정과 무로마치 막부는 이해관계가 완전히 일치했다. 이후 양국은 사자(使者)를 빈번하게 교환하면서 왜구 퇴치에 협력해 간다.

고려-일본 간 사절 왕래 내용을 정리한 〈표 9-3〉을 통해서 다음과 같은 점을 지적할 수 있다.

첫째, 우왕 원년(1375)부터 고려 멸망(1392)까지 18년 동안 고려는 총 7차례, 일본은 그 2.5배가 넘는 18차례 사절을 파견했다.

둘째, 일본은 우왕 7년(1381)과 공양왕 원년(1389)의 두 해만 제외하고 매년 사절을 파견했다. 특히 왜구의 침구가 절정에 달했던 시기에 해당하는 1378년과 1379년은 각각 3회나 되었고 1391년도는 2회에 걸쳐 파견했다.

셋째, 우왕 4년과 5년의 2회에 걸쳐 병사(69명과 186명)를 파견해 고려군과 함께 왜구 토벌에 임하고 있다.

넷째, 우왕 6년(1380)에 방지용이 귀국한 이후, 공양왕 3년(1391)에 송문중이 파견될 때까지 무려 11년 동안에 고려는 단 한 차례도 사절을 파견하지 않았다.

이상의 특징을 통해 사절 파견에서는 왜구의 피해 당사국인 고려보다 가해국의 입장에 있었던 일본이 더 적극적이었음을 알 수 있다. 고려가 지속적으로 사자를 파견한 일차적인 목적은 물론, 수차례에 걸친 금왜사절의 파견에도 불구하고 1372년 이후 오히려 점점 더 격화되어 가는 왜구에 대해 막부에 그 해명을 요구하고 항의하기 위한 것이었다. 또한 왜구의 침구가 일본의 '국가적 의지'가 아님을 확인하는 것이 중요했다. 만약 일본의 국내정세가 변하여(예를 들면, 남조가 우세해진다든지) 점점 더 격화되어 가는 왜구가 종전처럼 약탈한 뒤에도 곧바로 돌아가지 않고 영토에 대한 야심을 가지게 된다면, 아직 북방 국경이 안정되지 않은 고려에게 국가적 재앙이라 할 수 있었다. 따라서 고려로서는 지속적인 사자의 파견을 통하여 일본 국내정세의 변화를 탐지하고 확인할 필요가

〈표 9-3〉 고려-일본 간 사절 왕래(1375~1391)

	고려			일본		
	파견 시기	사절		파견 시기	사절	비고
1	우왕 1년(1375) 2월	나흥유				
			1	우왕 2년(1376) 10월	고려 승려 양유	슈사의 편지 전달
2	우왕 3년(1377) 6월	안길상				
			2	우왕 3년(1377) 8월	답례사 신홍	료슌의 서신 전달
3	우왕 3년(1377) 9월	정몽주				
			3	우왕 4년(1378) 6월	승려 신홍	료슌이 군사 69명 파견
			4	우왕 4년(1378) 7월	주 맹인	정몽주 귀국 수행
4	우왕 4년(1378) 10월	한국주, 이자용	5	우왕 4년(1378) 11월	패가대 왜인의 사절	신홍, 11월 귀국
			6	우왕 5년(1379) 2월	승려 법인	조빙(朝聘), 선물
			7	우왕 5년(1379) 5월	박거사 (朴居士)	오우치 요시히로(大內義弘), 군사 186명을 파견
5	우왕 5년(1379) 5월	윤사충				
			8	우왕 5년(1379) 7월	불명(不明) 이자용 귀국	료슌, 230여 명 송환 창과 검, 말을 바침.
6	불명	방지용	9	우왕 6년(1380) 11월	탐제장군 오랑병위	방지용 귀국 시, 함께 옴.
			10	우왕 8년(1382) 윤2월	불명	피로인 50명 송환
			11	우왕 9년(1383) 9월	불명	피로인 112명 송환
			12	우왕 10년(1384) 8월	불명	남녀 92명을 송환
			13	우왕 12년(1386) 7월	불명	피로인 150명 송환
			14	우왕 14년(1388) 7월	묘파(妙葩)	료슌, 피로인 250명 송환. 대장경 청구
			15	공양왕 2년(1390) 5월	주능(周能)	료슌, 토산물 바침.
			16	공양왕 3년(1391) 8월	불명	료슌, 68명을 송환
7	공양왕 7년(1391) 10월	송문중				
			17	공양왕 3년(1391) 11월	불명	료슌, 방물을 바침.
			18	공양왕 4년(1392) 6월	불명	불교 경전을 청구하고 방물을 바침.

＊〈표 9-3〉은 『고려사』의 기록에 의한 것임.

있었다.67)

이러한 사정은 일본 또한 비슷했다. 일본은 고려를 통하여 대륙정세와 고려 국내의 정보를 얻고자 했을 것이다. 물론 중국을 왕래하는 해상(海商)들과 선승(禪僧)들을 통해서 대륙정세에 관한 정보를 직접 수집하는 길도 있었다. 그렇지만 과거 '일본 침공' 때처럼, 명과 고려가 연합해 일본을 침공하려고 하지는 않는지, 고려에 사자를 파견해 염탐할 필요도 있었을 것이다.

또 생각할 수 있는 것은 정서부(또는 다른 다이묘 세력)가 고려와 외교관계를 수립할 가능성에 대한 견제의 필요성이다. 정서부가 명의 책봉을 받은 사실을 알게 된 막부는, 정서부가 고려에 대해서도 왜구금압을 빌미로 모종의 외교관계를 맺으려 할지도 모른다는 우려와 함께 이를 막아야 한다는 견제 심리가 있었을 것이다.68)

그리고 료슌은 단지 사자만 파견한 것이 아니라 소수였지만 병력도 파견해 고려군과 함께 왜구 토벌 작전에 임하게 하고 있다.69) 료슌이 휘하 병력을 파견한 목적은, 우선은 고려에 왜구금압에 대한 자신의 적극적인 의지와 성의를 표시하기 위한 것이었다. 그렇지만 그 외에도 '왜구에 관한 정보수집'도 파견 목적 중 하나였다고 생각된다. 즉, 일본의 어떤 무장 세력이 실제로 왜구가 되어

---

67) 예를 들어 우왕 13년에 정지(鄭地)가 왜국 정벌을 자청하면서 다음과 같이 언급하고 있다. "왜적으로 말하면 온 나라가 모두 도적인 것이 아니고 그 반란인들이 대마 · 일기 등 여러 섬에 근거지를 둠으로써 (후략)" 『고려사』 권제113, 열전 제26, 정지 전.

68) 예를 들어 『고려사』 권제133, 열전 제46, 우왕 4년 11월 조에 패가대(覇家台) 왜인의 사절이 와서 울주(蔚州)에 정박했을 때, 료슌이 파견한 부하 신홍은 "그들에게 '고려에서 장차 너희들을 붙잡아 둘 것이다'라고 하여 그들로 하여금 무서워서 도망치게 하였다"고 하는 기사가 있다. 여기서 패가대 왜인이 구체적으로 누구를 가리키는 것인지는 단정하기 어렵다. 예를 들면 '패가대', 즉 하카타에 세력을 가지고 있었던 오토모씨(大友氏)나 쇼니씨(少弐氏), 또는 1361~1371년 동안 하카타를 장악하고 있던 정서부의 기쿠치씨(菊池氏)일 가능성도 배제할 수 없다. 어쨌든 이 사료는 규슈 지역의 다른 호족 세력과 고려의 외교적인 접촉을 차단하고자 하는, 규슈탄다이 료슌의 의지를 보여 주는 사료로 이해할 수 있다.

69) 『고려사』 권제133, 열전 제46, 우왕 4년 6월 조에 보이는 료슌의 부하 신홍이 군사 69명을 인솔해 와 왜적을 체포하게 했다고 하는 기사와 우왕 5년 5월에 오우치 요시히로(大內義弘)가 자기 군사 186명을 부하 박거사에게 딸려서 고려에 보냈다고 하는 기사가 있다. 당시 요시히로는 료슌을 따라 정서부 토벌에 임하고 있었다.

고려에 침구해 가는가 하는 정보수집과 분석은 실효성 있는 왜구 대책을 세우고 추진하기 위해서 반드시 필요했을 것이다.[70]

팍스 몽골리카의 붕괴 이후, 아직 명이 중국 대륙을 확고하게 장악하지 못했던 이 시기에, 고려와 일본 두 나라는 양국의 현안(懸案)인 왜구 문제 해결을 위해 협조하면서 관계 회복을 꾀해야 했고, 내부적으로는 미구(未久)에 예상되는 명의 거센 군사·외교적 압력에 효율적으로 대응하기 위해 자국의 내부 체제의 정비를 서둘러야만 했다. 이런 점에서 본다면, 이 시기 료슌의 대(対)고려(조선) 접촉과 그 일환으로 행해진 피로인의 송환을 단순히 '상행위'로 평가한 일본 연구자들의 견해는 이 시대의 국제정세에 대한 인식 결핍을 보여주는 것이라 할 수 있다.

그런데 이처럼 빈번한 사자 교환을 통해 구축된 고려-일본 양국 간의 신뢰 관계는 이후 고려의 국내정세 및 고려-명 관계에도 큰 영향을 미치게 된다. 우왕 14년(1388)의 '요동정벌'이 그것이다. 최영이 주도한 요동정벌을 놓고 이성계가 정면으로 반대한 사실은 유명하다. 그는 당시 반대 이유 중 하나로 '왜구의 위협'을 들었다.[71]

요동정벌에 동원된 병력은 3만 8,830명이나 되었다.[72] 이는 우왕 2년 8월에 각 도별로 점병(点兵)하여 보고된 전 병력 9만 3,500명 중,[73] 약 41.5%에 해당한다. 그리고 실제로 동원된 장수들의 면면을 보면, 이성계를 위시하여 양광도

---

70) 덴류지(天龍寺)의 주지 도쿠소 슈사가 고려에 전한 서신 중, 당시 왜구의 실체를 '난신(乱臣)'과 '완고한 백성(頑民)'이라고 한 것은 물론 규슈탄다이 료슌이 수집한 정보에 기초를 둔 것으로 생각된다.

71) "태조가 말하기를 지금 출정하는 것은 네 가지 불가한 점이 있습니다. 첫째, 소국으로 대국을 거역해서 한 가지 불가요, 여름에 군사를 동원하니 두 가지 불가요, 전국의 역량을 기울어 원정하면 왜국이 빈틈을 탈 우려가 있으니 세 가지 불가요, 지금은 여름철 장마 때이므로 활에 먹은 아교가 풀리고 대군이 역질에 걸릴 우려가 있으니 네 가지 불가입니다(太祖曰今者出師有四不可, 以小逆大一不可, 夏月発兵二不可. 挙国遠征倭乗其虚三不可, 時方暑雨弓弩膠解大軍疾疫四不可)." 『고려사』 권제137, 열전 제50, 신우5, 우왕 14년 4월 초하루 을사일 조.

72) 『고려사』 권제137, 열전 제50, 신우5, 우왕 14년 4월 정미일 조.

73) 『고려사』 권제81, 지제 35, 우왕 2년 8월 조.

도원수 왕안덕, 동(同) 부원수 이승원, 경상도 상원수 박위, 전라도 부원수 최운해, 계림원수 경의, 안동원수 최단을 포함해 정지, 지용기, 배극렴, 이두란 등, 왜구와의 전투 경험이 풍부한 장수들을 거의 다 동원한 것이었다.[74] 특히 왜구들이 가장 빈번하게 침구해 오던 지역인 양광도와 경상도, 전라도의 지휘부와 병력은 물론, 계림과 안동의 원수 그리고 우왕 8년(1382)에 해도원수(海道元帥)에 임명된[75] 당시 고려 수군의 핵심 지휘관 정지(鄭地)까지 동원한 것, 그리고 경기도의 병력을 빼내어 동강(東江)과 서강(西江)에 주둔시켜 왜적을 방어하게 한 것[76]이 주목된다. 이러한 군사 동원에 이성계가 '왜구의 침구 위협'을 내세워 반대한 것도 충분한 설득력을 지닌 것이었다고 할 수 있다.

한편, 이러한 반대를 물리치고 요동정벌을 강행한 것에서 당시 고려 조정의 국제정세에 관한 인식을 엿볼 수 있다. 고려 조정은 비록 대병력을 동원해 요동정벌에 나서더라도 일본으로부터 대규모 정규군의 공격을 받을 위험은 없을 것이라고 인식하고 있었다는 점이다. 그런데 명의 고려에 대한 요구가 아무리 강압적이며 무리한 것이었다고 하더라도, 요동정벌은 이례적인 사건이었다고 해야 할 것이다. 즉, 건국 이래 북방 유목민족들의 수많은 침공을 겪으면서도 수동적인 수비 전략에만 치중했던 고려, 더욱이 왜구의 위협이 여전하던 당시에 고려가 대규모 병력을 동원해 압록강을 건너간다고 하는 과감한 군사작전을 전개한 것은 이례적인 사건이었다.[77]

그런데 만약, 당시 고려가 일본과 외교적 신뢰관계가 없었더라면 과연 이처럼 과감한 군사작전을 추진할 수 있었을까? 다시 말하자면 고려는 왜구의 침구가 일본의 국가적인 의지와는 무관한 '반란 세력들의 약탈행위'라는 확신이 있었기 때문에 이성계 등의 반대에도 불구하고 요동정벌을 강력하게 추진할 수

---

74) 『고려사』 권제137, 열전 제50, 신우5, 우왕 14년 4월 정미일 조.

75) 앞의 주(67) 사료 참조.

76) 앞의 주(72) 사료 참조.

77) 공민왕 19년(1370) 11월에 이성계가 압록강을 도하해 요성(遼城)을 공격해 함락시킨 적이 있지만, 병력의 규모에서 우왕 대의 요동정벌과는 비교가 되지 않는다. 『고려사』 권제42, 공민왕 19년 11월 정해일 조.

있었던 것이 아닐까라고 생각하는 것이다.[78]

고려의 일본에 대한 신뢰는, 〈표 9-3〉에서 보듯이, "우왕 6년(1380)에 방지용이 귀국한 이후, 공양왕 3년(1391)에 송문중이 파견될 때까지 무려 11년 동안에 고려는 단 한 차례도 사절을 파견하지 않았다"고 하는 사실에서 알 수 있다. 반면 이 기간 중에도 료슌은 거의 매년 고려에 사절을 파견했다. 또 두 차례의 병력 파견을 통한 고려군과 대왜구 연합작전을 수행했다. 또 일곱 차례에 걸쳐 약 900명의 피로인을 송환했다. 그 결과, 고려는 일본의 국내정세를 이해하고 완전히 신뢰하게 되었다.

양국 사이의 신뢰관계는 우왕 15년(기사년, 1389) 2월의 박위의 쓰시마 공격에서도 확인된다. 『고려사』에 의하면,[79] 그는 전함 100척을 가지고 쓰시마를 공격해 왜인들의 배 300척과 그 근방 해안의 건물들을 거의 다 불태우고 잡혀갔던 사람 100여 명을 찾아서 데리고 왔다. 그럼에도 불구하고 다음 해(1390) 5월에 료슌은 쓰시마 정벌에 대하여 아무런 항의도 하지 않았으며 주능(周能) 등을 파견해 토산물을 바쳤다.[80] 그리고 공양왕 3년(1391) 8월에도 료슌은 사자를 파견해 방물(方物)을 바치고 피로인 남녀 68명을 돌려보냈다. 그는 고려의 시중(侍中)에게 보낸 글에 다음과 같이 쓰고 있다.

---

5. 내가 귀국에 대하여 성의를 다해 좋은 관계를 지속하여 온 지 40년(20년?)이 넘었다. 지난 기사년(己巳年) 10월에 도적을 금지하라는 당신의 명령을 받고 여러 섬의 도적 무리들에게 명령을 내려 금지하였다. 전년 10월에 중 주능이 가지고 온 글에 의하면 "해적이 지금도 아직 근절되지 않는다. 만약 엄금하지 않으면 피차간에 손상을 입는 일이 있을지 모른다"라고 하였다. 나는 부끄럽고 분하여 여러 섬에 사람을 보내어 해적을 체포하게 하였다. 귀국의 상(相) 여러분은 나의 심정을

---

78) 그리고 실제로 〈표 9-1〉에서 보듯이, 왜구의 침구는 1383년을 정점으로 이후 급격히 감소해 1386년도에는 단 한 차례의 침구도 없었고 요동정벌의 전해인 1387년에는 7지역에만 왜구가 침구하였음을 확인할 수 있다.

79) 『고려사』 권제 116, 열전 제29, 박위 전.

80) 『고려사』 권제 45, 세가 제45, 공양왕 2년 5월 신해일 조.

살펴 주시고 영원히 화평한 좋은 관계를 갖게 하기를 바란다."[81]

〈사료 5〉를 통해, 박위의 쓰시마 원정이 이루어진 기사년(1389)의 10월, 고려 조정은 료슌에게 사람을 보내어 금왜요구를 한 사실이 확인된다.[82] 쓰시마 원 정에도 불구하고, 4월과 7월, 9월, 11월, 12월에도 왜구가 침구해 왔기 때문이 다.[83] 그러자 다음 해(1390) 5월에 료슌은 주능을 파견했고 그는 10월에 귀국했 다. 그런데 주능이 고려에 체재하던 6월과 8월에도 왜구는 침구하였다. 이러한 사실은 주능을 통해 료슌에게 전해졌다. 그러자 료슌은 고려의 시중에게 솔직 하게 미안하고 부끄러운 마음을 표현하고 아울러 앞으로도 영원히 화평한 좋은 관계를 지속할 것을 원하고 있다.

이처럼 료슌의 일관되고 성의 있는 고려 접촉은, 고려로 하여금 료슌과 막부 의 왜구금압 의지를 신뢰할 수 있게 하였으며 두 나라는 확고한 신뢰를 구축할 수 있었다. 만약 고려가 일본을 신뢰하지 않았다면, 설사 명의 위협과 무리한 요구가 여러 차례 가해졌다고 해도 요동정벌이라고 하는 적극적인 군사적 대응 을 선택하기는 쉽지 않았을 것이다. 그리고 설사 군사적인 행동을 하더라도 그 것은 수비에 치중하는 수동적인 대응이 되었을 것이다. 이 점은 고려가 경인년 (1350) 이후 왜구로 인해 막대한 피해를 당해 왔으면서도 원과의 군사적 긴장관 계 때문에 일본에 대하여 금왜사절을 파견하지 않았던 것과 같은 맥락에서 생 각할 수 있다.

다시 말하면 이 시기의 고려와 일본 양국 간의 신뢰관계는 고려의 요동정벌 추진, 그리고 그 결과 전개된 고려 왕조의 멸망과 조선 왕조의 건국에 적지 않 은 영향을 미쳤다고 평가해야 할 것이다.

---

81) 『고려사』 권제 46, 세가 제46, 공양왕 3년 8월 계해일 조.
82) 그것은 공식적인 사절 파견이 아니라 전년도 7월(우왕14, 1388)에 료슌이 파견한 승려 묘파가 일본으로 귀국할 때에 전달한 것으로 보인다(『고려사』 권제 137, 열전 제50, 우왕 14년 7월 기 묘일 조). 이때, 고려는 쓰시마 원정에 관한 해명도 하지 않았을까 생각한다.
83) 『고려사』 권제 137, 열전 제50, 창왕 원년 4월 을사일 조와 동년 6월 조, 동년 7월 정유일 조, 동 년 9월 조, 동년 11월조, 12월 계축일 조.

2. 명의 대고려 외교와 고려의 대응

명과 고려는 갈등과 대립을 거듭해, 조선 세종 대에 들어와 비로소 양국의 긴장관계는 안정된다. 그때까지 양국 간에는 적지 않은 외교적 문제가 있었다. 그리고 그러한 문제를 해결하는 과정에서 때로는 막대한 공물을 수탈당하기도 하고 때로는 군사적 충돌 상황에 봉착하기도 하였다.[84] 우왕 14년(1388)에 고려가 전례 없이 중국(=명)의 영토를 선제공격하려 한 요동정벌은 원대의 질서를 회복하려는 명의 영토정책에 대한 반발이었다.[85] 여기에서는 양국 간의 외교 문제 중에서도 왜구에 한정해서 고찰하고자 한다.

명의 홍무제 주원장은 왜구가 자국을 침구하는 것에 대응해, 일본은 물론 고려에 대해서도 사절을 파견해 압력을 가해 온다. 즉, 명은 고려 정부가 왜구금압에 적극적으로 임할 것을 요구했다. 홍무제가 고려에 대하여 왜구 문제를 최초로 언급한 것은 공민왕 19년(1370) 5월의 일이다.[86] 이는 고려가 일본에 최초의 금왜사절을 파견한 1369년 2월에서부터 1년여가 지난 시점이었다. 그리고 〈표 9-4〉에서 보듯이 아직 명에 대한 왜구의 침구가 본격적으로 시작되기 전이었다. 따라서 당시 홍무제가 공민왕에게 지시한 왜구 대책은 아주 완곡한 표현의 형태를 취하고 있었다.[87]

그러나 1372년 6~8월 사이에 네 차례, 그리고 1373년 7월에도 왜구가 침구해 오자(〈표 9-4〉), 공민왕 22년(1373) 7월에 홍무제가 고려에 보내온 서신 내용도 격한 표현으로 바뀌었다. 다음의 〈사료 6〉을 보자.

---

84) 앞의 주(25) 김순자 연구서 참조.
85) 앞의 주(25) 김순자 연구서 참조.
86) 『고려사』 권제42, 세가 제42, 공민왕 19년 5월 갑인일 조.
87) 홍무제는 당시 고려에 보낸 조서에서 왜구의 고려 침구에 우려를 표시하면서 "이상 몇 가지 일에 대하여 내가 여러 말을 하였지만 그것은 당신과 함께 근심을 같이하는 데 불과하니 당신은 잘 살펴서 처리하라"고 하는 온건한 표현을 사용했다. 앞의 주(86) 사료 참조.

	침구 시기	침구 장소		침구 시기	침구 장소
1	1369년 정월	산동성(山東省) 빈해주군(瀕海州郡)	11	동년 7월	태주
2	동년 4월	소주(蘇州) 숭명(崇明)	12	1374년 7월	해주
3	동년 8월	회안(淮安)	13	동년 7월	대임하구(大任河口)
4	1370년 6월	산동, 온주, 태주, 명주, 복건	14	1380년 7월	광주부(広州府)의 동완(東莞)
5	1371년 6월	교주(膠州)	15	동년 8월	광동의 해풍현(海豊県)
6	1372년 6월	감포(澉浦)	16	1383년 6월	금향(金郷), 평양(平陽)
7	동년 6월	소주, 송주, 온주, 태주	17	1385년	상해(上海)
8	동년 6월	온주, 석당	18	1389년 12월	성산양(城山洋), 애자구곡(艾子口曲)
9	동년 8월	복주의 복녕현	19	1390년 1월	천산포곡(穿山浦曲)
10	1373년 7월	즉묵제성, 래양			

* 〈표 9-4〉는 『명태조실록』과 『명사(明史)』 등에 의거해 작성.

---

6. (전략) 왜적이 끊임없이 너희를 침범하니 너희는 배를 사오백 척 준비하여 군인에게 주어서 그놈들을 잡아라. 그것이 잘하는 일이다. 우리 이곳으로 말하자면 너희 그곳보다는 바다 하나가 사이에 더 있다. 왜적이 오면 나도 사람을 보내서 잡는 데 그곳에서 왜 잡지 않는가? (중략)

내가 너희를 정벌하러 가게 되면 명주(明州)에서 해양용 선박 오백 척을 건조하고, 온주(溫州)에서 오백 척, 천주(泉州), 태창(太倉), 광동(広東), 사천(四川)에서 3개월 내에 7천~8천 척의 배를 수리하고 건조하여 확실하게 정벌하러 갈 것이다.[88] (중략)

홍무제는 〈사료 6〉에서, 4백~5백 척의 선박을 준비해 왜구금압에 보다 더 적극적으로 임할 것을 요구하면서, 아울러 고려에 대한 정벌을 언급하고 있다. 물론 그 이유가 '왜적' 때문만은 아니었지만, 이전과는 비교할 수 없을 강한 어조

---

88) 앞의 주(32) 사료 참조.

로 고려 조정에 대하여 왜구를 금압할 것을 지시하고 있다. 고려의 왜구 대책도 이 무렵을 전후해서 큰 변화가 일어난다. 그것은, 1372년부터 왜구의 침구가 갑자기 격렬해진 것(〈표 9-1〉 경인년 이후의 왜구 침구표)과 외교적 대응만으로는 한계가 있음을 깨달은 것, 그리고 명이 고려에 대해 강력하게 금왜를 지시해 왔던 것을 들 수 있다. 이처럼 명이 자국으로 침구하는 왜구에 대하여 고려로 하여금 방어하라고 압력을 가해 오자, 고려는 명의 압력을 역이용한다. 즉, 공민왕 22년(1373) 11월에 명에게 왜구 토벌에 필요한 배에 사용할 기계, 화약, 유황, 염초를 요구한다.[89] 이에 대하여 명은 일단 홍무 7년(1374) 5월 4일에 고려 수군의 작전 능력 미숙과 자국 내에서의 공급 부족을 이유로 내세워 이 요구를 거절한다.[90] 그렇지만 그로부터 불과 4일 뒤인 5월 8일이 되자, 명의 태도에 변화가 나타난다. 명의 중서성은 홍무 7년(1374) 5월 4일에 고려가 화약을 나누어 줄 것을 요청한 자문(咨文)을 받았지만 이에 대해 부정적인 입장을 취하고 있었다. 그러나 중서성으로부터 고려의 자문에 대한 보고를 들은 홍무제는 같은 달 8일에 중서성 등의 관청에 고려의 청원을 허가하고 신속하게 문서를 고려에 보낼 것, 고려로 하여금 50만 근의 염초와 10만 근의 유황을 생산해 중국으로 가져오게 하고, 중국의 상급품과 혼합해 화약을 제조해 고려에 나눠 줄 것, 그리고 고려로 하여금 유능한 장수와 관리를 파견하게 해 고려가 새로 만든 왜구 토벌용 선박을 타고 중국으로 올 것 등을 명했다.[91]

그런데 위의 사료 만으로는 실제로 명이 고려에 화약을 제공했는지 여부에 관해서는 알 수 없다. 다음 『세종실록』의 기록[92]을 살펴보자.

7. 전조(前朝)의 공민왕 때, 화약을 주청(奏請)하자, 고황제(高皇帝)가 특별히 화포(火砲)와 화약을 내려주었다. 이는 곧 일시동인(一視同仁)의 큰 뜻(大度)이다.

89) 『고려사』 권제44, 공민왕 22년 11월 조.
90) 『고려사』 권제44, 공민왕 23년 6월 임자(18일) 조.
91) 『고려사』 권제44, 공민왕 23년 6월 조.
92) 『세종실록』 권56, 세종 14년(1432) 5월 계유일 조.

명이 고려에 화포 및 화약 공급을 한 사실이 확인되는 것이다. 이에 고려는 화포를 배에 실어 왜구 토벌에 나서게 되고, 그 결과 곧바로 잃었던 제해권을 되찾아오는 데 성공한다.[93] 고려는 왜구를 금압하라는 명의 압력을 역으로 활용해 명으로부터 화약과 화포의 원조를 이끌어 내는 데 성공한 것이다.

홍무제의 고려의 왜구 대책에 관한 요구는, 명의 요동경략이 끝나는 우왕 11년(1385)에 들어오면 더욱 강력해진다. 우왕 11년 12월에 홍무제가 보내온 조서 내용을 보자.

    8. 사신들이 또 하나의 황제의 유고문을 가지고 왔는데 거기에 이르기를, "당신 나라에는 왜적이 진짜 해독이 된다. 그러나 어찌 그것이 우리에게도 해독이 되지 않는다고 보겠는가? 그러므로 나는 군선(軍船)의 편성이 완비되는 때에 왜적이 있는 섬으로 가서 토벌하겠다. 바로 바다를 건너가려 하나 그곳의 뱃길을 모르므로 금주(金州)에서 군량을 싣고 그곳으로 지나갈 터이니 바닷길에 익숙한 사람을 안내자로 세우라. 그러면 그곳에 가서 왜적을 치고 돌아오겠다. 그리고 당신들은 왜적들이 침입하는 요로에 병영을 만들고 수비하라고 하였다.[94]

홍무제는 왜적이 있는 섬(쓰시마?)으로 직접 토벌에 나설 것이며 그때 고려를 지나갈 것이라고 언급하고 있다. 이러한 그의 언급에 고려 조정이 큰 위협을 느끼지 않았을 리가 없다. 홍무제는 우왕 13년(1387) 5월에도 고려에 조서를 보내어 구체적인 왜구 대응책을 지시하고 있다.

    9. 당신들이 거기서 해야 할 일 중에서 긴급한 것은 왜놈에 대한 것이다. 나에

---

93) 경인년(1350) 2월 왜구의 침공이 시작된 이래, 우왕 3년(1377) 11월까지 약 28년 동안의 해전 결과, 고려와 왜구의 전과를 비교하면, 선박의 손실(왜구 : 고려=17 : 650+α), 인명의 손실(왜구 : 고려=115 : 5000+α)이라는 통계를 얻을 수 있다. 고려군은 왜구와의 해상 충돌에서 일방적인 패배를 당하고 있었던 것이다. 그러던 것이 화포를 사용하면서부터는 해전에서 왜구를 압도하게 된다.
94) 『고려사』 권제135, 열전 제48, 우왕 11년 12월 조.

대한 다른 근심 걱정은 아예 가지지 말라. ⓐ 저 올나강과 압록강 일대와 바닷가에 겹겹이 성을 많이 축성하고 군마를 다소 조동하여 지키기나 하고 군함을 많이 만들어 왜적을 방비하여 백성들을 위하여 행복을 마련해 주라.95) (중략)

저 ⓑ 나주 일대에 총총히 성을 쌓고 군함을 많이 만들어 왜적이 침해하지 못하게 해야 한다. 그런데 당신들의 해변 30~50리 어간에는 집에서 연기가 나지 않고 밭갈이 하는 사람을 볼 수 없다 하며 또 ⓒ 왜놈들이 무슨 섬인가를 강점하고 몇 년씩이나 거주하며 가지 않으나 당신들은 감히 접근하지도 못한다는 데 그게 무슨 곤란한 일인가.

ⓓ 아, 군함을 가지고 그 섬을 포위하라. 장기간 봉쇄하여 두고 그놈들을 굶어죽게 하라. 이런 일이 당신들이 마땅히 해야 할 일이다. (중략)

ⓔ 그곳은 당신네 나라와 가깝고 그곳과 나주가 마주 대치되어 있으며 또 종래에 당신들이 관할하여 왔으니 당신들이 관할하는 것이 합당할 것이다. (중략)

ⓕ 당신은 돌아가거든 그들에게 누누이 말해서 지성을 다하여 자기 국토를 보수할 것이요, 우리 중국을 침노치 말게 하라. 당신은 무슨 할 말이 있는가. 만약 성실하지 않고 백성들도 애무하지 않고 변방에서 사단이나 일으키는 이런 짓을 한다면, 그때는 내가 당신들을 용서하기 어렵게 될 것이다. ⓖ 내가 만약 당신들을 징벌하게 되면 마구 쳐들어가지는 않을 것이다. 일정한 거리마다 성을 축조하고 천천히 견고하게 쳐들어갈 것이다.96)

홍무제가 중국에 침구해 오는 왜구를 막기 위해서 고려가 취해야 할 조치에 대해 지시하고 있다. 즉, ⓐ의 올나강과 압록강 일대와 바닷가에 겹겹이 축성할 것, 그리고 ⓑ의 전라도 나주 일대에 축성할 것 등이 그것이다. 여기서 나주(羅州)는 한반도의 남해안과 서해안의 경계에 위치하고 있다. 홍무제는 한반도의 남해안과 서해안의 경계에 위치한 나주를 명나라로 침구하는 왜구를 막기 위한 '왜구의 1차 방어선'으로, 그리고 고려와 중국 요동 지방의 경계 지역인 올나강

---

95)「你那裏合做的勾当打緊是倭子倒, 不要別疑慮. 只兀那鴨綠江一帶沿海密匝匝的多築些城子調些軍馬守住了一壁廂. 多造些軍船隄備著百姓些福至」『고려사』권제136, 열전 제49, 우왕 13년 5월 조.
96) 앞의 주(95) 사료 참조.

과 압록강 일대를 '2차 방어선'으로 여기고 있었음을 알 수 있다.

〈사료 8〉의 '왜적이 있는 섬'과 〈사료 9〉의 ⓒ와 ⓓ에서 언급하고 있는 '섬'이 정확하게 어디를 지칭하는지를 알 수 없지만, 아마도 홍무제는 왜구의 본거지 '쓰시마'를 의식하고 언급한 것으로 생각된다. 설사 쓰시마가 아니라 할지라도, 왜구들이 근거지로 삼고 있는 섬에 대하여 적극적인 공세를 취할 것을 지시한 것이므로, 고려 조정이 이 섬을 쓰시마로 이해했다고 보아야 한다.

또한 ⓔ에서, 홍무제는 '그곳(탐라)'이 고려와 가깝고 (왜구의 침구 경로에 위치한) 나주와 마주 보고 있는 곳이니 고려가 관할하라고 언급했다. 탐라를 고려가 관할하도록 한 이유 중 하나는, 탐라가 '왜구의 대명(對明) 일차 방어선'인 나주와 마주 보는 곳에 위치하기 때문이었다. 이처럼 홍무제는 고려에 대하여 강력하게 왜구 방어를 요구했다.

아울러 ⓕ에서는 고려에 대하여, 국토를 방어해 (왜구들이) 중국에 침노하지 못하게 할 것을 엄명했다. 만약 이를 준수하지 않으면 자신은 고려를 침공할 것이며, 그것은 성을 축조해 가면서 철저하게 점령해 갈 것(ⓖ)이라고 구체적으로 언급하고 있다. 이제 왜구는 고려의 존립 기반마저 뒤흔들 수 있는 위험한 사안이 되고 말았다. 이러한 고려 내부의 분위기를 잘 반영해 주는 사건이 같은 해, 우왕 13년(1387) 5월에 일어났다. 다음 사료를 보자.

---

10. 요동의 수송 선박이 풍랑에 표류하여 서해의 여러 섬에 정박하였다. 그때 어떤 사람이 선의문(宣義門)으로 달려 들어오면서 "당선(唐船)에서 군인들이 모두 다 상륙하여 서울을 습격하려고 벌써 성문에까지 이르렀다"고 큰 소리로 외쳐서 서울이 크게 놀랬다. 그 사람을 붙잡아 심문한즉 유언비어였다.[97]

요동의 조운선이 서해도에 표류한 것을 두고 당선의 군인들이 장차 경성을 습격할 것이라는 유언비어가 돌자 도성 전체가 크게 놀랐다는 것이다. 다음 달

---

97) 『고려사』 권제136, 열전 제49, 우왕 13년 5월 조.

에는 이원길이라는 자가 정료위(定遼衛)에서 도주해 와 "정료위에서 군사를 점검하여 장차 우리나라로 향할 것이다"라고 하자, 우왕이 현재 개경에 와 있는 명나라 사신을 전송하지도 않은 채 갑옷을 입고 호곶(壺串)으로 가 버렸다.[98] 이상의 사례를 통해, 당시 고려 사회가 명나라의 침공 위협을 얼마나 현실적인 문제로 받아들이고 있었는가를 잘 알 수 있을 것이다. 이처럼 왜구로 인한 명의 군사적 위협이 현실성을 더해 가자, 마침내 고려 조정 내에서도 쓰시마 정벌이 논의되었다. 다음 사료를 보자.

―――

　　11. (우왕) 13년에 정지(鄭地)가 서면으로 왜국 정벌을 자청하였는데, 그 글에 "근자에 중국에서 왜국 정벌을 공언하고 있습니다. ⓐ 만일 우리나라 각지에 그 병선들을 정박시키면 비단 그 뒤를 치르기가 곤란할 뿐 아니라 우리나라의 허실을 엿볼 우려가 있습니다. 그리고 왜적으로 말하면 온 나라가 모두 도적인 것이 아니고 반란을 일으킨 사람들이 대마도와 일기도 등 여러 섬에 근거지를 둠으로써 나라 동쪽 변방에 접근해 무시로 침범해 옵니다. 그러므로 만일 그 죄를 성토하고 큰 병력으로 우선 여러 섬들을 공격해 그 소굴을 전복하고 일본에 공문을 보내 패잔 적도를 모두 귀순시키게 하면 왜적의 화를 영원히 제거할 수 있을 것이며 중국의 군사도 또한 구실이 없어져서 오지 않을 것입니다.[99] (중략)

위 사료의 ⓐ에서 정지는, 중국(명)의 병선이 고려를 공격하는 것이 아니라 단순히 왜국 정벌을 구실로 고려에 정박하게 되는 상황을 크게 우려하고 있음을 알 수 있다. 이처럼 명나라가 왜구 정벌을 명분으로 내세워 사실은 고려까지 침공해 올지 모른다는 의구심, 그리고 원대(元代)의 질서와 영토를 회복하려고 하는 명의 일방적 요구와 위협에 대한 반발이 '요동정벌'로 표출되었다고 생각된다.[100] 그리고 그것이 도중에 좌절되자, 약 2년 뒤인 1389년 2월, 명의 요구

―――

98) 『고려사』 권제136, 열전 제49, 우왕 13년 6월 조.
99) 앞의 주(67) 사료 참조.
100) 앞의 주(25) 김순자 책 참조.

에 부응하는 형태로 경상도 원수 박위의 '쓰시마 공격'이 추진되었던 것이다.[101]

그런데 조선 세종 대의 쓰시마 정벌도 같은 맥락에서 이해할 수 있다. 즉, 세종 원년(1419)에 충남 서천군 비인면 도둔곶에 침구한 왜구가 중국의 요동반도까지 침구했다. 이에 대한 조선의 반응을 보여 주는 것이 다음의 〈사료 12〉이다.

12. "지금 듣건대, 도왜(島倭)의 배 3백여 척이 상국(中國)에 침구하고자 한다 하니, 우리와 혼단(釁端)을 맺는 일이 없겠는가, 염려하지 않을 수 없다"고 하였다.[102]

세종 즉위년(1418) 당시, 쓰시마에서 출발한 왜구 선단이 조선의 충남 서천군 비인면 도둔곶 일대를 침구한 뒤, 중국으로 향하고 있었다. 중국과의 관계가 비교적 안정적이었던 세종 대였지만, 세종은 왜구가 중국을 침공함으로써 명나라와 조선의 사이가 벌어져서 불화(不和)하는 계기(釁端)가 되지나 않을까 염려했던 것이다. 이처럼 왜구의 자국에 대한 침구만이 아니라 중국으로 침구하는 왜구에 대해서도, 조선은 명의 책임 추궁이라고 하는 큰 심리적인 압박감을 항상 느끼고 있었다. 세종 원년(1419) 1월 15일의 실록 기사인 〈사료 13〉을 보자.

13. 박신이 아뢰기를, "득관이 만약 돌아가게 되면 중국 조정에서 반드시 우리나라가 왜국과 땅이 가까워서 서로 통하는 줄로 알 것이니, 머물러 두는 것만 같지 못합니다." 하므로, 상왕은 좌의정 박은을 불러 의논하니, 박은은 아뢰기를, "먼저 진술장을 보내는 것도 옳지 않고 득관을 머물러 두는 것도 옳지 않습니다. 마땅히 급히 달리는 역마를 이용하여 득관을 보내어 들어가 아뢰게 하는 것이 옳습니다." 하므로 그 의견을 따랐다.[103]

---

101) 『고려사』 권제 137, 열전 제50, 기사 원년 2월 조.
102) 『세종실록』 권제2, 즉위년 12월 11일 조.
103) 『세종실록』 권제3, 원년 1월 15일 조.

조선 조정은, 쓰시마의 왜인들이 중국을 침공할 것이라는 정보를 가지고 쓰시마에서 탈출한 김득관이라는 중국인을 본국으로 송환해야 할지 여부를 놓고 고민하고 있었다. 왜냐하면 조선 조정은 항상, 중국 조정이 조선과 왜구가 서로 내통하고 있는 것으로 여기고 있지 않은가 하고 심각하게 우려하고 있었기 때문이었다. 다음 〈사료 14〉를 보자.

———

14. 오늘 주상이 나에게 중 30명이 도망하여 중국에 들어간 사건을 보고하였다. 이 말을 듣고 문득 전자(前者)에 윤이(尹彛), 이초(李初)가 도망하여 명나라에 들어가 거짓말로 본국에 대한 일을 고자질하고 가짜 왜구를 꾸며 명나라를 엿본 일이 생각나는데, 그때 총명한 고황제(高皇帝, 홍무제)도 이를 의심하여 우리나라에서 여러 해를 두고 변명하여도 마침내 제대로 밝히지 못하였다.[104]

이처럼 홍무제는 왜구 문제를 가지고 고려(조선)를 의심하고 압박하였다. 왜구는 고려(조선)와 명나라 사이의 심각한 외교적 분쟁을 야기시키는 중대한 문제였다. 왜구의 침구는 고려(조선) 사회에 대하여 직접적으로 막대한 폐해를 초래했을 뿐 아니라, 중국 왕조가 고려(조선)를 침공할 명분을 제공함으로써 양국 사이의 군사, 외교적 분쟁의 원인이 되었던 것이다. 고려 우왕 대(1389)의 박위, 그리고 조선 세종 원년(1419)의 이종무의, 두 차례에 걸친 쓰시마 정벌의 직접적인 동인(動因)은 이러한 중국의 압박이라고 생각된다.

3. 명의 대일 외교와 일본의 대응

명은 건국 직후인 1368년 11월에 일본 등지에 사절을 파견해 한(漢)민족이 중화(中華)를 회복하였음을 천하에 알리면서 적극적인 외교 공세를 전개해 나간다. 이후 무로마치 막부 최초의 견명사절이 중국에 들어간 1374년까지 연이

———

104) 『세종실록』 권제6, 원년 12월 초10일 조.

	시기	내용
1	홍무 원년(1368) 11월	고토렛토(五島列島) 일대에서 사자가 도적에게 피살당하고 조서(詔書)는 훼손되어 바다에 버려짐.
2	홍무 2년(1369) 2월	사자는 규슈에 상륙했지만 정서장군 가네요시에 의해 일행 7명 중 5명이 살해당하고 양재(楊載)와 오문화(吳文華) 두 사람은 3개월 정도 억류당한 뒤 귀국함.
3	홍무 3년(1370) 3월	사자 조질(趙秩)은 다음 해(1371) 10월에 가네요시의 부하 소라이(祖來)를 데리고 귀국함.
4	홍무 5년(1372) 5월	5월 20일에 중국을 출발한 중유(仲猷)와 무일(無逸)은, 5일 걸려서 하카타(博多)에 도착함. 그런데 이때 하카타는 이미 료슌의 세력하에 들어와 있어 그들은 료슌에 의해 쇼후쿠지(聖福寺)에 100여 일 동안 감금당함.

어 네 차례의 명나라 사절이 일본에 파견되었다. 무라이 쇼스케(村井章介)의 연구에 의거해 이들 사절에 관해서 정리하면 〈표 9-5〉와 같다.[105]

막부가 홍무 5년(1372) 5월에 중유(仲猷)와 무일(無逸)과 접촉한 것에 대해, 가와조에 쇼지는 다음과 같이 평가하고 있다.

이 사건은 무로마치 막부, 규슈탄다이에게 적지 않은 의미를 지니고 있었다.[106] 하나는 명나라를 중심으로 하는 동아시아의 국제관계에서 막부-쇼군은 '일본국왕'으로서의 평가를 받지 못하고 있음을 인식하게 된 것이다. 다른 하나는 '일본국왕'이 되기 위해서는 쇼군이, 그때까지 명나라가 '일본정군(日本正君)'이라고 인정하고 있던 가네요시를 굴복시키고, 왜구금압의 실력을 축적해 '일본국왕'임을 명나라에 인식시켜야만 했다고 하는 점이다. 이는 쇼군의 권력 확립에 불가결한 조건이었다. 규슈 평정은 그 때문에 한층 더 초미(焦眉)의 과제가 되었던 것이다.[107]

---

105) 앞의 주(55) 무라이 쇼스케 논문 참조.
106) 앞의 주(55) 무라이 쇼스케 논문 참조.
107) 川添昭二, 「今川了俊の対外交渉」, 『九州史学』 75号, 1982. (뒤에 『対外関係の史的展開』, 文献出版, 1996).

그러나 가와조에의 언급에는 막부-쇼군이 당시 명으로부터 '일본국왕'으로 평가받지 못했던 사실이 이전과 달리 왜 이때가 되어서 중요한 의미를 지니게 되었는지, 또 요시미쓰가 일본국왕임을 명나라에 인식시키는 것이 무엇 때문에 쇼군의 권력 확립에 불가결한 조건이었는지에 대한 구체적인 설명이 없다.

본서 제2장의 「왜구의 금압과 아시카가 요시미쓰의 일본국왕 책봉」에서 언급한 바와 같이, 사토 신이치(佐藤進一), 다나카 다케오(田中健夫), 아오야마 고료(靑山公亮) 등은 한결같이 요시미쓰의 대명(對明) 저자세 외교의 최대 목적으로 '쇼군 권력의 확립'이나 '중국 무역의 이익 획득'을 들어 왔다. 이 같은 이해에 문제는 없을까? 일본 측 연구자들의 견해를 따른다면, 필자는 다음과 같은 의문을 지울 수 없다.

첫째, 요시미쓰는 조부(祖父) 다카우지(尊氏), 부(父) 요시아키라(義詮) 그리고 아들 요시모치(義持)와 달리, 왜 명나라의 책봉을 받으려 했을까?

둘째, 요시미쓰의 대명 저자세 외교의 궁극적인 목적은 쇼군 권력의 확립이었는가, 아니면 대명 무역의 경제적 이익 획득이었는가?

첫 번째 의문에 대하여 다음과 같은 답을 제시할 수 있다. 남북조 내란이 장기간 지속된 결과, 천황의 권위가 상대적인 것이 되고 말았다는 점, 그리고 아시카가 막부가 여러 차례 적대하던 대각사통(남조)의 천황에 대한 귀순과 배반을 반복함으로써 천황의 권위를 크게 실추시켰던 점, 따라서 천황으로부터의 쇼군 지위의 보장이라고 하는 것은 전대에 비해 현격하게 권위가 약화되어 절대적인 의미를 지닐 수 없게 되었다는 점 등이다.

그러나 이상과 같은 지적은 이미 다카우지와 요시아키라의 양대(兩代)에 걸쳐 나타난 현상이었다. 따라서 이전과 달리, 요시미쓰 대(代)가 되어서 특별히 대명 외교를 추진해야 했던 데에는 그 당시의 특수한 상황과 관련이 있었다고 생각해야 한다. 그것은 바로 가네요시 왕자의 존재라고 생각한다. 가네요시 왕자는 수십 년 전부터 적대적인 관계에 있는 남조의 한 중심축이었다. 그런 적대적 경쟁관계에 있는 인물을 명이 '일본국왕'으로 인정하고 자신은 배제시켰으니 요시미쓰가 초조해하지 않을 수 없었던 것이다.

두 번째 의문에 대한 답이 '쇼군 권력의 확립'이었다는 것에 이의를 제기할 사람은 없을 것이다. 그러면 그 궁극적인 목적이 대명 무역의 경제적 이익 획득에 있었을까? 필자는 요시미쓰의 대명 저자세 외교의 목적을 대내적인 것과 대외적인 것의 두 측면에서 살펴볼 필요가 있다고 생각한다. '쇼군 권력의 확립'은 대내적인 목적이라고 할 수 있다. 그러면 대외적인 목적은 무엇일까? 일본 국내의 다른 세력이 명과 외교적으로 접촉하는 것을 배제시키는 것이다.

이는 '일본국왕 양회(良懷, 가네요시)'라는 칭호가 대명 외교의 필요조건이었다고 하는 지적과도 일치한다.[108] 즉, 명이 '가네요시 왕자'를 일본국왕으로 인정하자, 쇼군 요시미쓰 자신도 '외교적인 결격자(缺格者)'로 인식되어 명으로부터 배척당했던 사실에서 보듯이, 스스로 '일본국왕'이 되면 국내의 다른 세력이 명과 접촉하는 것을 막을 수 있는 것이다. 따라서 대내외적인 목적은 상호보완적인 관계에 있었으며, 대명 무역의 경제적 이득은 '부수적인 결과물'이라고 할 수 있다.

그렇다면 국내의 여타 세력이 명과 접촉하는 것을 막는 것이 왜 요시미쓰에게 중요했을까? 선행 연구가 지적했던 것처럼, 중국 무역의 이익을 독점하기 위해서였을까? 이 문제와 관련해서 주목해야 할 사료가 다음의 〈사료 15〉 송렴(宋濂)의 「送無逸勤公出使還鄕省親序」라는 사료이다.[109]

---

15. 及無逸等至, 良懷已出奔, <u>新設守土臣(九州探題)</u>, 疑祖来乞師于中国, 欲拘禁之, 無逸力爭得免, 然終疑勿釈, 守臣白其事于王, 王居洛陽,

---

즉, 명의 사절(無逸)이 일본에 왔을 때, 가네요시 왕자가 이미 (하카타를 버리고) 도주한 뒤였다. 규슈탄다이(이마가와 료슌)는 (가네요시의 신하) 소라이(祖来)가 명에 대하여 원군을 요청한 것으로 의심하고 명나라 사절들을 구금하려고

---

108) 앞의 주(55) 무라이 쇼스케 논문 참조.
109) 『宋文憲公全集』 13, 所收.

했는데 무일(無逸) 등이 애써서 구금당하는 것은 면하였지만 (규슈탄다이는) 여전히 그들을 의심해 석방시켜 주지 않고 이 사실을 교토(京都)에 있는 왕(쇼군)에게 보고했다고 하는 것이다.

공민왕 15년(1366)의 금왜사절의 내일(来日)은, 일본의 지배층에게 오랫동안 잊고 지내 왔던 '일본 침공'의 공포를 되살렸다. 그런데 이번에 무일과 중유(仲猷)와의 접촉을 통해 막부의 정적인 가네요시 왕자가 일본국왕으로서 홍무제의 책봉을 받은 사실이 드러났다.

이때, 료슌과 막부가 받은 충격은 공민왕 15년(1366) 당시와는 차원이 달랐을 것이다. 왜냐하면 공민왕 15년 당시에는 원의 황제의 명의를 빌려, "왜구를 금압하지 않으면 군대를 동원해 직접 토벌하겠다"는 내용이었다.[110] 그런데 이번에는 쇼군의 정적(政敵)인 가네요시 왕자가 명나라 황제의 책봉을 받고 그 신하가 되어 있는 것이다.

남북조 내란의 본질은 흔히 '사전(私戰)의 공전화(公戰化)'로 정의되고 있다. 이데올로기를 위한 싸움이 아니라, 개개인 또는 지역의 사적인 분쟁이 공적인 전쟁으로 계속 확산되어 갔던 것이다. 즉, 자기 이익을 관철하기 위해서는 언제든지, 또 얼마든지 남조와 북조를 오갔던 것이 당시 무사였다. 따라서 이런 논리라면 정서부 또한 막부와의 싸움에서 이기기 위해 외세(명)를 끌어들일 가능성은 아무도 배제하지 못하는 것이었다.

즉, '일본국왕으로서의 인정(=쇼군 권력의 확립)' 또는 '대명 무역의 이익 독점'이 요시미쓰의 대명 외교의 최대 목적이 아니라, 그것은 어디까지나 과정과 결과에 지나지 않았다. 궁극적인 목표는 정서부(가네요시 왕자)가 외세(명)를 끌어들여 내전(内戰)을 국제전(國際戰)으로 만들지 모른다고 하는 공포에서 해방되는 것이었을 것이다.

이는 남북조가 통일되어 정서부가 소멸된 시점(1392년)으로부터 약 27년이 되는 무렵, 무로마치 막부의 제4대 쇼군 요시모치(義持)의 태도를 보면 알 수 있

---

110) 본서 제7장 참조.

다. 부(父) 요시미쓰의 뒤를 이어 쇼군이 된 아시카가 요시모치는 명나라에 대한 강경한 입장을 견지한다. 그가 오에이(応永) 26년(1419)에 명의 사자 원용주송(元容周頌)에게 대명단교(対明断交)의 의지를 전하라고 명령한 편지에는 명나라의 군사 공격에 대항하려고 하는 자세를 분명히 표현하고 있다.[111] 즉, 명의 군사적 위협에 맞서고자 하는 의지만 있다면 구태여 명나라 황제로부터 '일본국왕'이라는 칭호에 연연할 필요는 없었던 것이다.

요시미쓰 역시 왜구를 빌미로 한 명나라의 군사적 침공이 가장 큰 위험이었기에 왜구를 금압해야 했고, 그러기 위해서는 정서부에 결정적인 타격을 가하고 남조를 흡수해 통일을 이루고 또 자신이 일본국왕이 되어야 했다.

이는 앞에서 고찰한 바, '왜구의 공백기'가 '몽골의 재침'에 대한 공포가 원인이 되어 발생했다고 하는 사실을 보더라도 잘 이해할 수 있을 것이다. 즉, 그 공포가 가마쿠라 막부 정치의 전제화(専制化)를 초래했고 이는 특히 국경지역인 규슈에 대한 중앙 권력의 침투를 가속시킨 것이었다. 그리고 그 중앙권력은 해적으로 돌변할 수 있는 잠재적 가능성을 지닌 모든 해민들을 강력한 통제하에 둠으로써[112] '왜구의 공백기'를 이끌어 낼 수 있었다. 이것은 소위 왜구를 일본 역사상 완전히 소멸시킨 것이 다름 아닌, 1세기 이상 지속되었던 전국(戦国) 상태를 끝내고 통일을 이루어 낸 강력한 집권자 도요토미 히데요시(豊臣秀吉)가 '해적 단속령'을 발포했기 때문이었다는 사실을 통해서도 방증된다. 왜구(해적)를 금압하기 위한 근본적인 방안은 해적들의 근거지에 존재하는 공권력이 얼마만큼 적극적인 의지(意志)와 실행력을 가지고 해적을 금압할 것인가 하는 것이

---

111) "옛날 원나라 군사가 다시 침범해 왔지만 백만의 병력이 모두 헛되이 바다에 빠져 죽었다. 그 이유가 무엇인가 하니 이는 오로지 사람의 힘으로만 된 것이 아니라 사실은 신이 보낸 병사들이 몰래 도왔기 때문에 방어할 수 있었던 것이다. (중략) 우리들은 우리의 성을 높이 쌓을 필요가 없다. 그리고 해자(垓字)를 깊이 팔 필요도 없다. 길을 깨끗하게 청소한 뒤 너희들을 맞이할 뿐이다."라고 명의 군사적 위협에 맞대응하고 있다. 「足利義持書 元容周頌充」, 『善隣国宝記』 巻中 応永 26年(1419) 7月 23日付.

112) 網野善彦, 「鎌倉幕府の海賊禁圧について—鎌倉末期の海上警固を中心に—」, 『悪党と海賊—日本中世の社会と政治』, 法政大学出版局, 1995.

었다고 할 수 있다.

마찬가지로, 명과 고려의 대일 외교는 막부의 정서부에 대한 군사 공세 강화를 이끌어 냈으며 그 결과 유일하게 남조 세력이 우세를 점하고 있던 규슈에서 남조는 진압되었다. 이러한 정서부의 쇠퇴가 결국 요시노 조정의 항복을 이끌어 내는 것이다.

도요토미 히데요시와 도쿠가와 이에야스(德川家康)의 쇄국정책의 주 목적이, 해외 무역의 이익을 독점하는 데 있었던 것이 아니라, 국내 세력이 외세와 결탁할 위험성을 미연에 방지하고자 하였던 것임을 생각하면 일본의 연구자들이 '저자세 외교'라고 폄하한 료슌의 대(対)고려 외교도 그리고 요시미쓰의 대명 외교도 그 최대의 목적은 결코 '무역의 이익'에 있었다기보다 요시미쓰 자신 이외의 다른 세력이 외세와 연결되지 못하도록 하는 데 있었다.

즉, 그것을 14세기 후반~15세기 초의 일본의 대외 교섭에 한해서 말하자면, '일본국왕 양회(가네요시)'가 '왜구금압'을 명분으로 외세와 결탁해 내전을 국제전으로 비화시킬 수 있는 위험성을 배제하고자 하는 데 최대의 목적이 있었다고 생각한다.

이런 점에서 보면, 1395년 쇼군 요시미쓰가 20년 넘게 싸워 정서부 타도의 최고 공로자 료슌을 갑자기 해임한 이유 중 하나로 '피로인 송환이라는 형태의 교역을 통해 규슈탄다이가 한층 더 부강해진 것은 막부의 지방 직제로서의 분수를 뛰어넘는 것이었기 때문'[113]이라고 언급한 것은 료슌의 해임 사유로 수긍하기 어렵다. 그것보다 료슌의 오랜 대고려(조선) 외교 교섭 능력에 대한 위구(危懼), 즉 또 다른 '가네요시 왕자'의 출현을 방지하고자 하는 데 있었다고 보아야 한다.

---

113) 앞의 주(107) 가와조에 쇼지 논문 참조.

V

결 론

전근대 동아시아의 국제관계를 진동시킨 '일본 침공'과 '왜구'는 서로 약 1세기의 시간적 간격 속에서도 상호 밀접한 인과관계를 지니고 있었다. 즉, '팍스 몽골리카'의 성립·동요·붕괴와 '왜구의 공백기', '경인년 이후의 왜구', '왜구의 발호'는 각각 상호 대응하는 것임이 확인되었다.

이처럼 왜구의 여러 획기(劃期)가 중국 대륙정세와 연동되어 나타난다. 이는 왜구의 근거지와 발생지가 일본의 국경지역인 규슈 지방이었던 것을 주요한 하나의 원인으로 지적할 수 있다. 대륙정세에 관한 정보가 당시 중·일(中日) 간을 빈번하게 왕래하던 해상(海商)과 선승(禪僧)들에 의해 일본으로 전해졌고, 그러한 정보 유입이 일본 사회의 대외적 요인(여몽군의 일본 침공)에 기인한 사회적 긴장을 해체시켜 갔다.

이러한 긴장완화는 사회 내부의 모순을 일거에 표출시켰으며 그것은 남북조 동란의 발발로 이어졌다. 왜구는 이러한 일본 사회의 내부 모순이 국경을 넘어 전개된 것이었다.

왜구의 침구 양상도 원의 쇠락과 명의 등장으로 인해 차츰 변화되어 간다. '왜구금압'을 내세운 명의 고려와 일본에 대한 외교적 압력은 한편으로는 고려-일본 양국의 외교적 결속을 촉진시켰다. 최영의 요동정벌 단행과 박위의 쓰시마 원정도 이러한 고려와 무로마치 막부(규슈탄다이 이마가와 료슌) 간의 신뢰관계의 영향이 적지 않았을 것이다. 그런 점에서 이 시기, 료슌의 대고려 외교는 고려의 대명관계의 전개 및 변화와도 밀접한 관련성을 지니고 있었다고 할수 있다.

고려는 명의 금왜압력을 역으로 활용해 명으로부터 화약과 화포 지원을 이끌어 냈으며 요동정벌의 중단 직후에는 또한 왜구의 근거지 쓰시마에 대한 군사 공격으로 방향을 잡아 갔다. 한편 명의 대일 압력은 막부의 정서부 소탕-요시노 조정(남조)의 항복(남북조의 합일)을 거쳐 쇼군 아시카가 요시미쓰의 일본 국왕화(책봉체제 편입)로 전개되어 갔다.

이처럼 명의 왜구금압을 둘러싸고 고려 및 일본에 가한 외교적 압력은 고려-일본 관계의 개선을 촉진시켰으며, 왜구금압은 비단 명나라에 대해서만이 아니라 고려와의 우호적인 관계 유지를 위해서도 일본 막부에게는 필수 선결 과제가 되었다.

또한 명-고려 관계 역시 왜구금압이 강하게 영향을 미치고 있었다. 고려로서는, 명이 왜구금압을 명분으로 내세워 침공해 올지 모른다는 강한 위구심을 떨쳐버릴 수 없었다. 그것이 대일관계의 개선 및 쓰시마 정벌의 결행으로 표출된다.

명-일본 관계에서도 왜구금압은 부언(附言)할 필요도 없이 최대의 외교적 과제였다. 막부의 입장에서 보면, 명이 왜구금압을 명분으로 내세워 일본을 침공할 수 있으며 그렇게 될 경우, 정서부의 가네요시 왕자가 명에 협조할 가능성에 대해 심각한 위협을 느끼고 있었다.

이처럼 명의 외교적 압력은 왜구(규슈 지역의 난신과 완고한 백성)에 대한 전방위적인 포위와 압력이 되어 갔다. 그 결과 규슈 남조 세력(난신)은 소멸되어 갔고 왜구도 진정되어 갔던 것이다.

이처럼 14세기 후반부터 15세기 초로 이어지는 동아시아 국제질서의 재편 과정에는 팍스 몽골리카의 동요 및 붕괴가 원동력으로 작용하고 있었다. 그 과정에 한인군웅의 난(중국), 반원자주개혁(고려), 남북조 내란과 왜구의 발호(일본)가 역사 현상으로 표출되었고, 그 결과물로 나타난 것이 새로운 중원의 지배자 '명의 등장(중국)', '왕조 교체(고려-조선)', 그리고 '왜구의 금압과 내란의 합일(일본)'이었다.

그러나 1380년대 중반에 들어오면서 진정 기미를 보이던 왜구는, 15세기에 들어와서도 그 생명이 완전히 끊어지지 않고 있었다. 왜구는 규슈 지역 호족 세력들 간의 분쟁과 대립의 산물이었다. 남북조 내란은 그 막을 내렸지만 규슈 지역의 대립과 분쟁은 형태를 바꾸며 지속되었다. 따라서 왜구의 양상도 전체적으로 소규모화되고 또 빈도도 크게 낮아졌다. 명나라의 중원 지역에 대한 지배가 안정적이 되어 감에 따라, 북방 지역에 대한 부담이 줄어든 한반도에서도 고려 대신 수립된 조선 왕조가 쓰시마 정벌에 나서는 등, 왜구에 대하여 보다 집중적이며 강경한 대응을 취할 수 있었는데 이것이 왜구 활동을 위축시키는 데 크게 기여했다.

또 일본 열도에서도 남북조 내란이 종식되었다. 비록 15세기 초 이후에도 쇼니씨와 기쿠치씨를 위시한 규슈 지역의 호족들과 주고쿠(中国) 지방에서 규슈로 새로 진출한 오우치씨 사이에서 군사적 충돌이 이어지고 있었지만, 이미 남북조 시대처럼 규슈 지역 대부분의 세력을 규합한 규모의 충돌은 아니었다. 이처럼 14세기 후반에 비해 전반적으로 안정을 되찾은 15세기 초의 동아시아 각국의 정세 속에 왜구 역시 16세기의 가정(嘉靖: 1522~1566) 연간에 다시 활발한 침구를 재개할 때까지 수면 아래로 사라져 갔다.

필자가 왜구 문제를 연구하기 시작한 것은 1994년 「고려 말기 왜구 구성원에 관한 고찰 —〈고려 · 일본인 연합〉론 또는 〈고려 · 조선인 주체〉론의 비판적 검토 —」를, 그리고 1995년 2월 「〈경인년 이후의 왜구〉와 내란기의 일본 사회」(두 논문 모두 1999년 東京大学出版会에서 『倭寇と日麗関係史』라는 제목으로 출간한 뒤, 2011년 『왜구와 고려-일본 관계사』로 혜안에서 번역 출간)를 탈고하면서부터였다.

앞의 논문은 다나카 다케오(田中健夫)를 비롯한 일본인 왜구 연구자들의 고려 말 왜구 실체에 관한 학설들을 비판한 것이고, 뒤의 논문은 고려 말 왜구의 시발점이 된 경인년(1350) 왜구의 발생 배경 및 그 실체에 관한 내용이었다. 이후 근년에 이르기까지 필자의 연구 대부분은 이 두 논문의 연장선상에서 이루어진 것이라 할 수 있다.

본서의 제1부에서 집중적으로 고찰하고 있는 나카무라 히데다카는 불과 3년 전만 해도 필자가 존경하던 연구자 중 한 사람이었다. 왜냐하면 우선 그의 논문 대부분은 세세한 부분에 이르기까지 한일(韓日) 양국의 문헌 사료를 빈틈이 없을 정도로 꼼꼼하게 자신의 주장의 논거로 제시하고 있었기 때문이다. 그뿐만이 아니다. 필자가 그의 논문을 읽기 시작하면서 "이런 식의 문제 제기도 가능하지 않을까?" 하고 떠올린 의문의 대부분을, 그는 자신의 논문에서 거의 모두 언급하였으며 그 해답까지 제시하고 있었다.

한마디로 필자는 2012년 겨울 이전까지만 해도 그를 뛰어난 연구자로 여기며 언젠가 기회가 되면 그의 생가나 묘소를 방문해서 경의를 표하고 싶다고까지 생각했다. 물론 조선사편수회의 존재와 활동, 나카무라가 조선사편수관으로 활동했다는 사실조차 전혀 알지 못한 상태였다.

나카무라 연구의 본질을 더 일찍 깨닫지 못했던 이유를 굳이 변명하자면 다음과 같다. 당시까지 필자는 왜구 연구자에게 있어서 무엇보다도 중요한 것은, 고려 말 왜구의 활동시기에 해당하는 일본사의 이해와 『고려사』 등 한국사 관련 사료 및 고려사 연구 성과에 대한 지식이라고 여기고 있었다. 14세기 후반의 고려와 일본 양국의 문헌 사료를 읽고 연구 성과를 숙지하는 데만 해도 상당한 시간과 노력이 필요했다. 따라서 한일 양국의 근대사를 공부할 시간적인 여유도 없었으며 또 특별히 그럴 필요가 있다고도 생각하지 않았다.

또 다른 이유를 들자면, 필자는 10년의 도쿄대 대학원 유학 경험에 입각해 일본 역사학의 실증주의적인 연구 방법을 아주 과학적이며 객관적인 학문적인 자세라고 굳게 신뢰하고 있었다. 그리고 패전(1945) 이후의 일본 역사학계가 예전의 황국사관에 입각한 역사연구나 교육을 완전히 청산하고 철저한 반성에 입각해 실증적이며 과학적인 역사 연구를 진행해 왔다고 믿고 있었다. 이것이 나카무라의 연구에 대하여 특별한 의문을 품지 않았던 또 다른 이유다.

이상과 같은 상황을 감안할 때, 1990년대 초반에 겨우 왜구 연구에 착수했던 필자가 1995년 박사학위 논문에서 1세기 이상의 오랜 기간 동안 수많은 연구 성과를 축적해온 일본의 왜구 연구가 반복해온 오류의 원점을 지적하는 연구 성과를 내놓기는 현실적으로 불가능했다. 그나마 1986년 도일(渡日)해, 유학을 시작한 지 거의 10년 만에 1994년 처음 왜구 관련 논문을 탈고하고 그후 약 20년 동안 오직 왜구 연구에만 집중해 왔기에 그 원점을 발견할 수 있었다고 할 수 있다.

생각해 보면, 나카무라 역시 도쿄제국대학 국사학과를 졸업하고 20년 동안 조선에 체재하면서 조선총독부의 아낌없는 지원을 받으며 『조선사』 편수 사업에 종사했다. 그리고 그 활동이 1965~1969년에 걸쳐 『일선관계사의 연구(日鮮関係史の研究)』 3권을 출간할 수 있는 바탕이 되었다고 할 수 있다.

하지만 이러한 왜곡된 왜구상(像)은 비단 '황국사관에서 비롯된 한 역사학자 개인의 굴절된 역사관'이라는 차원에서만 다루어져서는 안 된다. 본서의 제2부에서 여러 차례 지적한 것처럼, 고려 말 왜구는 '원명의 교체'라는 대륙 정세의 대변동과 긴밀하게 연동되어 있었다. 따라서 고려 말 왜구의 발생 배경과 실체, 그 해결 과정을 올바르게 이해하는 일은 다음과 같이 올바른 한국사상(韓国史像) 및 동아시아 국제관계사상(国際関係史像) 정립에 필수적이라 할 수 있다.

첫째, 공민왕에서 우왕을 거쳐 고려 왕조 멸망에 이르는 정치사에 대한 평가와 인식의 문제이다. 주지하다시피 고려 말 정치에 대한 연구는 주로 『고려사』 기록에 의거하고 있는데, 『고려사』는 조선 세종대에 편찬되었다. 하나의 정권이 성립하면 그 전제(前提) 정권에 부정적인 평가를 내리는 것은 지극히 당연하다. 따라서 이런 점을 충분히 감안하고 고려 말 정치사를 고찰할 필요가 있다.

즉 고려 왕조 멸망이라는 기정사실을 전제로 왕조 멸망의 원인을 추구하다 보면, 고려 말 정치사에 대한 인식도 당연히 부정적인 측면만 지나치게 강조될 수 있다. 예컨대 고려 몰락의 원인으로 몽고 간섭기 이래 극도로 문란해진 정치적 기강, 권문세족과 신진사류 사이의 갈등 및 대립, 반원-친명 외교정책의 모순, 사회경제적 혼란 등에 집중한 나머지 이처럼 산적한 문제를 해결하기 위한 고려 조정의 개혁 노력이나 외교 정책 등에 대하여 긍정적인 평가를 내리는 데에는 인색하지 않았나 생각한다.

나카무라를 비롯한 일본의 왜구 연구자들이 고려 말 왜구의 실체로 남북조 내란의 한 실체인 남조의 군사집단이 아니라 일본 연해 도서 지역의 해민(海民), 화척과 양수척, 제주도민을 지적한 것, 왜구 침구에 제대로 대처하지 못해 고려 왕조가 멸망하게 되었다고 주장한 것, 조선 왕조의 효율적인 대책 수립에 힘입어 왜구가 진정되어 갔다고 한 것 등은 이러한 고려 말 정치사에 대한 부정적인 인식을 교묘하게 악용한 사례라고 할 수 있다.

다시 말해 고려 말 정치가 부패하고 무능했으며 지배층이 사대주의로 일관했기 때문에 왜구가 발호해도 제대로 대응하지 못한 것인데 조선 왕조 들어서 이러한 문제점을 개선함으로써 해결되었다고 설명하는 나카무라의 주장은, 한국의 한국사 및 한일관계사 연구자 입장에서 보면 민족 자체의 노력으로 왜구 문제가 해결된 것이므로 수용될 수 있었다.

그러나 본서의 제2부에서 밝힌 것처럼, 홍건적의 난과 원명 교체기 대륙 정세의 혼란, 일본의 남북조 동란 등 한반도를 둘러싼 대변동 속에서 고려는 쌍성총관부를 회복하고 탐라에 대한 영유를 확고히 다졌으며 수십만 홍건적 무리를 토벌했다. 그뿐 아니라 요동 정벌을 시도하고 한반도 해안에서 제해권을 회복했으며 그 연장선상에서 대마도 정벌까지 단행하는 등 공격적인 군사 활동을 통해 주변국에 고려의 존재를 각인시켰다.

왜구 때문에 고려 왕조가 멸망했다고 하는 일본인 연구자들의 주장도 다음과 같은 점에서 허구임이 확인된다. 1383년경부터 왜구의 침구 빈도와 규모는 격감하기 시작했다. 이는 우왕 원년(1375)부터 우왕 5년(1379)까지 5년 동안 다섯 차례나 왜구 금압을 요구하는 외교 사절을 일본에 파견했던 것과 달리, 우왕 6년(1380) 방지용이 귀국한 이후, 공양왕 3년(1391) 송문중이 파견될 때까지 11년 동안 고려가 단 한 차례의 사절도 파견하지 않았던 사실에서도 확인된다. 이마가와 료슌의 1381년 규슈 남조의 본거지인 기쿠치 점령 이후 그 세력이 크게 약화되었으며, 그 결과 왜구는 더 이상 고려의 존립을 위협할 수준이 아니게 되었던 것이다.

다시 말해 고려 왕조는 부패와 무능력, 사대주의로 일관한 결과 일본 변경의 도서 연해 지역주민들의 비전문적이며 숙련되지 못한 소수 무장 집단의 침공에도 제대로 대응하지 못해 멸망한 것이 아니라, 중국 대륙의 대변동과 남북조 동란에 기인한 홍건적·원의 침공 위협, 나하추 등 원의 잔존 세력 및 왜구의 침구라는 전방위적인 위기 속에서 끊임없이 개혁을 거듭한 결과, 조선 왕조라고 하는 '나방에서 나비로' 발전적인 탈바꿈을 한 것이라고 생각한다.

둘째, 14세기 후반~16세기 동아시아 국제관계사상의 정립이라는 관점에서도 올바른 왜구 인식은 필수적이다. 왜냐하면 이 기간 동안 발생한 동아시아 삼국의 유사한 정치사회적 변동은 왜구에 관한 올바른 인식을 배제하고서는 합리적인 설명이 불가능하기 때문이다. 예를 들어, 일본 국내에서 유일하게 남조가 북조에 대하여 우세를 점하고 있던 규슈 지역에서 남조 세력이 현저하게 약해지는 시기(始期: 1381)와 고려 말 왜구의 기세가 확연하게 꺾이기 시작하는 시기

(1383)가 거의 겹치는 점, 조선 건국과 남북조 합일이 같은 해에 이루어진 점 등이다.

이상과 같은 공통된 정치사회적 변동의 배경에 왜구를 금압하기 위한 고려 조정의 여러 정책들, 특히 그중에서도 일본에 대한 금왜요구 사절의 파견은 명나라의 대일(對日) 압박과 더불어 남북조 동란의 합일(合一, 1392)에 크나큰 외압으로 작용하였다. 이처럼 올바른 왜구 인식은 왜구와 왜구 문제를 둘러싼 동양 삼국의 관계에 대한 유기적이고 종합적인 이해에 필수불가결하다.

마지막으로 14세기 후반의 동아시아 국제관계의 변동에 관한 종합적 연구의 중요성에 관해 지적하고자 한다.

원명 교체기의 중국대륙 정세와 왜구 문제를 유기적인 관련하에 고찰하는 작업은, 21세기 한반도를 둘러싼 국제관계를 조망하는 데 있어 유익한 시사점을 제공해 준다. 즉 '원명의 교체'는 '동아시아 지역에서의 중국의 부상과 미국의 상대적인 쇠퇴'를, '왜구의 발호'는 '일본의 우경화 및 군사대국화'를, 또 '쌍성총관부의 회복'은 '남북통일'로 대입시켜 고찰할 수 있다. 다시 말해, 이 시대 역사에 대한 올바른 이해는 조만간 몰려올지도 모를 지대한 파랑(波浪)을 현명하게 극복할 수 있는 여러 교훈을 우리에게 제시하고 있는 것이다. 이런 점에서 본서에서 밝히고자 한, '고려 말 왜구와 대륙정세의 관련'에 관한 연구는 보다 정교하게 그리고 다각도로 이루어져야 할 것이다.

이 책의 서두에서 언급한 것처럼 본서는 2006년부터 2015년까지의 연구 논문 중 상관관계가 있는 논문들을 엮은 것이다. 이 중에서도 특히 본서의 핵심적인 내용이라 할 수 있는 제5장과 제7장은 2005년 8월부터 2006년 7월까지 캐나다 밴쿠버 소재 UBC(University of British Columbia) 대학의 허남린 교수의 배려로 1년 동안 아시아연구소에서 체재하면서 구상한 논문이다. 그리고 제3장과 제4장은 2014년 8월부터 2015년 7월까지 미국 하버드 대학의 데이비드 하월(David Howell) 교수의 도움으로 동 대학 동아시아 언어문명(East Asia Language and Civilization) 학과에서 체재하는 동안에 구상하고 완성한 논문이다.

하버드 대학의 거트먼(Gutman) · 옌징(燕京) · 러몬트(Lamont) · 로스쿨(Law school) 등 여러 도서관에서 방대한 자료를 찾고 뒤지면서 보낸 1년은 필자가 그동안 얼마나 협소한 지식의 세계에 갇혀 지내고 있었는가를 깨닫게 된 계기였으며 또 앞으로의 연구 방향타를 조정하게 해준 귀한 시간이었다. 하버드 대학 도서관 이외에도 워터타운(Watertown), 렉싱턴(Lexington), 콩코드(Concord), 케임브리지 메인(Cambridge Main) 등 커뮤니티 도서관과 보스턴 시내의 파크스트리트 처치(Parkstreet church)에서의 기억도 아련하다.

밴쿠버와 보스턴에서의 체재는 필자의 연구에 큰 도움이 되었음은 물론 아내와 두 딸(유리 · 소리)의 인생에 있어서도 중요한 의미를 지니고 있다. 소중한 기회를 제공해준 허남린 교수와 하월 교수의 도움과 배려에 깊은 감사를 드리고 싶다.

2015년 9월

사료

- 『고려사』
- 『고려사절요』
- 『동국여지승람』
- 『목은시고』
- 『조선왕조실록』

- 『기야몬죠(木屋文書)』
- 『난타이헤이키(難太平記)』
- 『남북조유문(南北朝遺文)』
- 『대일본사료(大日本史料)』
- 『모로모리키(師守記)』
- 『비전국풍토기(肥前国風土記)』
- 『선린국보기(善隣国宝記)』
- 『쇼유키(小右記)』
- 『시마즈케몬죠(島津家文書)』
- 『쓰시마쇼시몬죠(対馬庄司文書)』
- 『아소몬죠(阿蘇文書)』
- 『아오가타몬죠(青方文書)』
- 『아즈마카가미(吾妻鏡)』
- 『역대진서요략(歷代鎭西要略)』
- 『우관기(愚管記)』
- 『태평기(太平記)』
- 『헤이케모노가타리(平家物語)』
- 『화영삼대기(花營三代記)』
- 『후우매기(後愚昧記)』

- 『명사(明史)』
- 『명태조실록(『明太祖実録』)』
- 『송문헌공전집(宋文憲公全集)』
- 『역대명신주의(歴代名臣奏議)』
- 『원사(元史)』

도서

- George Sansom, 『A history of Japan, 1334-1615』, Stanford University Press. 1961.
- Hazard. Jr, H. Benjamin, 『JAPANESE MARAUDING IN MEDIEVAL KOREA - THE WAKO IMPACT ON LATE KORYO)』, 캘리포니아 주립대학 박사학위 논문. 1967.
- Edward W. Said, 박홍규 역, 『오리엔탈리즘(Orientalism)』, 교보문고, 2007.
- 박용운, 『고려시대사』(증보판), 일지사, 2008.
- 윤훈표, 『여말선초 군제개혁연구』, 혜안. 2000.
- 이영, 『倭寇と日麗関係史』, 東京大学出版会, 1999. (『왜구와 고려·일본 관계사』, 혜안, 2011 번역 출간)
- 이영, 『잊혀진 전쟁 왜구』, 에피스테메, 2007.
- 이영, 『곽스 몽골리카의 동요와 고려 말 왜구』, 혜안, 2013.

- 河合正治, 『瀬戸内海の歴史』, 至文堂, 1967.
- 川添昭二, 『今川了俊』, 吉川弘文館, 1964.
- _____, 『菊池武光』, 人物往来社, 1966.
- _____, 『九州の中世世界』, 海鳥社, 1994.
- 海津一朗, 『蒙古襲来 対外戦争の社会史』, 吉川弘文館, 1998.
- 永原慶二, 『皇国史観』, 岩波書店, 1983.
- 中村栄孝, 『日本と朝鮮』, 至文堂, 1966.
- _____, 『日鮮関係史の研究』, 吉川弘文館, 1966.
- 田中健夫, 『中世海外交渉史の研究』, 東京大学出版会, 1959.
- _____, 『倭寇-海の歴史』, 教育社, 1982.

- _____, 『対外関係史研究のあゆみ』, 吉川弘文館, 2003.
- 田村洋幸, 『中世日朝貿易の研究』, 三和書房, 1967.
- 立花流, 『天皇と東大』, 文芸春秋, 2005.
- 松岡久人, 『日本の武将20. 大内義弘』, 吉川弘文館, 1965.
- 森克己, 『日宋貿易の研究』, 国立書院, 1948.
- 森茂暁, 『南朝全史-大覚寺統から後南朝へ』, 講談社, 2005.
- 村井章介, 『アジアのなかの中世日本』, 校倉書房, 1988.
- _____, 『中世倭人伝』, 岩波新書, 1993.
- _____, 『日本の中世10, 分裂する王権と社会』, 中央公論新社, 2003.
- _____, 『日本中世境界史論』, 岩波書店, 2013.
- 宮本常一, 『旅の民俗と歴史7. 海と日本人』, 八坂書房, 1987.
- 宮田節子, 이형랑 역, 『조선 민중과 황민화정책』, 일조각, 1997.
- 三田村泰助, 『中国文明の歴史8. 明帝国と倭寇』, 中公文庫, 2000.
- 佐藤進一, 『日本の歴史 9. 南北朝の動乱』, 中公文庫, 1965.
- 杉本尚雄, 『菊池氏三代』, 吉川弘文館, 1966.
- 須田牧子, 『中世日朝関係と大内氏』, 東京大学出版会, 2011.
- 荒木和憲, 『中世対馬宗氏領国と朝鮮』, 山川出版社, 2007.
- 網野善彦, 『異形の王権』, 平凡社, 1986.
- _____, 『海民と日本社会』, 新人物往来社, 1998.
- 青山公亮, 『日麗交渉史の研究』, 明治大学出版部, 1955.
- 榎本渉, 『東アジア海域と日中交流九―十四世紀』, 吉川弘文館, 2007.
- 長節子, 『中世日朝関係と対馬』, 吉川弘文館, 1987.
- 石原道博, 『倭寇』, 吉川弘文館, 1964.
- 朝鮮史研究会 編, 『朝鮮の歴史』三省堂, 1974.
- 長谷川亮一, 『「皇国史観」という問題』, 白澤社, 2008.
- 藤田明, 『征西将軍宮』, 東京宝文館, 1915.
- 藤田寿雄, 『南北朝の流れと真相』, 近代文芸, 1996.
- 平泉澄, 『菊池勤王史』, 菊池氏勤王顕彰会, 1941.

논문

- 권영국, 「고려 말 중앙군제의 변화」, 『사학연구』 47, 1994.
- _____, 「고려 말 지방 군제의 변화」, 『한국중세사연구』 1호, 1994.
- 김광철, 「고려 후기 거제 지역사회의 변동과 '폐왕성'」, 『거제 폐왕성과 동아시아의 고대 성곽』, 동아세아문화재연구원, 2009.
- 김남규, 「군사제도」, 『한국사론2-고려 편』, 1978.
- 김성민, 「조선사편수회의 조직과 운용」, 『한국민족운동사연구』 3호, 1989.
- 김성준, 「고려와 원명관계」, 『한국사』 8, 국사편찬위원회, 1974.
- _____, 「알프레드 마한의 해양력과 해양사에 관한 인식-그 의의와 한계를 중심으로-」, 『한국해운학회지』 26호, 1998년 7월.
- 김순자, 「원명의 교체와 중국과의 관계 변화」, 『한국 중세 한중 관계사』, 혜안, 2007.
- 김종준, 「일제 시기 '(일본) 국사'의 '조선사' 포섭논리」, 『한국학연구』 29집, 2013.
- 김혜원, 「고려 공민왕 대 대외정책과 한인군웅」, 『백산학보』 51, 1998.
- 박원호, 「명과의 관계」, 『한국사』 22, 국사편찬위원회, 1995.
- 박한남, 「공민왕 대 왜구 침입과 우현보의 '상 공민왕 소'」, 『軍史』 34, 1997.
- 변태섭, 「고려안찰사고」, 『高麗政治制度史研究』, 一潮閣, 1971.
- 오종록, 「고려 말의 도순문사-下三道의 도순문사를 중심으로-」, 『진단학보』 62, 1986.
- _____, 「고려후기의 군사지휘체계」, 『국사관논총』 24, 1991.
- 윤훈표, 「고려시대 군제사 연구의 현황과 과제」, 『군사(軍史)』 34, 1997.
- 이성시, 「구로이타 가쓰미(黑板勝美)를 통해 본 식민지와 역사학」, 『한국문화』 23, 규장각한국학연구소, 2001.
- 이영, 「고려말기 왜구 구성원에 관한 고찰-'고려, 일본인 연합론, 또는 '고려, 조선인 주체론의 비판적 검토-」, 『한일관계사연구』 제5집, 1996.
- _____, 「고려 말 왜구의 허상과 실상」, 『대구사학』 제91집, 2008.
- _____, 「고려 말의 왜구와 남조-경신년(1380) 왜구를 중심으로-」, 『한일관계사연구』 제30집, 2008.
- _____, 「일본 대외관계사 연구의 문제점」, 『동아시아 속의 한일관계사』(下), 제

이엔씨, 2010.

- 이익주, 「고려 대몽항쟁기 강화론의 연구」, 『역사학보』 151호, 1996.

- _____, 「고려·원 관계의 구조에 관한 연구－소위 '세조 구제'의 분석을 중심으로－」, 『한국사론』 36, 1996.

- 한윤희, 「여말 선초 피로인 송환에 관한 한 고찰－〈今川了俊의 송환배경='경제적 수익 목적'설〉에 대한 비판적 검토」, 『일본연구』 36집, 중앙대학교 일본연구소, 2014.

- 桂島宣弘, 「植民地朝鮮における歴史書編纂と近代歴史学」, 『季刊日本思想史』 76号, 2010年 6月.

- 川添昭二, 「今川了俊の対外交渉」, 『九州史学』 75号, 1982. (뒤에 『対外関係の史的展開』 文献出版, 1996)

- _____, 「九州探題今川了俊の対外交渉」, 『対外関係の史的展開』, 文献出版, 1997.

- 海津一朗, 「元寇, 倭寇, 日本国王」, 『日本史講座 第4巻, 中世社会の構造』, 東京大学出版会, 2004年 9月.

- 近藤剛, 「高麗前期の官僚李文鐸の墓誌を通じてみた高麗·金関係について」, 『教育·研究』 第24号, 2011.

- _____, 「『朝野群載』所収高麗国礼賓省牒状について－その署名を中心に－」, 『中央史学』 第34号, 平成 23.

- 黒板博士記念会, 「大学に於ける黒板博士」, 『古文書の保存と研究－黒板博士の業績を中心として』, 1953.

- 中村栄孝, 「内鮮一体論」, 『朝鮮の教育研究』 123号, 1938年 12月.

- _____, 「皇国臣民教育と国史」, 『緑旗』 4, 1939年 11月.

- 高橋公明, 「中世東アジア海域における海民と交流」, 『名古屋大学文学部研究論集』, 史学 33, 1987.

- 田中健夫, 「册封関係の成立」, 『中世対外関係史』, 東京大学出版会, 1975.

- _____, 「十四 十五世紀の倭寇と武家外交の成立」, 『日本歴史大系』 2, 中世, 山川出版社, 1985.

- _____, 「倭寇と東アジア通交圏」, 『日本の社会史』 第1巻, 岩波書店, 1987.

- 田村洋幸, 「倭寇猖獗の基本的原因」, 『中世日朝貿易の研究』, 三和書房, 1967.

- 田島公, 「高麗との関係, 第6章 海外との交渉」, 『古文書の語る日本史』 2, 平安,筑摩書房, 1991.

- 森克己,「日宋麗連鎖関係の展開」,『続日宋貿易の研究』, 国書刊行会, 1975.
- 村井章介,「今川了俊と上松浦一揆」,『日本歴史』338号, 1976年 11月.
- _____,「建武・室町政権と東アジア」,『講座日本歴史 4, 中世 2』, 東京大学出版会, 1985.
- _____,「鎌倉時代松浦党の一族結合-系図の復元を中心に一」鎌倉遺文研究 II,『鎌倉時代の社会と文化』, 東京堂出版, 1999.
- 三好不二雄,「南北争乱期における肥前」,『佐賀県史』, 福博印刷株式会社, 昭和43年.
- 佐久間重男,「明初の日中関係をめぐる二 三の問題ー洪武帝の対外政策を中心に」,『日明関係史の研究』, 吉川弘文館, 1992.
- 佐藤和彦,「日本国王源道義」,『海外視点 日本の歴史7. 大明国と倭寇』ぎょうせい, 昭和 61年.
- 佐藤進一,「室町幕府論」,『岩波講座日本歴史』七, 1963.
- 瀬野精一郎,「多島の海の暴れ者 松浦党ー海賊と鎌倉御家人の迫間に」,『吉野の嵐 動乱の淡、南北朝時代』, 集英社, 1972.
- 関周一,「中世対馬の課役と所領」,『海のクロスロード対馬, 21世紀COEプログラム研究集成』, 早稲田大学水稲文化研究所 編, 2008.
- 白水智,「西の海の武士団・松浦党ー青方文書にみる相剋の様相一」,『東シナ海と西海文化』海と列島文化4, 小学館, 1992.
- 斯波義信,「元の社会経済」,『世界歴史大系 中国史3(五代・元)』, 山川出版社, 1997.
- 網野義彦,「日本中世における海民の存在形態」,『社会経済史学』36-5, 1971.
- _____,「西海の海民社会」,『東シナ海と西海文化』, 小学館, 1992.
- _____,「鎌倉末期の諸矛盾」,『悪党と海賊 日本中世の社会と政治』, 法政大学出版局, 1995.
- _____,「鎌倉幕府の海賊禁圧について一鎌倉末期の海上警固を中心に一」,『悪党と海賊 日本中世の社会と政治』, 法政大学出版局, 1995.
- 山口隼正,「対馬国守護」,『南北朝期九州守護の研究』, 文献出版, 1989.
- 長節子,「十四世紀後半の二度の政変ー定宗元年朝鮮国議政府宛宗貞茂書契を中心に一」,『中世日朝関係と対馬』, 吉川弘文館, 1988.

- 渡辺信治,「国史教育に生命あらしめよ」,『朝鮮の教育研究』, 1931年 12月.
- 綿貫友子,「戦争と海の流通」,『戦争Ⅰ.中世戦争論の現在-ものから見る日本史』, 青木書店, 2004.
- 吉尾勲,「国史教育に於ける教材上の諸問題」,『朝鮮の教育研究』, 1931.
- 今谷明,「超国家主義者・平泉澄と皇国史観」,『天皇と戦争と歴史家』, 洋泉社, 2012.
- 鄭樑生,「明代倭寇」,『明日関係史の研究』, 雄山閣. 1985.
- 戸田芳実,「御厨と在地領主」木村武夫編,『日本史の研究』, ミネルバ書房, 1970.
- 藤田明良,「東アジアにおける海域と国家, 一四～一五世紀の朝鮮半島を中心に」,『歴史評論』575, 1998.
- 日高秀吉,「歴史教育における歴史観の意義」,『朝鮮の教育研究』, 1934.